어떤 책에서도
알려주지 않는

영어
회화,
Speaking
Skills 221

CHRIS SUH

MENT✺RS

어떤 책에서도 알려주지 않는
영어회화, Speaking Skills 221

2025년 02월 03일 인쇄
2025년 02월 10일 발행

지 은 이 Chris Suh
발 행 인 Chris Suh
발 행 처 **MENT⊙RS**
　　　　경기도 성남시 분당구 황새울로 335번길 10 598
　　　　TEL 031-604-0025 FAX 031-696-5221
　　　　mentors.co.kr
　　　　blog.naver.com/mentorsbook
　　　　* Play 스토어 및 App 스토어에서 '멘토스북' 검색해 어플다운받기!
등록일자 2005년 7월 27일
등록번호 제 2009-000027호
I S B N 979-11-94467-48-9
가　　격 22,000원

I was sick for two weeks가 말이 돼?

언젠가 학원에 다닌다는 분의 전화가 왔었다. 네이티브가 I was sick for two weeks라는 문장을 말하는 것을 듣고서 도저히 이해가 안돼서 전화를 걸었다고 한다. 「for+기간명사」나 「since+시점명사」가 문장에 있으면 시제는 have+pp의 현재완료가 되어야 하기 때문에 위 문장은 틀린 것이 아니냐고 문의를 하였던 적이 있었다.

문법책이라고 모든 룰을 담을 수는 없어…

여기서 먼저 문법은 과연 무엇인가, 그 속성에 대해서 언급할 필요가 있다. 문법은 한 언어를 말하기 위한 룰의 집합체이긴 하지만 문법책 안에 모든 룰을 담을 수가 없고 또한 시시각각 변화하는 언어의 진화를 반영하지 못한다는 두 가지 맹점이 있다. 먼저 문법책에는 당연한 법칙 같은 것은 굳이 수록할 필요가 없을 것이다. 우리는 대표적인 룰만 모아놓은 문법책을 볼 뿐인데 마치 모든 룰이 담겨있는 절대법전과 같이 생각하는 경향이 있다. 우리는 줄창 계속해서 have+pp ～ for+기간명사라고 외웠기 때문에 I was sick for two weeks라는 문장을 봤을 때 불편해질 수밖에 없다. 그래서 이 문장은 문법에 어긋나는 틀린 문장이라고 결론 내린다. 그러나 현재완료의 특징이 뭐든가? 과거부터 현재까지 이어지는, 즉 시제말로 양다리를 걸치는 시제이다. I have been sick for two weeks는 따라서 2주전부터 지금까지 아프다는 이야기가 된다. 그리고 문법책에서는 나와 있지 않는 I was sick for two weeks는 지금 아픈지 안아픈지는 모르지만 과거 2주간 아팠다는 얘기가 된다. 다시말해 의미가 조금 다를 뿐 틀린 문장은 아니다라는 것이다.

언어는 새장에 갇힌 새가 아니다

두번째 언어의 진화를 반영하지 못하는 문법책의 한계를 말해본다. 우리말의 경우를 봐도 예전에는 '없습니다'라고 쓰면 무식해보였지만 지금은 어떤가? 발음나는 대로 표기하기 위해 '없읍니다'를 '없습니다'로 정식으로 표기한다고 발표하였다. 이게 바로 언어의 진화이다. 언어는 새장에 갇힌 새가 아니다. 실험실의 실험관에 넣고 연구하는 학문이 아니다. 바로 우리들이 지금 여기서 쓰고 있는 살아있는 생물이다. 일상과 비즈니스 성격을 띤 문장을 다루는 TOEIC에서 All we can do is study harder for our next exam라는 문장을 보고 틀린 부분을 찾으라면 이구동성으로 ～is study～를 말할 것이다. 왜냐면 동사원형은 be 동사의 보어가 될 수 없기 때문에 ～is to study～라고 바꿔야 한다고 주장할 것이다. 언어의 진화를 언제나 따라가지 못하는 문법책에 의존했을 때 어쩔 수 없이 나타나는 현상이다. 그래도 이 부분은 많이 일반화되어서 일부 문법책에서는 언급하고 있는 사항이다. 구분없이 쓰이는 each other과 one another, 부정사의 부정이 not to+V가 to not+V의 형태로도 쓰이는 것도 그 단적인 예이다. 하나 더. I have gone to New York을 I have been to New York이라고 써야 한다고 주장하고 있다면 여러분은 아직도 과거의 문법책 족쇄에 얽매여 있다고 봐도 된다.

문법의 한계를 넘어 실제 영어를 배워야…

이 책 〈영어회화! 이거 알면 개이득〉은 이런 언급되지 않는 당연한 사항이나 아직 언어의 변화를 담지 못하는 문법책의 한계를 벗어나고자, 살아있는 실전에 직접 쓰이는 속칭 비문법적인 내용, 그리고 그 동안 모르고 썼던 뉘앙스의 차이 등을 담고 있다. 다섯 개의 Chapter에 '고정관념에서 탈피하기,' '미세한 차이에 주목하라,' '이거 모르면 낭패,' '영어를 영어답게,' 그리고 '알고 쓰면 더 편리한 표현들'이란 제목하에 문법책이나 어느 책에도 나와 있지 않는 내용들을 수록하였다. 221개의 수록된 내용만 이해하지 말고, 이를 토대로 언어의 속성을 간파해보고 또한 우리는 우리말을 지금 현재 어떻게 쓰고 있나 등을 역지사지 하면서 영어를 학문이 아닌 시시각각 변하는 기술이라는 점을 마음 속에 각인해두기를 바란다.

영어회화! 이거 알면 개이득! 의 특징

하나	어떤 책도 언급하지 않은 실제 영어회화의 꼭 필요한 기술들을 정리했다!
두울	문법책이 말하는 것과 현실 영어회화의 차이를 중점적으로 언급했다!
세엣	실전 영어회화에서 요긴하게 써먹을 수 있는 엑기스 표현들을 소개했다!
네엣	예문과 다이알로그를 통해서 실제 영어가 어떻게 쓰이는지를 알 수 있다!
다섯	다이알로그는 생동감 넘치는 네이티브들의 음성으로 녹음되어 있다!

영어회화! 이거 알면 개이득! 의 구성

넘버링과 소제목

총 221개의 영어기술들이 Chapter 01-05까지에 포함되어 있다. 또한 넘버링 옆의 소제목은 도발적으로, 서술하는 내용이 뭔지 반문하고 있다.

영문제목과 우리말 설명

대표적인 영문제목을 우리말과 함께 내세웠으며 또한 해당되는 기술들을 친절하고 상세하게 우리말과 영문을 섞어서 정리하였다.

Check It Out과 Point

〈Check It Out〉에서는 예문을 그리고 Point는 우리말 설명의 핵심을 압축 요약하여 정리하였다.

Speaking Skills

설명하는 영어회화 기술을 포함하는 ABABAB 다이알로그를 우리말과 함께 수록하여 어떤 상황에 어떻게 사용되는지를 감각적으로 느낄 수 있도록 하였다.

영어회화! 이거 알면 개이득! 이렇게 보면 쉽다!

넘버링
Chapter 01~05까지 수록된
총 221개의 영어기술

소제목
어떤 영어기술을 설명할 지
한마디로 와닿게 하는 제목

영문제목
해당 영어기술에 속하는 대표적인 영문을 우
리말과 함께 수록

우리말 설명
영어기술을 우리말과 영어로 섞어서 명확하
게 이해할 수 있도록 설명하였다.

Check It Out!
실제 쓰이는 예문들을 수록하여 직접 어떻게
영어기술이 쓰였는지 확인할 수 있다.

---

001 for+기간명사 앞에서는 무조건 현재완료??

I was sick for a week

난 과거 일주일간 아팠어

문법이 꼭 필요한 부분이기는 하지만 너무 문법에 젖어있다가는 실제 영어와 간극이 벌어지는 경우가 있다.
많은 사람들에게 I was sick for a week라는 문장을 보여줬을 때 상당수 사람들은 문장이 틀렸다고 말할
것이다. 왜냐하면 for+기간명사가 나왔기 때문에 앞의 시제는 과거시제 was가 아닌 현재완료로 have been
이 되어야 하고 그래서 맞는 문장은 I have been sick for a week라고 자신있게 말한다. 우리는 기계식
처럼 현재완료+for[since]~라고 배워왔기 때문이다.

그러나 아쉽게도 I was sick for a week는 틀린 문장이 아니다. 단지 지금까지 아픈지 여부를 모르고 과
거의 어느 시점에서 일주일간 아팠다는 정보만을 줄 뿐이다. 현재완료를 써서 I have been sick for a
week하면 과거 일주일전부터 지금까지 아프다는 의미가 된다는 점이 틀릴 뿐이다. 언어는 살아있는 유기
체이다. 문법의 카테고리에 너무 묶어놓으면 언어의 자유분방함을 놓치게 된다.

Check It Out!

I was sick for a week. 난 과거 일주일간 아팠어.
I have been sick for a week. 난 일주일 전부터 지금까지 아팠다.

| POINT |

was sick for+기간명사 지금 아픈지 모르지만 과거에 일정기간동안 아팠다
have been sick for+기간명사 지금까지 포함해서 일정기간 계속 아프다

14

Point
우리말 설명에서 언급한 내용의
알짜만 압축해서 정리하였다.

Speaking Skills
ABABAB 다이알로그 두개씩 정리함으로써
우리가 배운 영어기술이 언제 어떻게 쓰이는
지 자연스럽게 습득할 수 있게 된다.

💬 **Speaking Skills**

A: My mom just got out of the hospital.
B: Oh? What happened to her?
A: She has been sick for a few weeks.
B: She was sick for a few weeks? No one told me.
A: We didn't want to worry you.
B: Well, I'm going to go visit her now.

A: 엄마가 병원에서 방금 퇴원하셨어.
B: 그래? 무슨 일이었는데?
A: 몇주동안 편찮으셨어.
B: 몇주동안 아프셨다고? 아무도 말해주지 않았어.
A: 너 걱정시키고 싶지 않았어.
B: 그래, 이제 찾아가 봐야겠네.

A: I didn't know you worked here.
B: I have been working here since last year.
A: It's strange that I hadn't seen you before.
B: Well, it's a very large company.
A: Were you here last December?
B: Yes, I was employed for several months before that.

A: 네가 여기서 일하는 줄 몰랐는데.
B: 작년부터 여기서 일하고 있어.
A: 이상하게도 그 전에는 너를 본 적이 없었는데.
B: 저기, 회사규모가 크잖아.
A: 지난 12월에도 여기서 근무했어?
B: 응, 그 머리 일 전에 채용됐어.

15

CONTENTS

Chapter 01 고정관념에서 탈피하기 — ⟨013⟩

033 The man is~ 도 The man's~로 축약해??

The man's fucking famous

034 Neither A nor B는 B의 수에 일치해야??

Neither Gina nor her brother are going to the party.

Chapter 02 미세한 차이에 주목하라 ───── (083)

035 must와 should가 같나고??

You must quit smoking

036 Not bad는 그저 그런거야??

Not bad, thanks

037 be+pp에서 be대신 get을 쓰면??

I'm getting married this summer

038 I hope~와 I wish~가 다르다고??

I wish you good luck

039 every day와 everday가 다르다고?

I don't want to work overtime every day

040 be worried와 worry가 어떻게 같니??

I'm worried about losing my job

041 get ~ done과 finish는 같은 뜻??

Please get it done right away

042 I did it과 I made it은 뭐가 달라??

I did it! I finally won the computer game!

043 watch a movie야 see a movie야??

Let's watch a movie on TV

044 save them money야 아님 save their money야?

He said it will save them money

045 rate와 ratio는 뭐가 다른거야??

The ratio of girls to boys is 1 to 3

046 although와 though의 의미차이는??

Although she's older, Linda still wears girls' clothing

047 전화바꿔달라고 할 때, Get me John, Give me John??

Give me John

048 in이 after를 대신한다고??

I'll be back in ten minutes

049 used to가 들어있는 표현이 왜 이리 많아?

You'd better get used to it

050 have the time야 아니면 have time야??

Do you have the time?

051 know와 know of는 한끝차이인데??

I know both of them

052 I suppose, I think, I guess, I mean은 뭐가 다른거야??

I suppose we could help her

053 be going to~다음에 명사가 오나 동사가 오나??

I'm going to the mall

054 I can't believe it과 I don't believe it은 도대체 무슨 차이야??

I can't believe it. You're dating Heather?

055 promise는 약속아냐??

Monica promised to call me

056 명령문에 주어를 쓰면 강조가 돼??

You find it!

057 too much야 아님 much too야??

It's much too early for us to visit her

058 except와 besides는 또 무슨 차이야??

I've got nothing to lose except you

059 Have you seen~?와 Did you see~?

Have you seen any of our classmates?

060 fun과 interesting??

I don't think it will be interesting

061 speak, say, tell, talk 모두가 다 말하다야??

I spoke with my teacher about my grades

062 ill과 sick 뭐가 진짜 아픈거야?

I was sick for three weeks

063 요리는 cook야 make야??

Why don't we make some food?

064 almost와 most의 차이가 아리까리해??

Almost everyone has gone home

CONTENTS

100 어떻게 특별한데?

What makes you so special?

101 깎아도 나름??

It's a good place for bargaining

102 빌리거나 빌려주거나

Don't tell me you didn't sign a lease!

103 찌라시는 뭐라고 해??

This catalog shows all the products they sell

104 다양한 상표들??

I'm sorry, we don't carry that brand

105 급여, 종류만큼 많으면 얼마나 좋을까??

The salary seems to be fine

106 목표들을 세워라??

My objective is to solve the problem

107 때문에도 가지가지

It was cancelled due to some problems

108 be said to와 be told to는 같은 것 아냐??

I was told to pass it along to you

109 사인을 해준다??

Did you get an autograph from Brad Pitt?

110 always, still 그리고 yet??

Rachel is always telling me to do things

111 day와 week의 끝은 어디여??

How about at the end of the week?

112 clear와 clean은 구분해야??

You have to clear the room, do you understand?

113 most people과 most of the people의 차이점은??

Most people enjoy going for a hike

114 The store is open아 아님 The store is opened아??

What I meant to say is the store is closed

115 like vs. want

I want to try to make it up to you

116 couple, 단수야 복수야??

That couple seems so happy together

117 요즘 shall이 아직 살아 있나??

Shall we say next week, same time?

118 drunk야 아님 drunken야??

I'm sorry about last night. I guess I got drunk

119 since와 because 다 …때문에??

We left since it seemed to be over

120 from A to B와 from A through B의 차이점은??

I will stay through the next few days

121 to+V와 ~ing의 차이점은 뭐야??

Use a tissue to blow your nose

122 Many a와 Many~는 또 뭐가 달라??

Many a sailor has died at sea

123 movie, film… 영화를 나타내는 단어도 많아

The movie is terrible, according to my friends

124 listen to와 listen for는 무슨 차이??

They listened for a response and heard nothing

125 take a class와 take a course는 모두 수업을 듣다??

We don't have a class today?

126 staff와 employee, 그리고 shift??

Why don't you stop by after my shift?

127 treat과 pick up the tab의 다른 점은??

Jim said that he'd pick up the tab

Chapter 03 **이거 모르면 낭패** ⎯⎯⎯⎯⎯⎯⎯⎯⎯ 271

128 아니, come이 '가다야'?

I'm coming over, and I'm bringing Chinese food

129 couldn't be better, 더 좋을 수는 없다고??

Couldn't be better. I love it

Chapter 04 영어다운 표현들

162	be there가 어떻게 go야??
	He really wants you to be here
163	I could do with sth은 …로 할 수 있다??
	I could do with a hot shower
164	문법책에서 튀어나온 사역동사??
	I had my hair cut
165	Nice try는 Good job??
	Nice try, you'll do better next time
166	such a 형용사+명사는 독해용 아닌감??
	You're such a kind person
167	get it과 got this가 다르다고??
	I get it. They don't want me to come
168	get sb와 get to sb는 또 무슨 차이야??
	I think he really gets me
169	네이티브는 동사구를 너무 좋아해
	I need to get back to work
170	appear 대신에 show up
	He didn't show up
171	learn fast야 fast learner야??
	I'm a fast learner
172	if-you-want-to가 도대체 뭐야??
	She's a mother-to-be
173	work for+사람이 …회사에 다닌다고??
	Who do you work for?

174	You went where?는 콩글리쉬??
	You went where?
175	It's time to+V와 It's high time~은 같은 의미??
	It's time to go
176	unattended는 참석하지 않는거??
	You can't leave your car unattended
177	with me[you]가 왜 필요해??
	Make sure you bring some money with you
178	내가 잠드는 시간을 조정해??
	You go to bed a lot earlier these days
·179	I can manage는 경영할 수 있다고??
	I think I can manage
180	class가 동창??
	They graduated in the class of 2007
181	learn과 study가 뭐가 달라??
	Stop being lazy. You need to study harder
182	비닐백 아님 플라스틱 백??
	I have some plastic bags left over from shopping
183	You can say that again, 넌 다시 말할 수 있다고??
	You can say that again! I'm exhausted

Chapter 05 알고쓰면 더 편리한 표현들 ─────────── ⟨387⟩

184	I am sorry?는 미안할까요??
	Could you repeat that?
185	How about~? 뒤에 문장을 써도 돼??
	How about tomorrow?
186	How come~? 다음에 주어+동사 그대로 붙여??
	How come you're late?
187	편리한 I mean, You mean~?
	I mean, she's just a friend

188	동사+oneself의 대표적 형태들
	Help yourself to the cake
189	언제까지 Yes, No만 쓸 것인가? Not that I know of의 발견
	Not that I know of. Why?
190	알아두면 무진장 편리한 a little bit
	I was a little bit surprised
191	Sure가 Yes라고??
	Sure, that makes sense

CONTENTS

영어회화! 이거 알면 개이득!

알고 쓰면 더 편리한 영어스피킹기술

chapter

1

고정관념에서 탈피하기

I was sick for a week

난 과거 일주일간 아팠어

문법이 꼭 필요한 부분이기는 하지만 너무 문법에 젖어있다가는 실제 영어와 간극이 벌어지는 경우가 있다. 많은 사람들에게 I was sick for a week라는 문장을 보여줬을 때 상당수 사람들은 문장이 틀렸다고 말할 것이다. 왜냐면 for+기간명사가 나왔기 때문에 앞의 시제는 과거시제 was가 아닌 현재완료인 have been 이 되어야 하고 그래서 맞는 문장은 I have been sick for a week라고 자신있게 말한다. 우리는 기계식 처럼 현재완료+for[since]~라고 배워왔기 때문이다.

그러나 아쉽게도 I was sick for a week는 틀린 문장이 아니다. 단지 지금까지 아픈지 여부를 모르고 과 거의 어느 시점에서 일주일간 아팠다는 정보만을 줄 뿐이다. 현재완료를 써서 I have been sick for a week하면 과거 일주일전부터 지금까지 아프다는 의미가 된다는 점이 틀릴 뿐이다. 언어는 살아있는 유기 체이다. 문법의 카테고리에 너무 묶어놓으면 언어의 자유분방함을 놓치게 된다.

Check It Out!

I was sick for a week. 난 과거 일주일간 아팠다.
I have been sick for a week. 난 일주일 전부터 지금까지 아프다.

| POINT |

> **was sick for+기간명사** 지금 아픈지 모르지만 과거에 일정기간동안 아팠다
> **have been sick for+기간명사** 지금까지 포함하여 일정기간 계속 아프다

Speaking Skills

A: My mom just got out of the hospital.
B: Oh? What happened to her?
A: She **has been sick for** a few weeks.
B: She **was sick for** a few weeks? No one told me.
A: We didn't want to worry you.
B: Well, I'm going to go visit her now.

A: 엄마가 병원에서 방금 퇴원하셨어.
B: 그래? 무슨 일이었는데?
A: 몇주동안 편찮으셨어.
B: 몇주동안 아프셨다고? 아무도 말해주지 않았어.
A: 너 걱정끼치고 싶지 않았어.
B: 그래, 이제 찾아가 뵈어야겠네.

A: I didn't know you worked here.
B: I **have been** working here since last year.
A: It's strange that I hadn't seen you before.
B: Well, it's a very large company.
A: Were you here last December?
B: Yes, I **was employed for** several months before that.

A: 네가 여기서 일하는 줄 몰랐는데.
B: 작년부터 여기서 일하고 있어.
A: 이상하게도 그 전에는 너를 본 적이 없었는데.
B: 저기, 회사규모가 크잖아.
A: 작년 12월에도 여기서 근무했어?
B: 응, 그 여러 달 전에 채용됐어.

What you have to do is start exercising

네가 해야 할 일은 운동을 시작하는거야

우리는 문법에서 ~be 다음에는 보어가 오게 되며, 보어는 형용사나 명사가 오기 때문에 동사가 이어질 때는 동사를 명사화하는 to 부정사를 넣어서 ~is to go~로 해야 맞는다고 배워왔다. 그래서 What you have to do is go away on short weekend trips(네가 할 일은 짧게 주말여행을 다녀오는거야)라는 문장을 봤을 때 몹시 불편하고 TOEIC에 이런 문장이 나오면 ~is go~ 부분이 틀렸다고 오답을 떳떳하게 선택하는 사람들도 있다.

다시한번 말하자면 「be 동사의 보어로는 명사형이 와야 하기 때문에 동사의 경우엔 to 부정사 형태를 써야 한다」는, 우리가 십수년간 쌓아온 문법지식에 따르면 윗 문장은 당연한 비표준적 영어가 된다. 하지만 실제 미국인들이 사용하는 현대 영어에서는 이 경우, to를 생략하고 be 동사 다음에 바로 동사원형을 쓰는 게 일반적이다. 이와 같은 형태는 주절의 동사가 do일 때에만 해당되며, do와 be 동사 사이에 삽입구가 들어가는 경우에는 to 부정사를 사용하는 것이 일반적인 어법인데, 이러한 어법은 미국인뿐만 아니라 영국인들이 사용하는 영어에서도 흔히 볼 수 있다. 다시 말해서 현대영어에서는 문장의 동사가 되는 be동사 바로 앞에 do가 나오면 '원형부정사'가 보어 역할을 하게 된다. 참고로, 원래 아일랜드에서는 to 부정사 대신 원형동사를 쓰는 경향이 있었는데, 이 아일랜드인들이 미국으로 대거 이주하면서 미국에서도 자연스럽게 이러한 어법이 활성화됐다는 설이 있다. 그래서 What he ought to do is invest in the stock market과 All we can do is study harder for our next exam라는 문장을 이상하게 생각해서는 안된다. 앞서 언급했듯이 언어는 살아있는 유기체이다. 따라서 언어의 속성인 편리함을 추구하면서 단순하게 진화되는 경향이 있다. 이런 경우도 아직 정식 문법에서는 다루지 않지만 어느 순간에는 정식으로 문법에 등록될 것이다.

Check It Out!

What he ought to **do is invest** in the stock market. 그 남자가 해야 할 일은 주식시장에 투자하는거지.

All we can **do is study** harder for our next exam.
우리가 할 수 있는 거라곤 다음 시험을 위해 더 열심히 공부하는 것 뿐이야.

| POINT |

What you have to do is+V 네가 해야 되는 일은 …하는거야

All we can do is+V 우리가 할 수 있는 거라곤 …하는 것뿐이야

Speaking Skills

A: I feel kind of tired recently.
B: You don't look so good either.
A: Well, I stay up late and eat junk food.
B: What you have to **do is start** exercising
A: Will that give me more energy?
B: I'm sure you will start to feel better.

A: 최근에 좀 피곤해.
B: 안색이 좋아보이지도 않아.
A: 밤늦게까지 안자고 패스트푸드를 먹어.
B: 네가 해야 할 일은 운동을 시작하는거야.
A: 그러면 에너지가 좀 더 생길까?
B: 몸이 좋아지는 걸 분명 느끼기 시작할거야.

A: Why are you in such a sad mood?
B: Carol has been avoiding me.
A: What you should **do is call** her up.
B: Do you think she'll talk to me.
A: Sure, she is just upset.
B: Okay, I'll give her a call tonight.

A: 너 왜 그렇게 슬퍼하고 있어?
B: 캐롤이 나를 피하고 있어.
A: 네가 해야 할 일은 걔에게 전화하는거야.
B: 걔가 나와 얘기를 할거라 생각해?
A: 물론. 걘 그냥 좀 화가 난 것뿐이야.
B: 좋아, 오늘밤에 걔한테 전화할게.

She has been to Tokyo

걘 도쿄에 갔다 온 적이 있어

현재완료의 경험에서 우리는 유명한 have been to+장소명사와 have gone to+장소명사의 차이점에 대해서 배웠다. 'be' 동사를 쓴 have been to+장소명사는 주어가 …라는 장소에 과거에 갔다 온 경험을 말하는 표현이며, 반면 have gone to+장소명사는 주어가 …라는 장소로 가버려서 안돌아왔다는 경험을 말하는 것으로 밑줄을 그어가면서 외웠었다. 하지만 실제 영어회화의 장에서는 거의 의미구분없이 have been to~난 have gone to~는 과거의 …라는 장소에 갔다 온 적이 있다는 경험을 말한다. 다만 3인칭의 경우 주어가 가버리고 돌아오지 않았다(has left and not come back)라는 의미로 쓰일 수는 있지만 이 역시 주어가 …라는 장소에 갔다왔다는 과거의 경험을 언급한다(indicate a past experience when a person has gone and come back)는 점을 기억해두어야 한다. 결국 have gone to~는 …에 다니다, …에 가본 적이 있어, …에 갔어, …에 갔다 왔어라는 다양한 의미를 갖는 표현으로 have been to~와 같은 맥락의 의미로 생각하면 된다.

Check It Out!

I **have been to** the airport to see my father off.　아버지 배웅하기 위해 공항에 갔다 왔어.

I **have been to** Peru on business.　출장으로 페루에 가본 적이 있어.

He **has gone to** New York.　걘 뉴욕으로 가버렸어.

Mom **has gone to** the market.　엄마는 시장에 가셨어.

Do you know anyone who **has been to** Africa?　아프리카에 갔다온 사람 누구 알아?

| POINT |

have been to+장소명사　과거에 …에 갔다 온 적이 있다

have gone to+장소명사　과거에 …에 갔다 온 적이 있다

**단 3인칭의 경우는 가서 돌아오지 않았다는 의미로 쓰일 수도 있다.

Speaking Skills

A: My sister rarely travels.
B: Has she ever been out of the country?
A: She **has been to** Tokyo.
B: That's good. Did she like it?
A: She said it was very expensive.
B: Yeah, I hope she brought a lot of money.

A: 내 누이는 거의 여행을 하지 않아.
B: 해외에 나가본 적이 없는거야?
A: 도쿄에 갔다 온 적은 있어.
B: 잘됐네. 도쿄는 좋아했어?
A: 물가가 너무 비싸다고 했어.
B: 돈을 많이 가져갔기를 바래.

A: We went out on Saturday night.
B: Where did you go?
A: We were at a place called Beer Heaven.
B: I **have been to** that bar.
A: I didn't like it very much.
B: That's too bad. I like it there.

A: 우리는 토요일 밤에 외출했어.
B: 어디에 갔는데?
A: 비어헤븐이라고 불리는 가게에 갔었어.
B: 그 바에 가본 적 있어.
A: 별로 맘에 들지 않았어.
B: 안됐네. 난 거기 좋은데.

I could use a friend
친구가 있으면 좋겠어

can과 use 모두 생기본 단어이다. 하지만 어떡하나? 생기초단어들로만 되어있는 I could use a friend 가 해석이 안되니 말이다. 'can use+명사' 혹은 'could use+명사' 형태로 쓰이는 이 표현은 의외로 「…이 필요하다」, 「…가 있으면 좋겠다」라는 뜻이다. 예로 들어 I can use a Coke하면 콜라를 이용할 수 있어라는 말이 아니고요 「나 콜라 좀 마셔야겠어」라는 뜻이 되는 것이다. 또한 could(can) use 뒤에는 Coke와 같은 물질 뿐만이 아니라 추상적인 개념도 올 수 있어, 예를 들어 "I could use a break"하게 되면 "좀 쉬었으면 좋겠어"라는 말이 된다 다시 말해서 「…을 얻을 수 있으면 좋겠다」, 「…가 필요하다」라는 need의 뜻으로 자주 쓰이는데, 이런 건 can, use 등의 의미만 알고 있다고 해서 유추할 수 있는 게 아니기 때문에 따로 정리해서 암기해두어야 한다.

Check It Out!

I think you **could use** a little break. 넌 좀 쉬었으면 좋을 것 같아.
I **could use** a drink. Do you want to stop for a drink? 마실 것 좀 먹어야겠어. 잠깐 서서 뭐 좀 마실까?
We **could use** more time to get this done. 이거 끝내는데 좀 더 많이 시간이 있으면 좋겠어.
I thought you **could use** some company. 난 네게 좀 친구가 있었으면 좋겠다고 생각했어.

| POINT |

I can use+N …가 있으면 좋겠어

I could use+N …가 있으면 좋겠어

You could use~ 네게 …가 있으면 좋을텐데, 너는 …을 이용해도 돼

Speaking Skills

A: Can I bring you anything?

B: I **could use** a drink of water.

A: Do you like ice in your water?

B: No, I prefer it at room temperature.

A: Alright, I'll be back real soon.

B: Could you bring me a snack too?

A: 뭐라도 갖다 줄까?
B: 물 한잔 먹을 수 있으면 좋겠어.
A: 물에 얼음 넣는거 좋아해?
B: 아니, 실온의 물을 더 좋아해.
A: 알았어, 바로 가져올게.
B: 과자도 좀 갖다줄래?

A: I just don't have the money I need.

B: That's a problem a lot of people have.

A: My boss doesn't pay me enough

B: I **can use** a higher salary at work too.

A: Should we try to find new jobs?

B: It's hard to find better work in this economy.

A: 필요한 만큼 돈이 없어.
B: 많은 사람들이 갖고 있는 문제지.
A: 사장은 급여를 충분히 주지 않고 있어.
B: 나도 직장에서 급여를 좀 더 받으면 좋겠어.
A: 우리 새로운 직장을 찾아봐야 할까?
B: 경기가 이런데 더 좋은 직장을 찾기는 어려울거야.

Why don't you try to relax?

좀 쉬지 그래?

try to와? try ~ing의 차이점에 대해 네이티브들은 이 둘사이에 별 차이점을 못느끼고 사용한다. 그리고 try~ing도 많이 쓰이지만 try to가 정말 많이 사용되며, 그냥 다들 시도하다, 해보다 정도로만 알아도 된다. 굳이 문법적으로 구분한다면, try to는 아직 행동을 실행하지 않은 것을 앞으로 해보겠다는 의미이고, try ~ing은 지금 현재 애를 쓰며 …하고 있다는 말이다. 그래서 try to climb하면 아직 산에 오르지 않았지만 등산을 한번 해보겠다는 뜻이고 반면 try climbing하면 지금 산에 올라가면서 애쓰는 행위를 말한다. 또한 remember to+V, remember ~ing와 함께 짝으로 학습했던 forget to+V, forget ~ing의 경우, forget ~ing는 과거의 행위를 잊는 것이고 forget to~는 앞으로 할 일을 잊다라고 배웠지만 이 둘은 배웠던 것처럼 시제에 제한받지 않는다. 다시 말해서 forget to+V는 앞으로의 일을 잊지말라는게 맞지만, forget ~ing는 과거, 현재, 미래의 일을 단순히 …하는 것을 잊다라는 의미로, 혹은 …할 생각은 하지 마라(It is also a way to say don't do something or I can't do something) 라는 의미로 가끔 쓰인다. 예를 들면 Forget going to the party tonight, because my car broke down(오늘밤 파티에 갈 생각마, 내 차 고장났어)처럼 말이다. 그리고 한 가지 중요한 것은 forget ~ing보다는 forget about+N(~ing)의 형태가 많이 쓰인다는 점이다.

Check It Out!

I want to **try to** make it up to you. 내가 다 보상해줄게.
You're my friend and I will **try to** stand by you through this.
넌 내친구고 이 일을 겪는데 너를 지지할게.

I **tried to** apologize over the phone. 전화로 사과하려고 했어.
I'm going to **try starting** up my own business. 사업을 시작해볼까 해.
I'd love to **try skydiving!** 스카이 다이빙 해보고 싶어!

| POINT |

try to+V …해보다	**try to ~ing** 애써하다
remember to+V 앞으로 할 일을 기억하다	**remember ~ing** 과거에 한 일을 기억하다
forget to+V 앞으로 할 일을 잊다	**forget about ~ing** (과거, 현재, 미래) 일을 잊다

Speaking Skills

A: This apartment really sucks.

B: You should **try to** find a better place.

A: Yeah, I'm going to look at another one now.

B: Do you mind if I stay here for a little while?

A: No problem. Don't forget to lock the door when you go.

B: Alright, I won't forget to do that.

A: 이 아파트는 정말 엉망이야.
B: 너 좀 더 좋은 아파트를 찾아봐라.
A: 그래, 이제 다른 곳을 알아볼게.
B: 나 잠시 여기 머물러도 괜찮겠어?
A: 그럼. 나가기 전에는 문을 잠그는거 잊지 말고.
B: 알았어, 잊지 않고 그렇게 할게.

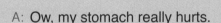

A: Ow, my stomach really hurts.

B: **Try visiting** a doctor.

A: I did, and he gave me free medicine.

B: That's great. Why don't you take it?

A: I used it up, and I can't afford to buy any more.

B: Forget about the doctor giving you free stuff this time.

A: 어, 배가 정말 아파.
B: 의사에게 가보도록 해.
A: 갔었는데 무료로 약을 줬어.
B: 잘됐네. 먹지 그래.
A: 먹었는데, 약을 더 살 여유가 없어.
B: 의사가 이번에도 공짜로 약을 줄거라는 생각은 잊어버려.

How do you know each other?

서로들 어떻게 알아?

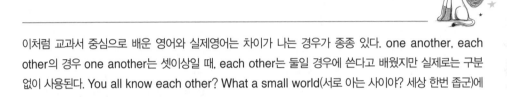

이처럼 교과서 중심으로 배운 영어와 실제영어는 차이가 나는 경우가 종종 있다. one another, each other의 경우 one another는 셋이상일 때, each other는 둘일 경우에 쓴다고 배웠지만 실제로는 구분 없이 사용된다. You all know each other? What a small world(서로 아는 사이야? 세상 한번 좁군)에서 보듯이 주인공이 두명이상 일 때도 each other를 쓴다.

또한 머리를 싸매며 compare~to~(비유하다)와 compare~with~(비교하다)도 전치사에 따라 의미가 미세하게 달라지는 것으로 배웠지만 실제 생활영어에서는 구분하지 않는다. 실제로는 with보다는 to를 더 쓰는 경향이 있다. 또한 be fine with로만 배웠던 것이 be fine by~의 형태로도 많이 쓰이며 be busy ~ing[with+N]로 알고 있었지만 be busy with ~ing의 형태로도 자유롭게 쓰고 있다.

다시 말하지만 언어는 계속 변화한다. 우리말도 없읍니다 → 없습니다로 바뀐 것처럼 말이다. 영어도 마찬가지이다. 계속 변화하면서 어느 정도 오피셜하게 인정되는 부분도 있고 아니면 좀 세월이 흘러서 채택되는 부분도 있다. 미드를 보다보면 결코 바람직한 것은 아니지만 going to를 gonna로 표기까지 하는데, 몇십년 뒤에는 gonna로 표기해도 괜찮을 때가 올지도 모르는 일이다. 네이티브가 아니고 미국에서 영어를 배우지 않는 한 영어를 배우기 위해서는 문법이 필요한 것은 맞지만 너무 문법에 얽매일 필요는 없다. 가장 중요한 것은 노출이다. 영어에 많이 노출하게 되면 자신도 모르게 감이 오게 된다. 그렇게 우리도 우리말을 배운 셈이다. 그래서 미드를 많이 보면서, 자막이라도 열심히 따라 읽으면 실질적인 도움이 된다. 절대로 단어와 구의 우리말 설명에 얽매여서는 안된다. 언어를 책상 위에서 배우다보니 이런 현상이 나오게 되는데 어쩔 수 없는 현실이지만… 그래도 이를 극복하기 위해서 미드나 영화 등 살아있는 영어를 많이 접하시기를 바란다.

Check It Out!

The real problem is that they hate **each other.** 정말로 문제가 되는건 걔네들이 서로 싫어한다는거야.
He asked us if we had feelings for **one another.** 걔가 우리가 서로에게 감정이 있는지 물어봤어.

| POINT |

each other = one another	**compare A with B = compare A to B**
be fine with[by]	**be busy ~ing = be busy with ~ing**

Speaking Skills

A: Which of these desserts tastes better?
B: Let's **compare** the first **to** the second.
A: The first is made from chocolate.
B: I really like the way it tastes.
A: And this second one is made with vanilla.
B: Oh, I don't like this one quite as much.

A: 이 디저트들 중에서 어떤 것이 더 맛있어?
B: 첫번째와 두번째 것을 비교해보자.
A: 첫번째는 초콜릿으로 만든 것이야.
B: 정말 그 맛이 맘에 들어.
A: 그리고 두번째 것은 바닐라로 만들어진거야.
B: 어, 이건 첫번째 것만큼 좋아하지 않아.

A: I'm very close with my sister.
B: It seems like you protect her.
A: We take care of **one another.**
B: Are you older than she is?
A: Yes, I am three years older.
B: I have a younger sister too.

A: 난 여동생과 매우 가까워.
B: 네가 여동생를 보호하는 것 같구나.
A: 우리 서로는 돌보고 있어.
B: 네가 오빠야?
A: 어, 3살 많아.
B: 나도 여동생이 있는데.

You'll thank me for this one day

언젠가 내게 감사할거야

some day는 「미래의 언젠가」(at some time in the future_라는 의미로 「과거의 어느 날」(on a day in the past)을 의미한다는 one day의 반대표현으로 익혀왔던 표현이다. 하지만 실제 구어체에서는 one day 역시 과거의 어느 날을 의미할 뿐만 아니라 some day처럼 미래의 어느 날을 뜻한다는 것을 주의해야 한다. 그래서 언젠가는 네 마음이 바뀔거야는 Maybe one day you will change your mind라고 하면 된다. 물론 some day를 써서 언젠가 우리는 부자가 될거야는 Some day we'll be rich, 언젠가는 넌 멋진 여자를 만나게 될거야는 Some day you'll meet a wonderful woman이라고 하면 된다. 참고로 some day는 someday라고 붙여 쓰기도 한다.

Check It Out!

I thought we might need it **some day.** 언젠가 그게 필요할지도 모른다고 생각했어.

Some day we'll be rich. 언젠가 우리는 부자가 될거야.

You're gonna make a great wife **some day.** 넌 언젠가 훌륭한 아내가 될거야.

You'll thank me for this **one day.** 언젠가 내게 감사할거야.

Maybe **one day** you will change your mind! 언젠가는 네 마음이 바뀔거야!

| POINT |

some day	미래의 어느 시점
one day	미래의 어느 시점. 과거의 어느날

Speaking Skills

A: I never saw Brian after he moved away.

B: Gee, that is very sad to hear.

A: I know. I still miss him.

B: Maybe you can arrange to get together.

A: **One day** I hope we will meet again.

B: How about friending him on Facebook?

A: 브라이언이 이사간 후에 보질 못했어.
B: 이런, 정말 안됐네.
A: 알아. 아직도 걔가 보고 싶어.
B: 네가 만날 자리를 잡아봐.
A: 언젠가는 우리가 다시 만나게 되길 바래.
B: 페이스북으로 친구맺기를 하면 어때?

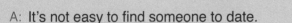

A: It's not easy to find someone to date.

B: I know, but a lot of people are meeting online.

A: The people I have met seem kind of strange.

B: **Some day** you will find true love.

A: Do you think it will take a long time?

B: Well, there is no way to hurry love.

A: 데이트 상대를 찾기가 쉽지 않아.
B: 그래, 하지만 많은 사람들이 온라인을 통해서 만나잖아.
A: 내가 만난 사람들은 좀 이상한 사람처럼 보여.
B: 언젠가 진정한 사랑을 찾게 될거야.
A: 시간이 오래 걸릴거라고 생각해?
B: 그럼, 사랑을 서두르는 것은 무리야.

The conference call between three managers~

3명의 매니저들 사이에 전화회의가~~

학교 다닐 때 「둘 사이」를 나타낼 때는 between, 「셋 이상의 사이」를 나타낼 때는 among을 쓴다고 배운 사람들에게 The conference call between three managers will begin at 9 p.m.이라는 문장을 봤을 때는 심하면 경기를 일으킬 지도 모르겠다. 왜냐면 between 뒤에 분명히 three라는 수가 명시되어 있기 때문이다.

일반적으로 「둘 사이」에는 between을 쓰고 「셋 이상의 사이」에는 among을 쓰는 게 사실이지만, between과 among은 수량보다는 그 명사들의 「구분 가능성」과 관계가 있다. 다시 말해 「둘 이상」(two or more)이더라도 「명확히 구분되는 사람이나 사물」(clearly separate people or things) 사이에는 between을, 구별되지 않는 「군중이나 집단」(group, crowd or mass) 사이에는 among을 쓴다. 그러나 between의 기본 개념은 'on two sides'이기 때문에 3개 이상의 복수명사가 나열되더라도 그 목적어는 물리적 혹은 시간적으로 두 편(two sides)의 개념으로 나누어질 수 있다. 예컨대 위 문장의 경우, 세 사람이 통화를 하는 conference call(전화회의)이지만, 이는 3명이 동시에 통화를 한다기 보다는 3명 중 2명씩 번갈아면서 이야기를 하기 때문에 시간의 흐름에 따라 두 편으로 구분되는 것이다. 즉 A와 B, A와 C, C와 B 등이 서로 돌아가면서 통화를 하게 된다는 의미이다.

다시 말하자면 between은 아주 명확하게 두개의 사이에 있는 것을 말하는 반면 among은 between보다 덜 구체적인 것으로 좀 흩어져 있는 사이에 있다는 것을 말할 때 사용된다.

Check It Out!

What happened **between** you **and** your David 너하고 데이빗 사이에 무슨 일이?
What's the difference **between** sex **and** love? 섹스와 사랑의 차이점은 뭐야?
We need to arrange a meeting **between** the managers. 매니저들간의 회의를 주선해야 돼.
I think it should be a discussion **among** peers! 동료들끼리의 대화여야 된다고 생각해!

| POINT |

between	두개 이상이라도 행위나 상태가 두개의 개념으로 나눠지는 경우
among	두개 이상으로 구분되지 않은 군중이나 집단

Speaking Skills

A: Why are you looking on the floor?
B: My daughter lost her baby doll.
A: I'm sure you'll find it **among** the toys.
B: I have been looking for thirty minutes.
A: Is that it under the blanket?
B: Yes, that's it! My daughter will be very happy.

A: 왜 바닥을 쳐다보고 있어?
B: 내 딸이 인형을 잃어버렸어.
A: 장난감들 사이에서 찾을거야.
B: 30분이나 찾고 있어.
A: 담요 밑에 있는거 아냐?
B: 맞아, 바로 그거야! 딸아이가 매우 좋아할거야.

A: Have you seen the remote for the TV?
B: It's **between** the sofa and the chair.
A: How did it wind up there?
B: I think it fell when I put it on the side table.
A: Oh, I see. I hope it wasn't damaged.
B: No, I'm sure that it still works fine.

A: TV 리모컨 봤어?
B: 소파와 의자 사이에 있어.
A: 어떻게 하다 거기에 있게 된거야?
B: 내가 사이드테이블 위에 놓다가 떨어진 것 같아.
A: 그렇구나. 망가지지 않았기를 바래.
B: 전혀, 분명 아직 잘 작동될거야.

Everybody in the office thinks they're~

사무실 사람들은 모두 …라고 생각해

everybody나 anybody는 단수 취급하는 명사여서 그를 받는 대명사도 단수여야 된다고 배웠다. 하지만 "Everybody in the office thinks they're qualified for the position"이라는 문장을 발견했을 때 또 심하게 앨러지 증상이 나타나게 된다. everybody가 단수니까 이를 받는 대명사도 단수가 되어야 하지 않나라는 생각이 들면서 말이다.

결론부터 말하자면 하지만 위 문장은 틀린 것이 아니다. 우리가 문법책을 통해서 혹은 수업시간에 배운 지식에 따르면 anybody, nobody, somebody, everybody 등은 단수 취급하니까 동사도 단수를 사용해야 하고, 이를 대명사로 받을 경우에도 역시 he[she], his[her], him[her]과 같은 단수 대명사를 써야 한다고 알고 있을 것이다. 하지만 구어에서는 가끔씩 they, them, their로 나타내는 경우가 있다. 이때의 they, them, their는 복수를 의미하는 것이 아니고, he or she, his or her, him or her를 의미하는, 즉 양성(兩性)을 다 포함하는 개념으로, 형태는 복수이지만 단수의 성격을 그대로 유지하고 있는 것이다. 언어는 원칙대로만 쓰인다기 보다 계속 변하는 것이어서, 공부하다 보면 실생활에서 쓰이는 비문법적인 예외사항들을 숱하게 발견할 수 있는데, 지금 설명한 것 또한 구어적인 사용의 실례일 뿐이고, formal한 문장에서는 정식대로 사용하는 것이 일반적이다. 다음은 anybody를 they로 받은 예이다. There isn't anybody here that thinks they are good enough to pass this difficult test.(이 어려운 시험에 합격할 수 있을 정도로 실력이 뛰어나다고 생각하는 사람은 여기 아무도 없다)

Check It Out!

Everybody thinks they have a plan till things start to go wrong.
다들 상황이 나빠지기 전까진 자신에게 계획이 있다고 생각하지.

Don't be so hard on yourself. **Everybody makes** mistakes. 넘 자책마. 다들 실수하는거야

| POINT |

everybody, anybody~ 등을 다시 받을 때 복수로 쓰일 수 있다.

Speaking Skills

A: Kevin and Claire like to hang around together.

B: You're right. They seem very close.

A: Do you think they are seeing each other?

B: **Everybody** in the office thinks **they**'re having an affair.

A: But aren't they married?

B: Yeah, both of them have spouses.

A: 케빈과 클레어는 함께 어울리는 것을 좋아해.
B: 네 말이 맞아. 걔네들 매우 가까운 것 같아.
A: 걔네들 서로 사귄다고 생각해?
B: 사무실 사람들 모두 다 걔네들 불륜을 저지르고 있다고 생각해.
A: 하지만 결혼들 했잖아?
B: 그래, 둘 다 배우자가 있지.

A: People have been complaining at work.

B: Really? What kind of problem are they having?

A: **Everybody** thinks **their** schedule is unfair.

B: Well, sometimes we have to work overtime.

A: Yeah, but we also work seven days a week.

B: That has to be exhausting for all the employees.

A: 직장 사람들이 불평을 하고 있어.
B: 정말? 어떤 종류의 문제야?
A: 다들 자신들의 일정이 불공평하다고 생각해.
B: 때로 우리는 야근을 해야 돼.
A: 알아, 하지만 일주일에 7일을 일하잖아.
B: 직원들 모두에게는 힘든 일이겠구나.

You go have fun

가서 재미있게 즐겨

두개의 동사가 이어진다는 점에서 굉장히 걱정되는 표정으로 문장을 쳐다보게 될 것이다. 고개를 갸우뚱하면서 말이다. go+V, come+V의 형태는 아주 구어적인 것으로 원래 go and+V 혹은 go to+V, 그리고 come의 경우 역시 come and+V, come to+V에서 and나 to를 생략한 것이다. 언어의 편리성 추구는 아무도 못말리는 것 같다는 생각이 든다. 특히 to나 and를 빼고 사용하는 것은 「명령」의 의도를 강하게 내포할 때 쓰는 말로서 미국 회화에서는 자주 등장한다.

가서 …하다, 와서 …하다라는 뜻으로 go get, go have, go take, go do, come see 등이 많이 쓰인다. 가서 목욕 좀 할거야는 I'm going to go take a bath, 가서 한잔 할래?는 Do you want to go get a drink?, 이제 가서 최선을 다해라는 Now you go do your best라고 하면 된다. 그리고 come의 경우, 와서 우리랑 같이 식사할래?는 Do you want to come see a movie with us?, 원한다면 와서 봐봐는 Come take a look, if you like it이라고 하면 된다. 끝으로 친구들이 취해서 난 걔보고 와서 날 데려가달라고 전화했어는 My friends got smashed, so I called her to come get me라고 하면 된다. 참고로 try, be sure, wait 등도 and가 to를 대신할 수 있는 동사이지만, 이 동사들의 경우에는 come과 go처럼 to나 and를 생략할 수 없다는 차이가 있다.

Check It Out!

I have to **go take** a shower. 가서 샤워해야겠어.

Go get some rest. 가서 좀 쉬어.

Now you **go do** your best. 자 이제 가서 최선을 다해라.

Do you want to **come see** a movie with us? 와서 우리랑 같이 영화볼래?

Come take a look, if you like it. 원한다면 와서 봐봐.

My friends got smashed, so I called her to **come get** me.
친구들이 취해서 난 걔보고 와서 날 데려가달라고 전화했어.

| POINT |

| **go+V** …하러 가다 : go get~ , go have~, go take~ go do~ |
| **come+V** …하러 오다 : come see~ come take~, come get~ |

Speaking Skills

A: **Go get** me a soda from the machine.
B: The soda machine is out of order.
A: Then **go get** me some coffee.
B: You want cream or sugar in it?
A: Yeah, I'd like both added to my coffee.
B: Alright, I'll be back in a few minutes.

A: 가서 자판기에서 탄산음료 좀 가져와라.
B: 자판기가 고장났어.
A: 그럼 가서 커피 좀 사다 줘.
B: 커피에 크림을 탈까 아니면 설탕을 탈까?
A: 어, 커피에 두 개다 넣어줘.
B: 알았어, 바로 돌아올게.

A: **Come see** the fish my friend caught.
B: What's so special about that fish?
A: It's about twice as big as a normal fish.
B: Wow, that sounds huge.
A: It is. He caught it while fishing in the ocean.
B: Well, let's **go take** a look at it.

A: 내 친구가 잡은 물고기 좀 와서 봐봐.
B: 그 물고기가 뭐가 특별한데?
A: 평균 물고기보다 크기가 약 두 배잖아.
B: 와, 정말 크겠네.
A: 그래. 바다에서 낚시를 하다 잡았대.
B: 그래, 함께 가서 보자.

She tries to not smile

개는 웃지 않으려고 하고 있어

이번에는 She tries not to smile vs. She tries to not smile, 이 둘의 대결이다. to 부정사를 접하면서 「to 부정사의 부정은 to 앞에 not을 붙인다」라는 규칙은 누구나 배우게 되는 기본 사항. 따라서 She tries not to smile이 문법에 충실한 맞는 문장이기는 하지만 실제 대화로 들어가 보면 마치 우리가 우리말을 흔히 문법에 맞지 않게 쓰는 것처럼 Native들도 ~not to+동사가 아니라 ~to not+동사형태로 쓰곤 한다. 난 정말 지금 네가 옆에 없어도 돼는 I just really need to not be with you right now. 나의 결심은 내 친구들을 놀리지 않는거야는 My resolution is to not make fun of my friends라고 하면 된다. 예를 좀 더 들어보자. 가끔 진실을 말하지 않아도 괜찮아는 It's sometimes all right to not tell the full truth, 그리고 기대를 하지 않는게 최선이야는 It's best to not have expectations라고 하면 된다. 물론 문법적으로 이상이 있는 게 사실이지만. 하지만 실제 대화로 들어가 보면 Native들도 우리처럼 자주 문법에 어긋나게 쓰기도 한다. 이런 궁금점들을 하나씩 풀어나가면서 우리는 문법과 실생활 영어의 차이로 인해 생기는 막막함을 극복할 수 있을 것이다. 따라서 이런 점에서 영어권 문화 및 사고를 쉽게 접할 수 없는 환경에 있는 우리들에게 미드와 영화는 실용영어를 공부하기에 더없이 좋은 장(場)이기도 한 것이다.

Check It Out!

Try not to think about that right now. 신경쓰지 않도록 해봐.
Try not to insult anyone at the party. 파티에서 누구한테도 모욕을 주지 않도록 해.
It's sometimes all right **to not tell** the full truth. 가끔 진실을 말하지 않아도 괜찮아.
It's best **to not have** expectations. 기대를 하지 않는게 최선이야.
I need you **to not talk** to me for one whole hour. 딱 한 시간 동안 내게 말하지마.

| POINT |

not to+V = to not+V

Speaking Skills

A: My boss is always upset about something.

B: What set him off this morning?

A: I don't know. I **tried to not make** him angry.

B: I think someone was late for the meeting.

A: Probably. He hates it when people aren't on time.

B: I bet you make sure you're never late.

A: 우리 사장은 늘상 뭔가에 대해 화를 내.
B: 오늘 아침에는 무슨 일로 폭발한거야?
A: 몰라. 사장이 화내지 않도록 했어.
B: 누가 회의에 늦었나 보군.
A: 그럴 수도. 사람들이 시간을 지키지 않는 것을 싫어해.
B: 넌 절대로 늦지 않도록 행동하도록 해.

A: Linda has been on a diet for a month.

B: She looks a lot healthier than before.

A: It has taken some time to lose weight.

B: What changes did she make in her eating habits?

A: She **tried to not eat** fast food.

B: That's a good idea, that stuff is bad for you.

A: 린다는 한달간 다이어트하는 중이야.
B: 전에 보다 훨씬 건강해보여.
A: 살을 빼려면 시간이 좀 필요해.
B: 걔는 식습관을 어떻게 바꾼거야?
A: 패스트푸드를 먹지 않으려 했어.
B: 좋은 생각이야, 그런 것은 몸에 안좋아.

I don't feel right, either

나도 마음이 편치 않아

이번에는 발음에 관한 얘기 몇가지를 해보자. 우리는 학창시절 either는 /이더/, neither는 /니이더/라고 배워왔다. 하지만 영화나 미드를 보다보면 either를 /아이더/, neither는 /나이더/라고 발음하는 것을 종종 들어봤을 것이다. 온갖 민족, 온갖 나라의 사람들이 사는 melting pot인 미국에서 획일적인 발음을 기대하는 것은 무리일 수도 있다. 지역이나 사람들에 따라 /아이더/, /나이더/라고 발음한다고 알고 있으면 된다. 또한 often 역시 /오픈/이 아니라 묵음을 살려내서 /오프튼/이라고 발음하기도 하고, 역시 묵음으로 /싱어/라고 알고 있던 singer를 일부 네이티브는 /싱거/라고 하기도 한다. 또 한가지 더, 영화제목으로도 유명한 sword 역시 /서드/가 아니라 /스워드/라고 발음되기도 한다.

백인영어, 흑인영어, 호주영어, 영국영어, 히스패닉 영어, 그리고 아시아 영어 등 하도 많은 종류가 있다보니 영어의 주류를 백인영어에서 현재 많이 쓰이는 혼용된 여러 영어로 영어의 주류를 판단해야 한다는 주장도 나온다. TOEIC이 백인 영어로 리스닝 테스트를 하다가 이제는 영국영어나 호주영어의 액센트 영어를 포함시킨 것은 다름 아닌 바로 이런 현상의 단면을 보여주는 것이다. 우리는 단지 획일화된 문법, 발음보다는 실제 통용되는 문법이나 발음에도 귀와 눈을 열어놓고 받아들여야 한다는 점이다.

Check It Out!

You can have **either** a lunch break or leave early. 점심휴식시간을 갖던지 일찍 퇴근하던지 해.
I don't like it **either,** Jason, but what choice do we have? 나도 싫지만, 제이슨 다른 선택이 없잖아?
Neither one of my cars is working properly. 내차 중 어느 것도 제대로 굴러가는게 없어.
Sunny **often** complains about her family. 서니는 자기 가족에 대한 불만을 종종 해.

| POINT |

either /아이더/
neither /나이더/
often /오프튼/
singer /싱거/
sword /스워드/

Speaking Skills

A: I don't feel like going to work this morning.

B: You can **either** work or be fired.

A: I know. But I'm sick of that place.

B: Why don't you find another job?

A: I have applied to work at a few other companies.

B: Hopefully you find someplace you enjoy working.

A: 오늘 아침에는 출근하기가 싫어.
B: 출근하거나 짤리거나 해.
A: 알아 하지만 정말 지금 직장이 싫어.
B: 다른 직장을 알아보지 그래.
A: 몇몇 다른 회사에 취업지원을 해놨어.
B: 바라건대, 일을 즐기면서 할 수 있는 곳을 찾기를 바래.

A: Have you seen Jason this morning?

B: I thought he was studying for an exam.

A: He is **neither** at home nor at the library.

B: Maybe he went to study with Cheryl.

A: You might be right. I'll give her a call.

B: Yeah, see if they'd like to eat lunch with us.

A: 오늘 아침에 제이슨 봤어?
B: 시험 준비하고 있는 것으로 생각했는데.
A: 집이나 도서관 어디에도 없어.
B: 쉐릴과 함께 공부하러 갔을 수도 있어.
A: 맞을 지도 몰라. 내가 쉐릴에게 전화할게.
B: 그래, 우리와 함께 점심을 먹을 건지도 알아봐.

Her smile is such a turn on

그녀의 미소에는 정말 끌려

동사(turn) 앞에 부정관사가 오는 이 문장에 어색해할 수도 있다. 두 개 또는 그 이상의 단어들로 구성된 것을 합성어라고 하며 기능은 명사나 형용사 역할을 한다. 그리고 그 합성어의 경우 상당부분 동사구가 하이픈으로 연결된 경우가 많다. turn on은 흥분[매료]시키다이지만, turn-on하게 되면 매력이라는 명사로 쓰인다. 그런데 문제는 오직 편한걸 주구창장 추구하는 언어는 turn-on에서 하이픈(-)을 생략하고 turn on의 형태로 명사로 사용하는 경향이 있다. 아예 workout처럼 하이픈없이 두 단어를 붙여 써서 합성어를 만드는 경우가 종종 있다. 물론 이런 경향은 굳이 동사구에서만 적용되는 것은 아니라 thank-you note를 thank you note로, would-be-actor(배우지망자)를 would be actor, 그리고 mother-to-be(예비엄마)는 mother to be로 쓰는 등 다양한 형태의 합성어가 명사나 형용사로 사용되는 경우가 많다.

Check It Out!

What's **the hold up?** 왜 지체해?, 왜 이리 늦는 거야?
What's **the hold up** with your homework? It's late! 숙제 왜 이리 늦는 거야? 늦었어!
Please don't forget to make a **backup** of those files. 그 파일의 복사본을 꼭 만들어 놓아.
Is there gonna be a place to put on **make up?** 화장을 할 장소가 있을까?
I know how hard your **breakup** from Alex was. 알렉스와의 헤어지는게 얼마나 어려웠는지 알고 있어.

| POINT |

(1) 동사구에 하이픈을 붙이거나 말거나

show off   hold up   back up   make up   take out   rip off   break out

(2) 동사구를 아예 붙여서 명사로

breakup   takeoff   getaway

(3) 그밖의 형태로 쓰이는 합성어

thank you note 감사노트   **would be actor** 배우지망자   **mother to be** 예비 엄마

Speaking Skills

A: We are going to be doing aerobics at the gym.

B: How long is the session going to last?

A: The **workout** lasts at least an hour.

B: That's fine. I have time to do that.

A: I think you're going to enjoy it. Exercise is good for you.

B: I'm kind of out of shape, but I'll do my best.

A: 체육관에서 에어로빅을 할거야.
B: 시간은 얼마나 하는데?
A: 운동은 적어도 한 시간은 될거야.
B: 좋아. 그 정도 시간은 돼.
A: 너 좋아하게 될거야. 운동은 너한테 좋을거야.
B: 몸 상태가 좀 안좋지만 최선을 다할게.

A: I heard no one made money from the investment.

B: Really? It was supposed to be so profitable.

A: Apparently it was a complete **rip off.**

B: That sucks. So what happened to the investment firm?

A: The president was convicted of fraud.

B: Sounds like he may be going to prison.

A: 거기에 투자해서 돈을 번 사람이 아무도 없다며.
B: 정말? 이익이 꽤 났어야 하는데.
A: 분명히 그건 완전히 사기였어.
B: 젠장헐. 그럼 그 투자회사는 어떻게 됐어?
A: 사장은 사기죄로 기소 됐어.
B: 감방에 갈 것 같구만.

Look at you!

얘 좀 봐!

look at~하면 …을 바라보다, 쳐다보다라는 아주 기초적인 동사구이다. 날 그렇게 쳐다보지 말라고 할 때는 Don't look at me like that, 늦어서 일어날 때 어유, 시간 좀 봐, 나 가야 되네 Oh, look at the time I gotta fly, 그리고 추상적으로도 쓰여서 Look at the bright side. The damage is done하게 되면 긍정적인 면을 봐. 이미 손해봤잖아라는 뜻이 되기도 한다. 그러나 미드나 영화를 보다 보면 약간 목소리 톤을 높여서 Look at you!나 Look at that!이라고 말하는 장면을 많이 보았을 것이다. 그나마 Look at that은 저것을 보라라고 의미가 되지만, 마주보면서 Look at you!하게 되면 그리고 이를 곧이곧대로 직역하게 되면 의미가 아리송해진다. Look at you!는 상대방의 복장이나 모습에 놀라거나 인상적일 때 감탄문처럼 쓰이는 표현으로 우리말로는 "얘좀봐(라)!"에 해당된다. 오래간만에 만났는데 성형수술로 전혀 딴 사람으로 변했을 때, Look at you! You turned into such a beautiful girl이라고 할 수 있다. 졸업식장에서 조카에게 "Look at you! We're so proud that you did well at this school!" (얘좀 봐. 학교 잘 마친게 자랑스러워)라고 말할 수 있다. 물론 특히 상대방에게 질책표현으로도 쓰인다. 이때는 정반대의 의미로 상대방의 모습이나 꼴이 한심하다고 비꼬는 듯한 뉘앙스를 띈다. 우리말로는 "네 꼴 좀 봐라!" 정도가 된다. 나가지 말라고 했는데 지저분한 옷으로 돌아온 아이에게 "I told you not to go outside but you did. Look at you! You're really dirty now?"(나가지 말라고 했는데 나갔다오다니. 네 꼴 좀 봐라! 이제 지저분하기까지 하는거야?)라고 할 수 있다. 이번에는 뭔가 놀랍거나 기이한 사물이나 모습을 봤을 때 Look at that!(저것 좀 봐)라고 하면 된다.

Check It Out!

Look at you! That dress makes you look so pretty. 얘 좀 봐! 이 옷 입으니 너 정말 예뻐 보여.

Oh, **look at you!** All shiny and bright. 얘좀봐! 화려하고 화사하게 입었네.

Oh, **look at the time.** I'm going to bed. 어, 시간 좀 봐. 나 잘게.

| POINT |

Look at+사람! …좀 봐라! 네 꼴 좀 봐라!

Look at+사물! 저것 좀 봐!

Speaking Skills

A: I just bought a car and an apartment.

B: **Look at you!** You're doing great.

A: I have been very lucky with finances.

B: Many people would envy the success you've had.

A: Some of it is due to working hard at my job.

B: Hard work is essential when you want to get rich.

A: 자동차와 아파트를 구입했어.
B: 얘 좀 봐! 너 아주 잘하고 있어.
A: 돈버는데 운이 아주 좋았지.
B: 많은 사람들이 네 성공을 부러워할거야.
A: 성공의 일부는 일을 열심히 해서 그런거야.
B: 열심히 일하는게 부자가 되려고 할 때 꼭 필요한거지.

A: What do you do with your food wrappers?

B: I just leave my garbage in the classroom.

A: **Look at that!** You need to pick it up.

B: But the cleaning ladies will take care of everything.

A: Still, you shouldn't make their job harder.

B: I know. Maybe I can try to be a little cleaner.

A: 음식포장지를 어떻게 할거야?
B: 교실 휴지통에 넣으려고.
A: 이것 좀 봐래! 너 그거 집어.
B: 하지만 청소부가 다 처리할텐데.
A: 그래도, 넌 청소부의 일을 더 어렵게 해서는 안돼.
B: 알았어. 좀 더 깨끗해지도록 할게.

I'm still working on mine

나 아직 마시고 있어

work on은 …일을 하고 있다라는 말로 주로 목적어는 the project나 the report 등이 오게 된다. 그래서 프로젝트를 완성하기 위해서, 레포트를 완성하기 위해서 일이나 작업을 하고 있다는 의미가 된다. 난 그 프로젝트 일을 하느라 밤을 샜어라고 하려면 I was up all night working on that project라고 하면 된다. 또 하나 예를 들어서 걔는 계속해서 사진작업을 하고 있어라고 하려면 She continues working on the photograph라고 하면 된다. 또한 work on 다음에는 동사의 ~ing도 올 수가 있어. We're still working on getting the next round하게 되면 우리는 아직 다음 단계일을 준비하고 있어라는 뜻이 된다. work on이 배출한 가장 출중한 문장은 I'm working on it라는 것으로 "지금 하고 있어"라는 의미이다.

이렇게 좀 진지하게 일을 하고 있다는 의미의 동사구로 생각되는 work on이 음식물을 목적어로 받을 때가 있어 좀 당황스러워질 때가 있다. 그래서 커피숍에서 남자친구가 Well, I'm gonna get another espresso. Can I get you another latte?(어, 난 에스프레소 한잔 더 마셔야겠다. 너도 라떼 한 잔 더 할래?)라고 할 때 여친이 난 아직 지금 갖고 있는거 아직 먹고 있다고 할 때 No, no, I'm still working on mine(아니, 아니, 난 아직 다 마시지도 않았는걸)이라고 쓴다. 또한 크로스워드 퍼즐을 풀고 있다고 할 때도 work on a crossword puzzle이라고 하는 것처럼 work on 다음에는 가벼운 목적어들도 나올 수 있다는 점, 그리고 이런 문장은 미국에서 아주 많이 쓰이는 표현이라는 점을 알아둔다. 마지막으로 work on sb가 되면 …을 설득하다라는 뜻이 된다.

Check It Out!

How do you like to **work on** the weekends? 주말마다 일하는 건 어때?
I will have my secretary **work on** the file. 비서보고 그 서류 작업하라고 할게.
I just don't feel up to **working on** the project. 그 프로젝트를 못할 것 같아.
Did you hand in the report you **were working on**? 네가 작성하던 보고서 제출했어?

| POINT |

work on the project 프로젝트일을 하다	**work on the case** 사건을 처리하다
work on the report 보고서를 작성하다	**work on+음식물[puzzle]** …을 먹다, …을 풀다
work on ~ing …일을 하다	**work on sb** 설득하다

Speaking Skills

A: Have you called Helen yet?
B: I'll get to it after I **work on** this report.
A: She said it was very important.
B: Is she having some kind of emergency?
A: I think she's in the hospital.
B: Oh my God, I'd better call her right away!

A: 헬렌에게 아직 전화안했어?
B: 이 보고서 작성한 후에 할려고.
A: 걔가 중요한 문제라고 했는데.
B: 뭐 위급한 문제가 있는거야?
A: 병원에 있는 것 같아.
B: 맙소사, 바로 전화해야겠네!

A: Has Aaron come out of the dining room?
B: He's **still working on** his dinner.
A: He eats slower than anyone else.
B: I know. It takes him forever to finish a meal.
A: Would you tell him I stopped by?
B: Sure, I'll let him know when he gets done.

A: 애론이 식당에서 나왔어?
B: 아직 저녁을 먹고 있어.
A: 누구보다도 천천히 먹네.
B: 그래. 식사한끼 먹는데 엄청 시간이 걸려.
A: 내가 잠깐 들렀다고 말해줄래?
B: 물론, 다 먹고 나면 알려줄게.

I'm done with the yogurt

나 요구르트 다 먹었어

be done with는 finish의 대용어로 회화에서 많이 쓰이는데 의미는 …을 끝내다, 마치다라는 의미로, be done with the report하면 레포트 작성을 끝내다, be done with my choices하면 내 결정을 내렸다라는 의미가 된다. 그래서 나 모델일은 끝난 것 같아는 I think I'm done with modeling, 난 결정을 했어, 이게 최종이야는 I'm done with my choices, these are final이라고 한다. 주로 be done with it의 형태로 많이 쓰인다. 특히 You done?(Are you done with it?)의 형태로 상대방에게 하고 있는 일을 끝냈냐고 물어보는 문장이 유명하다. finish와 마찬가지로 be done with 다음에 음식명사가 와서 …을 다먹다라는 의미로 쓰여. 네가 차를 다 마시고 나면은 when you're done with your tea라고 하면 된다.

또한 be done with는 사람이나 사물을 목적어로 받아서 끝장내다, 절교하다, …와 끝이다라는 의미로도 많이 쓰인다. I'm done with you는 절교 선언이고, I'm not done with you는 아직 얘기 끝나지 않았다, 즉 당신과 볼일이 남아 있다라는 뜻이다. 또한 I'm done with this marriage하게 되면 더 이상 희망이 없어 결혼생활을 끝낸다는 의미가 된다. 두 여자친구가 오랜만에 만난다. 한 여자친구가 옆에 있는 다른 여자를 가리키며, This is my lesbian lover라고 하자, 놀란 상대방이 Are you done with dick?이라고 할 수 있는데 이 때의 의미는 "너 그러면 거시기하고는 빠이빠이한거야" 정도로 생각하면 된다. 참고로 be done with~ 다음에는 ~ing가 올 수 있으며 be 대신에 have done with해도 같은 의미가 되나 영국식 표현이다. 참고로 음식과 어울리지 않을 것 같은 deal with가 음식을 목적어로 받아서, I can't deal with raw seafood하게 되면 난 날음식을 먹을 수는 있지만 먹는 것을 싫어한다(I don't like a food much but will still eat it)는 의미로 쓰이기도 한다는 점을 알아둔다. 자주 쓰이는 표현은 아니다.

Check It Out!

I'm **done with** my choices, these are final. 난 선택을 끝마쳤어, 이게 최종이야.
I'm **not done with** my coffee yet. 난 아직 내 커피를 다 마시지 못했어.
We're **not done with** picking out our dresses. 아직 옷을 다 고르지 못했어.

| POINT |

be done with the report 보고서 작성을 끝내다	**be done with you** 너와 끝장이다
be done with one's tea 차를 다 마시다	

Speaking Skills

A: Lucinda seems ready for a divorce.
B: I thought she and her husband were happy.
A: She said she's **done with** her marriage.
B: Do you know what happened to them?
A: She said she caught her husband cheating.
B: No wonder she's so angry.

A: 루신다는 이혼할 준비가 된 것 같이 보여.
B: 걔네 부부 행복한 걸로 생각했는데.
A: 걔는 자기 결혼은 끝났다고 말했어.
B: 걔네들에게 무슨 일이 있었는지 알아?
A: 걘 자기 남편이 바람피는 것을 잡았대.
B: 그렇게 화를 내는 것도 당연하구만.

A: Did you explain the problem to the employees?
B: I told them we were having financial problems.
A: Do you want to hold a meeting to give more details?
B: I'm **done with** discussing the situation.
A: Okay, I hope our company doesn't go bankrupt.
B: I think we'll be able to survive for a few more years.

A: 그 문제를 직원들에게 설명했어?
B: 우리에게 재정적인 문제가 있다고 말했어.
A: 회의를 열어 더 상세한 내용을 제공할거야?
B: 이 상황을 더 이상 논하고 싶지 않아.
A: 알았어, 우리 회사가 파산하지 않기를 바래.
B: 몇년간은 생존할 수 있을거라 생각해.

How are you?

안녕하세요 혹은 어때?

처음 만났을 때는 How do you do?를 그리고 두번째 이후부터는 How are you?라고 한다고 영어를 배웠다. 실제 How do you do?는 formal한 표현으로 상대방이 직접 자기 소개를 하거나 제 3자가 상대방을 소개할 때 처음보는 상대방에게 던지는 표현은 맞으나 아주 예의를 갖춘 표현이다. 대신 How are you?를 비롯하여, 교과서에서 해방된 이후에는 How are you doing?, What's new?, What's up? 등 인사표현이 있다는 것을 체험한다. 다만 여기서는 인사의 다양함을 언급하려는 것이 아니라 How are you?나 How are you doing?의 쓰임새이다. 물론 가장 많이 캐주얼하게 만났을 때 하는 인사로 Hey, how are you? It's good to see you(안녕, 만나서 반가워)나 Hey, you. How are you doing?(안녕, 어때요?)처럼 만나서 안부를 물어보는 표현이 절대적으로 많이 쓰이지만 이 고정관념을 깨야 될 때가 되었다는 점이다. 다시 말해서, 우리는 아는 사람이든 처음보는 사람이든 만날 때 인사로만 알고 있는데, 미드나 영화를 보다보면 계속 대화를 하는 도중에도 How are you?나 How are you doing?이 쓰인다는 점이다. 이때는 인사가 아니라 상대방이 괜찮은지, 어디 아프지 않은지 등을 물어보는 문장이 된다. How are you?를 고집스럽게 만남인사로만 알고 있는 사람들은 조금 의아해할 수도 있는 부분이다. 예를 하나 들어보자면, 상대방에게 좀 놀란 소식을 전하고는 상대방 표정이 달라지자, So, how are you doing?(그래, 괜찮아?)라고 물어보는 것이고 상대방은 I'm fine, just a little tired라고 말할 수 있다.

Check It Out!

Um, so, **how are you?** You look good. 어, 안녕. 좋아보인다.
So, **how are you?** How was your day? 그래, 오늘 어땠어?
You're up. **How are you?** 일어났네. 어때요?

| POINT |

How are you? 안녕?, 괜찮아?

How are you doing? 안녕?, 괜찮아?

Speaking Skills

A: You haven't been at school for a week.
B: I had a bad case of the flu.
A: **So how are you now?** Are you healthy?
B: I'm weak, but I'm starting to feel better.
A: Make sure to drink a lot of liquids.
B: I'm doing that, plus I'm taking vitamin C.

A: 넌 일주일간 학교에 나오지 않았어.
B: 독감에 걸렸어.
A: 그럼 지금은 어때? 다 나은거야?
B: 아직 힘들지만 나아지기 시작하고 있어.
A: 물을 많이 마시도록 해.
B: 그렇게 하고 있고, 게다가 비타민 C도 먹고 있어.

A: Jim and I broke up last weekend.
B: **How are you?** It must have been heartbreaking.
A: It really sucks. I feel so sad most of the time.
B: It's not easy to end a relationship.
A: Everything reminds me of the things we did together.
B: I know, but you'll feel better in time.

A: 짐과 난 지난 주말에 헤어졌어.
B: 괜찮아? 마음이 많이 상했겠다.
A: 정말 그지 같아. 계속해서 우울해.
B: 관계를 끝내는 것은 쉽지 않아.
A: 모든 것들이 우리가 함께 한 일들을 생각나게 해.
B: 그래, 하지만 시간이 되면 나아질거야.

Have you been feeling different than usual?

평소보다 느낌이 달라졌니?

문장에 틀린 점이 있는 것 같이 보인다. different from이 맞는데 different than이라고 쓰였다는 점이 어렵지 않게 눈에 뜨인다. than은 비교급과 함께 쓰이는 상관 접속사이고, different가 「대상」을 나타낼 때는 주로 from을 이용한다는 것도 사실이다. 하지만 "Purchasing a home in Seoul is completely different than in the US"라는 문장도 틀린 것은 아니다. 이게 도대체 무슨 말이냐고 생각할 수도 있다. 우리가 흔히 「A는 B와 다르다」(A is different from B)라고 말을 할 때, 이는 「A를 B와 비교해보니 같지 않더라」는 얘기이다. 이렇듯 different는 그 단어 자체에 비교의 의미를 포함하고 있는(a little like a comparative) 형용사이기 때문에, 미국에서는 from 뿐만 아니라 비교급 상관 접속사 than을 이용해 different의 대상을 나타내는 경우가 많다. 하지만 영국에서는 사정이 좀 다르다. 기본적으로 different from을 쓴다는 점은 같지만, "He's different than I anticipated"와 같이 비교대상이 절(節)인 경우를 제외하고는 different than을 거의 쓰지 않고 대신 different to가 널리 사용된다. different가 특별한 이유, 한 가지 더! 앞서 말한 것처럼 different에는 비교의 의미가 포함되어 있기 때문에 다른 형용사들과는 달리, any, no, little, (not) much 등의 「비교급 수식 부사」의 수식을 받을 수 있으며, 또 한편으로 비교급과 달리 very의 수식도 받을 수 있다는 특징이 있다.

Check It Out!

Little **different from** the way I heard it. 내가 들은 거와 다르지 않아.
It couldn't be more **different from** living in L.A. LA에서 사는 것과는 전혀 딴판일거야.
Our hotel was **different than** others. 우리가 머문 호텔이 다른 호텔과 달랐어.
You are no **different than** the rest of them. 넌 다른 사람들과 하나도 다르게 없어.
Their relationship is totally **different than** before. 그들의 관계는 예전과는 전혀 딴판이야.

| POINT |

be different from = be different than~

Speaking Skills

A: How was the music concert you attended?

B: It **was different than** what we expected.

A: Oh yeah? How was it different?

B: The band wore strange costumes.

A: How was the music? Was it good?

B: It was okay. It wasn't anything special.

A: 너 갔던 음악콘서트 어땠어?
B: 우리가 예상했던 것과 달랐어.
A: 어 그래? 어떻게 달랐는데?
B: 연주자들은 이상한 의상을 입고 있었어.
A: 음악은 어땠는데? 좋았어?
B: 괜찮았지만 뭐 특별한 것은 없었고.

A: Our vacation at the beach was disappointing.

B: I'm sorry to hear that. What went wrong?

A: Our hotel **was different than** others.

B: You mean it was worse?

A: Yes. It was dirty and too noisy to sleep.

B: Sounds like it was a terrible place to stay.

A: 해변에서의 휴가는 실망스러웠어.
B: 안됐네. 뭐가 잘못되었는데?
A: 우리가 머문 호텔이 다른 호텔과 달랐어.
B: 더 나빴다는거야?
A: 어, 깨끗하지도 않고 너무 시끄러워서 잠을 잘 수가 없었어.
B: 아주 으악인 곳에 머문 것 같구나.

~ took a vitamin, mineral, or herbal supplement in the past three

months 지난 3개월간 비타민, 미네랄 또는 생약성분의 식품보조제를 복용했다

"~ took a vitamin, mineral, or herbal supplement in the past three months"라는 부분이 있는데, 「지난 석달 동안」이라는 표현에 왜 전치사 for가 아닌 in이 쓰인걸까? 먼저 전체 문장을 보자면 "A recent survey shows that 63% of consumers took a vitamin, mineral, or herbal supplement in the past three months"라는 것이다. 우리말로 옮겨보자면 「최근의 설문조사(recent survey)에 따르면, 전체 소비자들 중 63%가 지난 석달 동안(in the past three months) 비타민, 미네랄 또는 생약 성분의 식품 보조제를 복용했다(took a supplement)고 한다」라는 의미이다. 그럼 이제, 왜 for가 아니라 in이 쓰였는지 알아보자. 먼저 for는 for his vacation, for three weeks하는 식으로 「…동안」이라는 「기간」을 나타낼 때 쓰이는 전치사이다. in 역시 in four weeks와 같이 「…동안」이라는 의미로 쓰이거나 in the morning과 같이 「…에」라는 시점을 표현할 때 쓰인다. 또한 현재를 기준으로 「…후에」라고 표현할 때도 in이 쓰이기도 한다. 그런데 일정기간 동안에 어떤 행동이나 상태가 쭉 계속되는 게 아니라, 한번으로 끝나는 행동이나 사건이 발생한 것을 말할 경우에는 for 대신 in을 쓴다. 이 문장에서도 「식품보조제를 복용하는」(take a supplement) 행동은 한번 복용했든 여러번 복용했든, 그 기간 동안 계속되지 않고 어떤 시점에 일어난 행동이므로, 「지난 석달 동안」이라는 의미로 for the past three months라고 하지 않고 in the past three months라고 해준 것이다. 한가지 더 예를 들어보자면, 앞으로 3주간 휴가이다라고 할 때는 3주간 계속되는 것이므로 He's going to be on vacation for the next three weeks라고 해야 하며, 지난 2년 동안 우리는 결원을 보충하는 데 별 어려움이 없었다라고 할 때는 2년동안 지속적으로 한 행위가 아니므로 전치사 in을 써서 We haven't had any problems filling positions in the past two years라고 하면 된다.

| POINT |

for+기간명사 그 기간동안 계속되는 행위일 때("for" indicates something was continuous)

in+기간명사 그 기간동안 상태가 계속되는 것이 아니라 제한적 횟수로 끝나는 경우("in" could indicate any time during that period, it could have been one time, it could have been sporadic, it could have been continuous. It is not specific)

Speaking Skills

A: Wow, this medicine tastes terrible.
B: How long do you have to take it for?
A: The doctor said to take it **for a week.**
B: Is it making you feel any better?
A: It is. I feel like I have a lot more energy.
B: Great. That must mean it's working.

A: 와, 이 약 정말 쓰다.
B: 얼마동안이나 복용을 해야 하는데?
A: 의사는 일주일간 계속 먹으라고 했어.
B: 약 먹으면 좀 괜찮아져?
A: 좋아져. 힘이 넘쳐나는 것 같아.
B: 잘됐네. 효과가 있다는 말이네.

A: I remember the restaurant on the corner.
B: We liked to go there **in our college years.**
A: The food was the best in the area.
B: And it was cheap too. Everyone could afford it.
A: Should we eat lunch there today?
B: Why not? It will be fun to go there again.

A: 모퉁이에 있던 식당이 기억나.
B: 대학시절에 거기에 가기를 즐겨했지.
A: 그 지역에서 맛은 최고였어.
B: 그리고 가격도 저렴하고, 누구든 사먹을 수 있었지.
A: 오늘 거기에 가서 점심먹을까?
B: 물론이지. 다시 가보는 건 재미있을거야.

As usual he's being stingy like Scrooge

보통 걘 스쿠루지 같은 구두쇠야

흔히 「평소와 같이」라고 할 때 as usual이라는 말을 쓰는데, like도 「…처럼」이라는 뜻이 있어 like usual 이라고 해도 된다. 「…처럼」, 「…와 마찬가지로」(similar to, the same as)라는 뜻으로 문장에서 쓰일 때 의 as와 like는 현대에 와서는 거의 구별없이 쓰이고 있는 추세이다. 물론, as usual이라든가 as always 같은 경우는 이미 사람들 입에 익어서 관용구처럼 쓰이므로, like usual이라고 하면 as와 like를 구별하 지 않고 쓰는 외국인들 조차도 어색해 할지도 모른다. 하지만 위 두 표현은 모두 informal하며 as usual이 훨씬 많이 쓰인다. 결론부터 말하자면, like는 「전치사」이고, as는 「접속사」라는 사실이다. 따라서, like 뒤 에는 「명사나 대명사, 또는 명사 상당어구(~ing, etc)」가 와야 한다. 예를 들어, "He's being stingy like Scrooge"라고 해야지 "~ as Scrooge"라고 해서는 안된다는 얘기이다. 반면, as는 접속사이니 "You do as you want"와 같이 「절」(S + V)을 수반해야 한다. 이와 같은 as의 성격을 잘 반영하고 있는 표현으 로 우리가 실전에서 유용하게 쓸 수 있는 것은 as you know, as I said, as I expected 등이 있으니, 통 째로 외워두고 자주자주 써보기 바란다.

그런데, 만일, as를 like와 같은 패턴으로 사용하고 싶다면, 그 때는 "Joseph is as handsome as Bruce Willis"와 같이 '(not) as … as,' 'not so … as,' 'the same (…) as'와 같은 꼴로 써야 한다. 그래 서, 'for example'과 같이 구체적으로 일례를 들어줄 때는 'like + 명사, ' 또는 'such as + 명사'도 사용 해본다. 참고로, as가 그 홀로 전치사로서 「명사」를 수반하는 경우가 있기는 한데, 이때는 「…로서」(in the position of, in the form of)라는 뜻이 된다. 예를 들어, "During the war this hotel was used as a hospital"이라고 하면, 전쟁동안 그 호텔은 정말 병원으로 이용되었다는 얘기인 반면, "Everyone is ill at home. Our house is like a hospital"이라고 하면 단지 집이 꼭 병원같다는 얘기이지, 진짜 병원은 아닌 것이다. 끝으로, 현대에 와서는 like 뒤에도 「절」을 쓰는 경우가 흔히 있고, 심지어는 formal English에서 조차도 like 뒤에 「절」을 갖다붙인 모습을 종종 볼 수 있기도 한다.

Check It Out!

Susan was late to class, **as usual.**   수잔은 여느 때처럼 수업에 늦었어.
There are some problems, **like** absent employees.   문제들이 있어, 결근하는 직원들처럼.

| POINT |

like[전치사]+명사[~ing]   **as[접속사]+ S+V**

Speaking Skills

A: Being a manager really gives me a headache.
B: Why do you say that?
A: There are some problems, **like** absent employees.
B: What are you going to do about that?
A: I have to fire them and hire someone else.
B: Hopefully none of them are your friends.

A: 매니저가 되니 머리가 정말 뽀개진다.
B: 왜 그런 말을 하는거야?
A: 문제들이 있어, 결근하는 직원들처럼.
B: 그 문제는 어떻게 처리할거야?
A: 그들을 해고하면 다시 채용해야지.
B: 그들 중에 네 친구가 없기를 바래.

A: The level of the river gets high sometimes.
B: Yes, **like** after rainstorms.
A: Remember when it rained for three days?
B: The river went over its banks and flooded the town.
A: That was a bad situation. Many people were stranded.
B: They need to figure out a solution to that problem.

A: 때때로 강의 수위가 높아져.
B: 어, 폭우가 쏟아진 후에 처럼.
A: 3일 동안 비가 내렸던 때 기억나?
B: 강이 범람해서 마을이 침수됐지.
A: 아주 안좋은 상황였지. 많은 사람들의 발이 묶였었지.
B: 그 문제에 대한 해결책을 찾아내야 할거야.

It's right in here

그건 여기 안에 있어

어떤 때는 here를 또 어떤 때는 in here를 써서 헷갈리는 경우가 있다. 여기서 확실하게 정리하기로 한다. here, there는 알고 있는 것처럼 여기, 저기를 말하며, 전치사 in이 붙어서 in here, in there하게 되면 여기의 안, 거기의 안이라는 뜻이 된다. 뭔가의 안이라는 뜻으로 뭔가는 작은 박스나 차가 될 수도 있으며, 혹은 아파트나 건물과 같은 큰 공간이 될(it just indicates someone or something is inside of something, whether it's an object like a box or car, or a larger area like an apartment or building) 수도 있다. 그래서 회의실 안에 의자가 부족할 때는 There aren't enough chairs in here라고 말하면 된다. 하지만 here에는 여기라는 장소나 회사 등을 지칭할 수도 있기 때문에 너 여기서 일해?라고 물어볼 때는 Do you work in here?가 아니라 Do you work here?로 써야 된다는 점을 주의해둔다.

Check It Out!

We're just hanging around **here**. 그냥 여기저기 시간때우는 중이야.

Hey, keep it down **in here**! We got a noise complaint.
야, 좀 조용히 해라! 시끄럽다고 불만이 들어왔잖아.

It's not every day we get someone famous **in here**.
여기에 유명인사를 모시는 것은 매일 있는 일이 아니지.

I used to hitchhike **there** when I was a kid. 어렸을 때 거기서 히치하이크하곤 했어.

You really do have everything **in there**, don't you?
너 그곳에 필요한 것들을 정말 다 갖추었구나, 그지 않아?

| POINT |

here 여기	**in here** 여기에, 여기 안에		
there 저기	**in there** 저기에, 저기 안에		

Speaking Skills

A: Do you need to use the cord to my computer?

B: Yes. My battery is low. Where is the cord?

A: It's right **in here.** It's already plugged in.

B: I will only need it for thirty minutes or so.

A: Will that completely charge your battery?

B: The battery charges to one hundred percent quickly.

A: 컴퓨터 연결선 사용해야 돼?
B: 어, 내 배터리가 없어서. 선이 어디 있어?
A: 이 안에 있어. 벌써 꽂혀 있어.
B: 30분 정도만 필요해.
A: 그럼 너 배터리가 완전히 충전되는거야?
B: 배터리는 빠르게 100%로 충전돼.

A: I need to find my spare set of keys.

B: They may be on the table in the living room.

A: Thanks. I'll go and check.

B: Are they **in there?** Do you see them?

A: No, they aren't here. I don't know where they are.

B: Let's check to see if you dropped them in another room.

A: 내 여분의 열쇠세트를 찾아야 돼.
B: 거실 테이블 위에 있을지 몰라.
A: 고마워. 가서 확인해볼게.
B: 그 안에 있어? 보여?
A: 아니, 여기 없는데. 어디 있는지 모르겠어.
B: 네가 다른 방에 떨어트렸는지 확인해보자.

I made a trip to the restroom

화장실 갔다왔어

travel이나 trip은 일상에서 벗어나 여유를 찾는 여행(going somewhere for pleasure)이라는 정의로 머리속에 박혀 있어서 네이티브가 "나 화장실 다녀왔어"라는 의미로 I made a trip to the restroom이라고 할 때 "나 화장실에 여행갔었어"라는 말로 해석하면서 혼란스런 상태에 빠질 수도 있을 것이다. 여기서 꼭 알아두어야 할 것은 travel이나 trip은 우리가 일반적으로 알고 있는 것처럼 여행(가다)라는 의미로 많이 쓰이지만, 특정한 목적으로 한 장소에서 다른 장소로 이동하는(While travel or a trip often refer to a vacation, they can also mean a person is simply going from one location to a different location, without being on vacation) 것을 뜻하기도 한다는 점이다. 그래서 강남까지 가는 것은 한시간 걸리는 "The trip to Gangnam takes an hour," 그리고 우리는 할머니 집에 갈거야는 "We'll travel to Grandma's house"로 할 수 있다는 것이다.

Check It Out!

How was your **trip** to Hollywood? 헐리우드 여행갔던 거 어땠어?

I thought you were looking forward to this **trip.** 난 네가 이번 여행을 무척 기다리는 줄 알았어.

It's worth a **trip** to check out the exhibit. 전시물을 둘러볼 가치가 있어.

You never told me about your **trip** to the fortune teller.

너 점쟁이 만나고 온 이야기 내게 말하지 않았어.

| POINT |

trip	여행, 한 곳에서 다른 곳으로의 이동
travel	여행, 한 곳에서 다른 곳으로의 이동

Speaking Skills

A: Do I need to drop these off at Jack's house?

B: You only need to **travel** to his office.

A: Does he work downtown?

B: His office is in a building just off Main Street.

A: That means I can take the subway there.

B: It probably will only take twenty minutes travel time.

A: 이것들을 잭의 사무실에 갖다 줘야 돼?
B: 걔 사무실까지만 가면 돼.
A: 걔 시내에서 일해?
B: 메인스트리트에서 조금 벗어난 빌딩에 사무실이 있어.
A: 그럼 지하철 타고 가도 되겠네.
B: 거기 가는데 20분 정도 걸릴거야.

A: Right now my stomach has begun to hurt.

B: You'd better take a **trip** to the bathroom.

A: It's probably the food I ate for lunch.

B: Do you think you have food poisoning?

A: Yeah, because I felt fine a few hours ago.

B: Hmm, maybe you'd better visit a doctor instead.

A: 이제 배가 아프기 시작했어.
B: 화장실에 다녀와라.
A: 점심때 먹은 것 때문인 것 같아.
B: 식중독인 것 같아?
A: 어, 몇시간 전에는 괜찮았거든.
B: 그럼 대신 병원에 가보는게 낫겠어.

Have you Facebooked with them?

걔네들과 페이스북해봤어?

품사에 대한 고정관념에서 벗어나 유연한 사고방식이 필요한 부분. 실생활영어에서는 각 단어별 품사 전이가 상당히 빈번한데 명사, 형용사, 부사로만 알고 있는 단어가 동사로 쓰이거나, 접속사나 동사가 명사로 쓰이는 경우도 종종 있다. 먼저 명사로만 알고만 있던 단어가 동사로 쓰이는 경우이다. 극단적으로 말하면 거의 모든 명사는 동사로 쓰인다고 할 정도로 많은 명사들이 그 갖고 있는 기능을 의미로 동사로 쓰인다. 언어가 편리함을 추구하는 현상의 하나이다. 예를 들어 truck은 트럭으로 끌다, party는 파티를 하다라는 뜻이 된다. 그래서 트럭으로 이 기장비를 창고로 옮겨줄래?라고 하려면 간단히 Can you truck this gear to the warehouse?라고 하면 되고 또한 파티할 준비됐어?라고 하려면 뭐 어렵게 생각할 필요없이 Are you ready to party?라고 하면 된다.

또한 최근에 등장한 IT분야의 명사들도 편하게 명사들을 동사로도 사용하고 있다. 잘 알려진 이메일은 보내다라는 뜻의 email, 텍스트 문자를 보내다라는 text (message), 그리고 Google을 동사로 사용하면 구글검색을 하다가 되고 facebook을 동사로 페이스북을 하다라는 의미로 쓰이고 있다. 한편 walk의 경우 이미 동사로써 활약하고 있고 우리는 걷다라는 자동사로만 알고 있지만 실제 영어에서는 walk sb하면 …함께 어디까지 걸어가다라는 타동사로 쓰인다. 물론 sb 대신에 애완동물이 나온다면 산책시키다라는 의미. 그래서 여기까지 나를 바래다줄 필요는 없었는데라고 하려면 You didn't have to walk me all the way back up here라고 하면 된다.

Check It Out!

Have you Facebooked with them? 걔네들과 페이스북해봤어?
I friended them and we stay in touch. 걔네들과 친구맺었고 계속 연락을 취하고 있어.
We're booked solid for the next month! 우린 다음 달 예약이 꽉 찼어!

| POINT |

text (message) 문자메시지를 보내다		**man** 배치하다	
party (파티에서) 신나게 놀다		**book** 예약하다	
house v. 소장하다, 제공하다		**walk** …를 산책시키다, 걸어서 바래다 주다	
Google 구글검색을 하다		**facebook** 페이스북을 하다	

Speaking Skills

A: I had a great time with my friends this weekend.

B: What do you guys do when you get together?

A: We all like to **party.**

B: Does that mean you drink a lot?

A: Sure, we drink and go out to nightclubs.

B: What a great way to meet girls.

A: 이번 주말에 친구들과 아주 즐거운 시간을 보냈어.
B: 너희들 모이면 뭐하니?
A: 우리들은 모두 파티하는 걸 좋아해.
B: 그 말은 술을 마신다는거야?
A: 그럼, 술마시고 나이트클럽에 가.
B: 여자들 만나는 아주 멋진 방법이구만.

A: I see you met Hank and Sara during the holiday.

B: They are really nice people.

A: **Have** you **Facebooked** with them?

B: I **friended** them and we stay in touch.

A: Maybe you can plan to meet them again soon.

B: We may go on vacation together this summer.

A: 휴일에 행크와 새라를 만났다는거지.
B: 걔네들 정말 착한 사람들이야.
A: 걔네들과 페이스북해봤어?
B: 걔네들과 친구맺었고 계속 연락을 취하고 있어.
A: 곧 걔네들과 다시 만나도록 해봐.
B: 이번 여름에 휴가를 함께 보낼지도 몰라.

Could you forward it to me?
내게 보내줄 수 있어?

명사가 명사의 원래 의미를 밑천 삼아 동사로 쓰이는 것은 어느 정도 이해가 되지만, 지금부터 말하려고 하는 형용사, 부사의 변신, 그리고 접속사, 전치사의 변신은 더욱 놀랍다. 먼저 up은 동사로 상승시키다, 인상하다라는 의미로 쓰여서, 그는 서비스 비용을 인상했어라고 하려면 He upped the price of his services라고 하면 되고 반대로 down은 굴복시키다, 쭉 들이키다, 그리고 수줍은이라는 의미의 shy는 shy away from의 형태로 …을 피하다라는 뜻이 된다. 그래서 그들은 모두 카메라를 피해는 They both shy away from the camera라고 하면 된다. 또한 okay 역시 동사로 찬성하다, 동의하다라는 의미가 되어, 그 프로젝트를 승인하는데 며칠 걸렸다라고 하려면 It took several days to okay the project라 하면 된다. good의 비교급인 better 역시 동사로 쓰이는데 개선하다(improve), 능가하다(surpass)라는 의미로 쓰인다. 우편물을 회송하다라고 잘 알려진 forward는 역시 이 카데코리에 속한다.

한편 접속사로만 알고 있던 while은 명사로 잠시라는 의미로 worth sb's while(…할 가치가 있는)이라는 형태로 쓰이며, 더 놀랍게도 동사로도 쓰여 우리는 호수에서 일요일 오후를 한가하게 보냈다라고 하려면 We whiled away the Sunday afternoon sitting by the lake라고 하면 된다. 그밖에 if, but, how, why 등이 명사로도 자주 쓰인다는 점을 알아두자.

Check It Out!

I had put in a request to have all my mail **forwarded.** 우편물을 모두 전송해달라고 공식요청했어.
She started freaking out on me, so I **backed off.** 걔가 내게 한바탕하길래 내가 물러섰어.
Peter **shies away from** attending parties. 피터는 파티에 참석하는걸 피해.

| POINT |

up 인상하다	**down** …을 쭉 들이키다, 굴복시키다
forward … 앞으로 회송하다	**back** 후원하다, 지지하다
better 개선하다, 능가하다	**brave** …에 용감하게 맞서다
shy away from 피하다	**ifs and buts** 변명, 구실
Not so many buts, please '그러나'라고 말하지 말게	
the hows and the whys 방법과 이유	

Speaking Skills

A: Why hasn't the project been started?
B: My boss is still looking over the plans.
A: We really need to hurry up and begin.
B: We're just waiting for him to **okay** the project.
A: How long is it going to take?
B: I think he'll finish reviewing them in a few days.

A: 왜 그 프로젝트가 아직 시작하지 않았지?
B: 사장이 아직 그 계획들을 검토하고 있어.
A: 우리 정말 빨리 서둘러 시작해야 되는데.
B: 사장이 프로젝트 승인을 하기까지 기다리고 있어.
A: 얼마나 걸릴까?
B: 며칠후면 검토를 끝낼 것 같아.

A: I need some help with my math homework.
B: I have a math tutorial computer program.
A: Could you **forward** it to me?
B: Sure. Do you have the same e-mail address?
A: It's the same one I used last week.
B: Alright, I will send it to you tonight.

A: 내 수학숙제하는데 도움이 필요해.
B: 나한테 수학과외 컴퓨터 프로그램이 있어.
A: 내게 보내줄 수 있어?
B: 그럼. 이메일 바뀌지 않았지?
A: 지난주에 썼던 거와 똑같아.
B: 알았어, 오늘밤에 보내줄게.

It was a really good buy

정말 싸게 산거야

이번에는 거의 생각없이 사용하는 초기본동사인 have, go, take, say 등의 단어들이 명사로 쓰이는 경우이다. have[get] a say하면 말할 권리가 있다, a good buy는 싸게 산 물건, 그리고 bank run은 예금인출사태를 뜻한다. 또한 take는 의견이라는 명사로 주로 What's your take on sth?의 형태로 상대방의 의견을 물어볼 때 자주 사용된다. 또한 on the go는 계속하여, 끊임없이, 그리고 do and don't는 지켜야 할 사항, 규칙을 뜻하고 on the make는 계속 분주하게 활동 중인, on the move는 움직이고 있는, 나아가고 있는 그리고 in the know는 사정을 잘 알고 있는이라는 의미이다. 또한 조동사 must가 명사로 꼭 해야 되는 것이라는 의미로 Sth is a must (for)라는 형태로 즐겨 사용된다.

한편 아연실색케하는 경우도 있는데 이는 단어의 약어가 동사로도 쓰인다는 점이다. 대표적인 것으로는 identification의 약어인 ID가 동사로 신원확인을 하라라는 의미로 쓰인다. 그래서 우리는 아직 공식적으로 그 사람의 신원을 파악못했어는 We haven't formally IDed him yet이라고 하면 된다. 하나 더 살펴보자. temporary의 약어인 temp가 동사로 임시직으로 일하다라는 뜻으로 쓰여서 그들은 크리스가 우리 사무실에서 임시직으로 일할 때 만났어라고 하려면 They met when Chris temped in our office라고 한다.

Check It Out!

At 40 percent below market, this is **a good buy.** 시세의 40%라면 잘 산 물건이지.
So, what's **your take on** this? 그래, 넌 이것에 대해 어떻게 생각해?
He's always **on the go.** 그는 늘 바삐 돌아다니죠.

| POINT |

have[get] a say in	…에 대해 말할 권리가 있다	**on the go**	계속하여, 끊임없이
do and don't	지켜야 될 규칙	**a good buy**	싸게 산 물건
bank run	예금 인출 쇄도 사태	**take**	수익, …에 대한 의견(~on)
in the know	사정에 밝은	**on the make**	분주하게 활동중인

Speaking Skills

A: Why did you decide to get a new car?

B: It was **a really good buy.**

A: They are usually expensive.

B: This one was pretty low cost.

A: How did you pay for it?

B: I had been saving money for a few years.

A: 왜 차를 새로 뽑기로 한거야?
B: 정말 싸게 산거야.
A: 보통 비싸잖아.
B: 이건 정말 가격이 저렴했어.
A: 얼마나 지불했는데?
B: 몇년간 돈을 모아왔거든.

A: This stock is going to make a lot of money.

B: Are you sure? Where did you get your information?

A: I heard it from someone who is **in the know.**

B: Do you want to invest some money together?

A: It's a good idea. We might get rich.

B: Well, let's get started!

A: 이 주식은 돈을 많이 벌어다줄거야.
B: 확실해? 어디서 그런 정보를 얻었어?
A: 사정에 밝은 사람으로부터 들었어.
B: 함께 돈을 좀 투자할까?
A: 좋은 생각이야. 우리 부자가 될지 몰라.
B: 그래, 어서 시작하자.

I really enjoyed your company

네가 동행해줘서 정말 즐거웠어

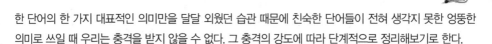

한 단어의 한 가지 대표적인 의미만을 달달 외웠던 습관 때문에 친숙한 단어들이 전혀 생각지 못한 엉뚱한 의미로 쓰일 때 우리는 충격을 받지 않을 수 없다. 그 충격의 강도에 따라 단계적으로 정리해보기로 한다.

그래도 한번 쯤은 들어봤을 만한 단어들로 case는 소송, 사건, 주장이라는 의미외에 병, 증상이라는 뜻으로도 쓰인다. company는 회사라는 뜻 외에도 동행, 손님이라는 의미로, I really enjoyed your company는 네가 동행해줘서 고마워, We're having company tonight하게 되면 오늘밤 손님이 오셔라는 문장이 된다. 여기에서 보듯이 company는 「누구와 함께 있는다」(the presence of another person)라는 추상적인 의미도 되지만 「옆에 있는, 그래서 시간을 같이 보내고 있는 사람」(the people with whom a person spends time)이라는 가산명사도 된다. 또한 complex는 비교적 잘 알려진 단어로, 콤플렉스 외에 건물이나 단지라는 의미로 쓰인다. contract는 계약이라는 기본 뜻 외에 병에 감염되다라는 의미로도 사용되어, 걘 에이즈에 감염됐어는 He contracted AIDS라고 하면 된다.

Check It Out!

I thought you could use **some company**. 난 네게 좀 친구가 있었으면 좋겠다고 생각했어.
Please **keep me company** for a while. 나랑 잠시 같이 있어줘.
Do you have someone to **keep you company** tonight? 오늘 밤 같이 있어줄 사람 있어?
I'll come and **keep you company**. 내가 가서 너랑 같이 있어줄게.
There sure **was a lot of good chemistry** between them. 그 둘은 정말 통하는 구석이 많아 보였어.

| POINT |

airs 잘난 척하는 태도		**campaign** 선거운동, 군사작전	
case 소송, 사건, 주장, 병		**chemistry** 화학, 죽이 맞음	
company 회사, 동행, 손님		**complex** 콤플렉스, 건물, 단지	
contract 계약, (병에) 감염되다		**dress** 옷, 치료하다	
ground 지상, 외출금지시키다		**hear** 듣다, 사건을 심리하다	
kill 죽이다, 시간을 때우다			

Speaking Skills

A: I'm thinking about asking Kathy to marry me.

B: That sounds terrific. It's a big step.

A: We get along well and understand each other.

B: You two always seemed to **have good chemistry.**

A: You're right. I think we are a good match.

B: When do you think you'll have the wedding?

A: 케이시에게 결혼하자고 할 생각이야.
B: 끝내주는데. 장족의 발전이네.
A: 우린 서로 잘 지내고 서로 이해를 잘해.
B: 너희 둘은 항상 잘 통하는 것 같았어.
A: 맞아. 우리는 아주 잘 어울린다고 생각해.
B: 언제 결혼할 것 같아?

A: My parents both came down with the flu.

B: Where did they get it from?

A: They **contracted** it while in the hospital.

B: Were they being treated there for an illness?

A: No, they were visiting a sick friend.

B: Well, I hope they will get well soon.

A: 부모님이 모두 독감에 걸리셨어.
B: 어디서 옮으신거야?
A: 병원에 있으실 때 감염되셨어.
B: 병원에서 치료받고 계신거였어?
A: 아니, 아픈 친구 병문안하신거야.
B: 그래, 빨리 나으시기를 바랄게.

Are you happy that you landed a new job?

새로운 일자리를 구해서 좋아?

한 단계 더 난이도가 있는 단어들로 언뜻 이해가 되지 않지만 조금 생각해보면 이해가 되는 단어들을 알아본다. carry는 나르다라는 기본 의미외에 상점이나 가게에서 특정물품을 취급한다라는 의미로도 쓰인다. 또한 deliver는 물건을 나르다, 약속을 이행하다라는 의미 외에 분만하다, 아기를 받다라는 뜻으로 사용된다. 기본동사 find 역시 명사로 발견물이라는 의미로 쓰여 That old book is a real find하게 되면 그 고서는 정말 대단한 발견물이라는 문장이 된다. 역시 기본동사인 keep 또한 명사로 쓰여 일해서 생활비를 벌어라라고 하려면 Work for your keep이라고 한다. 또한 착륙하다라는 land는 동사로 land a good job하면 좋은 일자리를 얻다라는 의미가 된다.

한편 line은 줄, 대사 외에 특정 상품군을, report는 보고하다, 찌르다, return은 명사로 이익을, rich는 풍부한, second는 지지하다, 그리고 좀 어렵지만 total은 동사로 완전히 파괴하다라는 의미로 각각 쓰인다. 그래서 사고로 그의 차는 전소됐어라고 하려면 His car was totaled in the accident라고 하면 된다.

Check It Out!

We can **grab a bite to** eat before we go. 가기 전에 뭐 좀 먹고 가자.
Are you happy that you **landed a new job?** 새로운 일자리를 구해서 좋아?
They **carry** eating utensils. 식기류를 취급해.
You know there's always **room for** you here. 네 자리는 항상 비워둔다는 걸 알잖아.

| POINT |

carry 나르다, (상품을) 취급하다		**deliver** 나르다, 분만하다	
bite 먹을 것		**character** 기인, 괴짜	
find 희한한 발견물, 횡재		**total** 완전히 파괴하다	
labor 분만		**land** 손에 넣다	
line 줄, 대사, 상품군		**move** 제안하다	
return 돌려주다, 이익		**rich** 풍부한	
room 여지		**second** 찬성하다, 지지하다	

Speaking Skills

A: Let's head over to the department store.

B: You've got to buy some things for your apartment.

A: Do they have dishes and silverware?

B: Yeah, they **carry** eating utensils.

A: Great. Is there anything else that I need?

B: I think you should buy a coffee maker too.

A: 백화점으로 가자.
B: 너 아파트에 놓을 것 좀 사야지.
A: 접시와 은식기류도 파나?
B: 그럼, 식기류를 취급해.
A: 좋아. 내가 필요한 다른게 더 있나?
B: 커피메이커도 사지 그래.

A: Why are you staying up so late?

B: I have to prepare for a big interview.

A: You shouldn't exhaust yourself.

B: I'm only doing it to **land a job.**

A: What kind of job do you want to get?

B: I'm trying to get a position as an engineer.

A: 왜 그렇게 늦게까지 안자?
B: 중요한 인터뷰를 준비해야 돼.
A: 지치면 안되잖아.
B: 난 직장을 잡기 위해 그러는거야.
A: 어떤 직업을 잡고 싶은데?
B: 엔지니어 일을 잡을 생각이야.

They said your dress was loud

네 옷이 야하다고 했어

이번에는 배신의 정도가 가장 큰 단어들로 어떻게 이런 의미로 쓰이는지 잘 이해가 가지 않는 단어들도 포함된다. 던지다라는 cast는 팔다리에 하는 깁스를, catch는 명사로 대단한 것, 좋은 결혼상대를, constitution은 체질, 체격을, credit는 명사로 자랑거리를 뜻한다. 더 나열해보자. draw는 무승부를, What's eating you?가 떠오르는 eat은 괴롭히다, 초조하게 하다, 그리고 fast는 부사로 꽉, 단단히라는 의미로 쓰인다. literature는 광고전단지, magazine은 탄창, 무기고, loud는 옷이 야한 그리고 성숙한 이라고 알고 있는 mature는 (어음의) 만기가 되다라는 뜻으로 사용된다. 그래서 이 채권은 3년 만기이다라고 하려면 This bond matures in three years라고 하면 된다. 그밖에 period는 여성의 생리기간을, traffic은 마약 등을 불법거래하다, warm은 정답에 가까운이라는 의미로 각각 사용된다.

끝으로 제대로 뒤통수 치는 단어들로는 honor가 수표나 어음을 지급하다, yield는 투자수익, 이율을 utility가 수도, 가스 등의 공익사업을 그리고 policy가 엉뚱하게도 보험증서를 뜻하기도 한다. 또한 grace는 (지금)유예를, proceeds는 수익을, season은 단련하다, 양념으로 간을 맞추다, deed는 행위, 증서, conflict는 약속이 겹치다, real은 부동산의, sole은 밑창을, courtesy는 예의바름, 무료 등 언뜻 연상하기 어려운 단어들도 많이 있다. 따라서 알고 있는 의미의 단어로 해석해도 안되는 문장이 있다면 언제든지 사전을 펼쳐봐야 한다. 사전은 모르는 단어만 찾아보라고 있는 것은 절대 아니기 때문이다.

Check It Out!

What's **eating** you? 뭐가 문제야?, 무슨 걱정거리라도 있어?
Have the **courtesy** to make noise elsewhere. 다른 데 가서 떠드는 예의를 좀 지켜라.
The hockey game ended **in a draw.** 그 하키게임은 무승부로 끝났어.

| POINT |

utility 공익사업		**sole** 밑창	
draw 무승부		**policy** 보험증서	
real 부동산의		**honor** 수표나 어음을 지급하다	
loud 옷이 야한		**courtesy** 예의바름, 무료	
mature (어음의) 만기가 되다		**conflict** 약속이 겹치다	

Speaking Skills

A: Lots of women want to date your brother.

B: Yeah, he's been popular with them

A: He seems to be **a good catch.**

B: He's wealthy, and he has a good job.

A: Has he been in a long term relationship?

B: No, he hasn't found the right woman yet.

A: 많은 여성들이 네 오빠와 데이트하기를 원해.
B: 그래, 오빠는 여성들에게 인기가 있어.
A: 오빠는 아주 딱 좋은 결혼상대인 것 같아.
B: 부자인데다 직장도 좋잖아.
A: 네 오빠가 오랫동안 여자를 사귄 적이 있어?
B: 아니, 아직 인연을 찾지 못했어.

A: Some people were critical of your clothing.

B: Really? They didn't like what I wore?

A: They said your dress was **loud.**

B: I thought it looked appropriate for the party.

A: Maybe you should wear something more modest.

B: Modest clothing isn't my style.

A: 일부 사람들이 네 옷에 대한 비난을 했어.
B: 정말? 내가 입는 것을 싫어한대?
A: 네가 옷을 야하게 입는다고들 해.
B: 난 파티에 적절했다고 생각했는데.
A: 너 좀 옷을 점잖게 입도록 해봐.
B: 점잖은 옷은 내 취향이 아냐.

We'd better go so we can beat the traffic

교통체증을 피하려면 서둘러 가야 돼

이기다, 때리다라는 beat이 …에 앞서 뭔가를 성공하다라는 뜻으로 쓰인 경우이다. 먼저 잘 알려진 buzzer beater를 설명하면 쉽게 이해가 될 것이다. 농구경기를 보다 보면 종료 버저가 울리기 직전에 중앙선 너머 멀리서 '밑져야 본전이지'하는 심정으로 던지는 숏이 있다. 흔한 경우는 아니지만 그게 쏘~옥 림(rim) 안으로 빨려 들어가면 그걸 두고 buzzer beater라고 한다. 하지만 멀리서 던지지 않고 상대편 골대 가까운 곳이라도 버저소리와 동시에 던져 넣은 숏이라면 buzzer beater라고 할 수 있다. 그럼 본론으로 들어가서 buzzer beater에 포함된 beat의 의미를 알아보자. beat를 「두드리다」, 「때려부수다」란 뜻으로만 이해한다면 buzzer beater는 「버저를 부수는 것」이란 우스꽝스런 의미가 될 것이다. beat는 제한된 시간(time limit)이나 특정 사건(event)을 목적어로 받아서 「…에 앞서 뭔가를 성공시키다」(succeed in doing something before ~)란 의미를 갖는다. 그러니까 buzzer beater는 「buzzer 소리를 앞질러 성공된 숏」이란 의미가 되는 것이다. 영어엔 beat의 이런 의미를 활용한 표현들이 많이 있는데 그 중 하나가 beat the (rush hour) traffic인데, 이것은 「(러시아워 이전에 가서) 교통체증을 피하다」란 의미가 되는 것이다. 또 한가지 beat the deadline의 경우엔 「마감 전에 일을 끝마치다」란 뜻이 된다.

Check It Out!

It's hard to **beat** their baseball team. 걔네들 야구팀을 이기는 것은 힘들어.

I can't **beat the commute.** 난 통근 길 교통 혼잡을 피할 수 없어.

Working at home **beats the commute** to work. 재택근무하면 출근혼잡을 안겪지.

| POINT |

beat	…에 앞서 뭔가를 성공하다
beat the traffic	러시아워 이전에 가서 교통체증을 피하다
beat the deadline	마감 전에 일을 끝마치다

Speaking Skills

A: It's already seven o'clock.

B: I need about twenty minutes to get ready.

A: We'd better go so we can **beat the traffic.**

B: You want me to get dressed faster?

A: Can you do that? The sooner the better.

B: Alright, give me five minutes and we can go.

A: 벌써 7시이네.
B: 준비하는데 한 20분이 필요해.
A: 교통체증을 피하려면 서둘러 가야 돼.
B: 나보고 옷을 더 빨리 입으라고?
A: 그럴 수 있어? 빠를 수록 좋지.
B: 좋아, 5분 후에 출발하자.

A: I've got to submit this report by five o'clock.

B: How much have you gotten done?

A: Two pages. It needs to be ten pages minimum.

B: You'll never **beat the deadline.**

A: Come on, you can give me a hand.

B: Sorry, but I have a lot of work to finish too.

A: 5시까지 이 보고서를 제출해야 돼.
B: 얼마나 했는데?
A: 2페이지. 적어도 10페이지는 되어야 해.
B: 마감 전에 일을 끝마치기 힘들겠다.
A: 그러지 말고, 날 도와줘.
B: 미안하지만 나도 마칠 일이 많아서.

I'm not judging you

널 비난하는게 아냐

voyage와 더불어 우리나라 사람들이 발음하기 난처한 judge는 보통 명사로는 판사, 동사로는 판단하다로만 알고 있는 경우가 많다. I wanna tell the judge what he did to my parents는 난 판사에게 그가 우리 부모님에게 무슨 짓을 했는지 말해주고 싶어, 그리고 Don't judge a book by its cover는 겉만 보고 사람을 판단하지마라는 의미가 된다. 하지만 I'm not here to judge you나 Who are you to judge?를 판단하다라고 해석해서는 답이 나오지 않는다. 물론 우리말에서도 판단하다라고 하면 단어의 이면에 비난하다라는 의미를 추출하지 못하는 것은 아니나 좀 더 명확하게 단어의 의미를 이해하도록 해본다. Judge는 동사로 판단하다라는 의미 외에 다른 사람의 행동이 도덕적이지 않다고, 즉 비난하다(criticize)라는 뜻으로도 많이 쓰인다는 점을 알아두어야 한다. 그래서 I'm not here to judge you는 널 비난하러 여기 온게 아냐, 그리고 Who are you to judge?는 네가 뭔데 날 비난하는거야?라는 의미가 되는 것이다.

또 한가지 의미를 놓치는 경우가 종종 있는 단어로는 report가 있다. 명사로는 레포트, 그리고 동사로는 알리다, 보도하다라라는 뜻으로 쓰이지만 경찰이나 학교 등의 기관 그리고 혹은 부모님에게 신고하다, 꼰지르다라는 의미로도 많이 쓰인다. report sth to sb의 형태로 주로 사용된다.

Check It Out!

I'm not here to **judge** you. 널 비난하러 여기 온게 아냐.

Who are you to **judge**? 네가 뭔데 날 비난하는거야?

All I'm saying is don't **judge** Chris before you get to know him. All right?
내가 말하고자 하는 건 크리스를 알기 전엔 판단하지 말라는거야. 알았어?

I POINT I

judge (sb) (…을) 비난하다

report sth (to sb) 신고하다, 꼰지르다

Speaking Skills

A: I really have to cut back on my drinking.

B: What makes you want to slow down?

A: Drinking too much has caused personal problems.

B: I'm not here to **judge you** about that.

A: I know, you've always been a good friend.

B: Is there anything I can do to help you out?

A: 정말이지 술 먹는거 좀 줄여야겠어.
B: 왜 줄이려고 하는거야?
A: 과음하게 되면 개인적인 문제들이 생기더라고.
B: 그 점에 대해 널 비난하려는 것은 아냐.
A: 알아, 넌 항상 좋은 친구였잖아.
B: 널 도와주는데 다른 뭐 내가 해야 될게 있어?

A: Karen should not be dating Alex.

B: Who are you to **judge** her choices?

A: I know Alex well. He's a liar.

B: But Karen really likes him.

A: She's going to get her heart broken.

B: Then someone should tell her that he's bad.

A: 캐런은 알렉스와 데이트를 해서는 안돼.
B: 네가 뭔데 개의 선택을 뭐라하는거야?
A: 난 알렉스를 잘 알아. 걘 거짓말쟁이야.
B: 하지만 캐런이 정말로 걜 좋아하잖아.
A: 캐런은 맘에 상처를 받게 될거야.
B: 그럼 누가 개가 좋은 애가 아니라는 것을 말해줘야겠구나.

What's the damage?

얼마예요?

damage는 손실, 손해, 피해라는 단어임에는 분명하다. What's the damage?의 경우에서도 damage 의 뜻은 마찬가지로 손실이나 피해이다. 그래서 상황에 따라, What's the damage?는 어떤 손해나 손실이 발생한 상황에서 피해가 얼마나 돼?라고 물어보는 문장일 수도 있고 아니면 식당이나 가게에서 돈을 낼 때 얼마를 내야 되죠?라고 물을 때 쓰는 구어체 문장이다. 즉 How much do I need to pay you?나 How much do I owe you?의 의미이다. 자기가 먹은 음식이나 자기가 구매하는 물품에 돈이 나가는 것을 손실이나 피해라고 하는 장난섞인 표현이다.

이런 표현법은 몇가지가 더 있는데, 먼저 요즘 사는게 어때?라고 할 때 How's the world treating you? 라고 하거나, 퇴직한 아빠에게 So Dad, how's the retired life treating you?라고 물으면 그럼 아빠, 퇴직생활이 어때?라는 의미가 된다. 또 한가지는 steal이 있는데 원래는 훔치다라는 기본 단어이지만 Can I steal you for just a minute?하게 되면 잠시만 따로 얘기할 수 있는지 여부를 재미있게 물어보는 문장이 된다.

Check It Out!

What's the damage?　얼마내야 돼요?
How's the world treating you?　요즘 사는게 어때?
Can I steal you for a just moment?　잠깐 따로 얘기할 수 있을까?
So can I steal you for lunch?　점심 같이 할래?

| POINT |

| **damage** | 피해, 내야 될 돈(비용) |
| **steal sb** | …와 잠깐 얘기하다 |

Speaking Skills

A: It's going to cost you a lot to fix this car.
B: Really? **What's the damage?**
A: It'll be well over a thousand dollars.
B: What? How come it's so much money?
A: The engine has a very serious problem.
B: Maybe it's time for me to buy a new car.

A: 이 차를 수리하는데 돈이 많이 들거예요.
B: 정말요? 얼마나 드는데요?
A: 1,000 달러 이상이 들거예요.
B: 뭐라구요? 왜 그렇게 돈이 많이 드는데요?
A: 엔진에 아주 심각한 문제가 있어요.
B: 새로운 차를 사야 할 때가 된 것 같군요.

A: Can I **steal you for** lunch today?
B: I'm sorry, I just don't have the time.
A: How about sometime later this week?
B: Okay. I'm free on Thursday afternoon.
A: Shall we meet up here?
B: Sure. We can take a taxi downtown.

A: 오늘 점심 같이 먹을 수 있어?
B: 미안, 나 시간이 없어.
A: 이번주 후반에는 어때?
B: 좋아, 난 목요일 오후에 시간이 돼.
A: 여기서 만날까?
B: 그래. 택시타고 시내로 가자.

I'm good to go

준비됐어

여기서 good은 '좋은'이라는 의미보다는 be good to+V는 …할 준비가 되어 있다라는 뜻으로 이해하면 된다. be ready to~ 나 get ready to~와 같은 표현으로 생각하면 된다. 이렇게 good을 무조건 착한, 좋은이라고만 해석해서는 안된다. 종종 우리의 뒤통수를 치는(?) 영어는 어쩌다 한번 쓸까말까한 어려운 단어들 때문이 아니라 일상생활에 너무 자주 쓰여서 '이 정도는 껌'이라고 여겼던 단어가 예상치 못한 곳에서 튀어나올 때, 그때가 가장 황당한 한 것이다. good도 바로 그런 경우이다.

크게 두 가지 의미로 쓰인다. 첫째는 모든 일이 순조롭다(everything is fine)라고 말하는 것이고 둘째는 글자 그대로 준비가 다 되었다(to express that things are ready)라는 뜻이다. 또한 인칭을 바꿔서 You're good to go라는 표현도 많이 쓰이는데, 이는 「…할 준비가 충분히 되었다」라는 말로 "해도 된다"라는 허가 및 격려의 표현이 된다. 이 표현의 유래는 군대에서 군인이 싸울 만반의 준비가 되었다(a soldier was fully prepared)라는 쓰임에서 파생된 슬랭이다. 완벽주의인 친구가 캠핑을 간다고 만반의 준비를 다해 놓고서, 친구에게 자기가 빠트린 장비가 있냐고 물어볼 때, 옆친구 왈 "No, you're good to go"라고 하며, 또한 여행준비를 하면서 가방과 여권 및 기타 물품 등을 다 챙겼다고 생각이 들 때, "I'm good to go, let's get started on our trip"라고 즐겁게 여행을 시작할 수도 있다. 주의할 점은 여기서 go를 '가다'로 해석하려고 하는 습관을 자제해야 한다는 것이다. 성적인 상황에서 "Is she good to go?"하게 되면 "할 준비가 되었냐?"고 물어보는 문장이 되기 때문이다. 또한 Good to know는 알게 되어서 다행이다[기쁘다], be too good to be true는 믿기지 않을 정도로 넘 좋은 일이 생겼을 때 쓰면 된다.

Check It Out!

I'm good to go. (갈) 준비가 됐어.
You're good to go. 해도 된다.
I'm right here and **we're good to go.** 여기 있어요, 준비됐습니다.

I POINT I

be good to go (갈) 준비가 되다, …해도 되다

Speaking Skills

A: I hardly got any sleep last night.
B: Do you need to take a quick nap?
A: No problem, **I'm good to go.**
B: Are you sure? We've got a lot of work to do.
A: Yeah. I'll drink coffee and I'll be fine.
B: If you say so. Let's get started.

A: 지난 밤에 잠을 거의 못잤어.
B: 잠깐 낮잠 좀 잘래?
A: 괜찮아, 난 준비가 되어 있어.
B: 정말야? 우리 해야 할 일이 많아.
A: 그래. 커피 마시면 괜찮아질거야.
B: 네가 그렇다면, 우리 시작하자.

A: Let's stop and get something to eat.
B: **I'm good to go** for a while.
A: Did you eat before you came here?
B: I had a large breakfast and I'm still full.
A: Well, I need something because I'm hungry.
B: Why don't you eat some fast food?

A: 멈춰서 뭐 좀 먹자.
B: 한동안은 난 괜찮아.
A: 여기 오기 전에 먹었어?
B: 아침을 거하게 먹어서 배가 아직도 불러.
A: 난 배가 고파서 뭐 좀 필요해.
B: 패스트 푸드를 좀 먹지 그래.

The man's fucking famous

그 남자 정말 유명해

you're, he's, what's, there's 등의 축약형은 익숙한데 the girl's, the employee's 같은 형태는 소유격을 제외하고는 낯설게 느끼는 분들이 종종 있다. 물론 학교에서는 대명사, 의문사, 유도부사 이외에 일반명사들은 be동사, have, 기타 조동사와 축약할 수 없다고 가르치는 게 보통이다. 하지만 The man's fucking famous(그 자식 더럽게 유명한 놈이잖아)에서 보듯 실제 미국인들은 man 같은 일반명사에도 축약형을 쓰는 경우가 흔히 있다. 다만 무작정 다 그런 건 아니고 is와 has만 예외적으로 's로 줄여 쓰는 것이다. 예를 들면 The company is ~을 The company's로, 또 The boy has been ~을 The boy's been ~으로 쓴다든지 하는 경우이다. 이처럼 학교문법이 실제 영어와 차이가 나는 경우는 얼마든지 있다. what과 how를 이용한 감탄문 중에서 「How + 형용사 + S + V」의 문형(ex. How beautiful it is!)은 현대영어에서 거의 쓰이지 않는다는 것 등이 그런 예라고 할 수 있다. 보다 실제적인 영어를 접하시려면 미국 현지에 가보는 게 제일 좋겠지만 그게 어렵다면 미드나 영화, 팝송처럼 현재 미국에서 쓰이는 표현을 접할 수 있는 것들에 보다 관심을 가지는 것도 한 방법이다.

Check It Out!

The company's losing a lot of money. 그 회사는 많은 손실을 보고 있어.

The woman's taken my new umbrella! 그 여자가 내 새 우산을 가져갔어!

The boy's been studying how to play musical instruments.
그 소년은 악기 다루는 법을 배우고 있어.

| POINT |

The girl's~

The employee's~

The company's~

The boy's been~

Speaking Skills

A: I am worried I might lose my job.

B: Why? I thought you were doing well at work.

A: **The company's** laying off some employees.

B: Oh, so you might be fired?

A: That's right. I would have no salary.

B: Don't worry, you can find another job.

A: 직장을 잃을까봐 걱정돼.
B: 왜? 난 네가 회사에서 일 잘하고 있다고 생각했는데.
A: 회사가 일부 직원들을 일시하고 하고 있어.
B: 어, 그럼 너도 잘릴 수 있는거야?
A: 맞아. 월급도 받지 못할거야.
B: 걱정마, 넌 다른 직장을 찾을 수 있을거야.

A: Your house used to be really messy.

B: I hired a neighbor's boy to come over.

A: So you've both been cleaning up?

B: **The boy's been** helping me organize things.

A: Well, it really looks great now.

B: Thanks. It has been a lot of work.

A: 예전에 네 집 정말 엉망이었는데.
B: 이웃집 소년에게 부탁해서 집에 오게 하고 있어.
A: 그럼 둘이서 청소를 했다는거야?
B: 그 소년이 내가 물건들 정리하는 것을 도와줬어.
A: 그래, 정말 이제는 뻔지르르하게 보인다.
B: 고마워. 일 많이 했거든.

Neither Gina nor her brother are going to the party

지나나 걔 동생은 파티에 가지 않을거야

"Neither A nor B ～ " 문형의 경우, 동사는 뒤의 B의 수(數)에 따른다고 배웠다. 즉, 우리말로 옮길 때 나중에 해석되는 것이 실주어가 된다는 얘기이다. 왜냐하면, 우리말의 경우 강조되거나 중심이 되는 주어가 나중에 언급되기 때문이다. 그러나 그것은 어디까지나 원칙이고, informal한 영어에서는 B가 단수라도 복수동사를 쓰는 경우가 많다. neither A nor B와 대응하는 either A or B의 경우에는 행동의 주체 내지 행동이 이루어지는 객체가 A든 B든 어쨌든 선택사항은 둘 중 하나로 국한되어지므로 원칙대로 B에 확실히 초점이 맞춰지는 반면, neither A nor B는 B가 실주어이기는 하나, 어쨌든 「A도 아니고 B도 아니고 둘 다 아니라」는 의미가 기본적으로 내포되어 있는 표현이라 그런지 원칙에 개의치 않고 복수동사를 쓰는 미국인들이 많다. 이러다가 언젠가는 복수동사를 쓰는 것이 원칙이 되어버리지나 않을런지 모른다. 이렇게 되면 neither A nor B는 주어의 수를 의식하지 말고 무조건 복수동사로 받으면 헷갈리지도 않고, 머릿속으로 한마디 한마디 생각해 가며 영작문이나 대화를 진행해 갈 경우 고민없이 신속하게 말하는데 도움이 될 것 같다. 이것은 우리도 일상생활에서 흔히 나누는 대화가 조어법에 맞지 않는 경우가 있듯 그네들 역시 마찬가지이며, 또한 문법이란 사회 일반의 「약속」이기 때문에 시대에 따라 우위가 변하기도 한다. 하지만 아직까지 이 문제에 관한 한 TOEIC에서도 원칙대로 출제되고 있는 바, 대화시에는 큰 문제가 안 되더라도 문법문제에서 만큼은 원칙에 따르는 편이 좋다. 기초문법 지식을 분명히 알아두는 것은 중요하며, 우리들 생활 가운데서 살아숨쉬고 성장 · 도태해 가는 영어의 모습을 이런 자리를 빌어 그때그때 살펴보는 것도 좋을 것이다.

Check It Out!

Neither Ken **nor** his friend, Tom are going to volunteer.   켄이나 친구 탐은 자원봉사하지 않을거야.

Neither Mary **nor** her sister are going with us to the airport.
메리나 걔 여동생은 공항에 우리와 함께 가지 않을거야.

Neither my brother **nor** his friend are in the theater.   내 형이나 그의 친구는 극장안에 없어.

I POINT I

Neither A nor B+복수동사

Speaking Skills

A: I have to talk to Simon right away.
B: **Neither** Simon **nor** his secretary are in the building today.
A: Why not? What's going on?
B: They had to attend a training course.
A: I really must contact Simon. It's an emergency.
B: Okay. Let me give you his cell phone number.

A: 지금 당장 사이몬에게 얘기해야 돼.
B: 사이몬이나 그의 비서는 오늘 빌딩안에 없어.
A: 왜 그런거야? 무슨 일이야?
B: 그들은 한 교육과정에 참석해야 했어.
A: 난 정말 사이몬과 연락을 해야 돼. 긴급상황이라고.
B: 그래. 내가 그의 핸드폰 번호를 알려줄게.

A: Nick is planning to throw a huge graduation party.
B: Yes, he told me it's going to be a lot of fun.
A: I think I will invite Gina to come with me.
B: **Neither** Gina **nor** her brother are going to the party.
A: Really? Why would she choose not to go?
B: She had an argument with Nick and is trying to avoid him

A: 닉이 성대한 졸업파티를 열 생각이야.
B: 그래, 걘 엄청 재미있을거라고 내게 말했어.
A: 지나한테 나와 함께 가자고 초대할 생각이야.
B: 지나나 걔 동생은 파티에 가지 않을거야.
A: 정말? 왜 지나가 안가기로 한거야?
B: 걘 닉과 다투어서 피하려고 하고 있어.

영어회화! 이거 알면 개이득!

알고 쓰면 더 편리한 영어스피킹기술

chapter

2

미세한 차이에 주목하라

You must quit smoking

넌 담배 끊어야 돼

조동사들의 「의무」의 용법에 대해서만 살펴보기로 한다. must, have to, should, ought to 등은 사전에 한결같이 「…해야 한다」라고만 되어 있지만 미국에서는 should와 ought to를 별 구분없이 사용하고 있으며 must와 have to의 경우에도 마찬가지이다. 따라서 크게 must와 have to, 그리고 should와 ought to, 두 그룹으로 나눠서 생각해볼 수 있다. 먼저 '강한 확신' (great confidence)을 가지고 「반드시 그래야 한다」(is forced to do)고 단정적으로 말할 때(strong or more definitely)는 must와 have to를 쓰는데 have to가 더 일반적으로 사용되며 must는 좀 더 formal한 인상을 주게 된다. 또한 일반적으로 어떤 일을 하는 게 「좋겠다」정도의 가벼운 뉘앙스일 때는 should나 ought to를 쓰는데, 아래 대화에서, A가 그냥 You should quit smoking이라고 말한 것에 반해, 의사는 직업적 확신을 가지고 You must quit smoking이라고 단정적으로 말하는 것을 통해 그 차이를 느껴보도록 한다.

A: You **should** quit smoking. 너 담배 좀 끊어야겠어.
B: The doctor says I **must** quit. 의사도 끊어야 된다고 하더라.
A: Then you **should** take his advice. 그럼 의사가 하는 말 좀 들어.

다음으로, must와 have to의 시제에 대해서도 살펴본다. 우선 「과거」시제는 반드시 had to를 써야 된다. must의 과거형이라 할 수 있는 must have p.p.는 「…했음에 틀림없다」라는 뜻으로 과거 사실에 대한 「확신」을 나타내는 전혀 다른 표현이 되기 때문이다. 「미래」시제의 경우에도 have to의 미래형인 will have to를 쓰게 되지만, 이미 결정된 사항에 대해서는 have (got) to나 must의 현재시제를 쓸 수도 있다. 부정형에 대해서도 정리해보면, 우선 must not의 경우에는 「…해서는 안된다」는 뜻으로 「금지」(prohibit)를 나타내는 반면, do not have to와 have not got to의 경우에는 「의무적인 일이 아니라」(there is no obligations)는 의미로 「…할 필요가 없다」 정도로 해석할 수 있다.

Check It Out!

You should **take** it easy for the next few days. 앞으로 며칠간 좀 쉬어가면서 해.
You **must** always think about your future. 넌 항상 네 미래에 대해 생각을 해야 돼.

I POINT I

강한 의무 : **must, have to**   약한 의무 : **should, ought to**

Speaking Skills

A: Ross seems to know a lot about investing.

B: You **ought to** ask him for advice.

A: Yeah, I need financial help.

B: Do you have a lot of money saved?

A: I've been putting aside some of my salary.

B: Then I think Ross can help you.

A: 로스는 투자에 대해 아는게 많은 것 같아.
B: 조언 좀 부탁해봐.
A: 그래, 난 재정적인 도움이 필요해.
B: 저축해놓은 돈이 많이 있어?
A: 내 급여의 일부를 저축하고 있어.
B: 그럼, 로스가 널 도와줄 수 있을 것 같다.

A: Some of the students were cheating.

B: Yeah, I saw a boy copying from others.

A: You **must** report that immediately.

B: I don't want him to get in trouble.

A: But it's wrong to allow cheating.

B: I know, but he would be angry with me.

A: 일부 학생들이 부정행위를 하고 있었어.
B: 그래, 한 남학생이 다른 사람들 베껴 쓰는 것을 봤어.
A: 넌 바로 그걸 보고 해야 돼.
B: 난 걔가 곤경에 처하는 걸 원치 않아.
A: 하지만 부정행위를 하는 것은 잘못된거야.
B: 알아, 하지만 그럼 걔가 내게 화를 낼거야.

Not bad, thanks

좋았어, 고마워

bad는 나쁜, 안좋은이라는 뜻의 형용사로, 앞에 부정어 Not을 붙여 만든 Not bad하게 되면 나쁘지 않은, 그저그런이란 의미로 받아들이기 쉽다. 하지만 실제 Not bad의 의미는 상당히 좋은, 예상보다 훨씬 좋은이라는 뜻으로 쓰인다. 상대방이 How do you feel this morning?(오늘 아침 기분이 어떠냐고?)고 물었을 때 Not bad, thanks하게 되면 so-so가 아니라 꽤 좋다(fairly good)라는 뜻의 의미로 받아들여야 한다. 비슷한 표현으로 not too bad, not so bad 역시 예상보다 좋을 경우 말하는 표현이다. 강조하려면 Not bad at all이라고 하면 된다.

참고로 Not again이란 문장이 있는데 "다시는 아니고"로 직역되지만 실제 의미는 (지겹게시리) 「또 그랬단 말야」(I cannot believe that it happened again)라는 의미이다. 여기서 Not 대신에 Never를 쓰면 또 의미가 달라진다. never again의 기본적인 의미는 「두번 다시 …하지 않다」는 의미로, "Never do that again!"과 같이 상대방에게 「다시는 그러지 말」」고 할 때, "Don't do that again"의 의미를 훨씬 강력하게 전달하려고 쓰는 경우가 많지만 다른 단어를 섞지 않고 "Never again"이라고만 해도 「두번 다시 그러지 말」」는 경고성 멘트가 되는데, never를 써서 강경한 태도를 보인 만큼, 상황에 따라 강도는 다르지만 「두고보겠어」(I'll watch out for you)라는 의미를 함께 담고 있을 수도 있다. 하지만 우리말에서의 「두고보자」처럼 「복수하겠다」(I'll revenge myself on you) 혹은 「다음 번엔 너를 이기겠다」(I'll beat you next time)는 의미를 담고 있는 표현은 아니다.

Check It Out!

Not bad, can't complain. You? 좋아. 잘 지내지 뭐. 넌?
Not bad. I'm impressed. 괜찮은데. 인상적이야.
Not again! This happened a few months ago! 또 야! 몇 달전에도 그랬는데!

| POINT |

Not bad (at all) 괜찮아, 꽤 좋아
Not again! 또야!
Never again! 다시 그러지 마라!

Speaking Skills

A: Do you eat at the school's cafeteria?

B: Sure, the food is **not bad.**

A: I've never been there myself.

B: You should come with me for lunch.

A: Are the prices expensive?

B: No. Everyone can afford them.

A: 학교 구내식당에서 밥먹니?
B: 그럼, 음식도 꽤 좋아.
A: 난 가본 적이 한번도 없어.
B: 점심먹으러 나랑 함께 가자.
A: 가격이 비싸?
B: 아니. 누구나 사먹을 수 있어.

A: We ordered the chocolate cake here.

B: The picture on the menu looks delicious.

A: Yeah, I thought that too.

B: Well, did you enjoy eating it?

A: **It's not bad.** I've had better.

B: Oh, I thought you'd say it was really good.

A: 우리는 여기서 초콜릿 케익을 주문했어.
B: 메뉴판의 그림이 맛있게 보인다.
A: 그래. 나도 그렇게 생각했어.
B: 맛있게 먹었어?
A: 괜찮았어. 하지만 더 맛있는 것도 먹어봤거든.
B: 난 네가 정말 좋다고 말할 줄 알았어.

I'm getting married this summer

난 이번 여름에 결혼해

be+과거분사[형용사]의 형태에서 be 대신에 get을 쓰는 경우가 많다. 대체해서 쓸 수 있다는 것은 의미가 비슷하다는 것이나 좀 더 상세히 들여다 보면 be+과거분사는 상태를, get에 과거분사나 형용사를 덧붙이면 동작을 나타내는 표현으로 쓰는 경우를 많이 볼 수 있다. 예를 들어 대표적으로 be married는 결혼한 상태, get married는 결혼하다는 동작을 강조하는 표현이 된다. 또 한가지 예를 들자면 be lost는 길을 잃은 상태, get lost는 길을 잃은 동작을 뜻하게 된다. be drunk(술에 취한 상태)와 get drunk(술에 취한 동작)도 마찬가지이다. 형태는 좀 다르지만 be in touch with~하면 …와 연락을 주고 받는 상태를 말하지만 get in touch with하게 되면 연락을 취하다라는 동작의 표현이 된다.

또한 옷을 입다라는 get dressed 역시 전형적인 동작을 나타내는 문구이다. be 형태는 아니지만 옷을 입고 있는 상태를 뜻하는 wear와 역시 동작을 뜻하는 put on의 의미차이를 각각 살펴보겠다. put on과 get dressed는 옷을 입는 '동작'을 나타내는 동사이고 wear는 옷을 몸에 걸치고 있는 '상태'를 나타내는 말이다. 예를 들어 「코트 입고 어서 나가자」라는 말을 영어로 옮기면 "Put on your coat, and let's go"라고 해야지 여기에 put on 대신 wear를 쓰면 틀린 표현이 된다. 그러나 「나는 오늘 스웨터와 치마를 입고 있다」라는 말을 표현할 때는 옷을 입고 있는 상태를 나타내는 것이므로 "Today I'm wearing a sweater and a skirt"가 맞다. 그럼 다음 문장에선 옷을 걸치고 있는 상태가 아닌데 왜 wear가 쓰였을까? "I always wear a suit when I go to church."(나는 교회에 갈 때 항상 정장을 입는다) 이 문장에서처럼 옷을 입는 상황이 일반적이거나 반복적인 경우에는 wear 동사가 쓰인다. 그럼 똑같이 옷을 걸치는 '동작'을 나타내는 put on과 get dressed는 항상 같은 의미로 쓰이는 걸까? 여기에도 약간의 차이가 있다. put on은 「몸에 옷을 한 가지씩 걸치는 동작」을 나타내고 get dressed는 「옷을 한꺼번에 입는 동작」을 말한다. 따라서 「아침에 일어나서 옷을 입었다」는 "I woke up in the morning and got dressed"가 자연스럽다.

Check It Out!

Can you help me **get dressed?** 옷 입는 거 좀 도와줄래?

Why **are you dressed** so formally tonight? 오늘 왜 그렇게 정식으로 차려입었어?

| POINT |

be+pp[adj.] 상태강조   **get+pp[adj.]** 동작강조

*get dressed 옷전체를 입는 행위   put on 옷가지 하나를 입는 행위   wear 옷을 입은 상태나 반복적으로 입는 행위

Speaking Skills

A: I didn't know Steve **was married.**

B: He **got married** a few years back.

A: He never talks about his wife.

B: I think they don't get along very well.

A: You mean they argue a lot?

B: Yeah. They have problems in their relationship.

A: 스티브가 유부남인 걸 몰랐어.
B: 몇년전에 결혼했어.
A: 자기 아내에 대해 언급이 전혀 없어.
B: 별로 사이가 안좋은 것 같아.
A: 많이 다툰다는 말야?
B: 어. 걔네들은 결혼생활에 문제들이 있어.

A: We're leaving. You'd better **get dressed.**

B: **I am dressed.** Look at my new suit.

A: That's impressive. You look handsome.

B: Thanks. It was custom made by a tailor.

A: I'd like to get a suit made for myself.

B: I can introduce you to the tailor.

A: 우리 간다. 옷차려 입어라.
B: 난 입고 있는데. 내 새로운 수트를 봐봐.
A: 인상적인데. 너 잘 생겨보인다.
B: 고마워. 재단사에 주문해서 만든 옷이야.
A: 나도 주문해서 수트를 맞추고 싶어.
B: 내가 재단사를 소개시켜 줄 수 있어.

I wish you good luck

행운을 빌어

막연히 「소망」이나 「희망」 정도를 나타낸다고 알고 있는 I wish~나 I hope~ 구문은 제대로 알아두면 일상에서 많이 애용할 수 있는 유용한 표현이다. 우선 I wish~는 화자의 현재나 과거 사실과는 반대되는 상황, 즉 당시로서는 거의 일어날 가능성이 없는 일을 바랄 때 I wish (that)+S+V~ 의 형태로 쓰이는데, 이때 that 이하의 동사는 반드시 과거 내지 과거완료 시제가 되어야 한다. 즉 이는 가정법과 매한가지이다. 따라서 습관적으로 가정법 구문이 입에 배지 않은 사람은 가정법 구문공식을 주절이주절이 외워 이를 일일이 실전에 끼워 맞추기 보다는 차라리 이 I wish~를 활용해 보는 것도 유리하다. 예를 들어 가정법 과거문장인 "If I knew his number, I would phone him"을 I wish를 써서 "I wish I knew his number"라고만 하면 「지금 그의 전화번호를 알고 있지 않아서 전화를 할 수가 없는」상황의 안타까운 마음이 충분히 전달되니까 말이다. 반면, I hope (that) S + V ~는 충분히 있을 수 있는 일, 즉 일어날 가능성이 있는 일을 바라는 것으로, I wish ~와는 달리 동사의 시제가 현재(또는 will + V) 내지 현재완료 시제가 되어야 한다.

I wish you a merry Christmas와 같은 경우에는 wish 다음에 절이 놓이지 않고 간접 목적어(you)와 직접 목적어(a merry Christmas)가 쓰여 「네가 즐거운 크리스마스를 보내길 소망한다」라는 의미로 wish가 "hope"와 같은 일반적인 희망의 의미로 사용되었다. 따라서 여기서의 wish는 일어날 수 없는 일에 대한 희망을 나타내는 말이 아니다. 가령 「안전한 여행하길 바래」라고 말하려는 경우 "I wish (that) you had a safe journey"라고 하면 안되고 "I wish you a safe journey"라고 해야 된다. 물론 hope를 써서 "I hope (that) you have a safe journey"라고 해도 된다. 단, I hope~는 that절 뿐 아니라 to 부정사를 목적어로 취할 수도 있다. 물론 wish 또한 "We wish to apologize for the late arrival of this train"에서 처럼 wish to의 형태로 쓰이는데 「공식적인 상황에서만 쓰이는」 경우이다.

Check It Out!

I hope she likes my present. 걔가 내 선물 맘에 들어했으면 좋겠다.
I wish I had a lot of money. 돈이 많았으면 좋을텐데.

| POINT |

I wish S+V[가정법: would~ or 과거시제] …했더라면	**I hope S+V[평서문]** …하기를 바래
I wish you+N …하기를 바래 = hope	**hope to+V** …하기를 바래
wish to+V …하기를 바라다(formal)	

Speaking Skills

A: I'm here to apply for a job.

B: Do you want to talk to a manager?

A: **I hope to** meet with the program director.

B: I think he is busy right now.

A: Okay, can I speak with a manager?

B: I'll see if one is available.

A: 구직신청하러 왔는데요.
B: 매니저분과 얘기하고 싶으세요?
A: PD 선생님과 얘기하고 싶은데요.
B: 지금은 바쁘신 것 같은데요.
A: 그래요, 매니저분과 얘기나눌 수 있을까요?
B: 시간이 되는 분이 있는지 확인해볼게요.

A: Terry invited us all to her picnic.

B: Did you enjoy being there?

A: **I wish that she brought** something to eat.

B: What? She didn't bring any food?

A: No, she expected us to supply the lunch.

B: It sounds like no one had a good time.

A: 테리가 우리 모두를 피크닉에 초대했었어.
B: 가서 즐거웠어?
A: 먹을 것 좀 가져왔더라면…
B: 뭐라고? 음식을 하나도 안가져왔다는 말야?
A: 아니, 걔는 우리가 점심먹을거리를 가져올거라 예상했대.
B: 즐겁게 시간을 보낸 사람이 아무도 없을 것 같네.

I don't want to work overtime every day

매일 야근하고 싶지는 않아

every day처럼 every와 다음 단어를 띄워 쓰면 "매일"("Every day" refers to each of a group of days without exception)이라는 부사구로 every week(매주), every year(매년), every month(매달)와 같은 구조이다. 하지만 every와 day를 붙여서 everyday가 되면 이는 형용사로 명사 앞에서 「일상의」, 「평상의」라는('everyday' is an adjective used to describe something that is commonplace or ordinary) 의미가 된다. 그래서 난 매일 야근하고 싶지 않아는 "I don't want to work overtime every day"가 되고, 걔는 일상 캐주얼바지를 입고 있다고 할 때는 "She's wearing her everyday's pants"라고 하면 된다.

또한 any more과 anymore도 차이가 있는데, any more는 보통 양(quantity)을 의미해. Do you want any more food?하게 되면 음식 좀 더 할래?라는 의미가 된다. 반면 anymore는 시간과 관련이 있는 단어로 보통 at this time이란 의미와 동일하게 쓰인다. I don't need to attend class anymore하게 되면 난 이번에는 수업에 들어갈 필요가 없어라는 뜻이 된다. 이와 비슷한 경우로 some time, sometime, sometimes가 있는데 some time은 「(짧지 않은) 얼마간의 시간」(a considerable amount of time; quite a lot of time)을, sometime은 명확하지 않은 시간으로 「(앞으로) 언젠가」라는 뜻으로 그리고 sometime에 s를 붙인 sometimes는 「어떤 때는」(on some occasions), 「때때로」(more than once)라는 의미의 빈도부사로 사용된다.

Check It Out!

I'm grateful not to get up early **every day.** 매일 아침 일찍 일어나지 않게 돼 감사해.
You make it seem like an **everyday** occurrence. 넌 늘상 일어나는 일인 것처럼 보이게 해.
This doesn't matter **anymore.** 이건 더 이상 중요하지 않아.

| POINT |

every day (부사) 매일		**everyday** (형용사) 일상의	
any more 좀 더		**anymore** 이번에는(at this time)	
some time 얼마간		**sometime** 앞으로 언젠가	
sometimes 때때로			

Speaking Skills

A: We don't need **any more** pens.
B: Alright. Do we need other office supplies?
A: Let's get some copier paper and staples.
B: Good idea. And I need some notepads.
A: Which store are we going to?
B: The big one in the middle of Main Street.

A: 펜은 더 필요하지 않아.
B: 알았어. 다른 사무용품은 필요해?
A: 복사지와 스테이플 좀 사자.
B: 좋아. 그리고 난 메모지가 좀 필요해.
A: 어느 매장으로 가는거야?
B: 메인스트리트 가운데에 있는 큰 매장으로.

A: I haven't seen you with Martha recently.
B: I don't date her **anymore.**
A: Oh no! I thought you were a good couple.
B: Unfortunately, we broke up a month ago.
A: Tell me what caused the break up.
B: We were arguing about a lot of different things.

A: 난 네가 최근에 마사와 있는 것을 못봤어.
B: 난 이제는 걔랑 데이트하지 않아.
A: 이런! 잘 어울리는 커플이라고 생각했는데.
B: 안됐지만 한달 전에 헤어졌어.
A: 뭐 때문에 헤어졌는지 말해봐.
B: 여러 다른 일들로 다투었거든.

I'm worried about losing my job

난 일자리를 잃을까봐 걱정돼

I'm worried about[that~] 혹은 I worried about[that~]의 경우 의미차이 없이 쓰이고 있다. 언뜻 보기에 be+Vpp하고 V가 어떻게 같냐고 의문을 가질 수가 있기는 하다. 하지만 worry는 자동사 및 타동사로 쓰이기 때문에 이런 현상이 나타나게 되는 것이다. 그래서 두 개의 표현의 의미는 매우 유사하다. 다만 I worry about~은 걱정을 오래 전부터 해온 것(indicate the worrying is happening over a longer period of time)을 뜻한다는 점이 다를 뿐이다. 비슷한 경우로 finish라는 동사가 있는데 이 역시 I'm finished ~ing나 I finish ~ing나 유사한 의미의 표현으로 보면 된다. 여기서도 I finish ~ing는 I finish working at seven(나 일 7시에 끝나)처럼 미래를 뜻할 때에 쓰인다는 점이 다르다. 반면 I'm finished ~ing는 I'm finished working(나 일 끝냈어)처럼 현재나 미래를 뜻할 수 있다는 점이 다르다.

Check It Out!

I'm worried that my son plays too many computer games.   아들이 컴퓨터를 너무 많이 해 걱정야.
I worried that she would say no.   걔가 거절할까봐 걱정했어.
I'm finished with the work.   난 일을 끝냈어.
I finished unpacking my room.   내 방에 짐을 다 풀었어.

| POINT |

I'm worried about[that~]   걱정하다

I worry about[that~]   오래전부터 걱정하다

I'm finished ~ing   …을 끝내다(현재, 미래)

I finish ~ing   …하는 것을 끝내다(미래)

Speaking Skills

A: Jenny has gotten thin recently.

B: She is always complaining that she's sick.

A: Do you think she is seriously ill?

B: **I'm worried about** her health.

A: Yeah, she looks worse than ever.

B: Is she taking any kind of medicine?

A: 제니가 최근에 수척해졌어.
B: 몸이 안좋다고 늘상 불평하거든.
A: 걔가 많이 아픈 것 같아?
B: 걔 건강이 걱정돼.
A: 그래, 저렇게 안좋은 적이 없었는데.
B: 뭐 약이라도 먹고 있는거야?

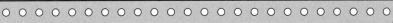

A: The economy has been bad lately.

B: You're right. It's tough to get a good job.

A: **I worry about** the future of our nation.

B: I think things will get better soon.

A: Why do you think our situation will improve?

B: Soon we'll elect a new president with better economic policies.

A: 최근에 경기가 안좋았어.
B: 네 말이 맞아. 좋은 직장을 구하는게 힘들어.
A: 우리나라의 미래에 대해 걱정이 돼.
B: 난 상황이 곧 좋아질거라 생각해.
A: 왜 우리 상황이 좋아질거라 생각하는거야?
B: 곧 우리는 더 좋은 경제정책을 가진 새로운 대통령을 뽑을거니까.

Please get it done right away

지금 당장 이것 좀 해줘

회사내에서 영어로 말하거나 영어로 회의를 하는 모습은 더이상 특이한 일이 아닌 일상이 되어버린 것 같다. 처음에는 자신의 의견만을 말하기만 하면 될 때도 있지만 자기가 회의를 주재할 때도 있게 될 것이다. 이때 회의를 시작할 때 쓸 수 있는 표현이 get started란 말이다. 'get started'는 to begin의 뜻. 다 모였을 때 헛기침을 두세번하고 "Well ladies and gentlemen, I think we should get started"라고 한다면 평범한 begin을 쓸 때보다 세련된 표현으로 회의를 힘있게 주도해 나갈 수 있을 것이다. 이때 'get started'대신 바꿔 쓸 수 있는 말로는 역시 get을 써서 'get going' 또는 'get down to business' 등이 있다.

위의 표현과 더불어 회의를 시작할 때 쓸 수 있는 말로는 "Right then, I think it's about time we got going," "Right then, I think we should begin" "Shall we start?" "Perhaps we'd better get down to business" 등이다. 이 표현은 회의 서두에 하는 표현이고 회의하는 중간 중간 다시 시작하게끔 하는 표현으로는 "Let's move on, Shall we continue then?"으로 하거나 아니면 좀더 공세적으로 누구를 지목하며 "Would you like to begin the discussion?" "Perhaps you'd like to explain…," "What do you think…?" "Would you like to comment here?" 등의 표현을 쓴다.

그럼 get ~done과 finish, get~started와 start는 의미가 다른 것일까? 결론은 각각 두 의미가 동일하다. 다만 get~ done과 get~ started가 끝내는 것과 시작하는 것을 좀 더 구체적으로 명시적으로 말하는 차이만 있을 뿐이다.

Check It Out!

You have to **get this done** by Friday. 금요일까지 이거 끝내야 돼.
I can **get it done** before we go to bed. 자기 전에 끝낼 수 있어.
I have to **get rehearsals started** anyway. 어쨌든 난 리허설을 시작해야 돼.
I **started** this business and I'm my own boss. 난 이 사업을 시작했고 내가 운영해.

| POINT |

get ~done = finish get~done이 끝내는 것을 좀 더 구체적으로 말한다.

get~started = start get ~started가 시작하는 것을 좀 더 명확하게 말한다.

Speaking Skills

A: How long will it take to repair the roof?
B: The workman said it has a lot of damage.
A: Do you think they'll **finish** today?
B: Oh no. It may take a week to **get it done.**
A: That's too long. What if it rains?
B: If it rains you're going to have a big problem.

A: 지붕고치는데 시간이 얼마나 걸릴까?
B: 수리하는 사람이 손상된 곳이 많다고 해.
A: 오늘 끝낼 수 있을 것 같아?
B: 아냐, 이거 끝내는데 일주일이 걸릴지 몰라.
A: 너무 오래걸린다. 만약 비오면 어떻게?
B: 비오면 문제가 커지지.

A: This is a lot of homework.
B: I have to do a presentation in my class.
A: We can work on it together.
B: I'd be very happy if you helped me.
A: How long do you think it will take?
B: We can **finish** it by the end of the day.

A: 이거 숙제가 너무 많은데.
B: 수업시간에 발표를 해야 돼.
A: 함께 하자.
B: 도와준다면 매우 기쁠거야.
A: 얼마나 걸릴 것 같아?
B: 어둡기 전에 끝낼 수 있을거야.

I did it! I finally won the computer game!

해냈어! 내가 마침내 컴퓨터 게임에서 이겼어!

둘 다 "해냈어!"라는 말. 단지 동사를 do로 썼느냐, make를 썼느냐만 다르다. 실제 의미나 용법 또한 거의 비슷하다고 보면 된다. I made it!은 여행을 마쳤거나 데드라인 내에 일을 끝냈을 때 등 뭔가 정해진 시간에 마무리했다는 기쁨을 표현하는(to express happiness about completing something in a specific amount of time) 것임에 반해, I did it!은 I made it!보다 더 많은 상황에서 쓰인다. 뭔가 시도를 했고 성공을 했을 때 언제든지 사용하면 되는 것으로 "해냈어!"(I was successful), "원했던 것을 성취했어"(I accomplished what I wanted to do)라는 의미이다. 그래서 겨우 몇 분전에 결혼식에 도착했다라고 할 때는 "I made it to the wedding with a few minutes to spare" 그리고 마침내 컴퓨터 게임에서 이겼을 때 "I did it! I finally won the computer game!"라고 하면 된다. did it의 경우에는 속어로 섹스를 했다, 혹은 단순히 그렇게 했다라는 문구도 되지만 너무 고지식하게 적용하려고 하면 안된다.

Check It Out!

I did it! I passed the test and got my license! 해냈어! 시험에 붙어서 면허증을 땄어!

Let me explain why I did it. 내가 왜 그랬는지 설명할게.

Maybe I did it. Is that what you're saying? 내가 그랬을 수도 있다. 네 말이 바로 그거야?

I made it! I got to the top of the mountain. 해냈어! 산 정상에 올랐어.

| POINT |

I made it! 해냈어. 내가 만들었어

I did it! 해냈어!

Speaking Skills

A: Why were you up so late last night?
B: I was playing an online game with my friends.
A: It seems like you are always doing that.
B: I enjoy it. It helps me to relax.
A: So how did you do? Did you win?
B: **I did it!** I won the game!

A: 지난밤에 왜 늦게까지 안잤어?
B: 친구들과 온라인 게임을 하고 있었어.
A: 너 항상 그러는 것 같다.
B: 재미있어. 긴장완화도 되고.
A: 그래 어땠는데? 이겼어?
B: 내가 해냈어! 내가 게임에서 이겼다고!

A: Mountain climbing is a great sport.
B: Yeah. It's good exercise too.
A: Did you complete your climb last weekend?
B: Yes. **I made it!** I got to the top of the mountain.
A: Congratulations! That's hard to do.
B: I felt exhausted for days afterward.

A: 등산은 아주 좋은 스포츠야.
B: 그래. 운동도 많이 되고.
A: 지난 주말에 산정상까지 올라갔어?
B: 어. 내가 해냈어! 내가 산 정상에 올랐어.
A: 축하해! 하기 어려운건데.
B: 그후 며칠간은 뻗었지.

Let's watch a movie on TV

TV로 영화를 보자

Let's watch a movie나 Let's see a movie, 둘 다 틀린 문장이 아니다. 다만 쓰임새가 미세하게 다를 뿐이다. 먼저 Let's watch a movie는 TV 등으로 영화를 보는 경우에 사용하고 Let's see a movie는 영화관에서 영화를 보러 가는 경우에 사용한다는 점이 다르다. 그래서 TV로 영화를 보자고 할 때는 Let's watch a movie on TV(TV로 영화를 보자), 그리고 영화관에 가서 영화를 보러 가자고 할 때는 Let's go to the cinema to see a movie(영화관에서 영화를 보러 가자)라고 하면 된다.

굳이 watch와 see를 구분하자면 watch는 생각을 가지고 뭔가의 움직임을 보다라는 뜻으로 쓰이기 때문에 보는 범위는 좁게 된다. 따라서, TV를 보다는 watch TV라고 말하고, 그 화면에 영화가 상영되고 있다면 watch a movie라고 하게 된다. 반면 영화관에서는 스크린이 넓고, 더군다나 주변이 칠흙 같아서 화면에 정말로 사람이랑 사물이 움직이고 있는 것처럼 보입니다. 정신을 집중하지 않는다해도 현실세계와 같이 보이는 측면이 강하기 때문에 see(보이다)라고 말하는 동사를 사용하는 것이다. 다만 영화를 보고 난 후에는 TV라도 see a movie를 사용 할 수 있는데, 이는 watch(꼼짝않고 지켜보다)라고 말하는 과정은 문제가 안되고, 결과적으로 영상을 눈으로부터 받아들이는 것 그것을 문제로 삼는 것이기 때문이다. 이런 미세한 차이를 알아두기만 하고, 현대영어에서는 거의 구분없이 쓰이고 있다는 점을 기억해둔다. 그렇다고 watch TV 대신 see TV라고 말하지는 말자. 무척 어색하고 이상하게 들리니 말이다.

Check It Out!

We were going to go **see a movie** tonight. 오늘밤에 영화보러 가려고 했었어.

Would you like to go and **see a movie** with us? 우리랑 함께 가서 영화볼래?

I can't **watch a movie** without popcorn. 난 팝콘 없이는 영화를 못봐.

You can't **watch TV** until your homework is complete. 숙제 다 할 때까지는 TV 못봐.

| POINT |

watch a movie TV 등을 통해 영화를 보다

see a movie 영화관에서 영화를 보다, (TV에서 영화를 본 후에)

Speaking Skills

A: Did you go on a date tonight?

B: I was set up on a blind date with a girl.

A: Did you go out to eat?

B: We decided to go **watch a movie.**

A: It looks like you had a good time.

B: I think so. She was really nice.

A: 오늘밤 데이트갔었어?
B: 소개팅받았어.
A: 외식했어?
B: 영화보기로 했어.
A: 재미나게 시간 보낸 것 같네.
B: 그런 것 같아. 정말 괜찮은 애였어.

A: Got any plans for this coming Friday?

B: I plan to **see a movie** with my friends.

A: There are a lot of good movies at the theater.

B: We are going to see that space movie.

A: Yeah, everyone says it is exciting.

B: You can come with us if you'd like.

A: 오는 금요일에 무슨 계획있어?
B: 친구들과 영화볼 예정이야.
A: 영화관에서 좋은 영화 많이 하더라.
B: 우리는 우주영화를 볼거야.
A: 다들 그거 재미있다고 하더라.
B: 생각있으면 우리와 함께 가자.

He said it will save them money

걘 그게 자기들에게 돈을 절약하게 해줄거라고 말했어

난이도가 높은 경우이다. TOEIC에 Our clients were excited when we told them about our plan to save them money라는 문장이 나왔을 때 사람들은 them이 아니라 their가 되어야 한다고 생각하는 경우가 많았다. 그럼 them, their 중 무엇이 맞을까? 결론적으로 말하자면 save them money나 save their money나 둘 다 문법적으로 맞는 표현이다. 다만 약간의 의미차이(slightly different meanings)가 있다. 먼저 save them money는 save sb sth(4형식) 문형으로 여기서 them은 clients를 뜻한다. 그래서 ~plan to save them money하게 되면 고객들이 그 계획에 따라 돈을 절약하게 되는 것을 말한다. 즉 고객들에게 돈을 절약하는 방법을 말한다. 반면 save their money는 save+목적어의 문형으로 ~plan to save their money하게 되면 직접적으로 고객의 돈을 절약하는 방법(a method of saving money), 특히 특별한 이벤트나 퇴직 등처럼 나중을 대비해 돈을 모아두는(refers to setting aside money to be used at another time, possibly for something like a special event or retirement) 걸 말한다.

Check It Out!

Hey, **save us some pizza.** 야. 우리 먹을 피자 좀 남겨놔.

I'll **save you parking spot.** 네가 주차할 공간 남겨놓을게.

Honey, let me **save you the trouble.** 자기야, 네 수고 덜어줄게.

You want me to **save your life?** 나보고 네 목숨을 구해달라는거야?

| POINT |

save sb money	…에게 돈 절약하게 해주다
save sb's money	…의 돈을 절약하다

Speaking Skills

A: My dad just got a new car.
B: That must have been very expensive.
A: He said it will **save them money.**
B: How will a new car save money?
A: He says it will use much less fuel.
B: I guess he won't spend as much buying gas.

A: 아버지가 차를 새로 뽑으셨어.
B: 무척 비용이 많이 드셨을거야.
A: 아버지는 새 차로 돈이 절약될 거라고 하셨어.
B: 새로운 차가 어떻게 돈을 절약하게 해?
A: 기름이 훨씬 더 적게 들거라고 하셔.
B: 그만큼 기름값을 사는데 돈을 쓰지 않으시겠지.

A: Brad and Andrea are going to Paris.
B: It will be their summer vacation.
A: That is going to cost a lot.
B: They **are saving their money** for the tickets.
A: Good idea. Are they flying first class?
B: No, I think they are flying economy.

A: 브래드와 앤드리아가 파리에 가.
B: 여름휴가겠구나.
A: 돈이 많이 들텐데.
B: 돈을 저축해서 항공기 티켓을 구입한거야.
A: 좋은 생각이야. 일등석으로 타고 간대?
B: 아니, 이코노미석으로 가는 것 같아.

The ratio of girls to boys is 1 to 3

여자애와 남자애의 비율이 1:3이야

먼저 rate에는 많은 의미가 있다. 명사로써 「율, 비율」, 「요금, 사용료」, 「속도, 진도」, 동사로써 「평가하다, 어림잡다」. 그런데 rate가 「율, 비율」의 의미로 사용될 때, 영한 사전의 힘을 빌어 외국인과의 대화를 이끌어 가는 우리로서는 ratio(「비, 비율」)과의 혼동을 유발하기 십상이다. rate와 ratio는 모두 다 일종의 양 (amount)을 나타내는 단어들로서 rate의 경우 「일정 기간 동안에 일어난 일에 대한 빈도 수(the number of times something happens with in a certain period of time)」, 즉 「비율」을 의미한다. 보통 범죄율·손실률·출생률·사망률 등에 관해 이야기할 때 쓰는 것이 rate이다. 반면에 ratio는 「비율」이라는 말 그대로 「다른 종류의 것에 대한 어떤 종류의 수(the number of people or thing of one type compared to people or things of another type)」, 즉 수학의 비례식에서 볼 수 있듯이 몇:몇의 형태를 다루는 단어이다. 이 경우 'ratio of sth to sth'「몇 대 몇의 비율」이라는 표현이 많이 쓰인다

또한 비슷한 경우로 percent와 percentage가 있는데 둘 다 모두 전체에 대비하여 차지하는 양을 나타내는데 사용된다.("Percent" and "percentage" are both used to express a quantity in relation to the whole) 차이점은 percent는 "Twenty percent of the population cannot read or write"에서 보듯 항상 구체적인 숫자(specific numbers)와 함께 쓰이며, 반면 percentage는 절대로 구체적인 숫자와 쓰이지 않는다. 다만 규모를 지칭하는 형용사가 앞에 오게(can be preceded by a general adjective to indicate size) 된다. "Only a small percentage of doctors make house calls."에서처럼 말이다. 또한 percent는 per cent라고 띄워 쓰기도 하는데 이는 주로 영국영어에서 그렇다.

Check It Out!

I heard that **tax rates** are going down. 세금이 낮아질 거래.
The ratio of women to men in this city is huge. 이 도시의 남성과 여성의 비율이 커.
Did you know that the state of Florida has **the highest percentage of** unlicensed doctors in the U.S.? 미국에서 플로리다 주에 가장 높은 비율의 무자격 의사들이 있다는 것을 알고 있어?

| POINT |

rate 비율, 요금, 속도, 평가하다		**ratio** 비, 비율	
percent (숫자+) 퍼센트		**percentage** (형용사+) 퍼센트	

Speaking Skills

A: I got a great deal on these clothes.

B: They look very nice on you.

A: The store gave me **a ten percent** discount.

B: That's a great savings. How did that happen?

A: You get a discount when using their credit card.

B: It sounds like I should get one of those credit cards too.

A: 나 이옷들 아주 싸게 샀어.
B: 너한테 아주 잘 어울린다.
A: 가게에서 10% 할인해줬어.
B: 많이 해줬네. 어떻게 그렇게 된거야?
A: 가게 신용카드를 사용하면 할인을 받아.
B: 나도 그 신용카드 하나 발급 받아야 될 것 같으네.

A: I'm ordering a new computer online.

B: Online shopping has become very popular.

A: And you can save a lot of money.

B: **What percentage** did you save?

A: I think it was **twenty percent** cheaper than a store.

B: That's why so many people buy things from the Internet.

A: 새로운 컴퓨터를 온라인으로 주문할거야.
B: 온라인 쇼핑은 유행이 되었어.
A: 그리고 돈도 많이 세이브할 수 있고.
B: 얼마나 세이브했어?
A: 가게 매장보다 20% 싼 것 같아.
B: 바로 그래서 많은 사람들이 인터넷에서 물건을 구매하는구나.

Although she's older, Linda still wears girls' clothing

갠 나이가 들어도 여전히 아가씨처럼 입어

---

although와 though는 둘 다 「비록…일지라도, …이긴 하지만」(in spite of the fact that)의 뜻을 가진 접속사(conjunction)이다. 따라서 많은 경우에 있어서 서로 바꿔 써도 문제가 되지 않는다. 다만, though는 as though 「마치 …처럼」, even though 「비록 …할지라도」, what though 「(비록) …한다 하더라도 그것이 어떻단 말인가」와 같은 꼴로 문장에 자주 등장하는데, 이럴 때는 though 대신 although로 바꿔 쓸 수 없다. 또한 「그렇지만」의 뜻으로 문장의 맨 뒤에 갖다 붙이고 싶을 때에도 though만 쓸 수 있다. 참고로 though는 부사로 쓰이기도 하므로 이 때에도 역시 although와 혼동하여 쓰는 일이 없어야 한다

Check It Out!

Although she's older, Linda still wears girls' clothing. 갠 나이가 들어도 여전히 아가씨처럼 입어
Although you may find it hard to believe, we do have lives.
비록 네가 믿기 어려울 수도 있겠지만, 우리 모두 각자 삶이 있다고.

She tried to continue the song **even though** nobody listened.
아무도 듣지 않는데 갠 노래를 계속하려고 했어.

I promise you you'll find out eventually, **though.** 그래도 결국 틀림없이 네가 알아낼거야.

| POINT |

although = though	비록 …일지라도
even though	비록 …이지만
as though	마치 …인 것처럼
, though	그렇지만

Speaking Skills

A: I need to see your boss.

B: He's here, **although** he is busy.

A: Really? What is he doing?

B: He is assembling the contents of a new order.

A: I'll go talk to him. Is he in the warehouse?

B: I think so. Let me call him.

A: 사장님 뵈어야겠는데요.
B: 여기 계시지만 바쁘신데요.
A: 정말요? 뭐하고 계시는데요?
B: 새로운 주문 내용을 모으고 계세요.
A: 제가 가서 말을 하죠. 창고에 계신가요?
B: 그럴거예요. 전화해놓을게요.

A: Your parents still seem so young.

B: They are both in their fifties.

A: Have they had any health problems?

B: No. They are healthy, **though** they smoke cigarettes.

A: You should try to get them to quit smoking.

B: I have tried, but they refuse.

A: 너의 부모님은 아직 젊어보이신다.
B: 두분다 50대야.
A: 건강에는 문제가 없으셔?
B: 어. 흡연하시지만 건강하셔.
A: 금연하시도록 해야겠다.
B: 시도해봤지만 싫다셔.

Give me John

존을 바꿔주세요

교과서적인 영어에서는 …랑 통화하고 싶다고 할 때는 Can[May] I speak to sb?가 대표주자이며, 좀 캐주얼하게 쓰려면 Is there sb?이라고 말할 수도 있을 것이다. 미드나 영어를 접한 영어에서는 좀 더 캐주얼한 표현들이 쓰이는데 Give me sb? 혹은 Get me sb?가 그런 표현들이다. 물론 이 두 표현은 앞에 Can you~를 붙여 Can you give me sb?, Can you get me sb?라고도 할 수 있다. 모두 다 …바꿔주세요라는 의미로 잘 알아두었다가 써먹을 수 있도록 한다. 다만 Give me sb?는 "Let me speak to sb"라는 말로 전화영어에서만 쓰이지만, 왕성한 식욕의 get 동사를 Get me sb는 전화영어에서 …을 바꿔달라고 쓸 뿐만 아니라, 직접 얼굴보고 얘기할테니 …을 찾아와라(it could be used on the phone, or in person when the speaker wants someone to locate John, presumably so they can speak)라는 경우에도 쓰인다는 차이점을 잘 알아두어야 한다. 전화를 받는 사람이 접니다라고 할 때는 Speaking이라고도 쓰이지만 역시 오지랖 넓은 동사인 get을 써서 You got Carl(칼입니다)라고 말할 수도 있다.

Check It Out!

Give me John. I need to speak to him. 존을 바꿔주세요. 얘기 좀 해야 돼요.
Can you get me Carl? He's been calling me all day. 칼 좀 바꿔주세요. 하루 종일 전화하셨거든요.

| POINT |

Give me sb	전화상에서만 …을 바꿔주세요
Get me sb	전화나 오프라인에서 전화 바꿔주세요, 혹은 찾아와라

Speaking Skills

A: Good afternoon, this is Jones Machine Corporation.
B: **Give me John.** I need to speak to him.
A: Can I tell him who is calling?
B: This is Wayne from the parts department.
A: And what did you want to talk to him about?
B: I have to discuss an order with him.

A: 안녕하세요. 존스 머신 회사입니다.
B: 존을 바꿔주세요. 얘기 좀 해야 돼요.
A: 누구라고 전해드릴까요?
B: 부품부의 웨인입니다.
A: 무슨 문제로 통화하시려는 건가요?
B: 주문에 관해서 얘기를 나누어야 해요.

A: **Can you get me Carl?** He's been calling me all day.
B: Carl is in a staff meeting right now.
A: Do you know why he was calling me?
B: He wanted to set up an appointment to get together.
A: Tell him I am free on Wednesday afternoon.
B: I'll make sure he gets your message.

A: 칼 좀 바꿔주세요. 하루 종일 전화하셨거든요.
B: 칼은 지금 임직원회의 중입니다.
A: 왜 전화했는지 아시나요?
B: 함께 만날 약속을 정하시려고 했어요.
A: 수요일 오후에 시간이 빈다고 말해주세요.
B: 메시지 전해드리도록 하겠습니다.

I'll be back in ten minutes

10분 후에 돌아올게

in을 after와 혼동하는 이유는 in의 의미를 그저 「…안(내)에」로 한정지어 생각하기 때문이다. 실제로 in 뒤에 시간 명사가 올 경우 after와 유사한 의미로 쓰이는게 일반적이긴 하지만 엄밀히 말해 after three days라고 하면 「그 3일째가 포함되지 않아」 그야말로 「3일 후」라는 뜻이 되고, in three days는 「지금으로부터 정확히 3일째 되는 날에」라는 의미가 된다. 즉, 전치사 in은 지금을 기준으로 미래의 특정 시간을 말할 때 사용하여 「10분 후에 돌아올 것이다」라는 표현은 I'll be back in 10 minutes가 된다. 하지만, 「…후에」라는 의미로 쓰일 경우에 한해 일상대화에서 찾아볼 수 있는 이 둘의 무엇보다도 큰 차이점은 in 뒤에는 앞에서 예를 든 바와 같이 「숫자의 개념이 들어가는 명사만 온다」는 사실이다. 반면, after 뒤에는 class라든가 breakfast, dark 등과 같이 숫자의 개념 외에도 그냥 일반 명사가 와서 「상황이나 상태의 변화 혹은 어떤 동작이 있은 후」에 일어난 혹은 일어날 일을 언급하는 경우가 많다. 물론, 동명사도 올 수 있다. 참고로, later는 현재 시점과 관련이 없는 경우에 사용된다. 예로 「그는 산책 나갔다가 10분 후에 돌아왔다」와 같은 경우 미래 시점을 말하는 것이 아닌 그가 산책을 나간 시점을 기준으로 10분 후에 돌아왔다는 말이므로 He went for a walk and came back 10 minutes later라고 하는 것이 맞다.

Check It Out!

If you send it today, you'll get it **in a week.** 오늘 그걸 보내면, 일주일 후에 배부받을거야.
Where did you go **after the concert?** 콘서트 후에 어디 갔어?
Where did you work **after finishing** school? 학교를 마친 후에 어디서 일했어?
Well, he took the money and **a week later** it was all spent.
글쎄, 그는 돈을 받아서, 일주일 뒤에 다 썼어.

I POINT I

in+숫자명사	지금으로부터 …후에
after+숫자[일반]명사, ~ing	…후에
later	과거를 기점으로 …후에

Speaking Skills

A: I ordered an air conditioner for this place.

B: When do you think it will get here?

A: It should arrive **in a week.**

B: It's gotten so hot. I'm sweating all the time.

A: There's nothing I can do about that.

B: I can't stand the summer humidity.

A: 여기에 쓸 에어컨을 주문했어.
B: 언제 도착할 것 같아?
A: 일주일 후에 도착할거야.
B: 너무 더워서 계속 땀이 흐른다니까.
A: 그거에 대해 내가 뭐 해줄 것이 없네.
B: 여름의 습기는 참을 수가 없어.

A: I wanted to have an interview at your company.

B: Did you contact my boss?

A: Yes, but he said he was too busy.

B: Call him again **after a week.**

A: Do you think he'll set up an appointment then?

B: Sure, he knows you are a good worker.

A: 귀사에서 취업면접을 하고 싶었습니다.
B: 사장님과 연락을 취하셨나요?
A: 예, 하지만 너무 바쁘시다고 하셨어요.
B: 일주일 후에 전화 다시 하세요.
A: 그럼 일정을 잡으실거라 생각하세요?
B: 그럼요, 훌륭한 직원이라는 것을 알고 계시거든요.

You'd better get used to it
넌 그거에 익숙해지는게 나아

used to는 조동사처럼 쓰이는 준조동사로 의미는 현재는 아니지만 교회를 다니듯 규칙적으로 과거에 …을 했었다, 혹은 상태로 과거에 …있었다라는 의미이다. used to 다음에는 동사원형이 오게 된다. 그래서 나는 예전에 매일 조깅을 했어는 I used to jog every day, 그리로 부정형으로 나는 과거에 이러지 않았어는 I didn't used to be like this라고 하면 된다. 또한 상태를 나타는 대표적인 형태는 There used to be~로 지금은 없지만 과거에 큰 나무가 있었다라고 하려면 There used to be a big tree over there이라고 하면 된다.

이와 비슷한 형태가 있어 헛갈리게 하고 있는데 먼저 get[be] used to+N[~ing]하게 되면 use to와는 전혀 상관없는 것으로 뒤에 명사나 ~ing가 와서 …에 적응하다, 즉 be accustomed to~라는 표현이 된다. 너 거기에 익숙해져야 돼는 You'd better get used to it이라고 한다.

끝으로 동사 use의 단순 과거형으로 be used to+V처럼 쓰이면 …하는데 이용되다라는 의미의 표현이 된다. 여기서 주의할 점은 be used to+V는 used to와 앞에 be가 있다는 점에서 다르고, be used to+N[~ing]와는 뒤에 동사원형이 온다는 점에서 다르다는 점을 알아두어야 한다. 그래서 이 문구는 다른 사람의 실수를 지적하는데 사용된다라고 하려면 This phrase is used to point out the mistake of someone else라고 하면 된다. 이 세표현이 헛갈리는 이유는 모두 다 공통으로 'used to'가 들어가기 때문이다.

Check It Out!

As you know, I **used to** run this office. 알다시피, 난 이 사무실을 운영했었어.
There used to be a grocery store here. 여기에 식료품점이 있었는데.
I'm getting **used to** waking up early every day. 난 매일 일찍 일어나는데 익숙해지고 있어.
A lawn mower **is used to** cut grass. 잔디깎는 기계는 풀을 베는데 사용돼.

| POINT |

I used to+V 지금은 아니지만 과거에 …하곤 했다	**I used to be~** 지금은 아니지만 과거에 …이었다
There used to be ~ 과거에 …있었다	**I'm getting used to ~** 난 …에 익숙해지고 있다
~ be used to+V …하는데 사용되다	

Speaking Skills

A: Mrs. Dugan never leaves her apartment anymore.

B: I **used to** see her every day.

A: She liked to take walks down our street.

B: Why doesn't she do that now?

A: I heard she is suffering from a serious illness.

B: That's very sad, but she is quite old.

A: 더간 부인이 더 이상 아파트에서 나오시지 않는데.
B: 매일 봤었는데.
A: 이 거리를 산책하는 것을 좋아했잖아.
B: 왜 이제는 하지 않는거지?
A: 중병에 걸렸다는 얘기를 들었어.
B: 안됐지만 많이 늙으셨잖아.

A: My husband and I had to move elsewhere.

B: Didn't you live near the highway?

A: We could never **get used to** the noise.

B: The cars are rushing by 24 hours a day.

A: It made it very difficult to sleep well.

B: Are you happy in your new house?

A: 남편과 나는 다른 곳으로 이사가야만 했어.
B: 고속도로 옆에 살지 않았어?
A: 우리는 소음에 전혀 적응할 수가 없었어.
B: 하루에 24시간 차들이 지나다니지.
A: 숙면을 취하기가 힘들게 해.
B: 새로 이사한 집은 맘에 들어?

Do you have the time?

지금 몇시야?

have the time과 have time, the가 있고 없음의 차이이다. 사람들이 궁금해하는 것은 Do you have time?과 Do you have the time?의 차이가 have the time to+V가 아니라 have time to+V로 써야 한다고 생각한다는 점이다.

먼저 Do you have time?과 Do you have the time?의 차이를 알아보자. Do you have time?은 상대방에게 이야기할려고 혹은 작업(?)할려고 시간이 있냐고 물어보는 것이고 time 앞에 정관사를 붙여 Do you have the time?하면 지금 시간이 몇시냐(What time do you have?)고 의미로 전혀 다른 문장이 된다. 그래서 몇시야? 8시까지는 집에 가야 돼라고 하려면 "Do you have the time? I've got to be home by eight" 이라고 하면 되고, "나탈리, 시간있어?, 얘기 좀 해"라고 하려면 "Nathalie, do you have time? I need to talk"이라고 하면 된다.

그러나 이 외의 대부분의 경우 …할 시간이 있다라는 표현은 have time to+V나 have the time to+V, 둘 다 쓰인다는 점이다. 다시 말해서 the를 써도 되고 안써도 된다는 뜻이다. the가 있다고 이상하다고 생각하지 않아도 된다. 참고로 Do I have time to~?하면 '…할 시간이 될까?,' Do I have time to~, before~?하면 '…하기 전에 …할 시간이 될까?'라는 표현. 또한 I don't have time for this는 무척 많이 쓰이는 문장으로 '이럴 시간이 없다'라는 의미. 상대방의 요청을 거절할 때 사용하면 된다.

Check It Out!

Do you have the time? I've got to be home by eight. 몇시야? 8시까지는 집에 가야 돼.
Nathalie, **do you have time?** I need to talk. 나탈리, 시간있어, 얘기 좀 해.
I didn't exactly **have time to** sit around and chew the fat. 죽치고 앉아 잡담할 시간 없어.
Let me **have time to** think over it. 생각할 시간 좀 줘.

| POINT |

Do you have the time? 몇시야?

Do you have (the) time (to+V)? (…할) 시간이 있어?

have (the) time to+V …할 시간이 있다

Speaking Skills

A: Are you as hungry as I am?
B: Yes. I skipped eating lunch.
A: **Do you have the time to** order a pizza?
B: That sounds great. What kind do you want?
A: Let's get pepperoni and extra cheese.
B: Got it. I'm going to order a large size.

A: 너 나처럼 배고파?
B: 어, 점심을 걸렀거든.
A: 피자 주문할 시간 돼?
B: 좋지. 무슨 피자 먹을래?
A: 페페로니 피자에 치즈를 추가하자.
B: 알았어. 라지 사이즈로 주문할게.

A: I've been on the Internet all day.
B: **Do you have time to** look up some information?
A: Sure, what do you need to know?
B: I have to write a report on genetics.
A: That sounds like a complicated subject.
B: It is. That's why I need you to find information on it.

A: 하루종일 인터넷 하고 있었어.
B: 뭐 좀 정보를 찾아볼 시간 돼?
A: 물론, 뭐를 알고 싶은데?
B: 유전학에 대한 보고서를 써야 돼.
A: 복잡다단한 주제 같은데.
B: 맞아. 그러니까 네가 그것에 대한 정보를 찾아주길 바라는거야.

I know both of them

난 걔네들 둘 다 알어

대학교에서 강의하는 미국인 젊은 강사와 이런저런 얘기를 나누다가 미드얘기를 하게 되었는데 그녀가 〈왕좌의 게임〉에 나오는 대너리스, 즉 Emiliar Clark를 좋아한다고 할 때 나도 그 배우를 알고 있다라고 하려면 어떻게 말해야 할까?. I know her라고 하면 어떤 반응이 나올까? know라는 단어의 속성을 알고 있어야 실수를 면할 수 있다. 물론 know라는 동사는 우리말로 「안다」는 뜻입니다. 그러나 know 다음에 바로 사람이 목적어로 오는 경우, 즉 "I know her"라고 하는 것은 그녀와 전에 직접 만나서 얼굴과 이름을 기억할 뿐만 아니라 주소, 전화번호 등 다른 정보까지도 갖고 있다는 의미가 된다. 인터넷의 발달로 해서 요즘에는 온라인으로 메시지를 주고 받은 경우에도 know sby라고 쓸 수도 있다. 이런 상황에서 올바르게 대답하려면 전치사 하나만 살짝 추가해서 "I know about her" 또는 "I know of her"라고 대답하시면 된다. 그러면 「나는 그 여자에 대해서 안다」라는 의미가 되는 것이다. 물론 know of와 know about 사이에도 약간의 차이는 있다. know about 은 「…에 대해 불특정한 여러 정보를 알고 있다」라는 뜻이 되고 know of는 「…에 대해 특정한 측면을 알고 있다」라는 의미를 담게 된다. 주의해야 할 것은 「I know her」라고 하면 우리말의 「여자를 안다」라는 표현처럼 성적인 의미 즉, have sexual intercourse with의 뜻이 될 수도 있다는 것이다.

Check It Out!

Do you two **know** each other? Well, that saves me an introduction.
둘이 알아? 그럼 소개 안 해도 되겠구만.

Sam, you and I go way back. I **know** you. 샘, 너와 나는 서로 오랫동안 지내왔어. 난 널 알아.
I **know of** her. 나 걔가 누군지 알아.
All I **know about** her is that she's from Busan. 걔에 대해 알고 있는거라곤 부산출신이라는거야.

| POINT |

know sb	…을 만나서 알고 있다
know of sb	…에 대한 특정한 측면을 갖고 있다
know about sb	…에 대해 불특정한 여러정보를 알고 있다

Speaking Skills

A: Have you ever met Larry and Carol?
B: Sure, I **know** both of them.
A: How do you **know** them?
B: We worked together on a committee last year.
A: Did you get along with them?
B: They were very popular with everyone.

A: 래리와 캐롤을 만나본 적이 있어?
B: 그럼, 걔들 다 알아.
A: 어떻게 아는데?
B: 작년에 한 위원회에서 함께 일했어.
A: 걔네들과 잘 지내?
B: 걔네들 사람들한테 인기 많아.

A: Who will be joining us for dinner?
B: I invited my neighbors, the Hendersons.
A: I **know of** the Hendersons, but we haven't met.
B: They are a couple that just got married.
A: And how old are they?
B: I think they are both in their late twenties.

A: 저녁을 누구와 함께 하는거야?
B: 이웃인 헨더슨 씨네 초대했어.
A: 핸더슨 씨네는 들어서 알지만 만나본 적이 없어.
B: 신혼부부야.
A: 나이가 어떻게 되는데?
B: 둘 다 20대 후반인 것 같은데.

I suppose we could help her
우리가 걔를 도울 수 있다고 생각해

이런 표현들은 「생각을 말하고자 할 때」, 나아가 「상대방의 질문에 대한 응답」으로 자주 애용되는 그야말로 spoken English의 필수표현들이다. 우선, 그 중에서도 거의 같은 의미로 사용되고 있는 I think와 I suppose, I guess에 대해 먼저 살펴보자. 앞서 말했듯이 이들 세가지 표현들은 모두 「자신의 생각이나 의견을 말하고자 할 때」 사용되는데, I think는 「어떤 일이 사실이라고 생각하지만 확신할 수 없는 것」 (what you say when you think something is true but you are not sure)이라는 뉘앙스가 담겨 있고, I suppose는 이보다 좀 더 강도를 낮추어 「아마도 사실일테지만 정말로 확실치는 않다」(you think that something is probably true but are not really sure)고 할 때 쓰이게 된다. 다음, I think 못지 않게 흔히 듣고 볼 수 있는 표현인 I guess는 「어떤 일이 사실일 거라고 생각하거나 혹은 어떤 일이 아마도 생겼을 거라고 추측을 할 때」(when you think that something is probably true or has probably happened) 바로 이 I guess로 시작해 말을 하면 되는 것이다. 참고로 I suppose는 주로 영국에서 쓰이는 반면, I guess의 경우 미국인들이 많이 사용한다고 한다. 한편 이 세가지 표현들은 모두 I think so, I suppose so, I guess so의 형태로 상대방의 질문에 대해 맞장구를 칠 때 유용하게 쓰이고 있다.

아차, I think가 나오면 빼놓고 넘어갈 수 없는 게 또 하나 있는데, 바로 I believe가 바로 그것이다. I believe는 believe의 의미에서도 알 수 있듯이 「그야말로 옳다고 확신하는 특별한 의견을 말할 때」(when you have a particular opinion which you feel sure is right) 쓰이는 표현으로 I think보다 확신의 강도가 다소 높다고 볼 수도 있다. 그럼, 다음으로 넘어가서, 「앞서 말한 사실을 좀 더 확실히 하고자 할 때」 (when you want to clarify what you were saying), 예를 들어 상대방이 나의 말을 잘못 이해하거나 미흡하게 이해하고 있을 때면 "What do you mean?"이라고 묻게 되는데, 이에 대한 대답으로 말문을 여는 표현이 I mean으로 우리말로는 「그러니까, 내 말은」 정도로 옮길 수가 있다.

Check It Out!

I suppose we should go to Miami. 우리가 마이애미에 가야 된다고 생각해.
I think their party starts in an hour. 걔네들 파티가 한 시간내로 시작할거야.

| POINT |

I suppose …인 것 같아		**I think** …인 것 같아	
I guess …인 것 같아		**I believe** …인 것 같아	

Speaking Skills

A: Is Professor Welling here?
B: **I think** he went to the bathroom.
A: Do you mind if I wait here?
B: No problem. Have a seat in the lobby.
A: I have to talk to him about my grade.
B: A lot of students have come for the same reason.

A: 웰링 교수가 여기 계신가요?
B: 화장실 가신 것 같은데요.
A: 여기서 기다려도 될까요?
B: 그럼요. 로비에 앉으세요.
A: 학점 문제로 얘기를 나누어야 돼요.
B: 많은 학생들이 같은 문제로 여기에 와요.

A: Rose lost her job this week.
B: That's terrible. She needed that salary.
A: She won't have enough money for rent.
B: **I suppose** we could help her.
A: We could offer her a loan.
B: Good idea. Let's talk to her today.

A: 로스는 이번주에 직장을 잃었어.
B: 안됐네. 걘 급여만큼의 돈이 필요했어.
A: 임대료 낼 돈이 충분하지 않을거야.
B: 우리가 도울 수 있지 않을까.
A: 융자를 제안할 수 있지.
B: 좋은 생각이야. 오늘 걔한테 말하자.

I'm going to the mall

나 쇼핑몰에 가는 중이야

역시 현재진행의 한 형태로 많이 쓰이는 I'm going to+장소 구문. 지금 …로 가고 있다거나 혹은 자리를 뜨면서 …에 갔다올게라는 의미도 있다. 또한 가까운 미래를 나타내 "나 …로 갈거야"라는 뜻이 쓰이기도 한다. 그래서 나 내일 콘서트에보러 가라고 하려면 I'm going to a concert tomorrow"라고 하면 되고, 쇼핑몰에 갈거야는 I'm going to the mall, 그리고 도서관에 가는 중야는 I'm going to the library라고 하면 된다.

그러나 I'm going to~ 다음에 동사원형이 오는 경우는 전혀 다른 의미가 되니 조심해야 한다. 미래를 표시하는 표현으로 will만큼 회화에서 많이 쓰이는 be going to+동사는 가까운 미래에 …할 거야라는 의미. be going to는 조동사는 아니지만 마치 조동사처럼 쓰이는 셈이다. 따라서 be going to+동사에서 going에는 '가다'라는 의미가 더 이상 없다. 또한 going to는 축약해서 [gona]로 발음된다는 것도 알아둔다. 사용빈도는 be going to+V가 압도적이다.

Check It Out!

I'm going to a concert tomorrow.   난 낼 컨서트보러 가.
I'm going to Florida for a couple of weeks.   몇 주간 플로리다에 갈거야.
I'm going to get fat again if I eat too much.   내가 더 먹으면 살이 다시 찔거야.
I'm going to take a nap.   낮잠 한숨자려고.
I'm going to quit. It's time I took my life back!   그만둘거야. 내 인생을 되찾을 때인가봐!

| POINT |

be going to+N	…에 가고 있어, …에 갈거야
be going to+V	…할거야

Speaking Skills

A: I had to get a new passport.
B: Are you planning to travel overseas?
A: **I'm going to** London next week.
B: That's great. London is an exciting city.
A: That's why I chose it for a vacation.
B: Would you bring me back some souvenirs?

A: 여권을 새로 발급받아야 했어.
B: 해외여행 갈 생각이야?
A: 다음 주에 런던에 가.
B: 잘됐다. 런던은 흥미로운 도시지.
A: 그래서 휴가지로 선택했지.
B: 기념품도 가져올래?

A: Why do you spend so much time on the Internet?
B: **I'm going to** find a girlfriend.
A: How will you find a girlfriend on the Internet?
B: I go to various dating sites.
A: Isn't that a little weird?
B: I've met some very interesting women.

A: 인터넷에 왜 그렇게 많은 시간을 허비하는거야?
B: 여자친구를 찾으려고.
A: 어떻게 인터넷으로 여자친구를 찾을건데?
B: 다양한 데이팅 사이트를 둘러보고 있어.
A: 그거 좀 이상하지 않아?
B: 난 매우 흥미로운 여자들을 몇몇 만났는데.

I can't believe it. You're dating Heather?

설마. 네가 헤더와 데이트하고 있어?

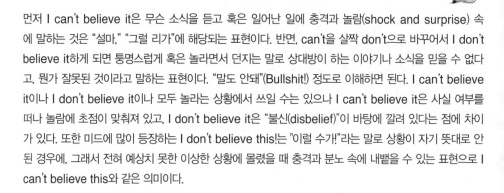

먼저 I can't believe it은 무슨 소식을 듣고 혹은 일어난 일에 충격과 놀람(shock and surprise) 속에 말하는 것은 "설마," "그럴 리가"에 해당되는 표현이다. 반면, can't을 살짝 don't으로 바꾸어서 I don't believe it하게 되면 퉁명스럽게 혹은 놀라면서 던지는 말로 상대방이 하는 이야기나 소식을 믿을 수 없다고, 뭔가 잘못된 것이라고 말하는 표현이다. "말도 안돼"(Bullshit!) 정도로 이해하면 된다. I can't believe it이나 I don't believe it이나 모두 놀라는 상황에서 쓰일 수는 있으나 I can't believe it은 사실 여부를 떠나 놀람에 초점이 맞춰져 있고, I don't believe it은 "불신(disbelief)"이 바탕에 깔려 있다는 점에 차이가 있다. 또한 미드에 많이 등장하는 I don't believe this!는 "이럴 수가!"라는 말로 상황이 자기 뜻대로 안된 경우에, 그래서 전혀 예상치 못한 이상한 상황에 몰렸을 때 충격과 분노 속에 내뱉을 수 있는 표현으로 I can't believe this와 같은 의미이다.

Check It Out!

I can't believe it's real. 이게 사실이라는게 믿기지 않아.

I can't believe you did that. 네가 그랬다는 게 믿기지 않아.

I don't believe it. I think it will continue to be bad. 사실이 아닐 걸. 계속 나쁠거야.

I don't believe this. You want to leave early again? 말도 안돼. 또 이렇게 일찍 가겠다고?

| POINT |

I can't believe it 설마, 그럴리가
I don't believe it 거짓말 마, 믿을 수 없어, 사실이 아냐(bullshit)
I don't believe this 이럴 수가(I can't believe this), 말도 안돼

Speaking Skills

A: They say that Dave passed away this morning.

B: **I can't believe it.** I saw him yesterday.

A: It is a shock for everyone.

B: I didn't know there was anything wrong with him.

A: Apparently it was a heart attack.

B: Was he having chest pains?

A: 오늘 아침에 데이브가 사망했대.
B: 말도 안돼. 어제 봤는데.
A: 다들 쇼크 먹었지.
B: 그에게 무슨 문제가 있었는지 몰랐는데.
A: 분명 심장마비였을거야.
B: 가슴통증을 느꼈대?

A: Maria and Tim were very upset.

B: Really? What was troubling them?

A: They told me they saw a UFO.

B: **I don't believe it.** They are lying.

A: But they seemed to be very serious.

B: I think they are pulling a prank on you.

A: 마리아와 팀은 매우 화가 났어.
B: 정말? 뭐 때문에 맘이 상한거야?
A: 자기들이 UFO를 봤다고 내게 그랬어.
B: 말도 안돼. 걔네들이 거짓말하고 있네.
A: 하지만 걔네들 매우 진지해보였어.
B: 걔네들이 너를 골리고 있는 것 같은데.

Monica promised to call me

모니카가 내게 전화하겠다고 약속했어

친구랑 약속이 있다고 "I have a promise with my friend"라고 했다가는 망신사기 쉽상. 이때는 I have a date with my friend"라고 해야 한다. 이는 우리말에서 「약속」은, 앞으로 어떻게 하겠다고 다짐하는 것(tell that you will certainly do something)과 누군가와의 만남을 정하는 것(arrangement of a time and place for meeting) 모두를 의미하지만, 영어에서는 이를 전혀 별개의 개념으로 생각하고 있기 때문이다. promise("Promise" refers to 'a declaration of assurance that one will or will not do something, a vow.')는 「앞으로 대한 다짐」을 나타내는 말이기 때문에 「친구와 만나기로 한 약속이 있다」라는 의도와는 전혀 상관없는 말이 되어버린 것이다. 이처럼 누군가와 만남을 나타낼 때는 have a date with 외에도 go out with나 hang out with, spend time with 등을 쓸 수 있는데, 이런 표현들은 대개 가족이나 친구 등과 같이 편안하거나 informal한 만남에 주로 사용되는 것이다. 좀 더 formal한 약속, 즉 의사에게 진찰을 받기로 했다거나 비즈니스 파트너와의 만남이 정해졌을 경우에는 appointment("Appointment" refers to 'an arrangement to meet someone of do something at a particular time.')를 써서 have an appointment with나 have a meeting with를 써야 한다는 것도 함께 알아두어야 한다.

Check It Out!

I promise I won't say a word.   정말 한 마디도 하지도 않을게.
I will do my best not to **break my promise.**   약속을 지키도록 최선을 다할게.
I'd like to **set up an appointment** for Thursday.   목요일로 약속을 정하고 싶어.
I've got to **schedule an appointment** with the surgeon.   외과의하고 약속시간을 정해야 해.
Were you late for **your doctor's appointment?**   병원 예약시간에 늦었어?

| POINT |

promise   뭔가 다짐하는 약속 = a declaration of assurance that one will or will not do something, a vow.

appointment   의사 등과의 약속, 예약 = an arrangement to meet someone of do something at a particular time

Speaking Skills

A: Wasn't Trish supposed to come by?

B: **She promised** she would be here at ten.

A: Why is she so late?

B: I guess she had some errands to run.

A: How long are you going to wait for her?

B: I'll be here another thirty minutes to show up.

A: 트리쉬가 들르기로 되어 있지 않았어?
B: 10시에 온다고 약속했어.
A: 왜 이렇게 늦는거야?
B: 볼 일 볼게 있었던 것 같아.
A: 얼마나 더 걔를 기다릴거야?
B: 나타나기를 30분 더 있으면서 기다릴거야.

A: My tooth has been hurting all weekend.

B: Just go and see your dentist.

A: **My appointment** is at noon tomorrow.

B: He should be able to find what the problem is.

A: I think I need to get it extracted.

B: Well, I hope it gets done quickly.

A: 주말내내 이가 아팠어.
B: 치과에 가봐.
A: 내일 정오로 예약잡았어.
B: 의사가 문제가 뭔지 알아낼거야.
A: 이를 뽑아야 될 것 같아.
B: 그럼 빨리 끝나기를 바랄게.

You find it!

네가 찾아라!

명령문은 Be+형용사/명사, 동사~ 및 부정명령(Don't+동사, Never~) 등 3가지형태가 있다. 먼저 be동사 명령문은 주로 상대에게 어떤 상태가 될 것을 요구하는 패턴으로 Be로 시작하는 명령문으로 Be nice!, Be happy!, Be quiet! Be honest!처럼 형용사가 붙거나 혹은 Be a good boy!(착하게 굴어라), Be a man!(남자답게 굴어라)처럼 명사를 붙여도 된다. 또한 부정형태인 Don't be+형용사/명사는 상대방에게 뭔가를 금지하거나 신신당부할 때 사용하면 된다.

명령문은 원래부터 주어가 없던 형태는 아니었다. 상대방에게 명령을 하는 것으로 앞에 You가 있는 것이지만 누구에게 말하는지 명확하기에 불필요해서 뺀 것이다. 그래서 이 명령문을 강조하려면 이 생략된 주어를 찾아서 넣어주면 된다. Be careful보다는 You be careful이 더 강조하는 명령문이 된다. Do that보다는 You do that, Let me know보다는 You let me know 등이 바로 그런 경우들이다. 또한 여러사람들 앞에서는 Everyone please be quiet for a moment이라고 주어를 넣어서 강조하면 된다.

한편 동사앞에 생략된 명령문의 주어를 넣을 뿐만 아니라 Don't you get in the middle of us(우리들 사이에 끼어들지마), Don't you touch this(이거 만지지마), Don't you make any noise(아무런 소리도 내지마), Don't you dare~ (감히 …할 생각을 하지마), Don't you talk back(말대꾸하지마), 그리고 Believe you me(나 믿어봐)처럼 동사부 다음에 주어가 삽입되는 경우도 있다. 이때 조심할 점은 Don't you+V?처럼 맨 뒤에 '?'가 붙으면 명령문이 아니라 단순한 부정의문문이 된다는 점이다.

Check It Out!

Don't touch me. Don't you dare touch me! 만지지 마. 만질 생각은 꿈도 꾸지마!
Believe you me. You'll thank me for this one day. 내 말 믿어. 언젠가는 감사할거야.
Don't you like going out with friends? 친구들과 외출하는거 좋아하지 않아?

I POINT I

[명령문 주어 **You**가 문장앞에 있는 경우] **You do that, You don't do that, You find it**
[명령문 주어 **You**가 동사 뒤에 오는 경우]
　부정명령문+주어+V : **Don't you get~** : 이때 뒤에 **?**가 있으면 단순한 부정의문문이 된다.
　동사+주어~ : **Believe you me**

Speaking Skills

A: We're never going to find your USB stick.
B: I'm sure it's somewhere in this pile of stuff.
A: **You find it.** I'm tired of looking.
B: Come on, just **give me a hand.**
A: I can't. I have to get to class.
B: **Look with me** for a few more minutes at least.

A: 우리는 절대로 네 USB를 찾지 못할거야.
B: 이 물건들 더미 속 어딘가에 있을게 확실해.
A: 네가 찾아라. 난 찾는데 지쳤어.
B: 그러지마, 좀 만 도와줘.
A: 안돼. 난 수업가야 돼.
B: 몇분만이라도 더 함께 찾아보자.

A: Are you planning to talk with our boss?
B: I have some serious complaints to discuss.
A: **Don't you get** him angry.
B: He has been making us work too much overtime.
A: That's because business has been good.
B: I don't care. I need at least one day off each week.

A: 우리 사장과 얘기할 생각이야?
B: 난 논의할 심각한 불편사항이 있어.
A: 사장 화나게 하지마.
B: 우리에게 너무 많은 야근을 시키잖아.
A: 경기가 좋기 때문이잖아.
B: 상관없어. 적어도 일주일에 하루는 오프해야 돼.

It's much too early for us to visit her

우리가 걔를 방문하기에는 너무 일러

too much와 much too는 헷갈리기 쉽지만 차이는 의외로 간단하다. 우선 much가 명사 또는 형용사로 쓰일 때는 too much의 어순이 된다. 예를 들면 "I have too much to finish"(끝내야 할 일이 너무 많다)라는 문장에서 much는 「많은 것」이라는 명사로 쓰여 too가 much 앞에서 much를 수식하는 형용사 역할을 하고 있다. much가 형용사로 쓰인 예도 한번 보자. 「이 동네에는 범죄가 극성이다」라는 말을 영어로 "There's too much crime in this neighborhood"라고 할 수 있다. 이 문장에서 much는 뒤에 나온 crime을 수식하는 형용사로 쓰였고 too가 much를 수식하는 부사로서 much 앞에 나왔다. 그럼 다음 문장의 경우는 어떨까? "I am much too busy to talk to him now"(그 사람과 얘기하기에 나는 지금 너무 바쁘다)라는 문장에서 too는 형용사 busy를 꾸며주는 부사이다. much는 too 앞에 나와 too를 더욱 강조하는 역할을 하고 있는 것이다. 그러니까 여기서는 much가 명사나 형용사가 아니므로 too much라고 쓰면 틀린 표현이 되는 것이다.

Check It Out!

I'd better not eat **too much** ice cream. 아이스크림을 많이 먹지 않는게 좋겠어.
It's going to cost us **too much** money! 돈이 너무 많이 들겠는 걸!
You're **much too** young to smoke. 넌 담배피기엔 너무 어려.
New computers are **much too** expensive. 새 컴퓨터는 너무 비싸.

| POINT |

too much (+명사) : much가 명사나 혹은 형용사로 사용되는 경우

much too+부사 : 부사가 too한 정도를 much로 강조하는 경우

128

Speaking Skills

A: We need to review all 58 files.

B: It's **too much** work for us to complete.

A: We should be able to get at least ten done.

B: That's true, but we can't review all of them.

A: Are you ready to get started?

B: Let's have some coffee and a snack first.

A: 우리는 58개 파일 모두를 검토해야 해.
B: 우리가 끝내기에는 너무 많은 일이야.
A: 우린 기껏해야 10개 정도 끝낼 수 있을거야.
B: 맞아, 우리는 모두 다를 검토할 수 없어.
A: 시작할 준비됐어?
B: 커피하고 스낵 좀 먼저 먹자.

A: Let's go to Lena's house.

B: It's **much too** early for us to visit her.

A: She told us to stop by at any time.

B: I know, but it's seven o'clock in the morning.

A: I thought she was a morning person.

B: She is, but it's impolite to arrive so early.

A: 레나의 집으로 가자.
B: 집에 찾아가기에는 너무 이르잖아.
A: 걘 우리보고 아무때나 들르라고 했어.
B: 알아, 하지만 아침 7시이잖아.
A: 걘 아침형 인간으로 알고 있어.
B: 맞아, 하지만 너무 일찍 가는건 예의가 아냐.

I've got nothing to lose except you

널 빼면 난 잃을게 없어

많은 사람들이 이 두 단어의 차이를 정확히 모른채 그냥 쓰는 경우가 많다. except와 besides는 둘 다 우리말로 「…이외에」라는 뜻이지만 실제 의미상으론 상당한 차이가 있다. 예를 들어 You can take anything you want except my computer라는 문장을 한번 보자. 이 문장은 우리말로 「내 컴퓨터 이 외에 원하는 건 뭐든 가져도 좋아」라는 뜻이다. 「내 컴퓨터 이외에」라는 뜻의 except my computer에 서 except는 「…만 빼고」(with the exception of)라는 「예외」의 의미를 가지고 있다. 그럼 이 문장에서 except를 besides로 고쳐 보자. 그러면 You can take anything you want besides my computer 가 되는데 뜻은 앞의 except가 쓰인 문장과는 완전히 다르다. 즉, 「내 컴퓨터 이외에도 원하는 건 뭐든 가 져도 좋아」라는 말이 된다. besides my computer가 우리말로는 똑같이 「내 컴퓨터 이외에(도)」라는 뜻 이지만 여기서 besides는 「…에다가 또」(in addition to)라는 「추가」의 의미를 갖는다. 하지만 except와 besides는 부정문에선 같은 의미로 쓰인다. 가령 「나는 그 파티에서 Jane 말고는 아는 사람이 한 명도 없 었다」라는 문장은 I didn't know anyone at that party except Jane이라고 해도 되고 I didn't know anyone at that party besides Jane이라고 써도 똑같은 표현이 된다.

Check It Out!

I've got nothing to lose **except** you. 널 빼면 난 잃을게 없어.

We will take every one **except** that old one. 저 오래된 것 빼고 나머지 다 가져갈게.

Let's talk about something **besides** my eating habit. 내 식습관말고 다른 이야기 하자.

Is there any other way out of here **besides** that door?

저 문외에 여기서 나갈 수 있는 다른 출구는 없을까?

I POINT I

except …만 빼고, 제외하고(with the exception of) ⇒ 예외의 의미

besides …에다가 또(in addition to) ⇒ 추가의 의미

****부정문에서는 같은 의미로 쓰인다.

Speaking Skills

A: I came here to borrow a few laptop computers.
B: You can use any of the computers on the shelf.
A: We will take every one **except** that old one.
B: The old one still works pretty well.
A: Is the software up to date on it?
B: Sure, it's the same as the other computers.

A: 노트북 몇대 빌리려고 왔어.
B: 책장에 있는 컴퓨터 아무거나 사용해도 돼.
A: 저 오래된 것 빼고 나머지 다 가져갈게.
B: 오래된 것도 잘 돌아가.
A: 안에 소프트웨어는 업데이트 되어 있어?
B: 그럼, 다른 컴퓨터와 똑같아.

A: We've prepared this table for the guests.
B: I see you have drinks and silverware on it.
A: It's all ready, **besides** the snacks.
B: What kind of snacks are you going to put out?
A: Crackers, cheese, and some small sandwiches.
B: Would you mind including some chocolates too?

A: 손님들 용으로 이 테이블을 준비했어.
B: 그 위에 음료와 은식기류도 올려놨네.
A: 스낵 이외에는 다 준비됐어.
B: 어떤 스낵을 내놓을거야?
A: 크래커, 치즈, 그리고 작은 샌드위치들.
B: 초콜릿도 좀 포함시켜줄래?

Have you seen any of our classmates?

우리 반 학생중 누구 하나라도 봤어?

우리나라 사람들이 영어를 공부하면서 많이 헷갈려 하는 것이 현재완료와 과거시제의 구분이다. 상황에 따라 시제를 현재완료를 쓰느냐 과거형을 사용하느냐에 따라서 의미나 뉘앙스(nuance)가 달라질 수 있기 때문이다. 그럼 현재완료로 쓰인 Have you seen the exhibition? 경우는 현재 전시회가 끝나지 않은 상황에서 상대방에게 그 전시회를 보았느냐고 묻는 말이다. 이 문장의 의미를 더욱 분명히 하려면 문장 맨 뒤에 yet을 붙여 보면 알 수 있다. 즉, Have you seen the exhibition yet?(아직 전시회 가보지 않았니?)라는 의미이다. 그럼 과거시제를 사용한 문장의 경우는 어떨까? Did you see the exhibition?은 앞의 경우와는 반대로 전시회가 이미 끝난 후에 던진 질문이다. 즉 「(전시회가 열렸을 때) 전시회에 가 보았니?」라는 말이다. 이 문장은 Did you see the exhibition when it was here?라고 하면 더욱 정확한 의미가 될 것 같다. 이제 두 문장 사이에 어떤 의미상의 차이가 있는지 구분이 되었을 것으로 생각한다. 영어는 이렇게 시제를 어떤 것으로 쓰느냐에 따라 상황에 대한 다른 전제를 담고 있는 경우가 있다. 즉 Did you see~?는 구체적인 시간의 시점에서의 single instance를 묻는 것(asking about a single instance, perhaps at a specific period in time)인데 반해 Have you seen~?은 일정 기간동안 어느 때라도 있어날 수도 있을 일(asking about something that could have been at any point over a span of time)을 묻는 것이다. 하지만 요즘 들어서는 미국 영어에서 이런 차이에 대한 확실한 구별이 점점 없어지고 있는 추세라 Did you~?나 Have you+pp~?, 두 가지 문장의 경우 일상 대화에선 큰 차이없이 사용되고 있다는 점도 같이 알아두시기 바란다.

Check It Out!

Did you see the incident last night? 지난밤에 난 사고 봤어?

Did you see what she wrote? 걔가 뭐라고 썼는지 봤어?

Did you see that guy pacing in the lobby? 복도에서 왔다갔다하는 사람 봤어요?

Have you seen Jenna around the office recently? 최근에 사무실에서 제나 본 적 있어?

Have you seen Mike since you two broke up? 너희들 헤어진 후에 마이클 본 적 있어?

| POINT |

Have you seen~ ? …을 봤어

Did you see~? …을 봤어?

Speaking Skills

A: **Did you see** the kids playing outside?
B: Yes, they were on the swingset.
A: Were they arguing with each other?
B: No, I think they were having a good time.
A: Please tell them it's time to come in for dinner.
B: Okay, I'll call them inside.

A: 밖에서 노는 아이들 봤어?
B: 어, 그네 위에 있던데.
A: 서로 싸우고 있었어?
B: 아니, 즐겁게 놀고 있는 것 같았어.
A: 저녁먹으러 들어올 때라고 말해줄테야.
B: 그래, 안으로 불러들일게.

A: I just looked inside of the classroom.
B: **Have you seen** any of our classmates?
A: No, the classroom was completely empty.
B: Why do you think they weren't inside?
A: I guess the teacher canceled class for the day.
B: That's strange. No one told us about it.

A: 교실 안을 쳐다봤어.
B: 우리 반 학생중 누구 하나라도 봤어?
A: 아니, 교실은 텅텅 비어있는데.
B: 왜 걔네들이 안에 없었다고 생각해?
A: 선생님이 그날 휴강하신 것 같아.
B: 이상하다. 아무도 그 얘길 해준 사람이 없는데.

I don't think it will be interesting

재미있을 것 같지 않아

영어 단어를 많게는 수만가지씩 외우면서도 막상 써먹으려 하면 쉬운 표현인데도 어려움을 겪는 경우가 많이 있다. 그냥 그 단어에 해당되는 우리말 뜻을 암기했기 때문에 그 단어가 정확히 어떤 상황에서 어떤 의미로 쓰이는지 모르기 때문이다. interesting과 fun도 우리말로는 둘 다 「흥미로운」, 「재미있는」이라는 뜻을 가지는 형용사이지만 쓰임엔 차이가 있다. 우선 interesting은 「지적인 재미」를 주는 경우에 쓰인다. 가령 어떤 책을 읽었는데 그 내용이 재미있었다든지 고대 역사에 관한 강의를 들었는데 흥미로웠다든지 하는 경우에 interesting을 쓸 수 있다. 또한 책과 같은 사물 뿐만 아니라 사람이나 idea 등에 대해서도 그것이 주의를 기울이게 하거나 생각을 하게 만드는 등의 지적인 자극을 주는 경우에 interesting person, interesting idea 등과 같은 표현을 쓸 수 있다. 이에 반해 fun은 「감각적인 자극」을 주는 경우에 쓴다. 놀이동산(amusement park)에 가서 청룡열차(roller coaster)를 탔는데 아주 재미있었다면 이때는 fun을 쓰면 된다. 지적인 즐거움이 아니라 몸을 움직여서 얻는 감각적인 즐거움에 해당되기 때문이다. 파티에서 친구들과 먹고 마시며 즐거운 시간을 보냈다면 이때도 The party was fun이라고 말할 수 있다. 친구와 헤어질 때 종종 「즐겁게 보내[지내]」라는 의미로 Have fun이라고 인사하기도 한다.

Check It Out!

I'm committed to programs that are **interesting.** 난 흥미있는 프로그램만 보고 있어.

That should be an **interesting** challenge. 그건 흥미로운 도전이 될거야.

Your parties are always **a lot of fun.** 네 파티는 언제나 흥겹더라.

It's **fun** playing online games. 온라인 게임을 하는게 재미있었어.

It was **fun** talking to you again. 너와 다시 얘기하는건 즐거웠어.

| POINT |

interesting	지적으로 흥미로운, 재미있는
fun	감각적으로 흥미로운, 재미있는

Speaking Skills

A: Tonight was my first date with Kathy.

B: How was it? Did you have a good time?

A: Yes, we had **a lot of fun** together.

B: You've liked her for quite a while.

A: I finally got up the courage to ask her out.

B: It sounds like you may become her boyfriend.

A: 오늘밤은 케이시와의 첫데이트였어.
B: 어땠는데? 좋은 시간 보냈어?
A: 어, 함께 아주 즐거웠어.
B: 너 한동안 걔를 좋아했잖아.
A: 마침내 용기를 내서 데이트 신청을 한거지.
B: 네가 걔의 첫번째 남친이 될 수도 있을 것 같아.

A: Let's go see the new James Bond movie.

B: Sorry, but I don't want to do that.

A: Why not? I thought you liked movies.

B: I don't think it will be **interesting.**

A: It's going to have a lot of action.

B: I know, but James Bond films are kind of dull.

A: 새로 나온 제임스 본드 영화를 보러가자.
B: 미안, 하지만 난 그러고 싶지 않아.
A: 왜 아닌데? 너 영화좋아하는 줄 알았는데.
B: 흥미로울 것 같지 않아서.
A: 액션이 많이 나올거야.
B: 알아, 하지만 제임스 본드 영화는 좀 지루해.

I spoke with my teacher about my grades

선생님과 성적에 대해 얘기나누었어

'speak'와 'talk'는 의미가 유사하여 'May I speak[talk] to John?'과 같이 많은 경우에 있어서 서로 바꿔쓰기도 하지만, 'speak'가 좀 더 형식적이며(more formal), 광범위한 쓰임새를 갖는다. 따라서 'speak' 는 아기가 의미도 모른 채 단순히 "맘마"하고 「말하는 것」(to produce words with your voice)에서부터 「의견이나 생각을 말하는 것」, 「대화하는 것」은 물론이거니와 「연설하다」, 「강연하다」라는 의미로까지 두루 쓰인다. 더욱이 주목할 만한 것은 어떤 특정한 언어를 「말할 수 있다」라고 할 때도 바로 이 'speak'를 쓴다는 점이다. 우리가 실생활에서 자주 쓰는 "Can you speak Korean?" 이나 "I can't speak English well"에서처럼 말이다. 이에 반해 'talk'은 좀 더 일상적이고 격식이 없는 말(more casual and informal)로서 'having a conversation'의 의미가 강하여 「상대가 있는 가운데 자신의 생각이나 의견 또는 속내를 말한다」는 의미를 갖는다. 가령 연설이나 강연에 있어서도 'speak'에 비해 그다지 격식이 없는 말이 된다. 또한, "My baby cannot talk yet"이라고 할 때의 이 「말」(talk)이란 「의미를 알고 하는 말」이다. 'tell'은 「말·언어 그 자체가 아니라 정보(알고 있는 사실)를 전한다」(to give a detailed account of something, to narrate, to communicate some fact or information)는 데 역점이 있는 단어로서, 이때 정보를 전달하는 매개는 연설의 형태이건, 편지이건, 노래건, 몸짓이건 개의치 않는다. 따라서 tell 뒤에는 'A told B that…과 같이 반드시 정보를 전해 듣는 상대방이 명시되어야 한다. 반면, 「말하다」라는 의미를 갖는 가장 일반적인 단어인 'say'는 'speak,' 'talk,' 'tell'에서 볼 수 있는 「대화」나 「의사소통」의 의미는 다소 부족하며, 그야말로 「말하는 것」 자체에 역점이 있으므로, 'A said (to B) that…'처럼 굳이 말을 듣는 상대방을 명시해 줄 필요는 없다. 참고로 다음 두 예문 속에 숨겨진 차이를 구분해 보자.He said to her that he loved her. / He told her that he loved her. 이때 said라는 단어 속에는 남자의 감정을 여자에게 얘기했다는 사실에 역점이 있으며, 차후의 일(남자의 감정을 받아들이는 것)은 여자에게 맡겨진 것이라는 의미가 숨어 있는 반면, told에는 남자의 감정을 듣고, 많건 적건 간에 여자의 마음이 남자에게로 기울어졌다는 의미가 숨어 있다. 때때로 이 네 단어의 의미를 구분하기란 매우 힘든 일이므로, 무엇보다도 문장 속에서 그 용법을 익히고, 많은 관용구나 표현들을 익혀 두는 것이 좋다.

Check It Out!

I **spoke** with my teacher about my grades. While we **talked** he **told** me my grades were unacceptable. 'You must study harder,' he **said.**

내 학점에 대해 선생님과 얘기나누었다. 얘기하면서, 선생님은 내가 학점이 너무 안좋다고 말씀하셨다. "넌 더 열심히 공부해야 돼"라고 말하셨다.

Speaking Skills

A: Mr. Johnson will arrive tomorrow.
B: What is the purpose of his visit?
A: He is coming here to **speak** to us.
B: Why would he want to **speak** to us?
A: He wants to **talk** to us about a promotion.
B: I hope he plans to offer us better jobs.

A: 존슨 씨가 내일 도착할거야.
B: 방문목적이 뭐래?
A: 우리에게 얘기하려고 오는거야.
B: 왜 우리랑 얘기하기를 원하는거야?
A: 승진에 관해 우리에게 얘기하기를 원해.
B: 그가 우리에게 더 나은 일자리를 제공할 생각이면 좋겠다.

A: I'm asking Vera to go to the dance with me.
B: What do you think she will **say**?
A: I'm pretty sure she will **say** yes.
B: Someone said she already has a boyfriend.
A: Where did you hear that?
B: It's a story that was spread around the school.

A: 베라에게 나와 함께 댄스파티에 가자고 할거야.
B: 걔가 뭐라고 할 것 같아?
A: 예라고 대답할거라 확신해.
B: 누가 그러는데 이미 남친이 있다고 하던대.
A: 어디서 들었어?
B: 학교에 퍼졌던 얘기야.

What makes you think Jeff is sick?

왜 제프가 아프다고 생각하는거야?

---

sick과 ill은 사실 의미상으로 큰 차이가 없다. 그저 미국 사람들은 「몸이 안좋다」고 할 때 보통 ill보다는 sick을 써서 "I'm feeling sick"이라고 말하고 영국에서는 대개 ill을 써서 "I'm feeling ill"이라고 표현하는 사람들이 많다는 게 차이라면 차이이다. 하지만 미국 사람들이라고 해서 반드시 sick만 쓰고 영국 사람들은 무조건 ill만 쓰는 것도 아니다. 미국의 경우에도 병원이나 의사 등과 관련된(in relation to the doctor) 공식적인 상황에서는 ill을 쓰기도 하고 영국에서도 sick daughter와 같이 명사를 수식할 때는 sick을 쓰는 경우가 많다. 따라서 sick이든 ill이든 따로 구분할 필요없이 마음대로 골라써도 무리는 없다. 다만 sick의 경우에는 「몸이 좋지 않은」(unwell) 상태뿐만 아니라, 먹은 음식을 「토하는」(bringing food up from the stomach) 것을 나타내기도 한다. 오랫만에 친구들과 만나 한잔(?) 하고 나니 속이 영~ 불편하고 울렁거린다면 "I am going to be sick"(넘어올 것 같아)이라고 할 수 있다.

Check It Out!

I want you to remember that Mom is **ill**. 엄마가 아프다는걸 기억해둬.

What do you think caused **the illness**? 그 병의 원인이 뭐라고 생각해?

What makes you think Jeff is **sick**? 왜 제프가 아프다고 생각하는거야?

My mother was **sick** and we went to the hospital. 어머니가 아프셔서 병원에 갔었거든요.

I POINT I

ill 아픈
sick 아픈, 토하는

Speaking Skills

A: Mr. Robinson has lost a lot of weight recently.

B: He is also walking with a limp.

A: I am concerned about him.

B: There are rumors that he is very **ill.**

A: He could have a number of **illnesses.**

B: It is probable that he is suffering from cancer.

A: 로빈슨 씨는 최근에 살이 많이 빠졌어.
B: 또 절뚝거리면서 걷잖아.
A: 그가 걱정이 돼.
B: 많이 아프다는 소문이 있어.
A: 많은 병에 걸렸을 수도 있지.
B: 암을 앓고 있을지도 모르겠어.

A: The flu has spread to everyone in the office.

B: I know. It makes you feel terrible.

A: Most people got better after a few days.

B: I was **sick** for three weeks.

A: That is an unusually long time.

B: My immune system is not very strong.

A: 독감이 사무실 모두에게 퍼졌어.
B: 알아. 그래서 기분이 끔찍하지.
A: 대부분 사람들은 며칠 지나 좋아졌어.
B: 난 3주 동안이나 아팠어.
A: 보통 그렇게 오래 앓지 않는데.
B: 내 면역체계는 그리 강하지 않나봐.

Why don't we make some food?

음식을 좀 만들자?

우리가 흔히 「요리하다」라고 알고 있는 cook이라는 동사는 엄밀히 말하자면, 「재료에 열을 가해 요리하다」 (prepare (food) for eating by using heat)라는 의미를 나타내는 표현이다. There are various ways of cooking rice(밥 짓는 방법에는 여러가지가 있지), Do you want your vegetables cooked or raw?(야채를 익혀드릴까요, 아니면 그냥 드시겠습니까?)와 같은 문장에서처럼 말이다. 따라서 sandwich 처럼 불을 사용하지 않고 만드는 음식인 경우에는 동사 cook을 쓰는 대신 make나 prepare 등과 같은 표 현을 이용하는게 일반적이다. salad 역시 마찬가지로 열을 가하지 않고 만드는 요리이니 「샐러드를 만들다」 라는 말은 make some salad라고 하거나, mix a salad, toss a salad와 같은 표현들을 써주면 된다

그밖에 「콩이나 곡류 등을 볶는」(toast or roast slightly peas, beans, grain, etc.)것을 말할 때는 parch를 사용하면 되고, 튀기는 것을 fry라 하고 역시 기름을 두르고 볶는 요리도 fry로 해결하면 된다. 한 국 요리는 아니지만 「빵을 굽는 것」은 bake을 이용하면 되고, 불고기나 고기 요리시 불에 굽는 것은 broil 과 roast를 이용하면 된다. 그럼, 끓는 물에다 넣고 하는 요리를 해볼까? 달걀을 삶는(boil the egg) 것처 럼 끓는 물에서 삶는 것은 boil, 나물 따위를 살짝 데치는 것은 boil slightly, 찌개나 전골을 보글보글 끓이 는 것은 simmer(Ex. Leave the soup to simmer for ten minutes or so)를 각각 이용하면 된다. 요 리를 위한 음식 준비를 설명할 때 「다지다」, 「저미다」는 모두 chop(=cut in pieces)으로 해결하면 되고, 음 식을 장만할 때 으깨고, 갈고, 빻는 것은 grind를 이용하면 된다.

Check It Out!

How long does it take to **cook a turkey?** 칠면조 요리하는데 시간이 얼마나 걸려?

I was meaning to **make a salad.** 난 샐러드를 만들려고 했어.

| POINT |

cook 음식을 (불에) 요리하다	**make** 음식을 만들다
parch 콩이나 곡류를 볶다	**fry** 튀기다, 볶다
bake 빵을 굽다	**broil** 고기 등을 불에 굽다(roast)
boil 물에 삶다	**simmer** 찌개나 전골을 보글보글 끓이다
chop 다지다, 저미다	**grind** 으깨고, 갈고, 빻다

Speaking Skills

A: It's almost time to eat dinner.

B: Why don't we **make some food?**

A: What would you like to eat?

B: I'm hungry for some chicken and rice.

A: We have chicken, but we're out of rice.

B: Let's use potatoes or some vegetables instead.

A: 저녁 먹을 시간이 거의 다됐네.
B: 음식을 좀 만들자.
A: 뭘 먹고 싶은데?
B: 밥을 곁들인 치킨이 고파.
A: 치킨은 있는데 쌀이 없어.
B: 대신 감자나 야채를 사용하자.

A: The memorial service was held last night.

B: I heard you helped out with that.

A: I had to **cook food** for fifty people!

B: How did you manage to provide for everyone?

A: We were working in the kitchen all night long.

B: It was nice of you to offer your services.

A: 어젯밤에 추도식이 열렸어.
B: 네가 그걸 도왔다고 들었어.
A: 50명이 먹을 식사를 요리해야 했어.
B: 어떻게 다 모두에게 제공했어?
A: 부엌에서 온 밤 일했지.
B: 네가 봉사활동을 하니 좋은거지.

Almost everyone has gone home

거의 모든 사람이 집에 갔어

"Almost tourist boards offer discount coupons or booklets ～"라는 문장에서 almost는 most로 고쳐야 한다. 그럼 almost나 most의 의미차이는 어떻게 되는 걸까? 우선 almost는 「부사」, most는 「명사·형용사·부사」로 두루 사용된다는 '품사'적인 측면에서 차이가 있다. 위 문장에서 보면 almost는 부사이기 때문에 「관광국」이라는 뜻의 명사 tourist boards를 직접 수식할 수가 없고 대신 형용사인 most로 고쳐야 하는 것이다. 굳이 almost를 쓰려면 almost와 tourist boards 사이를 중재(?)해줄 만한 단어가 필요하다. 그런데 almost가 「거의 그러한 상태이나 완전히 그렇지는 않다」(very nearly, but not quite)라는 뜻의 부사이기 때문에 둘 사이엔 all, every, entire, no, the 등과 같이 「극」(extreme point)을 나타내는 한정사가 들어가게 된다. 그 밖에도 almost는 "I almost missed my plane"에서와 같이 「실행할 뻔했지만 그렇지 않은 행위」(close to performing, but does not quite perform an action), "I'm almost done with my homework"에서와 같이 어떤 것이 목적을 향해 가는 「경과」(progress toward a goal)를 나타내기도 한다. 한편 most는 명사나 형용사일 때 「대부분(의)」라는 뜻으로 사용되지만, 부사일 때는 대개 다른 형용사를 수식해 그 형용사의 최상급을 만들거나 「매우」(very)라는 뜻으로 사용되기 때문에 부사일 때도 almost와는 다소 차이가 있다.

Check It Out!

Most of those people only cause trouble for each other.
저 사람들 대부분은 서로 문제를 일으키고 있어.

You've spent **most of** the hour engaging in small talk. 잡담하면서 대부분의 시간을 보내는구나.

The bank said that I have **almost** no money left. 은행은 내 잔고가 거의 없다고 했어.

He rushed her into surgery and she **almost** lost the baby.
걘 그여자를 서둘러 수술했고 거의 애를 잃을 뻔했어.

| POINT |

most	대부분(의), 매우
almost	거의, 거의 …할 뻔한

Speaking Skills

A: The party is finishing up.
B: How many guests are in the living room?
A: **Almost** everyone has gone home.
B: Then it's time to start cleaning up.
A: I'll bring the dirty plates to the sink.
B: Let's collect the dirty glasses too.

A: 파티가 끝났어.
B: 거실에 손님이 얼마나 있어?
A: 거의 모든 사람이 집에 갔지.
B: 그럼 이제 청소를 시작할 시간이구나.
A: 싱크대에 먹던 접시들 가져다 놓을게.
B: 먹던 잔들도 함께 모으자.

A: I don't like getting older.
B: What's wrong with getting old?
A: Once you turn 50, your life is over.
B: **Most** people disagree with that statement.
A: I don't care. I prefer to be young.
B: I know, but life is still interesting as you get older.

A: 나이드는게 싫어.
B: 나이드는게 뭐 어때서?
A: 50살이 넘으면 인생 끝났다고 봐야지.
B: 대부분의 사람은 그 말에 동의하지 않아.
A: 상관없어. 난 젊은 것이 더 좋으니까.
B: 알아, 하지만 인생은 나이먹어도 여전히 흥미로와.

You should join us on a Saturday

언제 토요일에 우리와 함께 가자

부정관사 a는 「불특정한 것 하나」를 의미하니 Saturday나 Monday 등 특정 요일과 함께 쓰인다는 것이 이상해보일 수도 있다. 하지만 결론적으로 on a Saturday라는 표현은 틀린 것이 아니다. 그럼, on a Saturday와 on Saturday는 뭐가 다를까? 보통 on Saturday니, on Monday니 하고 관사 없이 요일이 나올 때, 이것은 말하고 있는 시점에서 가장 가까운 미래 혹은 과거의 그 요일을 의미한다. 그래서 "See you on Monday"라고 하면 '아, 바로 돌아오는 월요일에 만나자는 얘기구나'하고 알 수 있는 것이다. 이에 비해 부정관사 a를 붙여 on a Saturday라고 하면 그게 꼭 말하고 있는 시점 근처의 토요일이 아닐 수도 있는 것이다. 그래서 on a Saturday라는 표현을 접하면 듣는 사람은, 그게 한달 전인지 다음 주인지 알 수는 없지만 '어쨌든 그날은 토요일'이라는 정보를 얻게 되는 것이다.

한편, 「요일 앞에는 전치사 on을 쓴다」고 했으면 언제나 그래야 할텐데, on이 붙은 문장도 있지만 안붙은 문장도 눈에 띄니 답답할 때가 있다. 대략 정리를 해보면, 원칙적으로 「요일」 앞에는 on이 붙지만 구어에서는 Monday, Friday, Sunday하는 요일들 자체만으로도 형용사나 부사처럼 쓰이기도 하기 때문에 요일 앞에서 on이 사라지는 경우가 생기는 것이다. last, next처럼 수식어가 붙을 경우에는 on 없이 쓰이는 경우가 많다.

Check It Out!

You can come over to my house **on Friday.** 금요일에 우리 집에 와.
What did you do **last Saturday** evening? 토요일 밤에 뭐 했어?
Why didn't Ray go out with Tina **last Saturday?** 왜 지난 일요일에 레이가 티나와 데이트 안했어?
My birthday will fall **on a Sunday** this year. 내 생일은 금년에 일요일이야.

| POINT |

on Saturday	바로 전주나 이번주 혹은 다음주 토요일
on a Saturday	언제인지 분명하지 않지만 토요일에
on Saturdays	토요일 마다
last Saturday	지난주 토요일

Speaking Skills

A: Got any plans for this upcoming weekend?
B: Yeah, it's going to be busy.
A: Give me an example of what you plan to do.
B: We will attend a football game **on Saturday.**
A: Sounds good. Where is that at?
B: It will be held at a stadium at the local university.

A: 오는 주말에 무슨 계획있어?
B: 어, 바쁠거야.
A: 뭘 할건지 하나만 알려줘.
B: 이번 토요일에 미식축구를 볼거야.
A: 좋으네. 어디서 열리는데?
B: 지역 대학교 경기장에서 열릴거야.

A: I get so bored staying home all the time.
B: We often go downtown to visit the museums on weekends.
A: I'd really love to do something like that.
B: You should join us **on a Saturday.**
A: Will you be going this weekend?
B: No, but you're welcome to come on another weekend.

A: 종일 집에 있으니까 정말 지겨워.
B: 우린 가끔 주말마다 시내 박물관에 가.
A: 나도 정말이지 그러고 싶어.
B: 언제 토요일에 우리와 함께 가자.
A: 이번 주말에 가?
B: 아니, 하지만 다른 주말에 언제든지 와.

Almost everything is on sale here

여기 거의 모든게 다 할인하잖아

연말연시에 시내를 다니면 수없이 마주치게 되는 것 중의 하나가 바로 각종 백화점들 앞에 크게 붙어있는 "~sale"이라는 현수막일 것이다. 실제로 영어공부를 하다 보면 on sale이나 for sale과 같은 표현들을 종종 보게 되는데, 그 둘 사이에는 어떤 차이가 있는 건지 궁금할 것이다. sale이 갖는 단어 자체의 의미는 누구나 알고 있듯이 「판매」, 「매각」의 뜻. 그런데 on sale과 for sale을 사전에서 찾다보면 별 차이가 없게 설명되어있는 경우가 종종 있다. 하지만 실용영어에서 두 가지 경우는 의미상에서 상당한 차이를 갖는다. 우선 for sale은 말 그대로 「그저 팔려고 내놓은 상태」(available for purchase)를 의미하는데, 주로 이 말은 시장에다 흔하게 내놓고 팔지 않는 물건을 팔 때 주로 쓰는 표현이다. 가령, 주택은 시장에다 내놓는 것은 아니니까 「팔 집」이란 뜻으로 'FOR SALE'이란 간판을 집 앞에다 세우는 것이다. 반면에 on sale은 「염가로 판매되는 상태」(offered at lowered prices)를 말하는 것으로 우리나라에서 사용되는 「세일」이라는 말은 후자의 경우를 말하는 것이다. 그래서 세일 때 그것을 샀다라고 하려면 I got it on sale이라고 하면 된다.

Check It Out!

Is this **on sale**? 이거 세일 중이에요?

I got it **on sale** at a department store. 백화점에서 세일하는 걸 샀어.

Do you know if those shirts are **for sale**? 저 셔츠 세일하는지 알아?

Sorry, but this car is **not for sale.** 미안하지만 이 차는 팔지 않아.

I POINT I

on sale 상품이 「저렴한 가격으로 판매되는」 것 (a special promotion of merchandise offered at lowered prices)

for sale 저렴한 가격이든 아니든 「팔려고 내놓은」(available for purchase) 물건

* not for sale 비매품

Speaking Skills

A: Do you see any items you'd like to buy?

B: I don't think I could afford anything.

A: Almost everything is **on sale** here.

B: What is the discount on that clock?

A: It is being sold at twenty five percent off.

B: Well, I think I would like to buy it.

A: 네가 사고 싶은 품목이 보이니?
B: 아무 것도 살 여력이 안될 것 같아.
A: 여기 거의 모든게 다 할인하잖아.
B: 저 시계는 몇프로 할인이야?
A: 25프로 할인으로 팔고 있어.
B: 그럼 내가 저걸 사고 싶어지는데.

A: We are going to buy Danny's car.

B: He told me that it's **not for sale.**

A: He changed his mind. It's **for sale** now.

B: How much is he selling it for?

A: We're going to buy it for $6,000.

B: That's a good deal. It's almost new.

A: 우린 대니의 차를 살거야.
B: 걔는 팔지 않는다고 했는데.
A: 마음을 바꿨어. 이제는 팔겠대.
B: 얼마에 팔거래?
A: 6천 달러에 살거야.
B: 괜찮은 거래네. 거의 새차잖아.

That's because he drove drunk

걔가 음주운전을 해서 그렇지

먼저 That's why ~부터 살펴보면, 여기서 why는 선행사 the reason을 포함한 관계대명사로 「그것이 …하는 이유이다」라는 의미이다. 이는 결국 why 이하가 그것(that), 즉 앞서 말한 내용으로 인한 「결과」라는 말이 되므로 That's why ~는 「그 때문에 …하다」, 「그래서 …하다」라는 뜻의 「결과」 구문이 된다. 반면 That's because ~는 「그것은 바로 …하기 때문이다」라는 뜻으로, because 이하가 앞에서 말한 그것(that)의 「이유」를 나타낸다. 예컨대 다른 여자의 미모를 질투하며 「난 그 여자가 너무 예뻐서 싫어」라고 말하는 경우, That's why ~를 이용하면 그 뒤에 「결과」가 나오니까 "She is so beautiful. That's why I hate her"가 되지만, 「이유」를 나타내는 That's because ~를 쓰면 "I hate her. That's because she is so beautiful"이 된다. 다시 말하자면 결과를 말할 때는 That's why~를 이용하면 되고 반대로 원인을 말하려면 That's because를 이용하면 된다. 한가지 예를 더 들어보자면, 음주운전을 해서[원인] 면허증을 빼앗겼다[결과]의 경우에서 That's why 다음에 결과인 면허증 빼앗긴 사실을 써서 "That's why he's lost his driver's license"라고 하면 되고 반대로 That's because 다음에는 원인인 음주운전을 했다는 사실을 써서 That's because he drove drunk"이라고 하면 된다.

Check It Out!

That's why everybody loves Raymond. 그래서 다들 레이먼드를 좋아하는거야.
That's why I decided to quit. 바로 그래서 내가 그만두기로 한 거야.
That's because he did a great job. 그 사람이 일을 잘 했으니까 그렇지.
That's because she is busy right now. 그 여잔 지금 바쁘니까 그렇지.

| POINT |

That's why S+V 그래서 …하다
That's because S+V 그것은 바로 …때문이야
That's why! 그게 이유야!

Speaking Skills

A: I got into a big argument with my uncle.
B: What happened? He's such a nice guy.
A: We were discussing statements the president made.
B: A lot of people are unhappy with what he said.
A: My uncle got so angry when I agreed with the president.
B: **That's why** you should never discuss politics.

A: 삼촌과 언쟁을 크게 벌였어.
B: 무슨 일인데? 삼촌은 아주 좋은 사람이잖아.
A: 우린 대통령이 한 말에 대해 얘기나누고 있었어.
B: 많은 사람들이 대통령의 말에 불만이지.
A: 내가 대통령의 의견에 동의한다고 하자 삼촌이 화를 냈어.
B: 그래서 정치를 토의해서는 절대로 안되는거야.

A: Your dog is always barking.
B: He hears people walking outside.
A: But why does he have to make so much noise?
B: **That's because** he dislikes strangers.
A: It looks like he would try to bite them.
B: Yeah, he protects this house from people I don't know.

A: 니네 집 개는 맨날 짖더라.
B: 밖에서 사람들이 걸어다니는 걸 들어.
A: 하지만 왜 그렇게 시끄럽게 해야 되는거야?
B: 낯선 사람들을 싫어하기 때문이야.
A: 물기라도 할 것 같은데.
B: 어, 내가 모르는 사람들로부터 우리 집을 보호해줘.

They went on a holiday in Hawaii

하와이로 휴가갔었어

vacation은 대개 「어느 일정기간 동안 일이나 의무 따위에서 해방되는 휴일」(refer to a number of consecutive days that someone doesn't work)을 뜻한다. 따라서 직장에서 일정기간 받는 「휴가」 뿐만 아니라 학교에서 때가 되면 당연스레 맞이하는 장기간의 「방학」도 vacation이라고 한다. 반면 holiday는 단어 자체의 분위기에서도 느껴지듯이 원래는 신성하기 그지없는 종교적인 휴일 또는 사건이나 인물 따위를 기념하는 날을 가리키는 말로 vacation과 마찬가지로 일로부터의 해방인 「휴가」를 의미하기도 하고, 「축제일」이라든가 「국경일」, holiday weekend와 같이 특별히 정해진 「휴일」(special day)을 말할 때도 쓴다. 다음, leave는 특별한 사유로 인해 일을 쉬고 있을 때 주로 사용되는 말로 sick leave(병가), maternity leave(출산휴가) 등과 같은 예를 통해 쉽게 이해할 수 있을 것이다. 참고로, 「일을 쉰다」는 맥락의 표현인 rest와 break의 차이점에 대해서도 잠깐 살펴본다. 우선 rest는 「휴식」은 「휴식」이되 잠시 쉬는 것으로부터 취침, 장기간에 걸친 휴양까지를 포함하는 「쉼」의 일반적인 단어인 반면, break는 「잠시의 짧은 휴식 시간」(very short period of time)을 말할 때 주로 쓰이는 단어이다. 이들 단어들은 거의 구별없이 쓰이는 듯 해도 그 뒤에 숨어있는 뉘앙스의 차이점을 이해한다면 실제 대화에서 적재적소에 알맞은 단어를 선택하는 데 크게 도움이 될 뿐만 아니라 그들의 사고 속에 살아 숨쉬는 문화적 차이를 이해하는 데도 자그마한 디딤돌이 될 것이다.

Check It Out!

Let's go to Venice during **summer vacation**. 여름휴가 동안 베니스에 가자.

Is someone going overboard with **this holiday**? 휴일준비 넘 과하게 하는 거야?

I can't call in sick after eight weeks of **sick leave**.
8주간의 병가 후에 다시 아파서 출근 못한다고 할 수 없어.

Why don't you **get some rest**? 좀 쉬시지 그러세요?

Let's take **a ten-minute break**. 10분 간 쉽시다.

| POINT |

vacation	휴가, 방학	**holiday**	축제일, 국경일, 휴일
leave	특정목적의 휴가	**rest**	휴식
break	잠깐동안의 쉼		

Speaking Skills

A: Bart and Henry got back into town on Monday.

B: Where were they this past week?

A: They **went on a holiday** in Hawaii.

B: I envy them. It's nice and warm there.

A: Most of the time they were on the beach.

B: That's why their skin looks so tan.

A: 바트와 헨리가 월요일에 마을로 돌아왔어.
B: 지난 한 주는 어디에 있었대?
A: 하와이로 휴가갔었대.
B: 부럽네. 멋지고 따뜻한 곳이잖아.
A: 거의 계속해서 해변가에 있었대.
B: 그래서 걔네들 피부가 검게 그을린 것처럼 보이는구나.

A: We'll be traveling to the mountains in May.

B: Is that where you'll **spend your vacation?**

A: It is. You should come along with us.

B: **Our vacation** doesn't begin until July.

A: I don't have any free time in July.

B: That's okay. We'll get together another time.

A: 5월에 산으로 여행가려고.
B: 네 휴가를 보낼려고 하는 곳이 거기야?
A: 맞아. 너도 우리랑 함께 가자.
B: 우리 휴가는 7월 돼야 시작해.
A: 난 7월에는 비는 시간이 없는데.
B: 괜찮아. 나중에 함께 하지.

Get off at Paddington Station

패딩턴 역에서 내려

교통수단인 자동차, 버스, 전철 등에서 타고 내린다고 할 때의 표현들이다. 모두 동사 get을 쓰는데, 교통수단의 종류에 따라 뒤에 따르는 전치사가 달라진다. 먼저 자동차의 경우는 지상과 수직적으로 얼마 떨어지지 않아서 자동차 안의 공간과 밖의 공간을 동일한 평면적 공간으로 인식하기 때문에, 안(in)과 밖(out)이라는 전치사를 사용한다. 그래서 차에 탈 때는 get in, 내릴 때는 get out (of)을 쓴다. 반면 지상과 수직적으로 거리가 좀 있는 다시 말해 좀 높은 높이의 탈 것인 버스와 기차를 타고 내릴 때는 위로(on), 아래로(off)라는 전치사를 사용한다. 그래서 기차나 버스를 탈 때는 get on, 그리고 내릴 때는 get off를 쓰면 된다. 그래서 시카고 가는 기차 여기서 타나요?라고 물을 때는 Is this where we get on the train to Chicago?라고 하면 된다. 반대로 지하철로 한 정거장 가서 패딩턴 역에서 내리세요는 Take the subway for one stop and get off at Paddington Station이라고 하면 된다. 참고로 자동차에 얼른 타라고 할 때는 Hop in이라고 많이 쓰인다.

Check It Out!

Get in, and I'll give you a ride. 차에 타, 내가 태워다줄게.
I **get off** at this stop. 나 이 정거장에서 내려.

| POINT |

get in[out]	자동차에 타고 내릴 때
get on[off]	버스나 기차에 타고 내릴 때

Speaking Skills

A: Why are you still waiting here?
B: I missed the last bus to my house.
A: **Get in,** and I'll give you a ride.
B: You live on the opposite side of town.
A: It's okay, I don't mind taking you home.
B: Thanks. This helps me out a lot.

A: 왜 아직도 여기서 기다리고 있는거야?
B: 집에 가는 막차를 놓쳤어.
A: 차에 타. 내가 태워다줄게.
B: 넌 마을 반대편에 살잖아.
A: 괜찮아. 너 집에 데려다주는거 괜찮아.
B: 고마워. 내겐 큰 도움이 돼.

A: Do you ride the subway every day?
B: Yeah, I take it to work and back.
A: Me too. It's the cheapest means of transportation.
B: Are you almost home now?
A: I **get off** at this stop.
B: Oh, okay. Maybe I'll see you tomorrow.

A: 너 매일 지하철 타?
B: 어, 출퇴근할 때 타.
A: 나도 그래. 가장 저렴한 교통수단이지.
B: 이제 집에 거의 다 왔니?
A: 나 이 정거장에서 내려.
B: 어 그래. 내일 보자.

Drop by for a drink sometime

언젠가 한번 술마시게 들려

다른 사람의 사무실이나 집에 방문하는 것은 come over라는 멋진 동사구가 있으나, 주로 예고 없이 지나는 길에 잠시 들리다(make a short visit to a place on your way to somewhere else)라고 할 때는 come by, stop by[in], drop by[in], 또는 swing by라는 표현을 즐겨 쓴다. 단 drop by는 들러서 잠시 동안(for a while) 있는데 반해 swing by는 물건이나 사람을 픽업해서 가는 것처럼 아주 짧게 들르는 것을 말한다. 그래서 언제 술한잔하러 들러라고 할 때는 Drop by for a drink sometime, 오후 8시 경에 들릴 건데 괜찮아?라고 하려면 I'm going to stop by around 8 pm. Is that OK?라고 한다. stop[drop] by 다음에는 주로 장소명사(stop by Wilson's, stop by the drugstore, stop by the office)나 시간(stop by tonight, stop by around 8:30)이 주로 오게 된다. 들르는 목적을 함께 말하려면 stop by and +V나 stop by to+V의 형태로 쓰면 된다. 그래서 잘 자라고 말하려고 잠깐 들렀어라고 하려면 We just wanted to stop by and[to] say good night이라고 하면 된다.

Check It Out!

How would you like to **come by** for a drink? 술 한잔 하러 잠시 들를래?

I'll **stop by** you on my way home. 집에 가는 길에 네게 들를게.

I just want to **stop in** here for a second. I have to use the bathroom.
잠시 들렸다갈게. 화장실에 가야 돼.

I told him to **drop by** for a drink. 난 걔보고 잠깐 들러 술 한잔 하자고 했어.

We'll **swing by** and pick you up. 들러서 널 픽업할게.

| POINT |

come by	잠시 들르다(be staying for a while)
stop by[in]	잠시 들르다(be staying for a while)
drop by[in]	잠시 들르다(be staying for a while)
swing by	잠시 들러 픽업하다(be staying only briefly)

Speaking Skills

A: It looks like you're busy with your report.
B: Can you come back some time later?
A: Sure, we'll **drop by** once it's finished.
B: Thanks. I don't have any time to talk.
A: No problem. We'll visit you later.
B: Thanks. I'll be less stressed then.

A: 레포트 쓰느라 바쁜 것 같구나.
B: 조금 후에 다시 올래?
A: 그래. 그거 끝나면 들를게.
B: 고마워. 얘기나눌 시간이 없어.
A: 괜찮아. 나중에 들릴게.
B: 고마워. 그럼 내가 덜 스트레스를 받을거야.

A: You are welcome to borrow my notebook.
B: It has all of the notes from class?
A: Yeah, I was very thorough.
B: Can I **swing by** to pick it up?
A: What time do you want to come?
B: I could be there around eight or nine.

A: 원한다면 내 노트북 빌려가도 돼.
B: 수업시간의 모든 노트가 들어있어?
A: 어, 난 매우 철저했거든.
B: 가지러 잠깐 들러도 될까?
A: 몇 시에 올테야?
B: 8시나 9시 경에 갈 수 있을 것 같아.

What are you waiting for? She's alone. Go get her

뭘 꾸물대? 걘 혼자야 가서 잡아

앞서 go나 come은 to[and]를 무시하고 바로 동사원형이 온다는 것을 배웠다. 따라서 Go get sb하게 되면 글자 그대로 가서 sb를 픽업하거나, sb를 만나서 데려오다(literally means go pick up or meet that person and bring them back)라는 의미를 띈다. 즉, 가서 sb를 잡아라라는 의미. 상황에 따라 경찰이 범인을 잡을 수도 있고 아니면 사람을 그냥 데려오기 위해 잡을 수도 있고 아니면 짝사랑하는 사람에게 상대를 잡아라라고 말할 수도 있다. 예를 들어 이제 가서 걜잡고 내게 데려오는 "Now go get him and bring him to me"이라고 하면 된다. 다만 Go get'em이라고 them을 축약해서 쓰면 100% 그런 것은 아니지만 이겨라, 힘내라라고 상대방을 격려할 때 사용되는 표현이 된다(encouragement to do a good job and succeed). 비슷하게 생겼지만 의미가 다르니 잘 구분해서 사용해야 한다.

Check It Out!

Do what you want. I'm gonna **go get him.** 원하는 대로 해. 난 걜 가서 잡을테니.

What are you waiting for? She's alone. **Go get her.** 뭘 꾸물대? 걘 혼자야 가서 잡아.

Go get'em and tell them we need to have a conference.
가서 걔네들 데려와서 우리 회의를 해야 한다고 말해.

I know you can beat this basketball team, so **go get'em!**
이 농구팀을 이길거라는 걸 알아, 그러니 힘내라!.

Today everyone will exceed their sales goals, so **go get'em!** 오늘은 다들 영업목표를 초과할거야.
그러니 힘내라!.

| POINT |

| **Go get'em** | 이겨라, 힘내라. (문맥에 따라) 가서 데려와라, 가서 가져와라(go get them) |
| **Go get sb** | 가서 잡아라, 가서 데려와라 |

Speaking Skills

A: I have an audition for a band.

B: Do you play a musical instrument?

A: I have played the bass guitar for years.

B: How are your musical skills?

A: Honestly, I play the bass very well.

B: Alright, **go get 'em!**

A: 나 밴드 오디션이 있어.
B: 너 악기를 연주할 줄 알아?
A: 오랫동안 베이스 기타를 연주했어.
B: 실력은 어떤대?
A: 솔직히 말해서 베이스 기타를 아주 잘쳐.
B: 좋아, 잘해라!

A: Did you say your parents are coming into town?

B: Yes, I need to pick them up at the airport.

A: You mentioned they were flying in at noon.

B: Right. Looks like it's almost 11:30.

A: It's time you **go get them.**

B: Come on, you can ride to the airport with me.

A: 부모님이 오신다고 했니?
B: 어, 공항에서 픽업해야 돼.
A: 정오에 비행기가 도착한다고 했지.
B: 맞아. 거의 11시 30분이 된 것 같으네.
A: 가서 모셔와야 할 때다.
B: 자, 나와 함께 같이 가자.

Will you calm down?

조용히 좀 해줄래

Will you~?로 의문문 형태가 되면 위 예문처럼 상대방에게 무엇을 제안하거나, …을 해달라고 요청을 하는 말이 된다. 좀 더 정중하게 말하려면 Will you please + V ?라고 하면 된다. 청혼할 때 애용하는 "Will you marry me?" 혹은 "Will you be my wife?" 그리고 식당이나 상점에서 다 고르셨나요?, 더 필요한 건 없으시고요?라는 의미로 쓰이는 그 유명한 "Will that be all?"도 바로 이 문형이다. 그러나 경우에 따라서는 Will you calm down?처럼 억양을 내려서 명령조로 말하면 …좀 해라, …하지 않을래?라는 의미가 된다. 아예 ?를 없애고 !를 써서 Will you stop!(그만 하지 않을래!)라고 쓰기도 한다. Will you~가 되는데 Would you~가 안될 이유는 없다. 마찬가지로 억양을 내려서 말하고 명령조로 말하면 된다. 다들 별일 아닌 것 같고 법석을 떨 때, 다들 진정좀 해라, 뭐 큰 일도 아니잖아라고 하려면 Would you all relax? It's not that big a deal이라고 하면 된다.

> ### Check It Out!

Will you stop doing that? 그만 좀 할래?
Will you please answer the phone? 전화 좀 받아 줄래?
Would you all relax? It's not that big a deal. 모두 긴장 풀어라. 뭐 큰일 아니잖아.
Would you stop? Stop saying that. Ok? 그만 할래? 그만 얘기해. 알았지?

| POINT |

Will you ~?[!] …해래[!]

Would you~ ?[!] …해라, …해줄래

Speaking Skills

A: The construction noise is making me crazy.
B: It will be finished in a few days.
A: I think someone should call the police.
B: **Would you** calm down? Everything is okay.
A: I'll never be able to get to sleep.
B: Turn up your fan. It will block out the noise outside.

A: 건설현장 소음 때문에 내가 미치겠어.
B: 며칠이면 끝날거야.
A: 누군가 경찰에 신고해야 될 것 같아.
B: 진정 좀 할래? 아무렇지도 않은데.
A: 절대 잠들 수가 없을거야.
B: 환풍기를 더 세게 돌려봐. 그럼 밖의 소음을 막아줄거야.

A: I need to sign this contract.
B: Go ahead. It must be submitted soon.
A: **Would you** find me a pen? I don't have one.
B: Let me go and check my desk.
A: Do you see one in there?
B: I have one with blue ink and one with black ink.

A: 이 계약서에 사인을 해야 돼.
B: 어서해. 곧 제출해야 돼.
A: 펜 좀 찾아봐라. 난 없어.
B: 가서 내 책상에서 찾아볼게.
A: 거기에 있어?
B: 파란색 잉크색과 검은색 잉크색이 있어.

Nice going. You ruined my whole day

잘한다. 너 때문에 내 하루가 날라갔네

Nice going!은 상대방에게 칭찬하는 말로 참 잘했다!, 잘한다!라는 의미로 Good job에 해당되는 표현이다. 하지만 영화 American Beauty에서 아버지가 딸의 친구에게 집적대는 것을 본 딸이 하는 말이 Nice going!이다. 영어도 마찬가지이다. 동일한 문장이 상황과 억양에 따라 칭찬의 말이 될 수도 있고 비난과 질책의 표현이 될 수도 있는 것이다. 이때는 아버지에서 비아냥하는 말로 "자~알 한다!"가 되는 것이다. That's great도 마찬가지이다. 우리말로도 잘했다라고 칭찬할 수도 있지만, 상대방의 어처구니 없는 실수 등을 보고서는 "자~알 했다!"라고 비난할 수 있듯이 That's great 역시 문맥에 따라 뉘앙스가 달라진다. 많은 부분 다르지만 사람들이 쓰는 언어라는 기본에 의해 비슷할 수 밖에 없다는 점을 이해해야 한다.

몇가지 예를 통해서 좀 더 감각적으로 느껴보자. 하루를 망쳐놓은 친구에게 Nice going. You ruined my whole day(잘 한다. 나의 하루를 온통 망쳐놨어), 컴퓨터를 엉망으로 망쳐놓은 친구에게 You deleted all of the computer files? Oh, you're a genius(컴퓨터 파일들을 모조리 지웠다고? 어유, 똑똑하기도 하셔라), UFO를 봤다고 하는 지인에게 You saw a UFO hovering over your house last night? Yeah, I'll bet(어젯밤에 너희 집 위에서 UFO가 맴도는 걸 봤다구? 그래, 어련하시겠어) 등이 있다.

Check It Out!

Nice going! Now he's going to be mad. 자~알 했다! 이제 화를 내실거야.
That's great. She'll never go with me. 잘 돼가는군. 나랑은 절대 가지 않겠구만.

| POINT |

Nice going! 잘 한다!	
(That's) Great!, Wonderful!, Terrific! 거 자~알 됐군!	
Just my luck! 내가 그렇지 뭐!	
I'll bet! 어련하시겠어!	
Great[Good] job! 아주 자~알 했다!	
Oh, great. 자~알 돼 가는군.	
That's perfect! 참 완벽하다!	

Speaking Skills

A: Were you talking to Mr. Johnson this morning?
B: I told him I was unhappy with my test grade.
A: **Nice going!** Now he's going to be mad.
B: Why do you care about that?
A: He's going to give my class extra homework!
B: Gee, I'm really sorry about that.

A: 오늘 아침 존슨 선생님과 면담했어?
B: 내 시험성적이 마음에 안든다고 했어.
A: 자~알 했다! 이제 화를 내실거야.
B: 왜 그렇게 신경쓰는데?
A: 선생님은 추가 수업숙제를 내실거라고!
B: 이런, 정말 미안하게 됐어.

A: The class dance is coming up.
B: I wanted to ask Louise to be my date.
A: Louise is dating a senior named Brett.
B: **That's great.** She'll never go with me.
A: Isn't there anyone else you can ask?
B: Most of the girls already have dates.

A: 댄스 수업이 다가오네.
B: 루이즈에게 상대가 돼 달라고 부탁하고 싶었어.
A: 루이즈는 브렛이라는 상급생과 데이트하는 중이야.
B: 잘 돼가는군. 나랑은 절대 가지 않겠구만.
A: 부탁할 다른 사람은 없는거야?
B: 여자애들 중 대부분은 이미 상대가 있더라고.

You said it! It's excellent

정말이야! 아주 훌륭해

한끗 차이로 의미가 달라지는 경우이다. 먼저 You said that은 사전에 나오지 않는 비관용구로 그냥 그래도 해석하면 된다. 네가 그렇게 말했어, 네가 그랬잖아로 말이다. 상대방이 기억못하거나 거짓말을 할 경우에 네가 그렇게 말했다고 주장하는 표현이다. 또한 두가지 용법을 더 알고 있어야 하는데 하나는 You said that?(네가 그렇게 말했어?)라는 의문형과 You said that S+V의 형태이다. 반면 that을 it으로 살짝 바꿔서 You said it하게 되면 어느 사전에도 다 나오는 관용구로 상대방의 말이나 제안에 전적으로 공감하는 것으로 "네 말이 맞아" 또는 "그래"라는 의미이다. 특히 You said it은 You can say that again!(누가 아니래!), You're telling me!(정말이야!), I'll say!(정말이야!), Well said!(말 한번 잘했다!)와 동의표현으로 자주 등장하는 표현이다. 하지만 예외도 있는 법. It's too late. You said it(너무 늦었어. 네가 말했잖아)이라는 문장에서 보듯 You said it 또한 단순히 네가 말했잖아라는 의미로 쓰이는 경우도 있다.

> **Check It Out!**

It's too late. **You said it.** 너무 늦었어. 네가 말했잖아.

You said it. It's over for me. 내 말이 맞아. 내겐 끝난 일이야.

You said that 3 times. You sound like a broken record. 3번 얘기했어. 계속 같은 말을 반복하잖아.

You said that to me last week. 지난주에 내게 그렇게 말했잖아.

| POINT |

You said that 네가 그랬잖아

You said that? 네가 그랬어?

You said that S+V 네가 …라고 했어

You said it 정말이야, 그래, (단순히) 네가 말했잖아

Speaking Skills

A: This is the best pie I've ever had.
B: **You said it!** It's excellent.
A: Where did you get it from?
B: I bought it at a bakery near my house.
A: How do they make it so good?
B: The chef was trained in France.

A: 이렇게 맛있는 파이는 처음이야.
B: 정말이야! 아주 훌륭해.
A: 어디서 난거야?
B: 집근처 빵집에서 샀어.
A: 어떻게 그렇게 맛있는 파이를 만든대?
B: 빵조리사가 프랑스에서 공부했대.

A: I have had it with my brother.
B: Why? What has he been doing?
A: He leaves his dirty clothes on the floor.
B: That can be frustrating.
A: It is. I told him that he's a slob.
B: **You said that?** It must have made him angry.

A: 내 동생한테 질렸어.
B: 왜? 어떻게 했길래?
A: 더러운 옷을 바닥에 두고 다녀.
B: 열받겠네.
A: 그래. 걔보고 게으름뱅이라고 말했어.
B: 그렇게 말했어? 동생이 화났겠네.

I'm coming down with a cold

감기 기운이 있어서

앞서 언급했듯이 병에 걸리는 것을 뜻하는 단어는 우리의 예상을 뛰어 넘는다. come down with, get+병명, contract, suffer, develop 등 다양하다. 먼저 come down with와 get~은 다른 사람에게서 병이 감염된다라는 점에서(in that a person contracts a sickness from someone else) 매우 유사하다. 반면 suffer from이나 develop+병명은 주어가 병으로 고통을 겪고 있다는 점과 그 병은 항상 그런 것은 아니지만 암이나 당뇨처럼 다른 사람으로부터 감염되지 않는 것을 뜻한다(To suffer from/develop some disease means a person has some affliction, and often (but not always) it is not something that can be contracted from another person, like cancer or diabetes). 특히 come down with와 get an illness라는 표현은 주로 감기나 발진 등 가벼운 증상의 병에 걸렸다고 할 때 사용한다. 영국영어에서는 go down with~라고 쓰기도 한다.

Check It Out!

I'm coming down with a cold. 감기 기운이 있어서.
He's come down with the measles. 걔는 홍역에 걸렸어.
Do you **suffer from** headaches, allergies, or diabetes? 두통, 알러지, 당뇨병을 앓고 있나요?

I POINT I

come down with	감기 등 가벼운 병(전염성)
suffer from[develop]	암이나 당뇨같은 중병(주로 비 전염성)

Speaking Skills

A: I heard you and your husband were ill.

B: Yes, we **came down with** the flu.

A: A lot of people have had the flu recently.

B: It's terrible. You feel like you are dying

A: You look alright right now.

B: Thank God. I recovered just fine.

A: 너희 부부 아팠다며.
B: 어, 우리는 독감에 걸렸어.
A: 최근에 많은 사람들이 독감에 걸렸어.
B: 끔찍해. 죽는 것 같다고.
A: 넌 지금은 괜찮아 보인다.
B: 다행이지. 난 좋아졌어.

A: Brian's mom has gotten quite frail.

B: I don't understand what's wrong with her.

A: People say she **is suffering from** a serious illness.

B: Really? What is her problem specifically?

A: She has a problem with her immune system.

B: I'll bet she gets sick all the time.

A: 브라이언의 어머니가 너무 쇠약해지셨어.
B: 어디가 잘못됐는지 모르겠어.
A: 중병을 앓고 있다고 하던대.
B: 정말? 구체적으로 무슨 병이래?
A: 면역체계에 문제가 있대.
B: 늘상 아프신게 틀림없네.

You are on. Let's race to the end of the street

그래 좋아. 거리 끝까지 달려보자

먼저 You're right은 상대방의 말에 맞다고 동의할 때 쓰면 되고, 여기에 on를 붙여서 You're right on하게 되면 상대방이 한 말이 정확히 맞다(to agree with what someone has said or done)고 맞장구칠 때 사용하면 된다. 어떤 부분에서 맞냐고 할 때는 You're right on with sth이라고 하면 된다. 하지만 그렇게 많이 쓰이는 편은 아니다. 또한 여기에다 the money를 붙여서 You're right on the money하게 되면 You're right on과 비슷한 의미로 뭔가 맞다고 맞장구 치면서 "바로 그거야," "그래 맞아"라는 의미이다. money 대신에 button이나 nose를 써서 You're right on the button[nose]라고 해도 된다. 마지막으로 right를 빼고 You're on하게 되면 상대방이 어떤 시합이나 내기를 하자고 할 때 혹은 제안을 받아들이면서 "그래, 좋아"라는 다른 의미가 된다. 상대방이 내놓은 제의를 받아들여 그대로 따르겠다고 할 때 쓰는 말로 우리가 흔히 알고있는 OK나 Sure 등의 간단한 표현들과도 바꿔쓸 수도 있다. 결론적으로 말해보자면 You're right, You're right on, 그리고 You're right on the money는 다 비슷하다고 생각하면 된다.

Check It Out!

You're right, I don't have to apologize. 네 말이 맞아. 난 사과할 필요가 없어.

You're right on. They are very good for your body. 네 말이 맞아. 네 몸에 무척 좋아.

You are on. Let's race to the end of the street. 그래 좋아. 거리 끝까지 달려보자.

You are right on the money. We need to try to make them safer. 바로 그거야. 도로를 좀 더 안전하게 만들도록 해야 돼.

| POINT |

You're right 네 말이 맞아

You're right on 네 말이 딱 맞아 You're right on with~

You're on (내기나 제안을 받아들이며) 그래 좋았어. 그래 그렇게 하자

You're right on the money[button, nose] 바로 그거야. 그래 맞아

Speaking Skills

A: I see you have a cast on your leg.

B: I was skiing this past weekend.

A: You probably fell down and broke your leg.

B: **You're right.** That is what happened.

A: Does it hurt much?

B: Not really, it's just itchy beneath the cast.

A: 다리에 깁스를 했네.
B: 지난주에 스키를 탔어.
A: 넘어져서 다리가 골절됐구나.
B: 맞아. 그렇게 된거야.
A: 많이 아파?
B: 그렇지는 않아. 깁스 아래가 간질간질할 뿐이야.

A: It's time for us to take a break.

B: You want me to get you some coffee?

A: **You're right on the money.**

B: Do you like your coffee black?

A: Put some cream and sugar in it please.

B: I'll be back in a few minutes.

A: 우리가 쉬어야 할 때야.
B: 커피 좀 갖다 줄까?
A: 그래 좋지.
B: 블랙커피로 줄까?
A: 크림과 설탕을 좀 넣어줘.
B: 곧 돌아올게.

All right, I'm just a little on edge today

그래, 나 오늘 좀 예민한 상태야

핵심은 all의 있고 없음이다. 즉 be right와 be all right의 차이만 구분하면 된다는 말이다. 먼저 가장 쉬운 표현인 That's right은 주로 상대방의 말에 동의할 때 쓰는 것으로 "맞아"라는 뜻이고, 여기에 all을 삽입하여 That's all right하게 되면 "괜찮아"라는 말로 No problem처럼 상대방이 미안 혹은 감사하다고 할 때 "괜찮아." "문제없어," "걱정마"라고 할 때 쓰는 표현이 된다. 마찬가지로 주어가 사람이 되어서 I'm all right하게 되면 내가 괜찮다고 말하는 것으로, 괜찮은 것까지 함께 말하려면 I'm all right with that이라고 하면 된다. 쉽게 생각해서 That's okay (with me)와 같다. 반대로 상대방이 괜찮은지 물어보려면 Are you all right?, 그냥 All right하게 되면 상대방의 제안이나 의견에 "맞아," "그래"라고 동의하거나 상대방의 부탁에 허락(permission)할 때 사용한다. 역시 한 단어로 하자면, Yes, OK와 같다고 생각하면 된다.

Check It Out!

I see your point, I'm all right with it.　네 말뜻을 알겠어. 난 괜찮아.

It's all right to ask the teacher questions.　선생님게 질문을 해도 괜찮아.

That's right. I think he plans to fire me.　맞아. 날 해고할 것 같아.

All right, I'm just a little on edge today.　그래. 나 오늘 좀 예민한 상태야

All right. See you then, Richard. It was really nice meeting you.

좋아. 그럼 그때 봐, 리차드, 만나서 정말 반가웠어

| POINT |

I'm all right 괜찮아
That's all right 괜찮아
That's right 맞아
All right 맞아, 그래

Speaking Skills

A: I got into a minor traffic accident.

B: Did you have to go to the hospital?

A: **I'm all right.** It didn't hurt me.

B: How is your car?

A: My car is seriously damaged.

B: Your insurance should pay for it to be repaired.

A: 가벼운 교통사고를 당했어.
B: 병원에 가야 했어?
A: 난 괜찮아. 아프지 않았거든.
B: 차는 어떻게 됐어?
A: 내 차는 많이 파손됐어.
B: 보험처리로 수리하겠구나.

A: The concert begins in an hour.

B: Make sure you have our tickets.

A: They are right here in my pocket.

B: Do you know where we're going to sit?

A: Our seats are near the front of the stage.

B: **All right,** let's get going.

A: 콘서트가 한 시간 후에 시작돼.
B: 티켓 확실히 갖고 있어.
A: 내 주머니 안에 있어.
B: 어디에 앉는지 알아?
A: 우리 자리는 무대 앞 근처야.
B: 좋아. 어서 가자고.

She'll be there in ten hours

걘 10시간 후에 거기에 도착할거야

be there[here]는 구어체 표현으로 go, come 대용으로 일상회화에서 무척 많이 쓰이는 표현이다. 그래서 I'll be there하면 "정해진 시간에 내가 갈게"라는 뜻이 되고 "I'll here"라면 "여기에 온다"라는 뜻이 된다. 그런데 I'll be there에 for you가 붙으면 전혀 다른 뜻이 된다. 〈프렌즈〉의 주제곡 제목으로도 유명한 I'll be there for you는 직역하면 "언제나 네 옆에 있겠다"라는 뜻으로 강한 책임감을 느끼고 너를 도와주겠다(I will always help you)는 감동적인 표현이다. 또 하나 형태가 비슷한 것으로 I'm almost there 혹은 We're almost there이란 표현이 있는데 이는 물리적으로 "거의 목표지점에 다 왔다" 혹은 비유적으로 "어떤 목표나 일을 거의 다 마쳤다"고 말할 때 쓰는 표현이다. 퀴즈의 정답을 거의 맞출 때처럼 목표를 거의 달성하기 직전인 상대방을 격려하기 위해 주어를 살짝 바꿔, You're almost there(거의 다됐어)이라고 쓸 수도 있다.

Check It Out!

She'll be there in ten hours. 걘 10시간 후에 거기에 도착할거야.

I'll **be there** for you when you have hard times. 네가 어려울 때 내가 힘이 되어줄게.

Okay, honey. **We're almost there.** 좋아, 자기야. 우린 거의 다했어.

We're almost there. Be patient now. 거의 다 왔어. 조금만 참아.

| POINT |

I'll be there 가겠다

I'll be there for you 내가 있잖아

I'm[We're] almost there 거의 다 왔다, 목표를 거의 달성하다

You're almost there 성공, 맞추다

Speaking Skills

A: The Italian restaurant is where we'll meet.
B: When should I arrive?
A: **I'll be there** after I get out of work.
B: You usually finish work around six.
A: Right, so I'll be at the restaurant at six thirty.
B: Got it. I'll plan to see you there.

A: 그 이태리 식당에서 우리 만나자.
B: 난 몇시에 가면 돼?
A: 난 퇴근 후에 갈거야.
B: 너 주로 6시경에 일이 끝나지.
A: 맞아, 그럼 난 6시 30분에 갈게.
B: 알았어. 거기서 보도록 하자.

A: You've nearly completed writing your novel.
B: It's getting more difficult to continue.
A: Why? What's the problem?
B: I'm running out of ideas to write about.
A: **You're almost there.** Don't give up.
B: I'll keep trying and hope to complete it.

A: 넌 네 소설을 거의 다 완성했어.
B: 계속하기가 점점 어려워져.
A: 왜? 무슨 문제인데?
B: 쓸 소재가 바닥이 나고 있어.
A: 거의 다 됐잖아. 포기하지마.
B: 계속 노력해서 내가 완성하기를 바래.

What would you say to a day at the spa?

스파에서 하루를 보내는게 어떻겠어?

What do you say?는 상대방의 동의나 의견을 물어보는 것으로 "어때?"라는 의미. "그거 어때?"라고 하려면 What do you say to that?이라고 한다. 좀 더 구체적으로 제안하는 내용까지 넣어서 말하려면 What do you say to+동사[~ing]? 혹은 What do you say S+V?, What do you say if S+V를 쓰면 된다. 이 문장으로 상대방에게 제안을 하거나 의견을 물을 때는 상대방의 Yes, 혹은 No라는 대답을 기대하고 던지게 된다. 반대로 do 대신 가정법 동사 would를 써서 What would you say?라고 하면 이 역시 상대방의 의견을 물어보는 것이지만 조금 뉘앙스가 다르다. 가정법동사가 쓰였기 때문에 지금 현재 닥친 문제가 아니라 앞으로 그렇게 된다면 "넌 어떻게 할거야?"(If that happened, how do you react), "넌 뭐라고 할래?"라는 말이 된다. 역시 What would you say if~하면 if 이하의 조건을 달았을 뿐 의미는 똑같아서 "…한다면 어떨까," "뭐라고 할거야"라는 표현.

Check It Out!

Come on baby, don't go. Please? **What do you say?**   야야, 가지마, 응? 그러자?
What do you say, 6:30, my place?   6시 30분 내집에서 어때?
What would you say to a day at the spa?   스파에서 하루를 보내는게 어떻겠어?
What would you say if he stayed with us all night?   걔가 우리랑 밤 샌다면 어떨까?

| POINT |

What do you say? 어때?

What would you say? 넌 어떻게 할거야?

Speaking Skills

A: I heard you're selling your apartment.

B: I have to move out of town.

A: I have a hundred thousand dollars to buy it.

B: That's a lot of money.

A: It's a good offer. **What do you say?**

B: Give me a few days to think it over.

A: 너 아파트 팔거라며?
B: 시내 밖으로 이사해야겠어.
A: 내가 1억 달러로 그 집을 살게.
B: 꽤 많은 돈인데.
A: 좋은 제안이지. 어때?
B: 며칠간 생각할 시간을 줘.

A: Your brother has been calling me a lot.

B: He thinks you are a great girl.

A: That's nice, but what does he want from me?

B: He may ask you out. **What would you say?**

A: I'd probably go out on at least one date.

B: He'll be very happy to hear that.

A: 네 오빠가 내게 전화를 많이 해.
B: 네가 멋진 애라고 생각하는 것 같아.
A: 고마운데, 하지만 내가 어떻게 하기를 바래?
B: 데이트 신청할지 몰라. 그럼 어떻게 할래?
A: 적어도 한번은 데이트를 해주겠지.
B: 오빠가 그 얘길 들으면 매우 좋아할거야.

We planned a birthday party. How about that?

생일파티를 준비했는데, 어때?

How about~은 상대방의 의견을 물어보거나 제안을 할 때 쓰는 대표표현으로 여기서처럼 How about that?(그거 어때?), How about you?(너는 어때?)처럼 단순하게 물어볼 수도 있지만, How about 다음에 다양한 품사나 어구, 그리고 ~ing, 및 S+V의 문장을 넣을 수도 있는 아주 편리한 표현이다. 반면 많이들 오역하기 쉬운 것으로 물음표가 아니라 느낌표가 되어 How about that!이라고 하면 이건 상대방의 의견을 물어보는 것이 아니라 뭔가 예상못한 놀랍거나 멋진 일을 접하고서(to express that something is great or wonderful) "그것 참 멋지네." "대단하네!"라는 뉘앙스의 표현이다. 하지만 한 세대 전에는 많이 쓰였으나 현대 영어에서는 그다지 많이 쓰이지 않는 표현이다. 한편 What about you? 또한 How about you?처럼 상대방의 의견을 묻는 것으로 생각하면 된다.

Check It Out!

We planned a birthday party. **How about that?** 생일파티를 준비했는데, 어때?
You just graduated? **How about that!** 이제 졸업했네? 잘했다!

| POINT |

How about that? 그거 어때?
How about that! 와 멋지다!, 근사하다!

Speaking Skills

A: I don't have time to meet Steph and Liam.
B: Aren't you going to be at the gym today.
A: Yes I am. So what?
B: They will meet us there. **How about that?**
A: They want to talk to me at the gym?
B: They say it is extremely important.

A: 난 스태프와 리암을 만날 시간이 없어.
B: 오늘 체육관에 가지 않을거야?
A: 아니, 나 가. 그래서?
B: 거기서 걔네들을 만나는거야? 어때?
A: 체육관에서 나와 얘기를 하고 싶다고?
B: 아주 중요한 일이라고 해.

A: That is a very nice car.
B: My grandparents gave it to me.
A: **How about that!** You are so lucky.
B: I know. They have always been generous.
A: Do you want to take a drive?
B: Sure. Let's go get some ice cream.

A: 저 차는 매우 좋은 차야.
B: 할아버지 내외분이 내게 주셨어.
A: 와, 멋지다! 넌 운도 좋다.
B: 그래. 그분들은 항상 너그러우셔.
A: 차를 몰아볼테야?
B: 그래. 가서 아이스크림 좀 먹자.

I'm back! Where were we?

나 왔어. 어디까지 얘기하고 있었지?

포인트는 동사의 「시제」이다. 동사가 현재(am, are)이냐 과거(was, were)이냐에 따라 의미가 달라진다. 동사가 현재일 때는 인칭과 단복수에 상관없이 길을 잃었을 때 하는 표현으로 「여기가 어디야?」라는 말이다. 무식하게 Where is here?혹은 Where is it?이라고 하면 안된다. 두번째 경우인 Where was I?/ Where were we?는 이야기가 끊겼다 다시 이어질 때 「내가 무슨 얘기하고 있었지?」라는 말로 「우리 어디까지 했지?」라는 뜻이다.

길을 잃어 여기가 어디지?라고 할 때는 Where am I?라고 해야 된다. 물론 복수형으로 Where are we? 라고 할 수도 있지만 미드를 많이 본 사람들은 알겠지만 이는 특히 연인들 사이에서 자신들의 관계가 어느 정도까지 왔는지 물어볼 때, 혹은 어떤 사건에서 어디까지 진척이 되었는지 등, 즉 추상적인 관계나 상황의 위치를 물어볼 때에 많이 사용된다. Where are we with this?하면 이거 진척상황이 어디까지 되어 있나?(to ask what the current status of something is, and how well it is progressing)라고 묻는 문장. 그리고 문제는 이 과거형들인데, Where was I?하면 얘기를 나누다가 혹은 선생님이 수업을 하다 잠깐 끊긴 다음 다시 시작할 때 혹은 수업을 시작하면서 지난주에 어디까지 했는지 기억이 나지 않아 "내가 무슨 이야기를 하고 있었지?"(I forgot the place I stopped talking), "내가 어디까지 했지?"라고 물어볼 때 사용하는 전형적인 표현이다. 복수형인 Where were we?도 마찬가지 의미.

Check It Out!

Can you help me? Where am I?   도와줄래요? 여기가 어디죠?

Where are we? Are we still in Boston?   여기가 어디야? 우리 아직 보스톤에 있는거야?

Where are we? Where is this relationship going?   우린 어떤 관계야? 이 관계가 어떻게 되어가는거야?

I'm not going to eat it. Where was I?   난 그거 먹지 않을래. 내가 어디까지 말했지?

I'm back! Where were we?   나 왔어. 어디까지 얘기하고 있었지?

| POINT |

Where am I?   여기가 어디야?(Where are we?)

Where are we with[in] ~?   …의 어느 상황까지 왔어?

Where was I?(Where were we?)   어디까지 했었지?

Speaking Skills

A: We've been wandering around for hours.
B: This is a very big city.
A: **Where are we?** I think we're lost.
B: Well, we must be close to Park Avenue.
A: I want to go back to our hotel.
B: Don't worry, I will grab a taxi for us.

A: 여러 시간째 우리 헤매고 있어.
B: 여기는 대도시야.
A: 여기가 어디야? 길을 잃은 것 같아.
B: 파크 애비뉴 근처일거야.
A: 난 호텔로 돌아가고 싶어.
B: 걱정마, 내가 택시를 잡을게.

A: I'm sorry that I interrupted you.
B: That's okay, I understand.
A: Please go on with what you were saying.
B: **Where was I?** Do you remember?
A: You were telling me about your vacation.
B: Oh yes. We stayed in a hotel at the beach.

A: 널 방해해서 미안해.
B: 괜찮아. 이해해.
A: 네가 하던 말 계속해.
B: 내가 어디까지 말했지? 기억나?
A: 네 휴가에 대해 말하고 있었어.
B: 아 그래. 우리는 해안가 호텔에 머물렀어.

What have you been up to? Kids? Married?

그간 어떻게 지냈어? 얘들은? 결혼은?

하나는 현재, 다른 하나는 현재완료. 먼저 be up to는 여러 의미로 쓰이는데 「바쁘다」, 「뭔가 나쁜 일을 꾸미다」, 혹은 She's not up to it(걔는 그거 감당못해)처럼 주어의 능력이나 가능성을 뜻하는 표현으로 쓰이기도 한다. 다시 본론으로 들어가서 What're you up to?는 단순히 인사말로 "뭐해?"(What're you doing now?)라는 의미 혹은 그냥 지금 "뭐하냐?"고 물어볼 수도 있다. 또한 문맥에 따라서는 상대방이 뭔가 나쁜 일을 꾸미고 있는지 물어볼 때 사용하기도 한다. 여기서 시제를 좀 바꿔 What have you been up to?이라고 쓰면 오래간 만에 본 사람에게 하는 인사말로 Has anything changed in your life?혹은 Long time, no see, How have you been?과 같은 맥락의 표현으로 생각하면 된다. 예로 들어 상대방이 무조건 도와달라고 할 때 "If you want me to help you, you've got to tell me what you're up to?이라고 말할 수 있고 오랜만에 만난 친구에게 결혼은 했는지, 아니면 아이까지 있는지 물어볼 때는 What have you been up to? Married? Kids?라고 반가움과 관심을 보여줄 수가 있다.

Check It Out!

So **what are you up to?** Doing a little shopping?   그래 뭐해? 쇼핑 좀 하는 거야?
What have you been up to? Kids? Married?   그간 어떻게 지냈어? 얘들은? 결혼은?
What have you been up to? I've gotta know everything.   뭐하고 지냈어? 다 알아야되겠어.

| POINT |

What're you up to?   뭐해? 무슨 꿍꿍이야?

What have you been up to?   어떻게 지냈어?

Speaking Skills

A: Hello, how can I help you?

B: Hey Jim, **what're you up to?**

A: Hi Brett. I'm just working in my office.

B: Well, I'm downtown running some errands.

A: So what are you calling about?

B: I wanted to see if you'd play basketball tonight.

A: 여보세요, 뭘 도와드릴까요?
B: 야, 짐, 뭐해?
A: 안녕 브렛. 사무실에서 일하고 있어.
B: 난 볼일이 있어서 시내에 와있어.
A: 무슨 일 때문에 전화했는데?
B: 네가 오늘밤에 농구경기를 할 수 있는지 알아보려고 전화했어.

A: It has been a long time since I've seen you.

B: I think that it has been at least five years.

A: Yeah, **what have you been up to?**

B: I got married a few years ago.

A: That's great. Do you have any kids?

B: I have a son, and my wife is going to have another baby soon.

A: 너 아주 오래 간만에 본다.
B: 적어도 5년은 된 것 같아.
A: 그래, 어떻게 지냈어?
B: 몇년전에 결혼했어.
A: 잘됐네. 아이들은?
B: 아들 하나 있어, 그리고 곧 둘째가 태어날거야.

Brad saw a UFO? Tell me another one

브래드가 UFO를 봤다고? 말도 안돼.

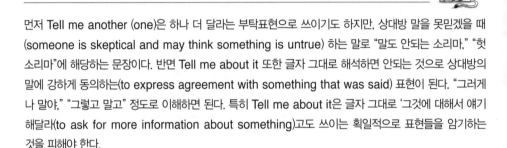

먼저 Tell me another (one)은 하나 더 달라는 부탁표현으로 쓰이기도 하지만, 상대방 말을 못믿겠을 때 (someone is skeptical and may think something is untrue) 하는 말로 "말도 안되는 소리마," "헛 소리마"에 해당하는 문장이다. 반면 Tell me about it 또한 글자 그대로 해석하면 안되는 것으로 상대방의 말에 강하게 동의하는(to express agreement with something that was said) 표현이 된다. "그러게 나 말야," "그렇고 말고" 정도로 이해하면 된다. 특히 Tell me about it은 글자 그대로 '그것에 대해서 얘기 해달라(to ask for more information about something)고도 쓰이는 획일적으로 표현들을 암기하는 것을 피해야 한다.

Check It Out!

You own a gun? Yeah, **tell me another one.** 총을 소유하고 있다고? 그래 더 그럴듯한 말을 해라.

Brad saw a UFO? **Tell me another one.** 브래드가 UFO를 봤다고? 말도 안돼.

Tell me about it. It's so frustrating. 네 말이 맞아. 정말 실망스러워.

Tell me about it. There are too many things to spend money on.
누가 아니래. 돈을 써야 할 데가 넘 많아.

| POINT |

Tell me another (one) 말도 안되는 소리마, 헛소리마

Tell me about it 그러게나 말야, 그렇고 말고

Speaking Skills

A: How did you get all of that money?

B: My girlfriend gave it to me.

A: Sure. **Tell me another one.**

B: No, really. I am serious about this.

A: Why would your girlfriend give you money?

B: She likes me, and her family is rich.

A: 그 돈 다 어디서 난거야?
B: 내 여친이 내게 줬어.
A: 그렇기도 하겠다. 말도 안되는 소리마.
B: 아냐. 정말야. 난 진심이라고.
A: 왜 네 여친이 네게 돈을 주겠니?
B: 걘 날 좋아하고 걔네집은 부자야.

A: Have you completed your final exams?

B: Yes, I finished them all.

A: The final math test was really difficult.

B: **Tell me about it!** That was hard.

A: Do you think you got a good grade?

B: I'm afraid that I failed it.

A: 너 기말고사 다 끝났니?
B: 어, 다 끝났어.
A: 수학 기말고사 시험은 정말 어려웠어?
B: 누가 아니래! 정말 어려웠어.
A: 성적 잘 나올 것 같아?
B: 낙제했을지 모르겠어.

That's about it. Let's finish up

그게 다야. 자 마무리하자

about의 있고 없음을 핵심으로 하는 이 두 표현은 생긴 것 만큼 의미도 거의 비슷하다고 생각하면 된다. 먼저 That's it은 많이 쓰는 유명표현으로 뭔가 특정한 것을 지칭하거나(to indicate a specific thing) 혹은 뭔가 끝나다(something is finished or complete)라는 말로 우리말로 하자면 "바로 그거야," "그게 다야"에 해당된다고 생각하면 된다. 반면 That's about it은 That's it하고 매우 유사한 표현으로 뭔가가 "거의 끝났다"(Something is nearly finished or over)고 말하는 문장이다. 우리말로는 "그게 다야"(It's finished), "대강 그 정도야"라는 의미이다.

Check It Out!

Alright, **that's it.** I've had enough of this. 알았어. 그만해. 그 정도면 충분하니 그만해라.

You asked her to leave? **That's it?** 걔보고 떠나라고 했어? 그걸로 끝이야?

That's it. I've finished working for the day. 그만 됐어. 오늘 일은 끝냈어.

A: Do we have anything else to talk about? 다른 논의할 게 있나요?

B: No, **that's about it** for this meeting. 아뇨. 이번 회의로는 그게 다예요.

| POINT |

That's it 바로 그거야
That's about it 그게 다야. 대강 그 정도야. 더 없어

Speaking Skills

A: Why don't we get a computer?

B: We are going to need something smaller.

A: How about one of these notepad devices?

B: **That's it!** That's exactly what we need.

A: Can we afford to buy one?

B: Sure. They are the same price as computers.

A: 우리 컴퓨터를 사자.
B: 좀 작은게 필요할거야.
A: 이 노트패드 같은 것은 어때?
B: 바로 그거야! 바로 그게 우리가 원하던거야.
A: 살 여력이 돼?
B: 물론. 컴퓨터와 가격이 똑같은데.

A: Are the plans for the festival prepared?

B: Yes, we have organized everything.

A: And you sent e-mails to the participants?

B: Everything is ready. The festival starts Saturday.

A: **That's about it.** Let's finish up.

B: Good. I need to go home and sleep.

A: 축제 계획이 준비됐어?
B: 어, 모두 다 준비했어.
A: 참가자들에게 메일 보냈고?
B: 다 준비됐어. 축제는 토요일에 시작돼.
A: 그게 다야. 자 마무리하자.
B: 좋아. 난 집에 가서 자야겠어.

Party's over. It is so over

즐거운 시간은 끝났어. 다 끝나버렸어

be over는 It's over는 "끝났다"라는 의미가 가장 기본적이다. 강조하려면 It's all over처럼 all을 넣으면 된다. be over의 또 다른 의미는 be over sb의 형태로 I'm over you하게 되면 연인들이 헤어진 후에 상대를 "완전히 잊었다"라는 뜻이 된다. 두번째 표현인 be all over 역시 두 가지 의미로 쓰인다. 첫째는 be all over+장소[공간]명사로 "…의 도처에 있다," "온통 …뿐이다," 그리고 I'm all over it하면 "잘 알고 있다" 등의 의미로 쓰인다. 두번째 의미는 be all over 뒤에 sb가 오는 경우로 주어가 sb에게 온통 육체적으로 들이대는 것을 뜻한다. Jill was all over me in the car today하면 질이 차에서 나를 어떻게 해보려고 근접밀착행위를 했다는 뜻이다.

Check It Out!

I'll tell her that **it's over** tonight at dinner. 오늘 저녁 식사때 다 끝났다고 걔한테 말할게.

Party's over. It is so over. 즐거운 시간은 끝났어. 다 끝나버렸어.

Apparently the electricity is out **all over** the city. 시내 전체에 전기가 나간 것처럼 보이네요.

One minute he's **all over** me, and the next minute he's pushing me away.
한순간 걔가 내 온 몸에 달려들더니 다음순간 나를 밀쳐내는거야.

She **was all over** me! She kissed me for crying out loud! 나한테 들이댔다고! 키스도 했다고 이거 참.

| POINT |

It's (all) over 다 끝났어

I'm so over you 난 널 완전히 잊었어

I looked everywhere all over the apartment 아파트 구석구석을 찾았다

I'm all over it 잘 알고 있다

She was all over me! 걔가 내게 엄청 들이댔어!

Speaking Skills

A: Our church used to collect food for poor people.

B: Are you still doing that?

A: **It's over.** We aren't doing it anymore.

B: So what happened?

A: We got so much we had nowhere to store it.

B: I'm sorry that you can't help more people.

A: 우리 교회는 가난한 사람들을 위해 음식을 모으곤 했어.
B: 아직도 하고 있어?
A: 끝났어. 이제는 하지 않아.
B: 어떻게 된건데?
A: 양이 너무 많아서 저장할 곳이 없었어.
B: 더 많은 사람들에게 도움을 주지 못한다니 안됐네.

A: Mary and I went out again last night.

B: Did you have fun?

A: It was great. She **was all over** me.

B: You guys did a lot of kissing?

A: You bet. She really likes me.

B: Sounds like you're a serious couple.

A: 메리와 난 지난밤에 다시 데이트했어.
B: 즐거웠어?
A: 아주 좋았지. 걔가 내게 마구 들이댔어.
B: 너희들 키스 많이 했겠다?
A: 당근이지. 걘 정말 나를 좋아해.
B: 너희들 관계가 진지한 것 같다.

Give me a chance. You'll see

기회를 한번 줘. 두고 봐

주어가 서로 다를 뿐인데, 의미는 전혀 다르다. You'll see하게 되면 "두고 보면 알아"라는 뜻인데, 대부분은 상대방이 자기를 믿지 않지만 앞으로 자기가 맞다는 것이 증명될 것이다(will be proven to be right in the future, even if people doubt him)라는 뉘앙스를 지니고 말하는 표현이다. 반면 We'll see는 뭔가 결정을 나중으로 미룰 때(when putting off making a decision until later) 혹은 앞으로 무슨 일이 일어날 지 기다린다(will wait to see what will happen)고 할 때 사용한다. 비록 지금은 웨이트리스이지만 자기는 스타가 될 거라는 꿈을 갖고 있는 〈빅뱅이론〉의 페니가 "I'll become famous, you'll see!"라 말할 수 있고 또한 뉴욕여행을 왔지만 박물관 갈 시간이 있을지 모르니 어떻게 되는지 좀 지켜보자고 할 때는 "We'll see if there is time to visit the museum"라 하면 된다.

Check It Out!

Give me a chance. **You'll see.** 기회를 한번 줘. 두고 봐

Big things are going to happen, **you'll see.** 큰 일이 벌어질 거야. 두고봐

They're going to find us. We'll get rescued. **You'll see.** 우리들을 곧 발견할거야. 구조될 거야. 두고 봐

We'll see you on Saturday night. 토요일 저녁에 만나게 될거야.

We'll see how it goes. 어떻게 돌아가는지 알게 될거야.

We'll see if you can close the deal. 네가 거래를 마무리 지을 수 있는지 우리가 확인해볼거야.

We'll see if she wants to come back. 걔가 돌아오고 싶어하는지 알아볼게.

| POINT |

You'll see 두고 보면 알아

We'll see 기다려보자

We'll see you in the court 법정에서 보자

We'll see if~ 인지 아닌지 보자

Speaking Skills

A: I have been feeling tired and run down.
B: Try taking some vitamins.
A: I'm not sure they'll make me feel better.
B: **You'll see what** a difference it makes.
A: What type should I try?
B: Get a bottle of multivitamin capsules.

A: 피곤해서 뻗었어.
B: 비타민을 좀 먹어봐.
A: 비타민으로 몸이 좋아지는지 확신이 안 서.
B: 어떤 차이가 있는지 두고 보면 알아.
A: 어떤 종류의 것을 먹어야 돼?
B: 병에 든 종합비타민제를 먹어봐.

A: Sandra is back in the hospital again.
B: She has been suffering from a serious illness.
A: The doctors are trying a new medication.
B: **We'll see if** it makes her better.
A: I'm not sure if anything will help her.
B: Well, the doctors say this medicine is very powerful.

A: 샌드라가 다시 병원으로 돌아왔어.
B: 중병을 앓고 있대.
A: 의사들이 새로운 약물을 시도하고 있어.
B: 그 약으로 그녀가 나아지는지 기다려보자.
A: 뭐가 도움이 될 거라는 생각이 들지 않아.
B: 의사들이 그러는데 이번 약물은 매우 강력하다고 해.

Why not search the Internet?

인터넷 검색해봐

이미 알려진 대로 Why not?은 두 가지의 의미가 있다. 먼저 글자 그대로 해석하는 것으로, "왜 안되는거 야?"라는 것으로 상대방이 거절하거나 반대했을 때 그 이유를 묻거나 따지는 경우이고, 또 하나는 "안될 게 뭐 있나?"라는 의미로 상대방의 제안에 적극적으로 동의, 찬성하는 경우이다. 이때는 I don't see why not 과 같은 뜻이 된다. 반면 Why not+V?가 오면 상대방에게 뭔가 하자고 제안하는(be often used as a way of suggesting something to do) 문장이 된다는 점을 구분해서 익혀야 한다. 그래서 이삿날 약속 있다고 돕지 않겠다고 하는 딸에게 "I heard you don't want to help. Why not?"이라고 말할 수 있고, 린다가 너랑 같이 영화보러 가고 싶은지 알아봐봐라고 할 때는 "Why not see if Linda wants to go to the movies with you?"라고 하면 된다.

Check It Out!

A: Do you want to walk it? B: **Why not?** A: 걸어갈래? B: 그래.

A: Well you can't be her boyfriend B: **Why not?** A: 넌 걔의 남친이 되면 안돼. B: 왜 안되는거야?

Why not just take a trip? 그냥 여행을 해.

Why not search the Internet? 인터넷 검색해봐.

| POINT |

Why not? 왜 안돼?, 안될게 뭐있어?
I don't see why not 그래. 그렇게 해
Why not+V? …해봐

Speaking Skills

A: The conference will continue in the afternoon.

B: I thought we might get something to eat first.

A: **Why not?** We can grab some lunch together.

B: Know of any good restaurants around here?

A: There is a good barbeque joint on the next block.

B: Great, let's head over there.

A: 회의는 오후에 계속 될거야.
B: 먼저 먹을거 좀 먹는게 낫겠다고 생각했어.
A: 안될게 뭐있어? 함께 점심을 먹자.
B: 이 근처에 좋은 식당 아는 곳 있어?
A: 다음 블록에 바베큐 식당 좋은 데가 있어.
B: 좋아, 그곳으로 가자.

A: My brother and his girlfriend are getting married.

B: Are you happy about that?

A: Sure, but they live very far away.

B: Does that mean you can't attend?

A: I don't have the time to go there.

B: **Why not** send them a present?

A: 내 오빠와 여친이 결혼해.
B: 그래서 기쁘니?
A: 물론, 하지만 아주 멀리서 살아.
B: 그래서 참석못한다는거야?
A: 난 거기에 갈 시간이 없어.
B: 선물을 보내는게 어때?

God knows I owe you so much

정말이지 너한테 신세 많이 졌어

두 부분에서 차이점을 알아채야 한다. 먼저 첫번째 표현에서는 only가 들어간다는 점이고, 두번째는 God only knows는 단독으로 쓰이거나 God only knows what[where, if]~ 처럼 의문사절이 이어서 오는데 반해 God knows 다음에는 that S+V절이 온다는 점이다. 그럼 이 두 가지 차이점을 지닌 표현들의 의미차이는 무엇일까? 먼저 God only knows(~)는 오직 신만이 안다, 즉 아무도 모른다(they feel uncertain or unsure of something)라는 말이다. 그리고 God knows that S+V는 that 절 이하의 내용이 사실임을 강조할(to strongly emphasizing that something is true) 때 사용하는 표현으로 "정말이지 …하다"라는 뜻이다. 잘 구분해서 해석을 해야 한다.

Check It Out!

God only knows what your mother is going to say. 네 엄마가 뭐라 할지 누가 알겠어.

God only knows what kind of trouble they'll get into. 걔네들이 어떤 어려움에 처할지는 아무도 몰라.

God knows how many women died because of it. 얼마나 많은 여자들이 그 때문에 죽었는지 아무도 몰라.

God knows I owe you so much. 정말이지 너한테 신세 많이 졌어.

Lord knows I've tried to get in touch with her. 정말이지 난 걔와 연락하려고 했어.

| POINT |

God only knows what[where, if~] …는 아무도 모른다

God knows that~ 정말이지 …하다

Speaking Skills

A: The computer is all messed up today.

B: Jeff was trying to fix it this morning.

A: Well, I think he made it much worse.

B: What is the problem?

A: I can't even get it to boot up. Jeff did a poor job.

B: **God only knows what** he was doing.

A: 오늘 컴퓨터가 아주 엉망이야.
B: 제프가 오늘 아침에 고치려고 했어.
A: 걔가 더 망쳐놓은 것 같아.
B: 문제가 뭔데?
A: 컴퓨터가 켜지질 않아. 제프는 엉터리야.
B: 걔가 어떻게 했는지 누가 알겠어.

A: Perry still hasn't gotten a good job.

B: He was such a good student in school.

A: I know, he was at the top of the class.

B: **God knows that** he tried to be successful.

A: It's hard to find work as an engineer.

B: He'll have to keep going on job interviews.

A: 페리는 아직 좋은 직장을 구하지 못했어.
B: 학교에서는 우수한 학생였는데.
A: 알아, 반에서 일등을 했었지.
B: 정말이지 걘 성공하려고 열심히 노력했는데.
A: 엔지니어로 일자리를 구하는게 어려워.
B: 걘 계속해서 취업면접을 해야 될거야.

You got it. Now keep on going

맞아. 이제 계속 하라고

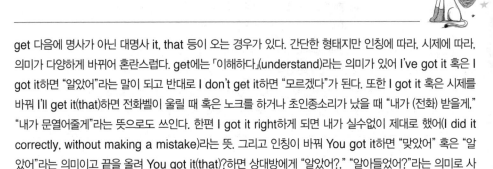

get 다음에 명사가 아닌 대명사 it, that 등이 오는 경우가 있다. 간단한 형태지만 인칭에 따라, 시제에 따라, 의미가 다양하게 바뀌어 혼란스럽다. get에는 「이해하다」(understand)라는 의미가 있어 I've got it 혹은 I got it하면 "알았어"라는 말이 되고 반대로 I don't get it하면 "모르겠다"가 된다. 또한 I got it 혹은 시제를 바꿔 I'll get it(that)하면 전화벨이 울릴 때 혹은 노크를 하거나 초인종소리가 났을 때 "내가 (전화) 받을게," "내가 문열어줄게"라는 뜻으로도 쓰인다. 한편 I got it right하게 되면 내가 실수없이 제대로 했어(I did it correctly, without making a mistake)라는 뜻. 그리고 인칭이 바꿔 You got it하면 "맞았어" 혹은 "알았어"라는 의미이고 끝을 올려 You got it(that)?하면 상대방에게 "알았어?," "알아들었어?"라는 의미로 사용된다. 단 주의할 점은 get의 기본적인 의미는 '얻다,' '사다'이므로 I got it from the store하면 "가게에서 산거야"라는 뜻이 되니 항상 문맥을 주의깊게 봐야 한다. 참고로 I got this하게 되면 내가 처리할게라는 뜻이 된다.

Check It Out!

I got it. Go get some fresh air.   알았어. 가서 신선한 공기 좀 마셔라.
I got it. I'll be there on time.   알았어. 제 시간에 갈게.
Don't touch the phone! **I'll get it.**   전화받지마! 내가 받을거야.
You got it. I'd be glad to lend it to you.   알았어. 기꺼이 빌려줄게.
You got it. Now keep on going.   맞아. 이제 계속 하라고.
You need to be at the airport at 7am. **You got it?**   오전 7시까지 공항에 와야 돼. 알았어?

| POINT |

I've got it(I got it) 알았어. 내가 할게	
I'll get it 내가 받을게, 내가 나갈게	
I got it right 내가 제대로 했어	
You got it 맞아, 알았어, 네가 얻었어	
You got it? 알았어?	

Speaking Skills

A: There is a problem with your report.

B: The managers probably need more information.

A: **You got it.** That's what they said.

B: I don't have time to do more research.

A: They aren't happy with the report right now.

B: I'll see if I can include some extra details.

A: 네 보고서에 문제가 있어.
B: 부장들은 아마도 더 많은 정보를 필요로 할 수도 있어.
A: 맞아. 부장들이 그렇게 말했어.
B: 더 조사할 시간이 없어.
A: 지금은 네 보고서에 부장들이 불만이야.
B: 내가 더 추가 세부사항을 포함시킬 수 있는지 알아볼게.

A: You have to clean the table.

B: You mean I have to clear off the dishes?

A: Clear off the dishes and wipe off the table.

B: Oh, **I got it.**

A: Just put everything in the sink.

B: Don't worry, I'll wash the dishes too.

A: 테이블을 깨끗이 치워야 돼.
B: 접시들을 치워야 된다는 말야?
A: 접시들을 치우고 테이블을 닦아.
B: 어, 알았어.
A: 모두 다 싱크대에 갖다 놓기만 해.
B: 걱정마, 설겆이까지 할게.

You want to catch me up?

무슨 말인지 알려줄까?

Catch you later는 헤어지면서 하는 인사말로 "Goodbye"나 "I'll see you later"와 같은 의미. 비슷한 의미로 I'll catch up with you later가 있는데 이는 마찬가지로 "Goodbye"라는 인사표현이기도 하지만 헤어지지만 정해진 시간에 만나기로 되어있는 경우에 사용된다.(be also used when people are separating, but have plans to meet again later at a certain time) 이렇게 catch up은 따라잡다, 다시 만나다라는 의미로 쓰이는 것 외에도 그동안 못했던 것을 해서 따라잡다, 혹은 잠깐 자리를 비우는 등의 이유로 무슨 일이 있었는지 모르는 사람에게 어떤 일이 있었는지 말해주다 (Give me the details of what happened when I wasn't here)라는 뜻으로도 사용되어, Want to catch me up?하게 되면 "어떻게 된 건지 말해줄래?"라는 뜻이 된다.

Check It Out!

I've got to run. **Catch you later!** 빨리 가야 돼. 나중에 봐

You go ahead. I'll **catch up with** you later. 먼저 가. 곧 따라 갈게.

I'll **catch up with** you in the gym. 체육관에서 보자.

You want to **catch me up?** 무슨 말인지 알려줄까?

Are you all caught up? 밀린 일은 다 했어?

| POINT |

Catch up later! 잘 가, 나중에 봐

I'll catch up with you later 잘 가, 그때 봐

Want to catch me up? 어떻게 된건지[무슨 일인지] 말해줄래?

Speaking Skills

A: Are you going to be here tomorrow?

B: Tomorrow I will be flying to Detroit.

A: When are you getting back?

B: I'll be gone for a full week.

A: I look forward to seeing you then.

B: Okay, great. **I'll catch you later.**

A: 너 내일 여기 올거야?
B: 내일 나 비행기타고 디트로이트로 가.
A: 언제 돌아오는데?
B: 일주일 내내 가 있을거야.
A: 그럼 다시 보기를 기대할게.
B: 그래, 좋아. 나중에 보자.

A: I need to know about the new building.

B: We were briefed about it this morning.

A: I missed the meeting. **Want to catch me up?**

B: The new building will be completed next year.

A: What will it be used for?

B: It's intended for business offices.

A: 새로운 빌딩에 대해 알아야 돼.
B: 오늘 아침에 보고를 받았어.
A: 내가 회의에 참석을 못했어. 어떻게 된거지 말해줄테야?
B: 새로운 빌딩은 내년에 완공될거야.
A: 무슨 용도로 사용될거래?
B: 사무실 용도래.

I must apologize for my colleague's behavior

제 동료가 한 행동을 사과드립니다

colleague와 co-worker는 사전에 둘 다 「동료」라고 나와 있고 원어민들도 실제로 두 단어의 경계를 엄밀하게 구분해서 쓰는 것 같지는 않다. 물론 두 단어에 어느 정도 차이는 있다. co-worker는 「함께」, 「공동으로」라는 의미의 접두사 co-와 「근로자」라는 의미의 worker로 이루어진 말이니만큼, 「직장동료」라는 개념이 강하고, colleague는 직장에서 같이 일하는 동료뿐만 아니라 함께 연구를 한다든가 할 때의 「동료」역시 포함되는 개념이다. 참고로, 그밖에 「동료」를 나타내는 단어로는, 역시 「직장동료」라는 느낌이 팍 오는 fellow worker가 있고, 「동년배」라는 느낌이 강한 peer도 알아두면 된다.

Check It Out!

Dave pointed a finger at his **co-workers** at the factory. 데이브는 공장의 동료들을 비난했어.

Gale seduces his **co-worker's** wives for sport. 게일은 재미삼아 동료부인들을 유혹해.

I must apologize for my **colleague's** behavior. 제 동료가 한 행동을 사과드립니다.

We're **colleagues**. And I don't have anything to apologize for.
우린 동료야. 그러니 난 사과해야할 게 아무 것도 없어.

Carolyn will be judged by a jury of her **peers**. 캐롤린은 동료들로 구성된 배심원들에 의해 판단될거야.

| POINT |

co-worker	직장동료
colleague	(전문직으로) 회사나 학교 동료
fellow worker	직장동료
peer	동년배, 동료

Speaking Skills

A: You look tired today.

B: Last night I went out with my **colleagues.**

A: Were you out late?

B: We didn't get home until after 2 am.

A: I'll bet you drank a lot.

B: I had about ten beers.

A: 너 오늘 피곤해 보인다.
B: 지난밤에 내 동료들과 함께 나갔어.
A: 늦게까지 놀았어?
B: 새벽 2시나 되서야 집에들 갔지.
A: 술을 많이 마셨구나.
B: 난 맥주 한 10병을 마셨어.

A: I've known Ken for years.

B: Is he a **co-worker** of yours?

A: We work at the same factory.

B: Do you think he's a good guy?

A: Oh yeah, I really like him.

B: Let's invite him to the reception.

A: 난 켄을 오랫동안 알고 지냈어.
B: 네 직장동료야?
A: 같은 공장에서 일해.
B: 좋은 친구라고 생각해?
A: 그럼. 난 걜 정말 좋아해.
B: 그를 연회에 초대하자.

The firm got a lot of publicity because of that

그 회사는 그 때문에 많이 알려졌지

먼저 advertising과 advertisement의 차이점을 알아보자. advertising은 동사 advertise의 ~ing 형으로 「광고하기」, 즉 추상명사이며, advertisement(ad)는 보통명사로 실제로 「지상(紙上)에 게재된 광고 하나 하나」를 말한다. 또한 (advertising) campaign은 「상품을 선전하기 위한 일련의 광고들」(advertisements)을 의미하고, promotion은 가격할인이나 경품, 서비스 제공 등의 이벤트를 통해 소비자에게 직접적으로 신상품을 소개하는 「판촉활동」을 의미한다. 그리고 public relations는 구체적인 상품이나 서비스를 선전하기 보다는 기업체의 이미지 등을 널리 알리는 「홍보활동」을, 반면 publicity는 주체가 신문, 텔레비전, 라디오 등의 언론매체로서, 「스스로 판단하여 좋다고 생각되는 것을 사람들에게 알려주는 것」을 말한다. 참고로 public relations는 형태는 복수지만 쓰임새는 단수라는 사실도 함께 알아두자. 마지막으로 propaganda는 일반적인 광고와는 조금 의미가 다른 것으로 「정치단체나 종교단체가 자신들의 주장을 설파하거나 상대방을 비방하는 주장들」을 의미하는 「선전활동」을 뜻한다.

Check It Out!

The Computer Company decided to do all its **advertising** on the Internet.
그 컴퓨터 회사는 모든 회사광고를 인터넷 상에서 하기로 했다.

The **advertisement** for the cellular phone was on the back cover of the magazine.
휴대폰 광고가 잡지의 뒤쪽 표지에 실렸다.

Sponsoring the carnival was a good **public relations** idea.
카니발을 후원하는 것은 훌륭한 홍보 아이디어였다.

After the chemical spill, the company received a lot of bad **publicity.**
화학약품의 유출 이후로 그 회사는 나쁜 평판을 많이 들었다.

| POINT |

advertising 광고하기	**advertisement** 집행된 광고
campaign 상품을 선전하기 위한 일련의 광고들	**promotion** 판촉활동
public relations 홍보활동	**publicity** 홍보

Speaking Skills

A: Looks like you were out shopping.
B: I got these things at a store clearance sale.
A: How did you find out about the sale?
B: There was an **advertisement** in the newspaper.
A: I never saw that **ad** on the Internet.
B: It was only in the newspaper, not online.

A: 나가서 쇼핑한 것 같네.
B: 이것들 창고정리 염가세일로 샀어.
A: 세일하는 건 어떻게 알아낸거야?
B: 신문에 광고가 났어.
A: 난 인터넷에서는 그 광고를 못봤는데.
B: 온라인은 아니고 신문에만 광고를 낸거였어.

A: I work as a lawyer at Parker Law Firm.
B: Didn't they win a big lawsuit?
A: The firm got a lot of **publicity** because of that.
B: Did your salary go up?
A: Everyone got a raise this year.
B: Sounds like a great place to work.

A: 난 파커법률회사에서 변호사로 일해.
B: 한 대형소송에서 이기지 않았어?
A: 그 때문에 많이 알려졌지.
B: 급여가 인상됐어?
A: 다들 금년에 인상됐어.
B: 일하기 좋은 곳처럼 들리네.

Take your pick. It's free of charge

맘대로 골라. 무료야

구분하기 어려운 단어들. price는 특히 「상품을 구매할 경우 지불해야 되는 돈의 양」, 즉 「가격(價格)」을 말하며, charge는 배달료(delivery charge)나 호텔료(hotel charge) 및 진찰료(consultation's charge) 등과 같이 「서비스에 대해 지불하는 돈」, 즉 「대금(代金)」을 의미한다. 반면 cost는 뭔가 「제조하거나 구입하는 데 소요된 돈」, 즉 「원가(原價)」나 「비용(費用)」을 말한다. 그밖에 요금을 말하는 단어로 rate는 「백분율로 산정된 비율이나 요금(料金)」을, fee는 「변호사비」(contingency fee)나 「등록비」(registration fee) 등 「법적이거나 공식적인 절차에 따르는 서비스에 대한 요금」을 말한다. 끝으로 fare는 「운송수단 요금」을, commission은 매출액에 대한 퍼센트(%)로 「중개상(agent or middleman)에게 나가는 돈」을 의미한다.

Check It Out!

Don't get me started on the **price** of food these days. 요즘 음식가격 얘기는 꺼내지도 마.
Take your pick. It's **free of charge**. 맘대로 골라. 무료야.
I'll pay the **cost** of a new computer. 새로운 컴퓨터 값 내가 댈게.
You can't afford the **fee** to join. 넌 가입비 감당이 안돼.
How much is the **fare**? 요금이 얼마죠?
Shouldn't I get ten percent **commission**? 내가 수수료로 10%는 받아야 되지 않나?

| POINT |

price	가격
charge	대금
cost	비용
rate	요금
fee	서비스 요금
fare	운송수단요금
commission	중개수수료

Speaking Skills

A: The hotel was too expensive.

B: How much did they **charge** for a room?

A: It was over $400 per night.

B: You're right, that's much too high.

A: We couldn't afford to stay there.

B: I'm sure you could find a better deal elsewhere.

A: 호텔이 너무 비쌌어.
B: 방값이 얼마였는데?
A: 1박에 400달러였어.
B: 그러네, 너무 비싸네.
A: 우리는 거기에 묵을 여유가 없었어.
B: 다른 더 나은 가격의 장소를 찾았겠구만.

A: This is a nice health club.

B: I signed up for a year membership.

A: Did you join an aerobics class?

B: There were extra **fees** for that.

A: But it is so good for your body.

B: Right now I just want a basic membership.

A: 멋진 헬스클럽이네.
B: 연간멤버로 회원이 됐어.
A: 에어로빅 수업도 하기로 했어?
B: 그러면 추가비용이 든댔어.
A: 하지만 몸에는 아주 좋잖아.
B: 지금 당장은 기본 회원제만 원해.

Do I need to meet with her alone?

내가 혼자 걔를 만나야 될까?

meet은 많이 봤어도 meet with는 어딘가 생소하다. 혹시 잘못 된 것이 아닐까 하는 생각이 들 정도이다. meet은 당연히 타동사라고만 생각하고 있기 때문이다. 하지만 미구어에서는 자동사로 meet with someone의 형태를 자주 쓰는데 이때의 의미는 역시 「만나다」라는 뜻이긴 하지만, 특히 뭔가를 「토의하기 위해(especially for a discussion) 만나는 경우」를 의미한다. 비즈니스 및 일상생활 영어를 중점적으로 다루는 TOEIC에서 자주 마주치는 단어이다. 그래서 학부형들은 자녀들의 성적에 대해 의논하기 위해 선생님과 만날 기회가 있을 것이다라고 하려면 "The parents will have an opportunity to meet with the teacher, to discuss their child's marks"라고 하면 된다. 또한 meet up 이란 표현도 있는데 많이 쓰이는 동사구이다. 역시 같은 의미로 내일 우리는 만날거야라고 하려면 We'll meet up tomorrow라고 하면 된다. 특이하게도 명사로 meeting이란 의미로 쓰여 낼 회의가 있어라고 하려면 We'll have a meet up tomorrow라고 한다. 물론 명사적 용법보다는 동사적 용법이 많이 쓰인다.

Check It Out!

I'm just on my way out to **meet** a client. 고객과 만나러 막 나가려는 참이야.

This was not the way that I wanted to **meet** you. 널 이런 식으로 만나고 싶지 않았어.

It's not possible to **meet with** Mr. Tanner. 태너 씨를 만나는 것은 가능하지 않아.

Do I need to **meet with** her alone? 내가 혼자 걔를 만나야 될까?

We're very grateful that you agreed to **meet with** us. 이렇게 만나줘서 정말 감사해요.

| POINT |

meet 만나다
meet with (토의하기 위해) 만나다
meet up 만나다, 회의

Speaking Skills

A: I hear you have a new boyfriend.

B: That's right. His name is Rick.

A: Where did you first **meet** him?

B: We **met** while at a nightclub.

A: Is he a good dancer?

B: No, but he's a really nice guy.

A: 너 남친 새로 생겼다며.
B: 맞아. 이름이 릭이야.
A: 처음 어디서 만났어?
B: 나이트클럽에서 만났어.
A: 춤을 잘 춰?
B: 아니. 하지만 걘 정말 착한 사람이야.

A: My first book is about to be released.

B: How long did it take to write?

A: I worked on it for two years.

B: And everything has been finished?

A: We're going to **meet with** the publishers today.

B: I hope your meeting is successful.

A: 내 첫 책이 이제 발간될거야.
B: 쓰는데 얼마나 걸렸어?
A: 2년동안 책을 썼어.
B: 다 끝낸거야?
A: 오늘 출판사 사람과 만날거야.
B: 잘 되기를 바래.

I didn't turn a profit last quarter

지난 분기에 이익을 못냈어

'소득과 수익'에 관련된 유사단어도 그 구분이 만만치 않다. 다들 아리까리하다. 먼저, earnings는 뭔가를 「노력과 노동」을 통해서 얻는다는 의미의 동사 earn에서 파생된 것으로 「노동을 통해서 번 돈의 총합」(sum of money earned by working)을 의미한다. income은 earnings와 의미가 유사하나 「돈을 버는 source가 노동 뿐만 아니라 주식배당, 이자 등의 불로소득」(unearned income)도 포함한다는 점에서 차이가 있다. 또한 revenue 역시 「소득」으로 옮겨져 income과 비슷하게 쓰이지만 개인보다는 「기업체가 매출을 통해서 거둬들인 돈」 내지 「정부가 세금을 통해서 얻는 수입」을 말한다. 다음 「소득(所得)」, 「매상고」, 「수익(收益)」 등 다양한 의미로 옮겨지는 단어인 proceeds는 「상품을 판매하거나, 집을 팔거나 혹은 증권을 팔거나 발행함으로써 받게 된 현금, 자산 등의 총액」을 말하며 profit은 revenue나 proceeds에서 비용(costs)을 뺀 나머지 액수, 즉 「이익(利益)」을 말한다.

Check It Out!

Your weekly **earnings** are shown on the first line of your pay stub.
당신의 주급은 지급대장의 첫째줄에 쓰여 있다.

The man's **income** this year was less than what it was last year, due to no overtime hours. 올해 그 남자의 수입은 초과근무를 하지 않아서 지난 해에 비해 줄었다.

All **proceeds** from the fundraising event will go to charity.
기금모금 행사의 모든 수익금은 자선단체에 보내질 것이다.

I didn't turn a **profit** last quarter. 지난 분기에 이익을 못냈어.

| POINT |

earnings	노동을 통해서 번 돈의 총합
income	노동과 불로소득의 합
revenue	기업이 매출통해서 거둬들인 소득
proceeds	판매해서 얻게 된 현금, 자산 등의 총액
profit	이익(revenue[proceeds] - costs = profit)

Speaking Skills

A: In a few years we'll be ready to buy a house.

B: How are you going to get the money?

A: Every month I save ten percent of my **income.**

B: You must have a lot in the bank.

A: The balance is over eighty thousand dollars.

B: You've done a terrific job managing money.

A: 몇년 후에는 우리가 집을 살 준비가 될거야.
B: 돈을 어떻게 마련할건대?
A: 매달 수입의 10%를 저축해.
B: 은행에 돈이 많겠네.
A: 잔고가 8천 달러 넘어.
B: 넌 아주 훌륭하게 돈을 관리했구나.

A: Are these tech stocks any good?

B: The Bit Computer stock is the best one.

A: Why do you say that?

B: It has made a large **profit** this year.

A: Sounds like a good one to invest in.

B: I think it will be profitable next year too.

A: 이 기술주들이 뭐 좀 좋아?
B: 비트 컴퓨터 주식이 가장 좋아.
A: 왜 그렇게 말하는데?
B: 금년에 이익을 많이 냈거든.
A: 투자하기에 아주 좋은 곳인 것 같군.
B: 내년에도 이익을 낼 것 같아.

He seems to be an easy-going person

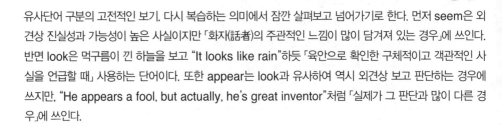

갠 까탈스럽지 않은 사람인 것 같아

유사단어 구분의 고전적인 보기. 다시 복습하는 의미에서 잠깐 살펴보고 넘어가기로 한다. 먼저 seem은 외견상 진실성과 가능성이 높은 사실이지만 「화자(話者)의 주관적인 느낌이 많이 담겨져 있는 경우」에 쓰인다. 반면 look은 먹구름이 낀 하늘을 보고 "It looks like rain"하듯 「육안으로 확인한 구체적이고 객관적인 사실을 언급할 때」 사용하는 단어이다. 또한 appear는 look과 유사하여 역시 외견상 보고 판단하는 경우에 쓰지만, "He appears a fool, but actually, he's great inventor"처럼 「실제가 그 판단과 많이 다른 경우」에 쓰인다.

Check It Out!

He **seems to** be an easy-going person. 갠 까탈스럽지 않은 사람인 것 같아.
I saw him this morning, but he didn't **look** very well. 오늘 아침에 그를 봤는데, 굉장히 아파 보였어.
The cancer **appears to** be advanced. 암이 진행된 걸로 나타났어요.

I POINT I

seem	주관적 느낌이 강한 느낌
look	육안으로 확인한 사실
appear	실제가 그 판단과 다른 경우

Speaking Skills

A: The store was just robbed.
B: Did you see any suspicious people?
A: No. Everything **seemed** normal.
B: Has anyone called the police?
A: They are going to be here soon.
B: Thank goodness that no one was hurt.

A: 가게가 도둑을 맞았어.
B: 의심가는 사람 혹 봤어?
A: 아니. 모든게 다 정상인 것처럼 보였어.
B: 누가 경찰을 불렀어?
A: 곧 도착할거야.
B: 아무도 다치지 않아서 다행이네.

A: Why did Justine and Dirk break up?
B: No one knows. It's a mystery.
A: I never saw them argue or fight.
B: They **appeared to** be happy together.
A: It's hard to understand what the problem was.
B: Maybe they had different goals.

A: 왜 저스틴과 더크가 헤어진거야?
B: 아무도 몰라. 미스테리야.
A: 난 걔네들이 다투거나 싸우는 걸 본 적이 없어.
B: 걔네들은 겉으로 행복한 것처럼 보였어.
A: 문제가 뭔지 이해하기 어렵구만.
B: 아마도 걔네들 목표가 다를 수도 있지.

The car show was a very successful event

자동차 쇼는 매우 성공적인 행사였다

이번에는 '사건'을 의미하는 단어들을 구분해 보자. 가장 대표적인 accident는 「부주의(carelessness)와 무지(ignorance)로 예기치 못하게 발생한 사건」을 말하며, incident은 「어떤 일의 도중에 발생하는 대개 불쾌하고 흔치않은 사건」을 의미한다. 하지만 이 incident는 언론이나 formal한 경우에 쓰는 것으로 구어체에서는 something happened라고 한다. 다음, 거의 우리말화된 event는 「계획된(planned) 중요 행사 등의 개최」를 뜻하는 단어. 따라서 콘돔이 찢어져서 우연찮게 아이를 출산했다면 이 아이는 바로 accident가 되는 것이고, 출장 중에 강도를 만났다면 incident, 그리고 여의도에서 열리는 직장인들의 rat race는 event가 되는 것이다.

Check It Out!

There was a terrible car **accident** on the highway this morning.
오늘 아침에 간선도로상에서 끔찍한 자동차 사고가 있었다.

There were only two small **incidents** of misbehavior at school this week.
이번 주에 학교에서는 사소한 교칙위반 행위가 단 2건 있었다.

The car show was a very successful **event.** 자동차 쇼는 매우 성공적인 행사였다.

| POINT |

accident 부주의, 무지로 인한 사건
incident 불쾌하거나 중요한 사건
event 계획된 중요행사의 개최

Speaking Skills

A: The traffic on the highway was a mess.

B: That was because of a car **accident.**

A: Did you see what happened?

B: The rain caused a car spin out of control.

A: And it hit other vehicles?

B: Four other cars were involved in the **accident.**

A: 고속도로의 교통이 엉망였어.
B: 교통사고 때문였어.
A: 무슨 일이 있었는지 봤어?
B: 비 때문에 차가 제어가 불가능할 정도로 회전했대.
A: 그래서 다른 차들을 친거야?
B: 4대의 다른 차들이 사고에 연루됐대.

A: Did you hear the president insulted another leader?

B: That might lead to a big problem.

A: It was an **incident** that caused a lot of embarrassment.

B: Did the president apologize?

A: Not yet, but I think he's going to.

B: He'd better, or international relations will be damaged.

A: 대통령이 다른 나라의 지도자에 모욕을 가했다는 걸 들었니?
B: 그러면 커다란 문제가 발생할텐데.
A: 그건 많은 불편함을 초래한 사건였어.
B: 대통령이 사과했어?
A: 아직, 하지만 사과할거라 생각해.
B: 그래야지, 아님 국제관계가 손상되잖아.

The company is losing money this year

회사는 금년에 적자를 보고 있어

일반적으로 「회사」를 가리킬 때나 회사명으로 「…社」라고 할 때 가장 흔히 쓰이는 표현이 바로 company 이다. 「법인회사」는 corporation이라 하는데, 대개 규모가 큰 회사를 가리킨다. 그리고 어떤 특정 분야, 예를 들어 법률이라든가 회계 등의 분야를 다루는 회사는 firm이라고 하여 law firm(법률회사), accounting firm(회계사무소)하는 식으로 쓰인다. 「사업」이라는 의미로 쓰이는 business는 비교적 소규모의 「회사」나 「점포」를 뜻하고, 한편, enterprise라고 하게 되면 같은 「기업」을 나타내도 「새롭게 시작된 모험적 사업」의 의미가 강해진다. 또, 주로 사업의 활동영역이 뚜렷한 소규모 회사는 outfit이라고 표현하는데, construction outfit(건설회사), trucking outfit(트럭회사) 등이 그 좋은 예이다. 통신이나 우편 등 「제조」와는 무관한 서비스를 제공하는 회사에는 특별히 service를 쓰기도 한다. house는 과거 가족경영의 형태로 운영되는 사업체를 지칭했지만 지금은 그저 보통 「회사」를 의미하는 단어로 쓴다. 「조직」이라는 의미의 organization이나 office도 「회사」라는 뜻으로 심심찮게 쓰이는 단어이고, 참고로 「대기업」은 conglomerate, 「다국적 기업」은 multinational, 「합명회사」는 partnership, 「개인회사(자영업)」는 sole proprietorship이라 한다.

Check It Out!

The **company** is losing money this year. 회사는 금년에 적자를 보고 있어.

The large **corporation** decided to move its headquarters to New York City.
그 대기업은 본사를 뉴욕시로 옮기기로 결정했다.

Only one **law firm** would defend the guilty client. 오직 한 법률회사만이 그 유죄 의뢰인을 변호할 것이다.

| POINT |

company 일반적인 의미의 회사	**corporation** 법인회사
firm 특정분야의 소기업	**business** 소규모의 회사나 점포
enterprise 신생 모험적 기업	**outfit** 사업영역이 뚜렷한 소규모 회사
service 서비스 제공하는 회사	**partnership** 합명회사
sole proprietorship 개인회사	**organization** 조직, 회사
office 회사	**start up** 신생회사

Speaking Skills

A: My dad is always busy.
B: What does he do for a living.
A: He works for a **law firm** in New York City.
B: That's an exciting place to live.
A: He likes it there, but his work is stressful.
B: A lot of lawyers have high stress jobs.

A: 아버지는 늘상 바쁘셔.
B: 직업이 뭐이신데?
A: 뉴욕시의 한 로펌회사에 다니셔.
B: 살기에 아주 흥미로운 곳이네.
A: 아버지는 그곳을 좋아하시지만 일은 스트레스가 많아.
B: 많은 변호사들이 아주 스트레스를 많이 받지.

A: **The baking company** is no longer in business.
B: I know. They went bankrupt last year.
A: Someone said the partners had a disagreement.
B: **The business** failed after the partnership broke up.
A: That's too bad. They made great food.
B: I loved their chocolate pies.

A: 그 제빵회사는 더 이상 영업을 하지 않아.
B: 알아. 작년에 파산했잖아.
A: 누가 그러는데, 동업자들이 의견이 달랐대.
B: 동업자관계가 무너지면서 사업이 실패한거야.
A: 안됐네. 빵이 아주 좋았는데.
B: 난 그 회사의 초콜릿 파이를 좋아했어.

There are many producers of software there

그곳에는 많은 소프트웨어 생산업체가 있어

'제조업자'로 불릴 수 있는 단어는 maker, manufacturer, producer이다. 먼저 maker는 우리끼리는 메이커 제품이라고 부르듯 유명한 제조회사의 제품을 말하지만, 원래는 금융회사나 무역회사와 대비되는 「제조업체」를 의미한다. 특히 과거에는 「수공업체」를 말했지만 현재는 구두제조업체, 시계제조업체 등 「수공 및 기계 제조회사」를 포괄하고 있다. 반면 manufacturer는 「다량의 물품을 공장에서 제조하는 업체」를, 그리고 producer는 「소비자와 반대되는 개념」으로 뭔가를 만들고 재배하는 기업이나 국가를 포함하는 「생산자 (生産者)」, 「생산국」을 의미한다. 또한 이 producer는 연예계에서는 「(영화) 제작자, 연출가」라는 의미로 사용되기도 한다.

Check It Out!

There was only one wedding-dress **maker** in the city, who used real silk.
웨딩드레스를 만드는데 진짜 실크를 쓰는 업체는 이 도시에서 한 곳 뿐이다.

The store sent all the faulty equipment back to the **manufacturer.**
그 상점은 모든 불량장비를 제조업체에 되돌려 보냈다.

Many of Hollywood's famous movie **producers** live in Beverly Hills.
많은 헐리우드의 유명 영화감독들은 베버리힐스에 살고 있다.

| POINT |

maker 제조업체
manufacturer 대량생산하는 제조회사
producer 생산자, 연출가

Speaking Skills

A: What does the Caterpillar company make?
B: They are a **manufacturer** of heavy machinery.
A: I know I have heard of them.
B: They **produce** bulldozers, dump trucks and cranes.
A: Are they only here in the United States?
B: No, they have factories all over the world.

A: 캐터필러 회사는 무엇을 만들어?
B: 중장비 제조업체야.
A: 들어본 적이 있는 것 같아.
B: 불도저와 덤프트럭 그리고 크레인을 생산해.
A: 미국에만 있는 회사야?
B: 아니, 전세계에 공장을 갖고 있어.

A: It's very expensive to live in San Francisco.
B: What makes the cost of living so high?
A: There are many **producers** of software there.
B: Oh, so computer firms are located in the area.
A: That's right. The employees earn high salaries.
B: So they can afford to buy expensive things.

A: 샌프란시스코에서 사는 것은 너무 돈이 많이 들어.
B: 뭐 때문에 그렇게 생활비가 많이 드는거야?
A: 그곳에는 많은 소프트웨어 생산업체가 있어.
B: 아, 그럼 컴퓨터 회사들이 그 지역에 있겠네.
A: 맞아. 직원들의 급여가 높아.
B: 그래서 비싼 것들을 살 여유가 있는거구나.

What makes you so special?

너는 뭐가 그리 특별한가?

학창시절부터 구분하려고 노력해 봤지만 잘 안 되는 단어들. special은 「특별한」이라는 뜻으로 가장 널리 쓰이는 단어로 「다른 것과 다름을 강조」하고 있다. 다음 particular는 「동일한 종류중에서 선택된 것」으로 particular beer처럼 「특별히 주목을 한다」는 의미를 함축하고 있다. 반면, particular와 비슷하게 생긴 peculiar는 다르긴 다르되 그 초점이 「기묘(奇妙)함」에 있다. exceptional은 발생빈도수가 드물다는, 즉 「예외적」이란 의미로, 사람을 묘사할 때는 「매우 우수하다」는 뜻으로 쓰인다.

그런데 한가지 더 문제가 있다. specially와 especially의 차이점이 바로 그것이다. 두 단어가 비슷하게 생겨 헷갈리기 쉽지만 분명 쓰임의 차이는 있다. 우리말로 「나는 모든 구기 종목에 능한데 특히 농구와 축구를 잘한다」를 영어로 옮기면 어떻게 될까? "I'm good at all ball games, especially basketball and football"이 된다. 이 문장에선 specially가 아닌 especially가 쓰였는데 왜일까? especially는 무언가를 강조하거나 특별히 중요한 것을 의미할 때 쓰이는 말로 의미상으로는 '특히 무엇보다도'(above all)의 의미를 가지고 있다. 예를 하나 더 들어보자. 「오늘 아침은 특히 날씨가 춥다」를 영어로 하면 "It is especially cold this morning"이 된다. 그럼 specially는 언제 쓰일까? specially는 주로 특정 목적을 뜻할 때 사용됩니다. 예를 들어 「이 카메라는 특별히 수중 촬영용으로 만들어졌다」를 영어로 옮기면 "This camera was specially designed for underwater photography"가 된다.

> **Check It Out!**

What makes you so **special**? 너는 뭐가 그리 특별한가?
Is there anything **particular** you'd like to ask me? 네가 나에게 묻고 싶은 뭐 특별한 게 있어?
She heard a **peculiar** noise, and thought it must be a hungry cat.
그는 기이한 소리를 들었는데, 그것은 분명히 굶주린 고양이일 거라고 생각했다.

| POINT |

special (다른 것과 달리) 특별한	**particular** 동일 종류에서 선택된 것
peculiar 좀 기묘하게 다른 것	**exceptional** 예외적인
specially 특히	**especially** 특히 무엇보다도(above all)

Speaking Skills

A: My favorite time of the year is Christmas.
B: Me too. My parents always buy me presents.
A: We have a **special** meal with lots of food.
B: Do you attend a church service too?
A: We go to a chapel for midnight mass.
B: It's a very **special** holiday.

A: 한해 중에 내가 가장 좋아하는 때는 크리스마스야.
B: 나도 그래. 부모님은 항상 내게 선물들을 사주셔.
A: 우리는 풍성한 음식의 특별한 식사를 해.
B: 너 교회예배에도 참석해?
A: 예배당에 가서 자정미사를 봐.
B: 아주 특별한 휴일이지.

A: Mrs. Jacobs has never been friendly.
B: She yelled at me for being near her house.
A: All of the neighborhood children are afraid of her.
B: She is a **peculiar** old woman.
A: Do you think she has any relatives?
B: I never see anyone coming to visit her.

A: 쟈콥스 부인은 전혀 친근하지가 않아.
B: 자기 집 부근에 있다고 내게 소리를 질렀어.
A: 이웃집 아이들 모두 다 그 분을 무서워해.
B: 그 분은 특이한 할머니야.
A: 친척이 있는 것 같아?
B: 방문하는 사람을 전혀 보지 못했어.

It's a good place for bargaining

싸게 물건을 사기에 좋은 장소지

바겐세일로 잘 알려진 bargain은 명사로 「매매」, 또는 「실가격보다 싸게 구입한 물건」(something on sale or bought for less than its real value)을 뜻하며, 동사와 어울려서 strike a bargain하면 「매매계약(협정)을 맺다」가 되고, drive a hard bargain하면 「유리한 조건으로 매매(협상)를 하다」가 된다. 동사로는 「매매, 협상이나 혹은 계약 등의 조건에 관하여 얘기하다」라는 의미로 자동사, 타동사 용법이 있다. bargaining은 동사 bargain의 명사형으로 「거래」, 「협상」(negotiation)이라는 뜻.

다음 discount는 여러분도 잘 알다시피 「구입할 물건의 가격을 깎는 것」(reduction made in the cost of buying goods)을 말하는 것으로 「깎아달라」고 할 때는 get a discount, 「할인해주다」는 give sby a discount를 쓰면 된다. 할인폭을 표현하려면 discount 앞에 x%를 붙이던지 혹은 a discount of x%라고 하면 된다.

refund와 rebate는 TOEIC 등 실생활 영어에서 많이 등장하는 단어로 refund하면, 예를 들어, 이미 산 물건을 불량 등의 이유로 「되돌려주는 혹은 되돌려 받은 돈」(the money that you are given back)을 말하며, 「돈을 되돌려주다」라는 동사로도 쓰인다. 반면 rebate는 tax rebate에서처럼 「이미 지급한 돈의 일부를 되돌려주는 것」을 말하는 것으로 명사적 용법만 있을 뿐이다.

Check It Out!

The photocopier that we purchased for the office was **a great bargain.**
사무실에 두려고 구입한 복사기는 굉장히 싸게 샀다.

I can only give you a **discount** if you buy more than ten.
10개 이상 사실 때만 할인해 드릴 수 있습니다.

Can I have a **refund** for this shirt? 이 셔츠 환불해주시겠어요?

They offer either a **discount** or a **rebate.** 걔네들은 할인 혹은 리베이트를 제안하고 있어.

| POINT |

bargain 실가격보다 싸게 구입한 물건		**bargaining** 거래, 협상	
discount 구입할 물건을 깎는 것		**refund** 환불금	
rebate 이미 지급한 돈의 일부를 되돌려주는 것			

Speaking Skills

A: Have you ever visited Seoul?

B: Sure. It's a huge place with a lot to see.

A: There is a nighttime market in the middle of the city.

B: It's a good place for **bargaining.**

A: Have you purchased anything there?

B: I got some souvenirs for my friends.

A: 너 서울 가본 적 있어?
B: 물론. 아주 커다란 곳이지, 볼 것도 많고.
A: 도심 중심부에 밤새 여는 시장이 있어.
B: 싸게 물건을 사기에 좋은 장소지.
A: 거기서 뭐 산 물건 있어?
B: 친구들 줄려고 기념품 좀 샀어.

A: How can I help you, sir?

B: I need a **refund** for these pants.

A: Is there a problem with them?

B: There is a stain just below the pocket.

A: Are you sure it was there when you bought them?

B: Yes. I never had a chance to put them on.

A: 뭘 도와드릴까요, 손님?
B: 이 바지 환불해주세요.
A: 바지에 뭐 문제가 있나요?
B: 주머니 바로 밑에 얼룩이 있어요.
A: 구입하실 때 얼룩이 있었던게 확실하시나요?
B: 네. 옷을 입어볼 기회도 없었어요.

217

Don't tell me you didn't sign a lease

임대계약서에 사인안했다는 건 아니겠지

영어를 곧잘 하는 사람도 순간적으로 착각하기 쉬운 단어들. borrow는 나중에 돌려주기로 하고 「돈이나 물건을 꾸거나 빌리는」(get something from someone that you will return later) 것을 말하는 것이고, lend는 이와는 반대로 「빌려주는」 것을 말한다. loan은 특히 「빌린 돈」(the money which is lent)을 의미하는 것으로, 동사로는 돈 뿐만 아니라 기타 물건 등을 「빌려주다」(lend)라는 의미로 사용된다.

borrow, lend 그리고 loan은 필요한 것 자체를 빌리거나 빌려주는 것인 반면 지금부터 설명할 hire, rent, let, lease 및 charter는 뭔가 필요한 것을 빌리거나 빌려주고 그 사용료를 받는 것을 말하는 단어들이다.

먼저 hire는 '영국영어'에서는 뭔가를 「일정 기간 빌리고 이에 대한 사용료를 지불하는 것」을 뜻하는 말인데, '미국영어'에서는 목적어를 사람으로 받아 「고용하다」(employ)라는 의미로만 쓰인다. 사람이 아닌 경우에는 rent가 사용되는데, 이는 「일정기간에 걸쳐 주택이나 사무실 또는 전화 등을 사용하고 이에 대해 정기적으로 돈을 지불하는」(pay a certain amount of money regularly) 것, 또는 명사로 「지불되는 사용료」를 말한다. 반면, lease는 특히 비즈니스를 목적으로 「장기간 동안 빌딩이나 토지, 장비 등을 사용하고 돈을 지불하는」 것이고, charter는 좀 생소한 단어로 「비행기나 버스, 선박 등을 전세내는」 것을 의미하는 단어. 반대로 let은 「소유자(owner)의 입장에서 빌려주거나 세를 주는」 것을 말한다.

Check It Out!

Is it okay for Nick to **borrow** your car? 닉이 네 차를 빌려가도 괜찮아?
Are you saying you want me to **lend** you some money? 나보고 돈 빌려달라는 말이지?
What I wanted to say is no **loans** are available. 내가 말하고자 했던건 대출이 불가능하다는거야.
How's it going with the new secretary that you **hired** last week? 지난 주 새로 온 비서는 어때요?
Don't tell me you didn't sign a **lease**! 임대계약서 사인안했다는 건 아니겠지!

| POINT |

borrow 빌리다		**lend** 빌려주다	
loan 빌린 돈, 빌려주다		**hire** 고용하다	
rent 임대료		**lease** 비즈니스목적으로 장기간 사용하고 지불하는 돈	
charter 비행기나 버스을 전세내는 것		**let** 소유자의 입장에서 빌려주거나 세를 주는 것	

Speaking Skills

A: What can I help you with, Pam?
B: Could I **borrow** your textbook tonight?
A: What do you need it for?
B: Our class is having a test on Monday.
A: All right, I'll **loan** it to you.
B: Thanks. I'll bring it back tomorrow afternoon.

A: 팸, 뭘 도와줄까?
B: 오늘밤 네 교과서 좀 빌려줄 수 있어?
A: 뭐 때문에 필요한데?
B: 우리반이 월요일에 시험을 봐.
A: 알았어. 네게 빌려줄게.
B: 고마워. 내일 오후에 돌려줄게.

A: The flight to Saipan is eight hours.
B: We have reservations at nice hotel.
A: How are we going to get around?
B: We can **lease** a car when we get there.
A: Great. I want to go to the beaches.
B: That should be easy. Saipan is a small island.

A: 사이판까지 비행시간이 8시간이야.
B: 멋진 호텔에 예약을 해놨어.
A: 우리 어떻게 섬을 돌아다닐거야?
B: 도착하면 차를 렌트할 수 있어.
A: 잘됐네. 난 해변에 가고 싶어.
B: 그건 쉬울거야. 사이판은 작은 섬이거든.

This catalog shows all the products they sell

이 카탈로그에 판매중인 모든 상품이 있어

catalog는 제조업체(manufacturer)나 공급업체(supplier)가 「상품이나 이름 또는 지명 등을 가격과 함께 그림(prices and illustrations)으로 소개하는 보통 50여 페이지 정도의 책자」로, 선전용 책자 중에서는 비교적 두껍고 많은 정보를 담고 있다.

다음 booklet과 leaflet을 살펴보자. 먼저 공통으로 보이는 접미사 ─let은 원(原)명사보다 작은 것을 말하는 것으로, booklet하면 전자제품 등의 사용설명서와 같이 book이긴 하지만 「페이지가 얼마 안되는 책자」를 말하고, leaflet은 「잎」, 「책의 펼친 한 장」을 말하는 leaf보다 작은 것, 즉 보통 제품이나 서비스 내지 어떤 행사(event)를 알리는 정보를 종이 한 장에 담고 있는 「광고전단」을 말한다.

우리말화된 pamphlet 역시 소책자로, 주로 「공공의 관심사」(a matter of public interest)를 다루는 게 일반적이고, brochure도 소책자이지만 여행 안내책자(travel brochure) 처럼 어떤 「서비스의 세부사항을 담고 있는 광고성 짙은 홍보책자」를 말한다. 마지막으로 insert는 「책이나 신문 등에 집어넣은 전단」을 지칭하는 단어. 참고로 이밖에도 「광고전단」을 의미하는 단어로는 promotional flyer, literature 등이 있다는 새로운 사실도 함께 알아두기로 한다.

Check It Out!

All of the **leaflets** were put in the staff mailboxes at least a week ago.
모든 광고전단은 최소한 일주일 전에 직원 우편함에 넣어 두었다.

The company distributed its **pamphlets** to all of the guests at the meeting.
회사는 회의에 참석한 내빈 모두에게 팜플렛을 배포했다.

The **brochure** was done in three colors and was printed on glossy paper.
그 브로슈어는 세가지 색상으로 되어 있고, 광택지로 인쇄되어 있었다.

| POINT |

catalog 광고책자		**booklet** 작은 책자
leaflet 광고전단		**pamphlet** 광고소책자
brochure 광고성 짙은 홍보책자		**insert** 책이나 신문에 넣는 전단

Speaking Skills

A: You can order a suit from Armani.
B: What is the easiest way to do that?
A: This **catalog** shows all the products they sell.
B: I'd like to get some modern looking clothes.
A: How do you like the suit in this picture?
B: It is exactly what I want to buy.

A: 아르마니 정장을 주문할 수 있어.
B: 그렇게 하는 가장 쉬운 방법은 뭘까?
A: 이 카탈로그에 판매중인 모든 상품이 있어.
B: 난 좀 모던하게 보이는 옷을 사고 싶어.
A: 이 사진에 있는 정장은 어때?
B: 그게 바로 내가 사고 싶은거야.

A: I didn't know you were religious.
B: We've attended church for a few years.
A: How did you choose where to worship?
B: Our church gives out **booklets** explaining its mission.
A: And what do the **booklets** say?
B: They say love, peace and happiness are very important.

A: 너희들이 신앙인인줄 몰랐어.
B: 우린 몇년간 교회에 다니고 있어.
A: 다닐 교회를 어떻게 선택했어?
B: 우리 교회는 교회의 사명을 설명하는 책자를 나눠줘.
A: 그 책자에는 뭐라고 되어 있는데?
B: 사랑, 평화 그리고 행복이 가장 중요하다고 되어 있어.

I'm sorry, we don't carry that brand

미안하지만 그 브랜드는 취급안해요

이번에는 회사의 제품을 지칭하는 단어들을 알아보기로 한다. make는 「…제(製)」, 「제조」를 말하는 단어로, 특히 「특정 제조회사(maker)가 만드는 제품」을 지칭할 때 쓰는 단어이다. 따라서 주로 「특정 제품을 제조하는 회사의 이름」을 지칭하는 경우가 많은 반면에 brand는 「제조사」(manufacturer)의 이름을 말하는 경우도 있지만 기본적으로는 「제조사가 만든 특정 제품군」을 지칭하는 단어이다. 하지만 make와 brand, 이 두 단어는 혼용되어 많이 사용되는데, 단가(unit price)가 낮은 담배나 가전제품에는 brand를, 비교적 가격이 높은 자동차 등에는 make를 쓴다.

trademark는 「상표(商標)」로, 타사제품과 구별하기 위해 상품에 붙이는 말이나 상징으로 등록되어 법적으로 보호받을 수 있다. 또한, 역시 우리말된 logo는 한 회사를 상징하는, 「도안」. trade-mark와 혼용되기도 하지만 「그림형태의 도안이나 디자인일 경우」에는 logo를 선호한다.

고생해서 새롭게 개발한 제품이나 디자인이 도용돼서는 안되는 일. 이를 방지하기 위해 산업디자인이나 새롭게 개발된 제품을 타사가 흉내낼 수 없도록 「특허를 내는 것」을 patent, 그리고 「문예작품에 대한 도용금지」는 copyright이라 한다.

Check It Out!

The new appliances that we purchased are of a very good **make.**
우리가 새로 구입한 기구는 상당히 좋은 제품이다.

I'm sorry, we don't **carry** that brand　미안하지만 그 브랜드는 취급안해요.

The new **logo** that they came up with for our company is very catchy.
새로 고안해 낸 회사 로고는 상당히 인기를 끌 것 같다.

Our research and development team is trying to **patent** their new product.
연구개발팀은 새 상품을 특허내려 하고 있다.

| POINT |

make	특정 제조회사가 만든 제품	**brand**	제조사가 만든 특정 제품군
trademark	상표	**logo**	회사를 상징하는 도안
patent	특허를 내는 것	**copyright**	저작권

Speaking Skills

A: These cigars taste great.
B: The smoke is smoother than others I've had.
A: It is the best **brand** of cigar you can buy.
B: Where are they manufactured?
A: They are imported from overseas.
B: No wonder they are so expensive.

A: 이 씨가 맛이 좋다.
B: 내가 갖고 있는 다른 것보다 담배연기가 부드러워.
A: 살 수 있는 최고 브랜드의 씨가야.
B: 어디서 만든거야?
A: 해외 수입품이야.
B: 그러니 비싸구만.

A: I'd like to use this picture of a cartoon cat in my book.
B: You aren't allowed to do that.
A: What's the problem?
B: There is a **copyright** and we can't duplicate that drawing.
A: You mean we would get sued for using it?
B: Yes. We would be in a lot of trouble.

A: 내 책에 있는 고양이 그림 컷을 사용하고 싶어.
B: 그렇게 하면 안돼.
A: 뭐가 문제인데?
B: 저작권이 있어 우린 그 그림을 복제할 수가 없어.
A: 우리사 사용하면 소송을 당한다는 말이야?
B: 맞아. 아주 큰 어려움에 처할지도 몰라.

The salary seems to be fine

급여는 괜찮은 것 같아

먼저 pay는 가장 일반적인 단어이고, wage는 「비전문적인 분야의 근로자들이 주로 시간당 계산하여 주급 (週給)으로 받는 임금」을 말한다. 반면 salary는 「전문직 종사자들에게 한 달에 한 번 은행으로 송금되는 월 급」을 지칭. 또한 정규급여 외로 지불되는 의료보험, 교통비 등의 각종 「수당」은 fringe benefits, 그리고 전 용차, 전담비서 등의 「임원에게 부여되는 특전」은 perquisite의 약형인 perks라 불리워진다.

또한 부양 가족의 수에 따라서 지급되는 「가족수당」은 family allowance로, 한 직장에서 근무 연수에 따 라 책정되는 「근속수당」은 long service allowance, 잔업 근무에 대해서 지급되는 「시간외 근무수당」은 overtime payment이라고 한다.

Check It Out!

The **pay** for the assistant manger job works out to be about thirty dollars per hour. 부지배인의 급여는 시간당 총 30달러쯤 된다.

All part-time employees will earn minimum **wage** until their probation period is completed. 시간제 직원들은 모두 수습기간이 끝날 때까지는 최저 임금을 받게 될 것이다.

Although the **salary** is low, there are many opportunities to earn bonuses. 비록 월급은 작지만, 보너스를 받을 기회가 많다.

Most of the employees at the company were not entitled to any **fringe benefits.** 이 회사의 직원들 대부분은 어떤 수당도 받을 자격이 되지 못했다.

A car and a cellular phone are only two of the many **perks** that this job offers. 자동차와 휴대폰은 이 일이 제공하는 많은 특전들 중의 두 개일 뿐이다.

| POINT |

pay 급여	**wage** 주급으로 받는 임금
salary 전문직 종사자가 받는 월급	**fringe benefits** 각종 수당
perks (임원에게 부여되는) 특전	**family allowance** 가족수당
long service allowance 근속수당	**overtime payment** 시간외수당

Speaking Skills

A: This is the worst job I've had.

B: Are you satisfied with your **salary?**

A: **The salary** seems to be fine.

B: So there's something else you don't like?

A: My boss always acts like a jerk.

B: That makes a workplace very stressful.

A: 이게 내 최악의 일자리야.
B: 급여는 만족해?
A: 급여는 괜찮은 것 같아.
B: 그럼 네가 맘에 안드는 다른 것이 있어?
A: 상사가 항상 멍충이처럼 군단말야.
B: 그러면 직장에서 스트레스를 많이 받겠다.

A: You always take interesting vacations.

B: I get a month's vacation time every year.

A: A month! That's a lot more than anyone else.

B: It's one of the **fringe benefits** of working here.

A: Why does the company give so much vacation time?

B: They want their employees to be well rested.

A: 넌 항상 흥미롭게 휴가를 다녀오더라.
B: 매년 한달동안 휴가를 가져.
A: 한달이라고! 다른 사람들보다 훨씬 많은 휴가인데.
B: 여기서 일하는 후생복지 중의 하나야.
A: 회사는 왜 그렇게 휴가를 많이 주는거야?
B: 직원들이 잘 휴식을 취하기를 바래.

My objective is to solve the problem

내 목표는 문제를 해결하는거야

이번에는 「목표」라 불리는 여러 단어를 꺼내놓고 그네들의 정확한 정체를 뜯어보도록 하자. 먼저 object 와 objective는 둘 다 「목표」내지는 「목적」으로 불리는데, object는 일반적으로 「달성하기가 어렵지만 노력을 기울인 목표」를, objective는 "the objective of the military attack"에서 처럼 비즈니스나 정치적인 문맥에서 「비교적 단기간 명확한 계획하에 달성하는 목적」을 의미한다. 다음, goal은 "My company's goal~"에서 처럼 개인이나 회사 혹은 국가가 「미래에 달성해야 하는 목표」를 말한다. 이에 반해 purpose는 "the purpose of Trump's tour~"에서 처럼 「심정적으로 달성하려고 하는 목표」를, aim은 "my life's aim"에서 처럼 「어떤 계획이나 행동이 의도하는 목표나 목적」을 뜻한다.

Check It Out!

The **object** of the sales game is quite simple, get as many new leads as you can and close them.　판매시합의 목적은 상당히 단순한데, 가능한 한 새 고객을 많이 얻어서 그들에게 물건을 파는 것이다.

Our **objective** is to provide our customers with the best possible customer service.　우리의 목표는 고객에게 가능한 한 최고의 서비스를 제공하는 것입니다.

We should achieve our **goal** of selling fifty units by late this afternoon.
우리는 오늘 오후 늦게까지 50개를 팔기로 한 목적을 달성해야 한다.

The **purpose** of this meeting is to discuss the future of our European contract.
이번 회의의 목적은 유럽협약의 미래를 논의하는 것입니다.

| POINT |

object 목표	
objective 목적	
goal 미래에 달성해야 하는 목표	
purpose 심정적으로 달성하려고 하는 목표	
aim 어떤 계획이나 행동이 의도하는 목표나 목적	

Speaking Skills

A: This computer is still malfunctioning.

B: I'm here to try to fix it.

A: What do you plan to do?

B: I will download an anti-virus program.

A: Will that make everything better?

B: Yes. **My objective is to** solve the problem.

A: 이 컴퓨터는 아직 작동이 잘 안돼.
B: 내가 고치러 왔잖아.
A: 어떻게 할건데?
B: 안티바이러스 프로그램을 다운로드할거야.
A: 그거면 다 좋아질까?
B: 그럼. 내 목표는 문제를 해결하는거야.

A: What sort of work do you do?

B: I'm a businessman. How about you?

A: I work for an NGO in Africa.

B: Is that some kind of an aid organization?

A: **Their goal is to** help starving people.

B: Oh. I guess you must distribute food supplies.

A: 무슨 일을 하세요?
B: 비즈니스 맨입니다. 당신은요?
A: 아프리카의 비정부기구에서 일해요.
B: 지원기구와 같은 종류의 것인가요?
A: 그들의 목표는 굶주린 사람들을 도와주는거예요.
B: 아. 공급된 식량을 나누어주겠군요.

It was cancelled due to some problems

좀 문제가 있어서 취소됐어

모두 「…때문에」라는 의미. due to는 어떤 「어려움이나 실패의 이유를 언급」하기(introduce the reason for a difficulty or failure) 위해서, owing to는 뭔가 「일어난 일의 이유를 설명」하기(introduce an explanation of why something happened) 위해서 사용된다. 이 두 표현이 다소 official하고 formal한 반면 because of는 informal한 표현으로 빈번히 사용된다. 따라서 비즈니스 차원의 공식적인 대화에서는 가급적 피하는 것이 바람직하다. 반대로 뭔가 「좋은 일이 일어나서 그 이유를 설명」할 때는 thanks to을 쓰면 된다.

> **Check It Out!**

It was cancelled **due to** some problems. 좀 문제가 있어서 취소됐어.
The car doesn't run **because of** an engine problem. 엔진에 문제가 있어서 차가 꼼짝도 안해.
I've been relaxing, **thanks to** you. 네 덕에 편히 잘 쉬고 있어.

| POINT |

due to 어려움이나 실패이유를 언급
owing to 일어난 일의 이유를 설명
because of informal한 표현
thanks to 좋은 일이 일어나서 그 이유를 설명

Speaking Skills

A: Is the library open today?

B: It is closed **due to** the snow storm.

A: Where else can we go to study?

B: Let's try a coffee shop.

A: But I don't like the taste of coffee.

B: Then you can drink some tea.

A: 오늘 도서관 열었어?
B: 폭설 때문에 닫았어.
A: 어디 다른데 가서 공부하지?
B: 커피숍에서 해보자.
A: 하지만 난 커피맛을 싫어하는데.
B: 그럼 넌 차를 마셔.

A: You and your wife used to own a boat.

B: We had to get rid of it.

A: I thought you loved to go out fishing.

B: We sold it **because of** a lack of money.

A: Was it expensive to maintain?

B: It was the most expensive thing in our budget.

A: 너네 부부 보트 있었잖아.
B: 처분해야 했어.
A: 넌 낚시하러 가는걸 좋아한다고 생각했는데.
B: 돈이 부족해서 팔았어.
A: 유지비가 많이 들었어?
B: 우리 예산에서 가장 비용이 많이 들어가는거였어.

I was told to pass it along to you

너에게 전달하라는 얘기를 들었어

be said to + V와 be told to + V는 두가지 다 「말하다」의 동사 say와 tell이 수동형으로 쓰인 표현이라 같은 뜻으로 알고 있는 경우가 많다. 하지만 의미상으로 확실한 차이가 있다. 우선 be said to + V는 they say ~(사람들이 …라고 말하다)의 수동태로서 「…라고들 한다」라는 뜻이다. 반면에 be told to + V는 tell sby to + V(…에게 ~하라고 말하다)의 수동태로 「…하도록 명령을 받다」라는 의미이다. 예를 들어보자. He is said to be the richest man in the world라는 문장은 「그 남자는 세계에서 가장 부자라고 한다」라는 말로 be said to가 「…라고들 한다」라는 뜻으로 해석된다. 하지만 He was told to take a bath every day라는 문장에선 be told to가 「…하도록 명령받다」, 「…하라는 얘기를 듣다」라는 의미로 「그 남자는 매일 목욕을 하라는 얘기를 들었다」라는 말이 된다.

Check It Out!

It **is said to** someone who may need some help. 이건 도움이 좀 필요할지도 모를 사람에게 말해진다.
I **was told to** pass it along to you. 너에게 전달하라는 얘기를 들었어.
You **were told to** stay away! 가까이 오지 말라고 했잖아!

| POINT |

| **be said to+V** | …라고들 한다, …하기 위해 말해진다 |
| **be told to+V** | …하라고 얘기듣다 |

Speaking Skills

A: My son is now attending Phillips Academy.

B: That is a well known institution.

A: It **is said to** be the best school around here.

B: Does he like his instructors?

A: He tells me they are very strict.

B: I'm sure they are teaching him a lot.

A: 내 아들은 지금 필립 아카데미에 다녀.
B: 거긴 유명한 교육기관인데.
A: 이 근처에서 최고의 교육기관이라고들 해.
B: 강사선생님들을 좋아해?
A: 선생님들이 매우 엄격하다고들 해.
B: 선생님들로부터 많은 것을 배울게 틀림없어.

A: What happened to Rich last night?

B: He was caught breaking a school window.

A: That's a serious problem.

B: He **was told to** report to the main office in the morning.

A: The principal is going to be furious.

B: Yeah, he's going to be suspended from classes.

A: 지난밤에 리치에게 무슨 일이 있었던거야?
B: 학교창문을 깨다가 잡혔어.
A: 심각한 문제인데.
B: 아침에 교무실에 보고하라고 지시받았대.
A: 교장 선생님이 격노하실거야.
B: 그래. 걘 정학당할거야.

Did you get an autograph from Brad Pitt?

브래드 피트에게서 사인을 받았어?

「컨닝」(cunning ⇒ cheating)이나 「핸들」(handle ⇒ steering wheel)과 마찬가지로 「사인」(sign) 또한 일반적으로 널리 쓰이는 Konglish의 대표적인 한 예이다. 외래어의 잘못된 사용으로 인해 거의 우리말화 된 표현으로 우리말 사전에서도 「사인」(sign)이라는 낱말이 「서명」이란 뜻으로 엄연히 한 자리를 차지하고 있다. 이미 눈치채셨겠지만, 그렇다고 해서 English에서 조차 같은 뜻으로 쓰이지는 않는다. 사실, 영어에서 sign은 동사일 경우에 「서명하다」란 뜻으로 쓰이며, 명사로 쓰일 때는 「표지」나 「부호」, 「신호」또는 「징후, 조짐」의 뜻으로 쓰일 뿐이다. 실제로 「서명하다」의 명사형은 signature이며 이는 넓은 의미의 「서명」으로, formal한 냄새가 물씬 나는 단어라 보통 「편지나 수표, 서류 등과 같은 공식적인 종이에 자신의 사인을 하는 것」이다. 우리가 공식 서류에 도장을 찍듯 말이다. 또한, autograph는 같은 의미로 쓰이긴 하지만, 특히 「연예인」이나 「작가」, 「운동선수」 등과 같이 유명인으로부터 우리가 흔히 받고 싶어 안달을 하는 바로 그 「사인」을 말할 때 주로 쓰는 단어이다.

Check It Out!

I'm leaving for London in the morning. I need this **signed.**
아침에 런던으로 떠나. 이거 사인받아야 돼.

My brother didn't **sign up for** the bowling league. 내 형은 볼링리그에 참가를 하지 않았어.

I feel bad about not **signing** your letter of recommendation. 네 추천장에 사인을 못해줘 속상해.

Thank you for not chewing me out for forging your **signature.**
서명을 도용했는데도 혼내지 않아서 고마워요.

Let me have your **autograph.** 사인해주세요.

Hey, can I have **your autograph,** Mr. Hero Cop? 야, 사인 좀 해주라, 영웅경찰 씨.

Did you get an **autograph** from Brad Pitt? 브래드 피트에게서 사인을 받았어?

| POINT |

sign 서명하다, 신호 *sign up (for) ⋯에 참가하다, 신청하다
signature (계약서 등) 서명
autograph 유명인의 사인

Speaking Skills

A: So you got a good job offer?
B: I was offered a position at a design agency.
A: When are you going to start working?
B: I have to **sign** the employment contract first.
A: You better hurry up and do that.
B: I have an appointment to do it on Monday.

A: 그래 너 좋은 일자리를 제안받았어?
B: 디자인 에이전시에서 자리를 제안받았어.
A: 언제 출근해?
B: 먼저 고용계약서에 서명을 해야 돼.
A: 서둘러 하는게 낫겠다.
B: 월요일에 그렇게 하기로 약속되어져 있어.

A: Did you meet anyone famous on your trip?
B: We spoke with a famous film actor.
A: That must have been exciting.
B: We asked him for his **autograph.**
A: Did he give an **autograph** to you?
B: Yes, he **signed** a photo for us.

A: 여행중에 유명인 좀 만났니?
B: 유명한 영화배우와 얘기를 나누었어.
A: 정말 재미있었겠다.
B: 사인 해달라고 부탁했어.
A: 네게 사인을 해줬어?
B: 사진에 서명을 해서 우리에게 줬어.

Rachel is always telling me to do things

레이첼은 늘상 이래라 저래라 일을 시켜

'all the time' 내지 'every time'을 뜻하는 always는 그 의미 그대로 모든 경우에 있어서 「언제나」, 「늘」, 「항상」, 「언제고」 언급하고 있는 사항이 그렇다는 것으로, 예외가 존재하지 않는다. never와는 정반대 말이다. 한편 「여전히」라는 말로 번역되는 still은 아무 생각없이 습관적으로 말하다보면 자칫 always와 혼용하여 쓸 수도 있고, 같은 맥락이긴 해도 약간은 다른 뉘앙스의 「아직도」란 말로 옮겨질 경우에는 yet과는 뭐가 다르냐고 한번쯤 의문을 품을 수 있는 문제이다. 그럼, 이러한 still이라는 단어의 속성이 무엇인가를 한번 살펴보면, still은 이전의 상황이 변하지 않고, 현재 말하고 있는 시점까지도 계속 그렇다는 것을 말할 때 (say that a previous situation has not changed and continues at the time of speaking), 즉 상황이 「계속되고 있는」 데 역점을 둔 말이므로 「빈도」를 나타내는 always와는 근본적으로 다른 속성을 가진 낱말이다. always보다는 오히려 yet과의 사용상 차이점에 의문을 가질 수 있겠는데, 잠깐 보면 흔히 부정문에서 「아직도」라고 해석되는 yet은 still에 비해 주로 부정문이나 의문문에 잘 어울리는 말로 「아직까지도」 어떤 일이 진행되지 않았다는 뉘앙스를 풍긴다. 허나 긍정문이나 부정사 구문 앞에서 still과 서로 바꿔 쓸 수도 있는데, 이 경우 yet을 쓰면 다소 감정적 색채를 띤 표현이 되는 것이 된다.

자, 그럼 "The envelope was ___ sealed when it was delivered"라는 문장에서 'very,' 'always,' 'still,' 'ever' 중 밑줄에 들어갈 가장 적합한 것을 고르는 문제를 풀어보자. 문맥상 still이 가장 적당하며, 만일 주어가 The envelope 「바로 그 봉투 하나」로 딱 한정되어지는 게 아니라, The envelopes로 복수가 되어 「그런 류의 봉투들」 일반으로 의미가 확대되어 버리면, always를 쓸 경우 「그 봉투들은 언제나 밀봉되어 배달되었다」라는 뜻이 되어 과거에 그런 류의 봉투들이 배달되던 때에 습관적으로 늘 일어났던 상황을 나타내게 되고, 또 still을 쓰더라도 「그 봉투들은 배달될 때에도 여전히 밀봉되어 있었다」가 되어 여러뭉치의 봉투들이 한꺼번에 배달되던 그 시점까지도 계속되고 있는 상태를 묘사해 그 나름의 의미를 가지게 되므로 어느 쪽을 써도 상관없게 된다. 하지만, The envelope의 경우에 있어서는 그 봉투 하나가 배달되던 시점은 한 순간일 뿐이므로 「바로 그 한 때」를 「항상」이라고 표현하는 것은 논리에 맞지 않다. 따라서, 이 경우에는 always를 쓸 수가 없다. 내친김에 빈도순위를 보면 always > usually / generally > often > sometimes / occasionally > rarely / seldom > never의 순으로 빈도수가 낮아진다.

| POINT |

| **always** 언제나, 늘, 항상 | **still** 과거부터 지금까지 계속 |
| **yet** 아직까지도 | |

Speaking Skills

A: It was so great to see you again.
B: Thanks. I'm glad I was able to come by.
A: We **always** enjoy it when you visit us.
B: Let's make plans to meet up in a few weeks.
A: You want to have dinner in town?
B: Sure. There's a popular eatery on Main Street.

A: 다시 만나게 되어서 정말 좋았어.
B: 고마워. 들릴 수 있어서 나도 기뻐.
A: 네가 방문하면 우리는 항상 즐거워.
B: 몇주 후에 다시 만나도록 하자.
A: 시내에서 저녁을 먹을래?
B: 좋지. 메인가에 유명한 식당이 있어.

A: What are you doing back in town?
B: I came to visit my mom and dad.
A: I thought they had moved away.
B: They **still** live in the same small apartment.
A: They must be happy when you're here.
B: Yes. They miss me when I'm gone.

A: 동네에 돌아와서 뭐해?
B: 부모님 뵈러 왔어.
A: 이사가신 걸로 알고 있는데.
B: 조그만 아파트에 계속 살고 계셔.
A: 네가 여기 오면 좋아하시겠다.
B: 그래. 내가 가면 보고 싶어 하셔.

How about at the end of the week?

금요일이면 어떻겠습니까?

day를 교과서에서 배웠던 「하루」나 「낮」으로만 암기했기 때문에 the end of the day를 하루가 끝날 때 즈음, 즉 「오후 늦게」로 해석하기가 쉽다. 직장에서 나누는 대화 중에서 나오는 day는 「하루의 근무 시간」(a period of work within a 24-hour period)을 의미하므로 the end of the day를 「퇴근 무렵」이라고 해야 올바른 번역이다. 하나 더 말하자면, TOEIC 시험이나 여러 회화표현에서 자주 만나게 되는 the end of the week도 그 정확한 의미를 함께 구분해서 써야 한다. 여기서 week은 우리가 영어 햇병아리 시절 외워둔 「주」나 「1주일」이 아니라 「1주일 중에서 근무하는 날들」(the working days or working portion of the seven-day period), 즉 토·일요일은 대개 휴무인 직장이 많으니 금요일까지를 말한다. 따라서, the end of the week의 가장 정확한 번역은 「금요일」이랍니다.

Check It Out!

The boss wants you to stop by his office **at the end of the day.**
사장님이 퇴근시간에 사무실로 오래요.

I finally got home **at the end of the day!** 마침내 일을 마치고 집에 돌아왔다!
How about **at the end of the week?** 금요일이면 어떻겠습니까?
My interview is **at the end of the week, so wish me luck!** 면접이 이번 금요일에 있거든, 행운을 빌어줘!

| POINT |

at the end of the day	퇴근무렵에
at the end of the week	금요일에

Speaking Skills

A: I have had a lot of work to complete.

B: Me too. I feel so tired right now.

A: In a few minutes we'll be free to leave.

B: It's nice to go home **at the end of the day.**

A: You are right. I'm going to have a big dinner.

B: Me too, but I'm going to take a shower first.

A: 끝내야 할 일이 너무 많아.
B: 나도 그래. 지금은 너무 피곤해.
A: 몇분 후에 우린 가도 되잖아.
B: 퇴근 무렵에 집에 가는게 좋아.
A: 네 말이 맞아. 거나하게 저녁을 먹을거야.
B: 나도, 하지만 먼저 샤워먼저 할거야.

A: Rachel has been a great employee.

B: She makes the office run efficiently.

A: I'm going to miss seeing her.

B: Why? What is going to happen?

A: She will be quitting **at the end of the week.**

B: Oh my gosh, I didn't know that.

A: 레이첼은 아주 훌륭한 직원였어.
B: 덕분에 사무실이 효율적으로 돌아가지.
A: 걔를 그리워할거야.
B: 왜? 무슨 일이 있을건대?
A: 금요일에 회사를 그만둔대.
B: 맙소사, 난 몰랐네.

You have to clear the room, do you understand?

네 방을 치워야 돼, 알겠어?

보통 고급 식당에 들어가면 테이블에 포크와 나이프, 냅킨, 물잔 등이 이미 차려져 있는(set the table) 경우가 많은데요. 동남아 등의 작은 식당에 가면 우리처럼 테이블에 앉아서 그대로 남아 있는 빈접시를 치워주기를 기다려야 하는 경우도 있습니다. 이때 가장 적합한 표현은 동사 clear를 이용한 "Please clear the table"인데요, clear 대신에 set을 이용해서 "Please set the table"이라고 해도 물론 됩니다. 다른 새로운 동사를 하나 더 소개해 드릴까요? 웨이터(waiter) 대신에 식당에서 접시 치우는 일을 하는 사람(a person employed to help a waiter in a restaurant by taking away used dishes)을 busboy라고 부르는 것을 들어봤을 겁니다. 이 bus를 동사로 사용하면 「식당에서 식기를 치우다」(take away dirty dishes from the tables in a restaurant)는 의미가 됩니다. 따라서 "Please bus the table"이라고 해도 테이블을 치워 달라는 의미가 됩니다.

Check It Out!

You have to **clear** the room, do you understand? 네 방을 치워야 돼, 알겠어?
Willy has said he'll **clean** your room. 윌리는 자기가 네 방을 치우겠다고 했어.
I want you to **clean up** this place before noon. 정오까지 여기 말끔히 청소해놔라.

| POINT |

clear the table	지저분한 테이블을 치우다
set the table	테이블을 세팅하다
bus the table	테이블의 식기를 치우다

Speaking Skills

A: This restaurant is not very **clean.**

B: I see there are dirty dishes here.

A: The waitress didn't come to **clear the table.**

B: You mean these are from the last diner?

A: Yeah. It's disgusting, isn't it?

B: Let's get out of here and find another place.

A: 이 식당은 그렇게 깨끗하지는 않다.
B: 여기에 사용한 접시들이 있네.
A: 종업원이 테이블을 치우러 오지 않았어.
B: 그럼 이것들이 전에 식사한 사람들의 것이란 말이지?
A: 어. 역겹지, 그지 않아?
B: 여기서 나가서 다른 곳으로 가자.

A: I don't have much free time.

B: Can I help you with something?

A: Could you **set the table** for us?

B: Sure. I'll put out the dishes and silverware.

A: That will give me a chance to cook dinner.

B: What are you going to make?

A: 나 자유시간이 별로 없어.
B: 내가 뭐 좀 도와줄까?
A: 테이블을 차려줄테야?
B: 물론. 접시와 은식기류를 꺼내놓을게.
A: 그럼 내가 저녁을 요리할 시간이 날거야.
B: 뭘 만들건데?

Most people enjoy going for a hike

대부분 사람들은 하이킹가는걸 좋아해

most와 most of는 그 쓰임이 명확히 구별된다. 구분하는 해법은 이들 단어의 뒤에 붙는 낱말이 무엇이냐에 따라 결정되는데, 먼저 most of는 them, you, it 등의 대명사나 관사 또는 명사의 소유격 앞에 쓰인다. Most of them had some kind of problem이란 문장의 most of them처럼 말이다. 다음, most는 명사나 형용사가 뒤따라 나와야 한다. 예를 들면, Most people don't bother asking for a receipt라고 할 경우 most뒤에 people이라는 명사가 따라 나오고 있다. most of people이라는 식은 절대 안된다. most of~는 이미 of 이하의 대부분이라고 특정하고 있기 때문에 most of+복수명사는 있을 수 없는 형식이다. 굳이 쓰려면 most of the people이라고 한정하는 the가 들어가야 한다. 그래서 most people은 일반적으로 특정화되지 않은 대부분의 사람들이란 뜻이 되고, most of the people은 시공간적으로 제한된 사람들 중 대부분의 사람들이란 의미가 된다.

Check It Out!

Most people enjoy going for a hike.　대부분 사람들은 하이킹가는걸 좋아해.
Most of the good players go pro right out of high school.
대부분의 훌륭한 선수들은 고등학교졸업직후에 프로로 전향한다.
You were awake **most of** the night.　거의 밤샜잖아.

| POINT |

most+복수명사 대부분의 명사들
most of the+(복수)명사 제한된 명사들 중 대부분
most of them[the~] …제한된 사람들 중 대부분

Speaking Skills

A: Let's get some ice cream to eat.

B: What is your favorite flavor?

A: I usually like to eat vanilla.

B: **Most people** prefer chocolate.

A: I know, but vanilla is good too.

B: Maybe I'll order a vanilla cone with you.

A: 아이스크림 좀 사먹자.
B: 좋아하는 맛이 뭐야?
A: 난 보통 바닐라 맛을 먹어.
B: 대부분 사람들은 초콜릿을 더 좋아하는데.
A: 알아, 하지만 바닐라도 좋아.
B: 네 걸로 바닐라 콘을 주문할게.

A: I didn't enjoy the concert.

B: Did the audience like it?

A: **Most of them** were disappointed.

B: Why was it so bad?

A: The lead singer had a terrible voice.

B: So no one could enjoy the songs?

A: 난 콘서트가 재미없었어.
B: 청중들은 좋아했구?
A: 그들 중 대부분은 실망했어.
B: 왜 그렇게 형편없었대?
A: 리드싱어의 목소리가 형편없었어.
B: 그럼 아무도 노래를 즐길 수가 없었던가?

What I meant to say is the store is closed

내가 말하려고 했던건 가게가 문을 닫았다는거야

The store is open이 맞는 표현이다. open이 「열려 있는」, 「열린」이라는 형용사로 쓰여 말 그대로 「그 상점이 열려 있다」라는 「열린 상태」를 뜻하게 된다. 그렇다고 The store is opened라는 문장이 완전히 틀린 표현은 아니다. 이 문장은 뒤에 「by + 사람」의 형태가 와서 The store is opened by my mother every morning과 같이 쓰일 수 있다. 직역하면 「상점은 매일 아침 우리 어머니에 의해 열린다」는 뜻으로 즉, 「우리 어머니가 매일 아침 상점 문을 연다」는 말이다. 이 경우엔 「상점 문을 연다」는 「동작」에 맞춰진 표현이므로 형용사가 아닌 동사의 수동태 모양으로 쓰인 것이다. 상점을 열었으니 상점을 닫는 표현도 알아보자. 「상점이 닫혀 있다」는 영어로 The store is closed라고 한다. 「닫다」라는 동사 close를 이용한 표현이다. 주의할 것은 close가 형용사로 사용될 경우에는 open이라는 단어와는 다르게 「닫다」라는 의미와는 전혀 무관한 뜻이 된다는 것이다. 예를 들어 The store is close to the station이라고 하면 「그 상점은 역 가까이에 있다」라는 뜻으로 이때 close는 「가까운」이라는 형용사로 쓰인 것이다.

Check It Out!

The convenience store **is open** at all times. 편의점은 항상 열려 있어.
The store **is opened by** 7 a.m. each morming. 그 가게는 매일 아침 7시에 문을 연다.
What I meant to say is **the store is closed.** 내가 말하려고 했던건 가게가 문을 닫았다는거야.

| POINT |

The store is open 상점이 열려 있다
The store is opened by~ …가 문을 열다
The store is closed 상점이 닫혀 있다

Speaking Skills

A: We need to buy some bread and milk.

B: You can't do that right now.

A: Why can't we just go to the store?

B: **The store is only open** until six every day.

A: Isn't it before six o'clock?

B: No. It's already after seven right now.

A: 우리 빵하고 우유 좀 사야 돼.
B: 지금 그렇게 못해.
A: 가게에 가면 되지 않아?
B: 그 가게는 매일 6시까지만 열어.
A: 지금 6시 전 아냐?
B: 응. 7시가 이미 넘었는데.

A: There is a convenience store on the corner.

B: I stopped in there to buy some food.

A: **They usually open** around 5 a.m.

B: That's early. Who works there at that time?

A: **The store is opened in the morning by** Mr. Leon.

B: He must be very hard working.

A: 코너에 편의점이 있어.
B: 난 그곳에 들러서 음식을 샀어.
A: 보통 오전 5시 경에 문을 열어.
B: 이르네. 그 때에 거기서 누가 일해?
A: 그 가게는 레온 씨가 아침에 열어.
B: 열심히 일하시는구나.

I want to try to make it up to you

내가 다 보상해주고 싶어

회화시간에 같은 반 사람들끼리 영화를 보러가자는 얘기가 나오자 A는 그날따라 몸이 너무 피곤해서 같이 갈 수가 없다고 한다면서 "I don't like to go because I'm tired"라고 했다. 그랬더니 네이티브가 "You mean you don't want to go?"라고 되물었다. 왜 like로 대답을 했는데 want로 바꿔서 되물어본 것일까? like와 want는 중학교 때부터 배워서 너무나 잘 안다고 생각하고 있지만, 의외로 그 차이를 잘 모르는 사람들이 있다. like는 어떤 것이 「좋다고 생각한다」(think something is interesting, enjoyable, or attractive)라는 뜻으로 평소에 갖고 있는 「기호」(taste)나 「의견」(opinion)을 나타내는 반면, want는 어떤 것을 「원하다」(feel a desire or need)라는 그 순간의 「소망」(wish)을 나타내는 동사이다. would like~과 같은 의미인 것이다. 예컨대 I don't like to dance는 「원래 춤추는 걸 싫어한다」는 뜻이지만, I don't want to dance는 「지금은 춤추기가 싫다」는 말이 된다. 그런데 like를 이용해서도 그 당시의 소망을 나타낼 수 있다. 앞서 말한 「…하고 싶다」라는 뜻의 would like (to)을 이용하면 된다. 사실 want는 다소 강한 어조이기 때문에 일상회화에서는 공손한 느낌의 would like을 쓰는 경우가 더 많다. 위에서는 원래 영화를 싫어해서라기보다 지금 「피곤해서 영화보러 가기 싫다」는 말이니까 want나 would like to를 써서 I don't want to go (to the movies) 혹은 I'd like not to go (to the movies)라고 하면 된다.

대표적인 문장으로는 I like that과 I'd like that이 있다. 위의 방식을 적용해보면 I like that하면 그걸 좋아한다는 것이고 I'd like that은 상대방의 제안 등에 찬성을 하면서 그러면 좋지라는 뜻이 된다. 상대방이 저녁사주겠다 할 때는 I like that이 아니라 I'd like that을 써야 한다.

Check It Out!

I like to date more than one person at once. 난 한 번에 한명 이상과 데이트하는 걸 좋아해.
I want to try to make it up to you. 내가 다 보상해주고 싶어.
I would like to take tomorrow off. 내일 쉬고 싶은데요.

| POINT |

I like to+V …하는 것을 좋아하다		**I don't like to+V** …하는 것을 싫어하다	
I want to+V …을 하고 싶다		**I don't want to+V** …을 하고 싶지 않다	
I would like to+V …을 하고 싶다		**I like that** 좋아	
I'd like that 그러면 좋지			

Speaking Skills

A: There is a dinner at Lee's house tonight.

B: He is such a generous guy.

A: **I would like to** bring a small gift.

B: Why not bring a bottle of wine?

A: Does he like alcohol?

B: He loves to drink red wine.

A: 리 집에서 오늘밤에 저녁식사가 있어.
B: 참 맘이 넓은 친구야.
A: 조그마한 선물을 가져갈려고.
B: 와인 한병을 가져가지 그래?
A: 걔가 술을 좋아해?
B: 적포도주 마시는 걸 좋아해.

A: The professors read Gina's essay.

B: What was their opinion of it?

A: They liked it. **They would like to** meet her.

B: She can come to the school to see them.

A: How about Tuesday morning?

B: Sure, just let us know where they want to meet.

A: 교수님들이 지나의 에세이를 읽었어.
B: 교수님들의 의견은 어땠어?
A: 맘에 들어 하셨어. 지나를 만나보고 싶어하셔.
B: 학교에 와서 교수님들 뵐 수 있어.
A: 화요일 오전이 어때?
B: 그럼, 어디서 만나는지 좀 알려줘.

That couple seems so happy together

저 두사람, 함께 있는 게 굉장히 행복해보인다

The couple is boarding the airplane가 맞을까 아니면 The couple are boarding the airplane 이 맞을까? 문법적으로 보면 couple은 단수취급받기 때문에 The couple is boarding the airplane이 맞다고 할 수 있다. 하지만 교과서 밖을 벗어난 살아있는 사람들의 실사용을 기준으로 볼 때는 두개 문장 다 맞다고 할 수 있다. 다시 말하자면, couple은 단수형으로도 복수형으로도 쓰일 수 있다. 앞서 언급했듯이 '책상문법'으로 따지자면 couple은 단수 명사로 분류되어 있으니 언제나 단수 취급해야 한다고 주장할 수 도 있겠지만, 언어라고 하는 것은 그리 간단하지가 않다. '책상문법'보다 더 우선순위 '현실문법'이다. 때로는 couple을 굳이 '한 몸' 취급하기보다 couple의 구성원 각각에 초점을 맞추고 싶을 때가 있는 법이다. 그럴 때에는 실제로 복수취급을 해서 사용한다. 「직원」, 「팀원」을 의미하는 staff과 같은 집합명사가 그 직원들이 속한 「조직 전체」를 가리킬 때는 단수로, 「직원 개개인」을 의미할 때는 복수로 쓰이는 것과 같은 이치이다. 같은 맥락의 단어들을 더 들어보자면 family, class, committee, team 등이 있다.

Check It Out!

That couple seems so happy together. 저 두사람, 함께 있는 게 굉장히 행복해보인다.
The drunken couple was booted off the tour boat. 만취커플은 유람선에서 쫓겨났어.
The couple take tennis lessons together. 저 두사람은 함께 테니스 수업을 받아.
The couple walk on the beach when it's evening. 저 두사람은 저녁이 되면 해변가를 거닐어.

I POINT I

couple+ 단수동사[couple이 하나의 개체로 행동하거나 인식할 때]

couple+복수동사[couple 개개인에게 초점이 맞춰질 때]

Speaking Skills

A: **That couple** is very attractive.

B: I agree. He is handsome and she is beautiful.

A: Are they married?

B: **They are** just dating right now.

A: If they get married, their children will be beautiful.

B: Yeah, they would look very nice.

A: 저 커플 매우 매력적이다.
B: 그래. 남자는 잘 생겼고 여자는 예쁘네.
A: 쟤네들 결혼했어?
B: 지금 그냥 데이트하는 중이야.
A: 결혼하면 아이들도 예쁘겠다.
B: 그래, 아주 멋진 아이들일거야.

A: Have you got some aspirin?

B: Sure. How many do you want?

A: **A couple** are going to be all I need.

B: Why do you want them?

A: I have a severe headache today.

B: I'm sorry that you are in pain.

A: 아스피린 좀 있어?
B: 물론. 몇알이나 줄까?
A: 난 두어알만 있으면 돼.
B: 왜 필요로 하는거야?
A: 오늘 두통이 심해서.
B: 아프다니 안됐네.

Shall we say next week, same time?
다음주 같은 시간으로 할까?

학교 다닐 때 미래시제 조동사에는 will과 shall이 있다고 배웠던 기억이 나지만 will을 쓴 문장은 늘 보지만 shall이 들어간 문장을 거의 본적이 없는 것 같을 것이다. shall은 will과의 자리 싸움에서 완전히 밀려난 것일까 아니면 지금도 쓰이는 걸까 궁금하다. 다시 말해 shall은 도대체 언제, 어떻게 쓰는 것일까? 과거에는 will과 shall을 인칭에 따라 구분해서 쓰기도 했던 것이 사실이지만, 오늘날에는 인칭에 상관없이 미래시제는 무조건 will로 통일하는 경향이 강하며 특히 미국 영어에서는 shall을 쓰는 경우가 거의 없다(not normally used in American English). 이렇게 미래시제 조동사로서의 역할은 약화되었지만, 그렇다고 shall이 완전히 무용지물은 아니다. 우선 오래전 개봉했던 일본영화의 제목 Shall We Dance?에서처럼 어떤 것을 「제안」하거나(make suggestions) "What time shall I come and see you?"(몇시에 가서 뵙죠?)에서처럼 상대방의 「지시를 요구」하거나(ask for instructions) "Shall I open the door?"(제가 문을 열까요?)에서와 같이 「편의를 제공」하겠다(offer services)는 의사를 표시할 때에는 아직도 Shall I[we] ~?를 쓸 수 있다. 이러한 맥락에서 어떤 행위를 같이 하자고 「제안」하는 Let's ~ 구문의 「부가 의문문」으로 shall we?를 쓰고 있다. 그런가 하면 shall은, 주어의 의지와는 상관없이 법률, 약속, 명령 따위의 외부적 요인에 의한 「의무」(obligation)을 나타내기도 한다. 계약서를 비롯한 법적인 문서에서는(in contracts and other legal documents) "The hirer shall supply all materials"(고용주가 모든 재료를 공급해야 한다)처럼 shall이 들어간 문장을 자주 찾아볼 수 있습니다. 물론 이런 경우는 written English에서 formal하게 사용될 때이다.

Check It Out!

Shall we say next week, same time? 다음주 같은 시간으로 할까?
Shall I take you to your place? 집까지 바래다 드릴까요?
Let's get right down to it, **shall we?** 그럼 핵심에 대해 말을 하자, 그럴까?

| POINT |

> **shall** 제안하거나, 상대방의 지시를 요구하거나, 편의를 제공하겠다고 의사표시를 할 때 혹은 계약서 등에서 주어의
> 의지와 상관없이 의무를 나타낸다.

Shall we+V? …할까요?(Let's~)	**Shall I +V?** …해줄까요?(Let me~)
Shall we say, 말하자면.	**Let's~ , shall we?** 부가의문문

Speaking Skills

A: We need to get to the pub.
B: Traffic is terrible. We'll never get a taxi.
A: **Shall we** take the subway?
B: That is our best option.
A: All right. Do you have a subway pass?
B: Yes, I have one in my wallet.

A: 우리 술집에 가야 돼.
B: 교통이 끔찍하네. 택시는 절대 타지 말자.
A: 지하철을 탈까?
B: 그게 제일 낫겠어.
A: 좋아. 너 지하철 패스있어?
B: 어. 지갑에 하나 있어.

A: Man, I am so hungry right now.
B: **Shall I** order some take out food?
A: What did you have in mind?
B: There's a Chinese restaurant just down the street.
A: Great. Let's get some dumplings.
B: It will be my treat this time.

A: 어휴, 지금 나 너무 배고파.
B: 포장음식 주문 해줄까?
A: 어디 생각해둔 곳 있어?
B: 길가 내려가다 보면 중국식당이 있어.
A: 좋아. 만두 좀 먹자.
B: 이번에는 내가 낼게.

I'm sorry about last night. I guess I got drunk

어젯밤 미안해. 내가 취했던 것 같아

우리가 말하는 음주 운전을 drunk driving이라고 해야 할지 아니면 drunken driving이라고 해야 하는지 헷갈릴 때가 많을 것이다. 정식 영어(Formal English)에서 drink「술을 마시다」의 과거분사 중의 하나인 drunk는 서술적 용법으로 일반적으로 동사 뒤에 쓰이는 것이 원칙이다. "They were drunk last night" 처럼 말이다. 반면, 또 하나의 과거분사인 drunken은 형용사적 용법으로 명사 앞에만 온다. "A drunken man sat next to me on the bus"처럼. 하지만, "There is no rule but has some exceptions"란 말처럼 'drunk driver'나 'drunk driving'의 경우는 예외적으로 drunk가 명사를 수식하는 형태로 사용된다. 그럼, 'drunk driver'와 'drunken driver'의 차이점은 무엇일까? 그것은 바로 전문 용어냐 아니냐의 차이이다. 다시 말해, 'drunk driver'는 「혈중 알코올 농도의 법적 허용치를 초과한 사람」(someone whose blood alcohol limit exceeds the legal limit)을 두고 말하는 법률적인 측면에서의 「음주 운전자」이며, 따라서 'drunk driving'은 그러한 「범법 행위」(what a drunken individual is guilty of when he drives)가 되는 것이다. 반면, 'drunken driver (driving)'은 일반적인 의미로서 「술이 취한 운전자(운전)」(a driver who is inebriated)를 두고 하는 말로 'drunk driver(driving)'처럼 법률적인 측면을 내포하고 있지는 않은 말(does not carry the same legal connotations as drunk driver)이다. 간단히 얘기하면 drunk driving이 더 많이 쓰인다고 알고 있으면 된다.

Check It Out!

I'm sorry about last night. I guess I **got drunk**. 어젯밤 미안해. 내가 취한 것 같아.
You **were really drunk** at the party. 너 정말 파티에서 엄청 취했더라.
There's nothing tackier than **a drunken bride**. 술에 취한 신부보다 더 보기 흉한 건 없어.
Her drunken behavior is beyond contemptible. 걔의 만취행동은 경멸할 가치도 없어.

| POINT |

V+drunk *드물게 drunk+N 술취한, 음주운전의

drunken+N (항상 명사 앞에) 술취한

Speaking Skills

A: You can't drive after drinking.

B: I've only had a few beers.

A: The police might stop you.

B: But I won't get in much trouble.

A: The penalties are severe for **drunken driving.**

B: Do you think I'd be put in jail?

A: 음주 후에 운전하면 안돼.
B: 겨우 맥주 몇잔 마셨는걸.
A: 경찰단속에 걸릴거야.
B: 하지만 별 일 없을거야.
A: 음주운전 처벌을 심해.
B: 내가 유치장에 들어갈거라 생각해?

A: Alex ended up at the police station.

B: I hadn't heard anything about that.

A: Yeah, the cops stopped his car near the river.

B: What was he charged with?

A: He was caught **drunk driving.**

B: Oh no. He's going to be fined a lot of money.

A: 알렉스가 결국 경찰서에 있게 됐어.
B: 난 아무런 소식도 듣지 못했는데.
A: 그래, 경찰이 강 근처에서 차를 정지시켰어.
B: 걔의 죄목이 뭐였는데?
A: 걘 음주운전으로 걸렸어.
B: 이런. 벌금을 많이 내겠구만.

We left since it seemed to be over

끝난 것 같아서 나왔어

이유나 원인을 나타내는 접속사 since와 because의 쓰임에서 어떤 차이점이 있는지 알아보자. because 는 이유나 원인을 나타내는 가장 직접적인 접속사이다. because을 사용하면 강한, 즉각적인 그리고 명백한 이유를 표현할 수 있다. 자기가 말하는 이유에 대한 조금의 의심도 없다는 말이다. 여름은 덥기 때문에 난 여름을 싫어해는 I hate summer because it's so hot!이라고 하면 된다. 또한 since 역시 이유와 원인을 나타내는 접속사이기는 하지만 because와는 달리 좀 더 일반적이고 덜 직접적인 이유나 원인을 나타낸다. 종종 어떤 상황이나 사건에 대한 인과관계에 대한 화자의 의견을 말할 때도 있다. 예를 들어 랩뮤직은 너무 불쾌할 정도로 생생하고 과격하기 때문에 주류음악이 될 수 없을 것이다"라고 할 때는 Rap music will never be mainstream, since it's so graphic and violent이라고 하면 된다. 따라서 문맥에 따라 because와 since는 서로 대체해서 사용할 수 있지만 위에서 말한 약간의 의미차이가 발생하게 된다. 하지만 since는 …이래로 하는 시간 접속사로 쓰이는 경우에 있는데 이때는 because와 대체불가하다.

> **Check It Out!**

We left **since** it seemed to be over.   끝난 것 같아서 나왔어.
It's **because** she always gets easily upset.   걔가 늘 쉽게 화를 내기 때문이야.

l POINT l

because	직접적이고 확실한 이유를 언급할 때
since	일반적이거나 화자의 생각을 담을 때

Speaking Skills

A: You're home early from the festival.

B: We left **since** it seemed to be over.

A: Were there many people who attended?

B: No, the area seemed to be empty.

A: Gee, I'm sad to hear that.

B: It was raining, so a lot of people stayed home.

A: 너 축제에서 일찍 돌아왔네.
B: 끝난 것 같아서 나왔어.
A: 참석한 사람이 많았니?
B: 아니, 한산한 것 같았어.
A: 이런, 그런 소리를 들으니 안됐네.
B: 비가 내리고 있었어, 그러니 많은 사람들이 집에 안나왔지.

A: I often hear your girlfriend yelling.

B: I'm sorry that she is so loud.

A: Don't worry. It doesn't bother me too much.

B: It's **because** she always gets easily upset.

A: She must have a lot of stress.

B: Yes, her job has made her very anxious.

A: 종종 네 여친이 소리를 지르는 것이 들려.
B: 걔가 너무 시끄러워서 미안해.
A: 걱정마. 그렇게 거스리는 것은 아냐.
B: 걔가 늘 쉽게 화를 내기 때문이야.
A: 걔 스트레스가 많은 가 보다.
B: 맞아, 걔 직업 때문에 걔가 무척 초조해하고 있어.

I will stay through the next few days

난 앞으로 며칠간 머물거야

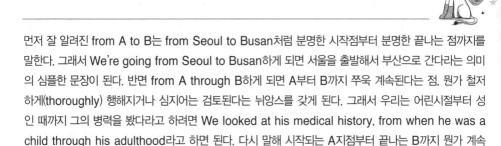

먼저 잘 알려진 from A to B는 from Seoul to Busan처럼 분명한 시작점부터 분명한 끝나는 점까지를 말한다. 그래서 We're going from Seoul to Busan하게 되면 서울을 출발해서 부산으로 간다라는 의미의 심플한 문장이 된다. 반면 from A through B하게 되면 A부터 B까지 쭈욱 계속된다는 점, 뭔가 철저하게(thoroughly) 행해지거나 심지어는 검토된다는 뉘앙스를 갖게 된다. 그래서 우리는 어린시절부터 성인 때까지 그의 병력을 봤다라고 하려면 We looked at his medical history, from when he was a child through his adulthood라고 하면 된다. 다시 말해 시작되는 A지점부터 끝나는 B까지 뭔가 계속 지속적으로 된다고 생각하면 된다. 그래서 I can be reached at my office through Friday하게 되면 난 말하는 날부터 금요일을 포함한 날까지 사무실에 계속 있을 것이라는 말이다.

Check It Out!

I know it all **from A to Z.**　처음부터 끝까지 다 알아.

I have to change my ticket **from economy to business class.**
일반석 비행기표를 이등석으로 바꿔야겠어.

The store will remain open **through Christmas.**　그 가게는 성탄절까지 계속 영업을 할거야.

I will stay **through the next few days.**　난 앞으로 며칠간 머물거야.

She will be available **through the end of the week.**　걔는 금요일까지 시간이 될거야.

| POINT |

from A to B　A부터 B까지

from A through B　A부터 B를 포함하여 계속해서

Speaking Skills

A: Are we still going to the party tonight?
B: I'll pick you up around six.
A: I need to be home before ten o'clock.
B: We'll go **from the party directly to your house.**
A: Just don't forget we need to leave early.
B: Don't worry, I won't forget.

A: 우리 오늘밤 파티에 가는거지?
B: 6시 경에 픽업할게.
A: 10시 전에는 집에 와야 돼.
B: 파티장에서 네 집으로 바로 갈거야.
A: 우리가 일찍 나와야 된다는 걸 잊지마.
B: 걱정마. 잊지 않을게.

A: I'm glad you were able to visit me.
B: You live in a fascinating city.
A: Were you able to visit some cultural sites here?
B: We've seen every museum, **from history museums to art exhibits.**
A: Which one did you like best?
B: I liked the museum with the Van Gogh exhibition.

A: 이렇게 방문해줘서 기뻐.
B: 너 정말 멋진 도시에서 사는구나.
A: 여기 문화유적지 좀 갔었어?
B: 역사 박물관부터 미술 전시장까지 모든 박물관을 봤어.
A: 어떤게 가장 좋았어?
B: 반 고흐 전시를 하던 박물관이 좋았어.

Use a tissue to blow your nose

티슈로 코를 풀어라

목적의 의미를 나타내려고 할 때 to부정사를 쓰는 것과 동명사로 쓰는 것에는 어떤 차이점이 있을까? 여드름에 이 연고를 바르라고 하는 의미의 다음의 문장을 살펴보자.

a) Take this ointment to put on your pimples.

b) Take this ointment for putting on your pimples.

사실 일상회화에서 쓰이는 위 두문장에서 화자의 의도는 같다고 봐야 한다. 굳이 차이점을 말해야 한다면, 위 문장에서 강조하는 부분이 다르다는 것 뿐이다. 먼저 a)는 연고를 바르는 행위에 초점이 맞춰져 있다. 그래서 이 문장이 나오게끔 하는 의문문은 What should I do?일 것이다. 반면에 b)의 문장에서는 강조하는 부분은 연고의 사용과 사용목적에 맞춰져 있다. 그래서 이런 문장이 나오게끔 하는 의문문을 만들어보자면 'What is this ointment for?'가 될 것이다. 앞서 말했듯이 굳이 구분하자면 이런 강조부분의 차이가 있지만 차이가 너무 미세하여 일상회화에서는 거의 같은 의미로 사용된다고 보면 된다.

Check It Out!

Use a tissue **to blow** your nose. 티슈로 코를 풀어라.

They are used **for curing** headaches. 두통을 치료하는데 쓰이는거야.

| POINT |

to+V 동사 행위에 초점이 있다

for ~ing 사물의 용도이나 목적

Speaking Skills

A: Are you feeling sick today?

B: I have allergies and my nose is running.

A: Use a tissue **to blow** your nose.

B: Do you have any tissues around here?

A: There's a tissue box on the table.

B: Thanks. I appreciate you letting me have one.

A: 오늘 몸이 아프니?
B: 알러지가 있어서 코가 계속 흘러.
A: 티슈로 코를 풀어라.
B: 이 근처에 티슈 좀 있어?
A: 테이블에 티슈박스가 있어.
B: 고마워. 쓰게 해줘서 고마워.

A: Take two of these and you'll feel better.

B: What kind of tablets are they?

A: They are used **for curing** headaches.

B: Have you ever used them?

A: Oh yeah. They work very well.

B: Great. I have a migraine headache and need some relief.

A: 이거 두 개를 먹어봐. 기분이 좋아질거야.
B: 그게 무슨 종류의 약인데?
A: 두통을 치료하는데 쓰이는거야.
B: 넌 먹어 본 적이 있어?
A: 그럼. 아주 잘 들어.
B: 좋아. 내 편두통이 있으니 좀 안정을 취해야겠네.

Many a sailor has died at sea

많은 어부들이 바다에서 죽었지

Many와 Many a의 차이는 무엇일까? 수량형용사로서의 Many와 Many a는 의미상으로는 별 차이 없이 같은 의미로 쓰인다고 보면 된다. 다만 눈에 보이는 바와 같이 형태상의 차이가 있을 뿐이다. 따라서, Many 의 경우에는 이미 알고 있는 바와 같이 「많은」(a lot), 「다수의」(a large number of), 「여러」(several)란 의미를 그대로 존중해 뒤따라 나오는 명사 및 동사의 수를 「복수」로 해야 하는 반면, Many a는 마찬가지 의미이기는 하나 a 뒤에 따라 나오는 명사의 형태는 다수에 들어 있는 개별 항목을 묘사해야(describes each item of a large number) 한다는 것이 차이이다. 다시 말해 a를 존중해서 뒤따라 나오는 명사와 동사의 수가 「단수」가 되어야 한다는 사실이다. 마치 우리말에 「독자들이 많다」라는 말을 「독자가 많다」라고 하는 것과 같이 말이다. 한가지 다른 점이라면 우리말에서는 「독자가 많다」가 말이 더 짧으니 구어체로 많이 쓰이는 반면, 영어에서는 Many a보다 Many가 더 짧고 발음하기도 편하니 당연히 Many를 많이 애용하게 된다.

다음, 「Many + 명사」와 「Many of + 명사」의 경우를 비교해 보면 「Many + 명사」에서의 Many는 형용사로서의 기능을 다 하고 있는 것이며, 「Many of + 명사」에서의 Many는 보는 바와 같이 명사 내지 대명사로서 쓰여진 것이다. 또한, 형용사 Many는 소유격 앞에는 올 수 없다. 따라서, "Many of Hollywood's famous movie producers live in Beverly Hills"문장에서 Many를 굳이 형용사의 형태로 쓰고 싶다면 "Many Hollywood's ～"가 아니라 "Hollywood's many~"로 써야 한다. 하지만 이 경우 역시 문법적으론 문제가 없다 할지라도 너무 많은 형용사의 나열로 native speaker들이 보기에는 왠지 어색한 문장이 된다. 따라서, 「많은 할리우드의 유명 영화 감독들」이란 의미를 전달하기에 가장 실용적인 표현은 바로 "Many of Hollywood's famous movie producers"가 된다. 한가지 더, 「Many of + 명사」는 전치사 of의 성격으로 인해 앞의 Many가 「…의 중의 다수」란 의미로 한정된다는 사실도 함께 알아둔다. 즉, 「Many + 명사」가 명사로 오는 대상의 범주가 「막연히 많음」을 나타내는 반면, 「Many of + 명사」는 「바로 그 명사 가운데서 다수」란 의미로 한정되어지므로 반드시 of 뒤의 명사 앞에는 the, these, my 내지 어떤 한정된 범위가 주어져야 한다는 점이다. 앞서 나왔던 most+N와 most of the 복수명사처럼 말이다.

| POINT |

Many+복수명사[동사] 의미차이이 없고 더 많이 쓰인다.	**Many a+단수명사** 의미차이 없음
Many+명사 많은… *Many 다음에는 소유격이 나오지 못한다.	**Many of+명사** …중의 다수

Speaking Skills

A: My grandfather was a fisherman.

B: Was it a dangerous job?

A: **Many a** sailor has died at sea.

B: Your grandfather must have been brave.

A: He liked being out on the ocean.

B: I'll bet your grandmother worried about him.

A: 내 할아버지는 어부셨어.
B: 위험한 직업였지?
A: 많은 어부들이 바다에서 죽었지.
B: 네 할아버지는 용감하셨겠구나.
A: 할아버지는 바다로 나가는 걸 좋아하셨어.
B: 네 할아버지 때문에 할머니가 걱정하셨겠구나.

A: Did you get a new teacher at your school?

B: Yes. He just graduated from university.

A: Is he popular with the students?

B: **Many feel that** he's doing a poor job.

A: He probably doesn't have enough experience yet.

B: I don't think he has a good personality.

A: 네 학교에서 새로운 교사를 채용했어?
B: 어, 대학교 갓 졸업한 사람이야.
A: 학생들에게 인기가 있어?
B: 많은 사람들은 일을 잘 못하고 있다고 생각해.
A: 아직 충분한 경험이 없나보군만.
B: 인성이 좋지 않는 것 같아.

The movie is terrible, according to my friends

친구들 말에 따르면 영화는 형편없대

「영화」라고 하면 보통 movie를 떠올리는데, 「영화 축제」라고 할 때는 film festival이라고 하고, 또 motion picture라고도 한다. 이 모든 단어들의 차이는 뭘까? 「영화」(movie)는 현대를 살아가는 우리들에게 때로는 감동을, 때로는 통쾌함을 주는 '예술'로서, 혹은 '오락'으로서 이미 생활 가까이에 와있는 매체이다. 더구나 영어를 공부하는 여러분들에겐 훌륭한 영어공부의 길잡이가 되기도 하며, 영어로 서로의 '취미(hobby)'를 얘기할 때도 music과 더불어 빠지지 않는 이야기 거리이다. movie나 film이나 motion picture나 모두 「영화」를 지칭하는 말이다. 더 보태자면, 영화 '시네마 천국'에서의 cinema도 역시 「영화」를 뜻하는 말이다. 우선, movie라고 하면 이미 생활 속에서 자연스럽게 쓰고 있듯, 「각각의 영화」, 즉 「한편의 영화」를 가리키는 가장 일반적인 말로 영화의 정식명칭이라기 보다는 사람들이 그저 편하게 많이 쓰는 말인 것이다. 복수형태로 정관사가 붙어서 the movies라고 하면 집합적으로 「영화」, 곧 예술의 한 장르로서의 「영화」를 총칭하는 말이자, 「영화관」 혹은 「영화산업」을 가리키기도 한다. 그래서, 보통 「영화보러 가다」고 할 때는 'go to the movies'라고 말하는 것이다. 또, 이 movie가 미국에서 일반적으로 쓰는 말인 반면, cinema는 영국에서 일반적으로 사용하는 말이고, 그래서 (the) cinema라고 하면 역시 the movies와 같은 의미로, 영국에서 흔히 쓰는 말이다.

다음, motion picture는 미국에서 주로 쓰는 말로 「영화를 가리키는 정식명칭」입니다. 그런 만큼 다소 격식을 차린 듯한 냄새를 풍기는 용어이다. 이제, 끝으로 film을 살펴본다. film이 뭔지는 누구나 잘 알고 있을 것이다. 영화는 이 film을 이용해 찍게 되고, 이런 film들에 찍힌 하나의 연속된 motion들이 영사기를 통해 스크린에 비춰지면 한편의 영화작품이 우리들 눈에 보여지는 것이다. 이로부터 그 film 자체가 개개의 「영화」를 의미하게 된 것이다. 그래서 그런지 다소 전문전인 분위기가 물씬 풍기는 말이며, 일상대화에서 보다는 신문이나 잡지 속에서 쉽게 접할 수 있는 말이다. 그리고, 「영화축제」를 보통 film festival이라고 하는데, 이는 특별한 뜻이 있다기 보다는 f, f 사운드로 두운을 맞추어서 「함께 있어 어울리는 단어를 배치」(collocation of words fit together)시킨 것이며, 나아가 black and white나 day and night 처럼 습관적으로 쓰여지게 된 것이다. 또한 action flick(액션영화), Woody Allen flick(우디 앨런 감독의 영화, 혹은 우디 앨런이 나오는 영화)에서 볼 수 있듯, flick 역시 「영화」를 나타내는 informal한 표현이다.

| POINT |

movie 가장 일반적 명칭으로 영화 한 편	**the movies** 영화관
cinema 영화관	**motion picture** 영화를 가리키는 정식명칭
film 전문적인 분위기의 영화	**flick** 캐주얼 의미의 영화

Speaking Skills

A: My brother just saw that new romantic comedy.
B: Oh yeah. I've seen advertisements for it.
A: He said it was a great **movie.**
B: I'm surprised. He usually likes **action films.**
A: It's supposed to be funny. He said he laughed a lot.
B: Well, let's go see it this weekend.

A: 내 오빠가 방금 새로 나온 로맨틱 코메디를 봤어.
B: 어 그래. 그거 광고물 봤어.
A: 아주 좋은 영화라고 해.
B: 의외네. 보통 액션영화를 좋아하잖아.
A: 재미있는가봐. 엄청 웃어댔데.
B: 그럼, 이번 주말에 가서 보자.

A: What were you watching last night?
B: It was a **film** called Casablanca.
A: I have never heard of that **movie.**
B: It's a very old **motion picture.**
A: Who starred in it?
B: An actor named Humphrey Bogart.

A: 지난 밤에 뭐를 봤어?
B: 카사블랑카라는 영화였어.
A: 처음 들어보는 영화인데.
B: 아주 오래된 영화이야.
A: 누가 출연했는데?
B: 험프리 보가트라는 남배우.

They listened for a response and heard nothing

개네들은 답을 기울였지만 아무 것도 듣지 못했어

listen to는 잘 알려진 유명한 동사구이고 listen for는 그에 비해 눈에 잘 띄지 않는 표현에 속한다. 이 두 동사구는 전치사가 다른 만큼 그 의미로 다르게 쓰인다. 일반적으로 to는 정확한 목표점을 언급하는 반면 for는 비구체적인 방향을 말하는 전치사이다. 그래서 listen to~하게 되면 to 이하를 집중해서 듣는 행위를 말한다. 예를 들어 폴라는 프리젠테이션을 들었다라고 하려면 Paula listened to the presentation이라고 한다. listen for는 구체적으로 무엇을 듣는 것이 아니라 어떤 소리가 들리는지 확인하기 위해서 귀를 기울이는(the act of listening with a purpose to recognize something specific) 것을 뜻한다. 그래서 바비는 현관 의자에 앉아서 아이스크림 트럭이 오는지 귀를 기울이고 있었다라고 하려면 Bobby sat on the front porch listening for the ice cream truck이라고 하면 된다. 마지막으로 listen in이라는 동사구가 있는 이는 종종 직접 끼어들지 않고 단지 사람들이 나누는 대화를 듣는 것을 말한다.

Check It Out!

What your father says goes. **Listen to** him. 네 아빠가 말씀하시는 건 따라야지. 잘 귀기울여 들어봐.

They **listened for** a response and heard nothing. 개네들은 답을 기울였지만 아무 것도 듣지 못했어.

All right, everybody, **listen up**. 좋아, 다들 잘 들어.

He **listened in** to the conversations happening around him.
개는 주변에서 하는 대화들을 듣기만 하였다.

| POINT |

listen to	…을 경청하다, 주의깊게 듣다
listen for	…소리가 나는지 확인하려고 귀를 기울이다
listen in	다른 사람의 대화를 듣기만 하다
listen up	잘 듣다, 귀 기울여 듣다

Speaking Skills

A: The concert in the park was nice.
B: Were you in the audience?
A: We stopped by to **listen to** the music.
B: What kind of music was being played?
A: It was mostly traditional songs.
B: They give a concert there on Saturday every month.

A: 공원에서의 콘서트가 아주 좋았어.
B: 너도 청중 속에서 같이 있었어?
A: 음악을 듣을려고 들렀어.
B: 어떤 종류의 음악이 연주되었어?
A: 대개 전통적인 노래였어.
B: 매달 토요일에 공원에서 콘서트를 한대.

A: What are you doing over there?
B: I'm **listening for** police sirens.
A: Why? Is there a problem?
B: A bank down the street was robbed.
A: Did the robbers have guns?
B: Yeah. It was a serious robbery.

A: 거기서 뭐하는거야?
B: 경찰 사이렌 소리가 들리는지 듣고 있어.
A: 왜? 무슨 문제가 있어?
B: 길 아래 은행이 도난당했대.
A: 총기든 강도였대?
B: 어. 아주 심각한 강도질이었어.

We don't have a class today?

오늘은 휴강이에요?

「수업을 듣다」라고 할 때, take a class라고도 하지만 take a course라고도 하는데 이 둘의 차이는 뭘까? take a class와 take a course는 모두 「수업을 듣다」라는 의미이지만 차이가 있다. 먼저 class는 「같은 것을 함께 배우는 학생들의 집단」을 말하는 것으로 take a class는 그런 학생들의 집단에 들어가 그들과 「함께 배운다」는 의미이다. 비슷한 의미로 take a lesson이라는 표현도 있다. 이와 달리 course는 「일련의 과정」을 의미하는 것으로, take a course는 그 과목을 위해 짜여진 「전 과정을 듣다」라는 의미이다. 예를 들어 학교에서의 강의를 한번 생각해 보자. 만약 이번 학기에 24시간 분량으로 짜여진 생물학 강의를 듣는다고 할 때, 생물학 강의를 신청해서 듣는 것은 take a Biology course라고 하고, 24시간 각각의 수업을 듣는 것은 take a class라고 한다.

> **Check It Out!**

We don't **have a class** today? 오늘은 휴강이에요?
I hope to **enroll in a course** this summer. 올 여름에 한 강좌에 등록하고 싶어.

I POINT I

take a class 개별 수업을 듣다
take a course 전과정을 듣다

Speaking Skills

A: Julie and I had a good time at camp.

B: I see you've been very busy.

A: We **took a class** on how to make jewelry.

B: What sort of jewelry?

A: We made a necklace and several bracelets.

B: Let me take a look at them.

A: 줄리와 난 캠프에서 즐겁게 보냈어.
B: 너희들 배우 바빴겠구나.
A: 보석류를 어떻게 만드는지 수업을 들었어.
B: 무슨 종류의 보석류인데?
A: 목걸이와 팔찌를 여러개 만들었어.
B: 어디 한번 보자.

A: The class will be spending a month abroad.

B: What did you do to prepare for that?

A: We were required to **take a course** in conversational English.

B: Did your English ability improve?

A: I'm sure it has gotten better.

B: You should learn a lot more English while you travel.

A: 수업은 해외에서 한달간 보낼거야.
B: 그걸 준비하기 위해서 널 뭘했니?
A: 영어회화 강좌를 이수해야 했어.
B: 영어실력이 늘어났어?
A: 확실히 더 나아졌어.
B: 여행중에 더 많은 영어를 배우도록 해.

Why don't you stop by after my shift?

내 근무 끝나고 좀 들려

employee와 staff은 둘 다 「특정 기업이나 단체에 고용되어 일하는 사람(들)」을 가리킨다. 하지만 그 둘 사이에는 미묘한 차이가 분명히 있다. 바로 초점의 대상이 「개인」이냐, 「집단」이냐에 따른 것이다. employee는 보통 직원 한 사람, 한 사람을 지칭할 때 사용하고, staff은 employee보다는 좀 더 포괄적인 개념으로 기업, 단체, 학교 등에서 일하는 임직원 전체를 의미한다. 따라서 member of staff이라고 해야 employee와 같은 의미를 띠게 된다. 한편 staff는 우리에겐 좀 낯설지만, 동사로 「…에 직원을 두다」라는 의미로 사용되기도 한다. 만일 「우리는 고도로 숙련된 직원들을 두었다」라는 말을 영어로 표현하고자 한다면, staff가 동사로 쓰인 be staffed with라는 구문을 이용하여 We are staffed with highly-trained individuals라고 하면 된다.

한편 공장이나 병원 등 24시간 가동되어야 하는 일터에서는 직원들이 2개 이상의 조로 나뉘어 서로 시간을 나누어 교대로 근무할 때의 「교대조」나 「교대 근무 시간」을 영어로 shift라는 표현을 쓴다. 「야간근무」는 보통 night shift라고 하고, 「야간근무를 하다」라는 식의 동사로 표현하고 싶다면 work (on) the night shift라고 하면 된다. "우린 3교대로 일해요"라고 하려면 말은 "We work in a three-shift system"라고 하면 된다. 또한, 평소 근무시간보다 더 늦게까지 일하는 것을 가리키는 「야근」은, 「추가로 일하는 근무시간」(time beyond the usual working time)이란 뜻의 overtime을 이용하여 overtime work이라고 하고, 「야근하다」라고 하려면 overtime을 부사로 써서, work overtime이라고 표현한다.

Check It Out!

We need to discuss things concerning the **employees.** 우리는 근로자들에 관한 일들을 논의해야 돼.
Are you going to the **staff** meeting tonight? 오늘 밤에 있을 직원회의에 갈거니?
Why don't you stop by after **my shift**? 내 근무 끝나고 좀 들려.
Everybody on the day **shift** says that you deserved that promotion.
낮근무자들 모두가 네가 승진을 할 자격이 된다고 그러더라.

| POINT |

employee 직원	**staff** 임직원
shift 교대조, 교대근무시간	

Speaking Skills

A: Did you cause a problem while swimming?

B: My friends were splashing the other swimmers.

A: I bet the lifeguard hated that.

B: The pool **staff** made us leave the water.

A: Will you be allowed to come back?

B: No, they told us we were banned from the swimming pool.

A: 수영하면서 문제 일으켰어?
B: 내 친구들이 다른 수영하는 사람들에게 물을 튀겼어.
A: 안전요원들이 싫어했겠구만.
B: 풀장 직원들이 우리를 물밖으로 내보냈어.
A: 다시 갈 수 있는거야?
B: 아니, 우리 수영장에서 출입금지되었대.

A: I know how to make Starbucks coffee.

B: Really? Where did you learn that?

A: I was an **employee** there for a while.

B: No kidding. I can't imagine you working at Starbucks.

A: I enjoyed getting free coffee.

B: Did you quit when summer vacation ended?

A: 난 어떻게 스타벅스 커피를 만드는지 알아.
B: 정말? 어디서 그걸 배웠어?
A: 잠시 그 곳에서 직원으로 일했어.
B: 말도 안돼. 네가 스타벅스에서 일을 하다니.
A: 공짜커피 먹는걸 즐겼거든.
B: 여름휴가가 끝났을 때 그만뒀어?

Jim said that he'd pick up the tab

짐이 자기가 계산한다고 했어

「내가 한턱 쏠게」라는 표현으로 pick up the tab과 treat이 있다고 알고 있는데, 어감상으로 두 표현 사이에 차이가 있을지 알아보자. tab은 「계산서」를 말하는 구어 표현으로, pick up the tab이라고 하면 「계산서를 집어든다」, 즉 「돈을 낸다」는 얘기이다. treat sby 혹은 treat sby to sth의 형태로 쓰이는 treat이라는 동사 또한 다른 사람에게 음식 등을 「사준다」는 의미이다. 그런데 pick up the tab이 말 그대로 식당이나 술집 등에서 「계산서를 지불한다」(pay the bill)는 의미인데 비해, treat은 계산서가 나오지 않는 것들도 다 포함해서 아무튼 뭔가를 「사준다」(buy something for someone else)는 행위를 포괄하는 표현이다. 다시 말해 treat은 pick up the tab을 아우르는, 좀더 범위가 넓은 표현이라고 이해하면 된다. 그러므로 술 또는 음식값을 지불하는 경우에는 treat과 pick up the tab을 둘 다 사용할 수 있다. 특별히 술값을 내는 것만을 말할 때는 "I'll buy you a drink"라는 표현도 쓸 수 있다. 예를 들어, 친한 사람들과 함께 식당에 몰려가 맛있게 식사를 하고 나서, 또 흥겨운 술자리 뒤끝에 멋지게 「한턱 낼게」라고 하는 표현은 "I'll treat you," "I'll pick up the tab," "It's my treat," "I'll pay," "It's on me," "Be my guest," "I'll get it" 등 여러 가지가 있다. 한 가지 더 알아두어야 할 점은, treat에는 보다 다양한 의미와 쓰임새가 있다는 것이다. treat oneself(큰맘 먹고 즐기다)와 같이 자기 자신에게도 쓸 수 있고, "It's my treat"에서의 treat은 「한턱 내는 것」을 뜻하는 명사이다. 또한 treat에는 「예기치 않은 기쁨」이라는 뜻도 있어서 "I took my son to the aquarium as a birthday treat"과 같이 쓰이기도 한다.

Check It Out!

Jim said that he'd **pick up the tab.** 짐이 자기가 계산한다고 했어.
I'll **treat** you to dinner tonight. 오늘 저녁 대접할게.
I'm going to **treat myself to** a big breakfast. 나 큰맘먹고 아침을 많이 먹을거야.
After your hard work, **treat yourself to** a vacation. 열심히 일했으니 큰맘먹고 휴가가봐.

| POINT |

pick up the tab (음식값 등을) 지불하다

treat 대접하다

treat oneself 큰맘 먹고 즐기다

Speaking Skills

A: Don't worry about paying for our meal.
B: What do you mean?
A: I'll **treat** this time.
B: That's very generous of you.
A: I just got paid today.
B: Next time lunch will be on me.

A: 우리 식사비 내는거 걱정하지마.
B: 그게 무슨 말이야?
A: 이번에는 내가 낸다고.
B: 너 참 맘이 넓구나.
A: 오늘 급여를 받았어.
B: 다음 점심은 내가 낼게.

A: Please don't invite Dolly to come with us.
B: But she's a very nice person.
A: I don't like her. She is so cheap.
B: Why do you say that?
A: She never **picks up the tab.**
B: I guess she doesn't have much money.

A: 돌리를 우리와 함께 있도록 초대하지마.
B: 하지만 걘 매우 착한 사람인데.
A: 난 걔가 싫어. 천박해.
B: 왜 그렇게 말하는거야?
A: 걘 절대로 계산을 하려고 하지 않아.
B: 돈이 많지 않나 보구나.

영어회화! 이거 알면 개이득!

알고 쓰면 더 편리한 영어스피킹기술

chapter

3

이거 모르면 낭패

I'm coming over, and I'm bringing Chinese food

내가 갈게, 중국음식 가지고 말야

"I'm going"은 모임 등에 참석하겠다는 의미로 「난 가」라는 의미고, "I'm coming"은 난 온다가 아니라 「갈 게요」라는 뜻이다. 무조건 go는 「가다」, come은 「오다」라고 외운 우리들로서는 이상할 수 밖에 없다. 우리 말의 「오다」, 「가다」와는 달리, 영어의 come과 go는 「말을 하는 사람」(speaker)과 그 이야기를 「듣는 사람」 (listener)을 기준으로 한 「이동방향」에 따른 구분을 하기 때문이다. 좀더 자세히 살펴보면, 말을 하거나 듣 는 사람이 있는 곳으로 이동하는(moving to the place where the speaker or listener is) 경우에는 come을 쓰고 그 외의 장소로(moving from where one is to another place) 움직이는 경우에는 go 를 쓰는 것이다. 그래서 누가 부를 때는 I'm going이 아니라 I'm coming으로 해야 된다. 결국 I'm going 은 내가 지금 있는 곳으로부터 여기도 아니고 상대방이 있는 곳도 아닌 「제 3의 장소」로 이동한다는 의미이 고, I'm coming은 내가 지금 있는 장소로부터 「상대방이 있는 곳」(where the other person is)으로 이 동한다는 의미인거다.

예를 하나 들어보면 좀 더 분명해진다. 몸이 안좋아 오늘 회사 못 간다고 말하는 경우에, 만약에 내가 말을 하는 상대방이 회사와 관련이 없는 제 3자인 경우에는 "I feel terrible today, so I can't go to work" 라고 하지만, 내가 말하는 상대방이 현재 회사에 있는 즉 직장동료나 직장상사인 경우에는 "I feel terrible today, so I can't come to work"라고 해야 되는 것이다. 한편 come과 go처럼 대화를 하는 사람들이 있는 장소를 중심으로 그 용례가 구분되는 동사들이 또 있는데, 어떤 대상을 「이동시킬」 때 쓰는 'bring'과 'take'가 바로 그것이다. come과 go가 그렇듯이, 말을 하거나 듣는 사람이 있는 곳으로 대상을 이동시킬 때에는 bring을, 그 외의 장소로 이동시킬 때에는 take를 쓰면 된다.

Check It Out!

I'm coming. I'm coming. Just hang on.   가. 간다고. 좀 만 기다려.
We **brought** you some wine.   와인 좀 가져왔어.

| POINT |

come 말을 하거나 듣는 사람이 있는 곳으로 이동하는 경우	**go** 제 3의 장소로 이동하는 경우
bring 듣는 사람이 있는 곳으로 대상을 이동시킬 때	**take** 그 외의 장소로 이동시킬 때

Speaking Skills

A: Wendy, are you okay?

B: Yeah, I'm fine.

A: You want to talk, I mean, can I come over?

B: No! Really, no, please, please, that's okay.

A: All right, all right, **I'm coming over,** and **I'm bringing** Chinese food.

B: No, don't. I'm not, I'm not hungry.

A: 웬디, 괜찮아?
B: 어, 괜찮아.
A: 얘기하고 싶어, 내말은 내가 그리로 갈까?
B: 아냐, 정말, 제발, 괜찮다고.
A: 좋아, 알았어. 내가 갈게, 중국음식 가지고 말야.
B: 아냐, 됐어, 난 배 안고픈데.

A: Hurry up, aren't you ready?

B: **I'm coming,** but I'm not dressed yet.

A: But we're going to be late.

B: Relax, we still have some time.

A: I want to arrive a little early.

B: Alright, let me finish putting on my shirt.

A: 서둘러, 준비안됐어?
B: 갈게 하지만 아직 옷을 안입었어.
A: 하지만 우리 늦을거야.
B: 진정해, 시간 좀 있다고.
A: 좀 일찍 도착하고 싶어.
B: 그래, 셔츠 마저 입고.

Couldn't be better. I love it

최고야. 정말 좋아

외국인 은행에 갓 들어온 Mr. Suh. 금요일 저녁 지점장 환송파티가 열렸다. 미국 사람들은 한국사람들과 달리 처음부터 같은 자리에 붙박혀서 너 죽어라하고 술만 부어 주는 것이 아니라 자리에 앉기 전에 한 20~30분 간은 서서 돌아가면서 얘기를 주고 받는 것이 습관이다. Mr. Suh는 적극적으로 미국인과 대화하기 위해서 먼저 다가가 자신 있는 목소리로 "How was your day?(오늘 어때요?)"라고 물었다. 그러자 미국인은 Couldn't be better!?라고 말하며 활짝 웃는 것이 아닌가? 순간 오씨의 얼굴은 굳어졌다. 「부정의 not+좋은 뜻의 better=나쁜 뜻」으로 해석이 되는데 미국인은 웃고 있었기 때문이었다.

Couldn't be better는 「부정 + 비교급 = 최상급」이라는 기초문법만 알면 쉽게 이해되는 표현이다. 더이상 좋아질 수 없다는 말, 즉 기분이 최고라는 말이다. 책상에서 볼 때는 다 아는 것 같고 시험 볼 때는 틀리지 않을 수 있는데, 하지만 실제 상황에서는 엉뚱한 소리로 착각을 하게 마련이다. 역으로 상태가 최악임을 얘기할 때는 Couldn't be worse가 된다. Couldn't care less는 알게 뭐야 신경안써, 그리고 I couldn't agree with you more는 네 생각에 전적으로 동의해라는 말로 이는 I agree with you 100%. 보다도 강한 표현이다. 또한 이렇게 굳어진 표현뿐만 아니라 요즘보다 더 행복한 때는 없었어라고 할 때도 이 공식을 활용해 I have never been happier than these days라고 하면 된다.

Check It Out!

It couldn't be better. I love it. 최고야. 정말 좋아.
She couldn't care less about what I do. 걔는 내가 뭘하든 신경도 안써.
I couldn't agree with you more. It's so important to be a good student.
정말 네 말이 맞아. 좋은 학생이 되는 게 중요해.

| POINT |

Couldn't be better 더 없이 좋아	
Couldn't be worse 최악이야	
Couldn't care less 알게 뭐야. 신경안써	
I couldn't agree with you more 네 말에 전적으로 동의해	

Speaking Skills

A: Jim was saying you got a new job.

B: Yeah, I was hired at a computer firm.

A: How do you like working there?

B: **Couldn't be better.** I love it.

A: Wow, it was lucky you found that place.

B: I know. It's not easy to find a good job.

A: 짐이 그러던데 너 새로운 직장 구했다며.
B: 그래, 컴퓨터 회사에 취직했어.
A: 거기서 근무하는게 어때?
B: 아주 좋아. 맘에 들어.
A: 야, 그런 곳을 찾다니 운좋은걸.
B: 알아. 좋은 직장을 구하는 건 쉽지 않아.

A: The weather outside is terrible.

B: **Couldn't be worse.** The rain is pouring down.

A: We'll have to cancel our picnic.

B: Do you want to go to the movies instead?

A: Yeah, let's see what is playing.

B: I heard there are some good sci-fi movies out.

A: 밖에 날씨가 끔찍해.
B: 최악야. 비가 쏟아 붓고 있어.
A: 피크닉 취소해야 겠어.
B: 대신 영화보러 갈래?
A: 그래, 뭐하는지 보자.
B: 괜찮은 공상과학영화가 상영하고 있다고 들었어.

Could be better

그냥 그래

여기서 could는 can(...할 수 있다)의 과거가 아니라 현재형 조동사로 가능성을 뜻한다. 우리말로 하자면 "...일 수도 있(겠)다"가 된다. 이 부분을 잘 파악하지 못하면 두 표현을 반대로 해석하게 되는 실수를 하게 될 수도 있다. 먼저 Could be worse는 직역하자면 더 나쁠 수도 있는데 현실은 그렇지 않다, 다시 말해서 안 좋은 상황임에도 불구하고 그나마 다행이다, 괜찮다, 좋다라는 의미이며, 반대로 Could be better하게 되면 더 좋을 수도 있는데 현실은 그렇지 않다, 다시 말해서 괜찮기는 하지만 그렇게 썩 좋은 상황은 아니다, 별로다, 그냥 그래라는 뜻이 된다. 두 문장 모두 앞에 주어 It이나 Things이 생략된 경우이다. 이 표현들은 겉모습만 보고 Could be worse는 나쁘다, Could be better는 좋다라고 오해하기 쉬운 것으로 단어들의 의미를 잘 파악해야 실수를 막을 수 있다. 정리하자면 Could be worse는 worse가 있음에도 불구하고 긍정적인 답변이고 Could be better는 better가 있음에도 부정적인 답변이 된다. 비슷한 맥락에서 I've had better가 있는데 이는 난 이거보다 더 좋은 경험(음식이나 사람 등)을 해본 적이 있다, 즉 이건 별로다라는 뜻이 된다.

Check It Out!

Things could be better. I've lost a lot of money. 그냥 그래. 많이 잃었어.

Yeah, but I'm OK now. **Things could be worse.** 어. 하지만 지금은 좋아. 그나마 다행이지.

Well, chin up, dear. **It could be worse.** 기운내. 자기야. 더 나빴을 수도 있잖아.

| POINT |

(It, Things) Could be worse	그나마 다행이야. 그럭저럭 지내
(It, Things) Could be better	별로야. 그냥 그래
I've had better	별로야
I've had better days	전에만 못해

Speaking Skills

A: We are staying at a local hotel.
B: How do you like it?
A: **It could be better.** It's kind of dirty.
B: Tell the staff you want it cleaned up.
A: We will be leaving tomorrow.
B: I see, so you will just tolerated it for now.

A: 우리는 현지 호텔에 머물고 있어.
B: 어떻게 맘에 들어?
A: 별로야. 좀 깨끗하지가 못해.
B: 직원들한테 방 깨끗이 해달라고 해.
A: 우리 내일 떠날건데.
B: 그렇군, 그럼 지금은 그냥 참고지내.

A: That is a bad cut on your hand.
B: I injured it while working on my house.
A: Does it hurt much?
B: I can't complain. **It could be worse.**
A: And have you been to a doctor?
B: The doctor says it will heal quickly.

A: 손이 많이 베었네.
B: 집에서 집 손보다가 손을 베었어.
A: 많이 아파?
B: 괜찮아. 그나마 다행이잖아.
A: 병원에는 가봤어?
B: 의사들은 빨리 나을거라고 해.

I have been in the bathroom
화장실 갔다 왔어

현재완료는 우리 한글에는 없는 특이한 시제이다. 「과거시제」가 과거의 사실이나 사건에 대한 단순 진술이라면, 「현재완료시제」는 과거의 일이 현재와 관계를 유지하고 있을 때(connection between a past event and the present) 쓰게 된다. 이렇게 현재완료에서 과거와 현재와의 관계는 「결과」나 「완료」나 「경험」, 「계속」 등으로도 나타나게 된다. 이 네가지의 경우를 생각하다보니 현재완료는 좀 지난 혹은 꽤 된 '과거'에 한정되어서 쓰는 것으로 착각하기 쉽다. 몇주 전의 경험도 현재완료로 쓰거나(We've been in India for three weeks. 3주간 인도에 갔었어.), 오늘 하루 힘들었다고 하루 전체 과거를 쓰거나(It has been a long day)하지만, Where have you been?(어디 갔었어?)라는 친구의 질문에 I have been in the bathroom(화장실에 갔다 왔어)처럼 바로 직전의 '과거'도 현재완료시제를 사용한다는 점을 눈여겨 봐두어야 한다. 특히 우리가 일상에서 많이 말하게 되는 "…에 갔다 왔어" 혹은 "…에 가본 적이 있어"라는 말을 할 때의 have been in/to + 장소의 형태에서, 장소명사로는 좀 오래 머무르는 New York 등의 단어가 올 수도 있고 혹은 잠깐 갔다 오는 bathroom, station, beauty salon 등이 올 수도 있다.

Check It Out!

I **have visited** her in the hospital every day. 난 매일 걔 병문안을 갔어.
I **have been to** the airport to see my mother off. 어머니 배웅하기 위해 공항에 갔다 왔어.

| POINT |

현재완료의 네가지 용법

1. 완료 : 계속되다가 방금 끝난 행동(현재완료 + just, now, already, yet)
I have just finished it. 방금 그걸 끝냈어.

2. 경험 : …한 적이 있다라고 과거의 경험(twice, ever, never, before, often)
I have seen her twice before. 전에 걔를 두번 봤어.

3. 계속 : 과거부터 지금까지 계속되는 행동(+ since 시점명사/for +기간명사)
I have studied Englihs. 난 영어를 공부해.

4. 결과 : …해버렸다.
I have lost my keys. 열쇠를 잃어버렸어.(그래서 지금없다)

Speaking Skills

A: It's been a very boring night.

B: Didn't you go downtown to see friends?

A: No. I have been watching the news.

B: You should have gone out for a while.

A: I had a stomachache and decided to stay home.

B: Let me get you some medicine.

A: 아주 따분한 저녁이네.
B: 시내에 가서 친구들 만나지 않았어?
A: 응. 뉴스를 보고 있었어.
B: 잠시 외출했어야 했는데.
A: 두통이 있어서 집에 머물기로 했어.
B: 약 좀 갖다 줄게.

A: Doctor, a nurse has been looking for you.

B: I'm sorry, it's been a busy morning.

A: Where have you been all this time?

B: I have been examining patients.

A: Were you in the exam room?

B: Yes, I have been in there for hours.

A: 의사 선생님, 한 간호사가 선생님을 계속 찾고 있었어요.
B: 미안해요, 아주 아침에 바빴어요.
A: 그동안 어디에 계셨어요?
B: 환자들 검진을 하고 있었어요.
A: 진찰실에 계신거예요?
B: 네, 몇시간 동안 거기에 있었어요.

Why did you go over there?

넌 왜 거기에 간거야?

실제 영어회화세계의 최대주주가 기본동사임을 알아챈 이후 기본동사에 대한 학습열기가 뜨거웠다. 동사만 외우는게 아니라 동사+전치사[부사]라는 동사구 자체를 달달 외우는 사람들이 많아졌다. 그러다보니 동사가 기본적인 의미로 쓰인 경우인데도 불구하고 암기한 동사+전치사[부사]의 형태로 의미를 받아들이는 촌극이 가끔 벌어진다. run over를 차에 치이다라고만 외운 사람들이 They all ran over to the window(걔네들은 모두 창문으로 달려갔다), I'm gonna have to run over there and beg him to love me(그곳으로 달려가서 날 사랑해달라고 해야겠어)라는 아주 기초적인 문장의 해석에 걸림돌이 될 수 있다. 또 다른 예로 turn over는 양도하다, 건네다라고만 알고 있으면 We turned over and faced each other(우리는 몸을 뒤집고 서로를 쳐다봤어)의 문장을 해석을 제대로 못할 지도 모른다. go over도 마찬가지이다. 검토하다(examine)로만 알고 있으면 Why did you go over there?(넌 왜 거기에 갔었어?)에 잘못 대입할 수 있다. 또한 work on을 기계적으로 …의 일을 하다라고만 알고 있으면 Sam arrived to work on time(샘이 제시간에 출근했네)이나 I do a little work on the side(난 부업으로 일을 조금 해)의 해석에 애로가 있을 것이다. 마지막으로 call for의 경우 call for = demand라고 공식으로 알고 있으면 call for an ambulance(구급차를 부르다)나, call for security(경비를 부르다)의 해석에 역시 난처해질 수 있다. 결론적으로 말해서 동사구의 의미를 철저히 암기하는 것도 중요하지만 동사의 기본의미에 충실한 1차적 의미의 동사구 의미도 놓치면 안된다는 것이다.

Check It Out!

Would you like me to **go over** it again with you? 다시 얘기해 드려요?
Why did you **go over** there? 넌 왜 거기에 갔었어?
Let's **go over** it again, just to be sure. 다시 한번 검토하자, 확실히 하기 위해.

| POINT |

run over	달려가다, 차에 치이다	**turn over**	몸을 뒤집다, 양도하다, 건네다
go over	가다, 검토하다	**call for**	부르다, 요구하다
come up with	따라가다, 생각해내다	**look up**	올려다보다, 찾아보다
put out	내놓다, (화재) 끄다		

Speaking Skills

A: Let's go to the conference room.
B: You want to talk about the project?
A: Yeah, some things have been changed.
B: It's important to take a look at the changes.
A: Right. We need to **go over** some of the details.
B: All right, I'll head over in a few minutes.

A: 회의실로 함께 가자.
B: 프로젝트에 관해 얘기할거야?
A: 어, 일부 일들이 변경되었어.
B: 뭐가 바뀌어졌는지 보는게 중요하지.
A: 맞아, 세부사항의 일부를 검토해야 돼.
B: 좋아, 곧 그리로 갈게.

A: I haven't seen you for a few days.
B: My teacher assigned us a lot of homework.
A: Why didn't you give me a call?
B: I had to take time to work on the assignment.
A: Have you gotten everything finished?
B: Yes. I'm almost ready to **turn it in.**

A: 며칠간 보지 못했네.
B: 선생님이 우리에게 숙제를 엄청 내주셨어.
A: 내게 전화를 하지 않았어?
B: 시간을 내서 과제물을 해야 했어.
A: 다 끝낸거야?
B: 어, 거의 제출할 준비가 됐어.

Why don't you come with me?

나랑 같이 가자

Why는 이유의 의문사로 상대방에게 뭔가 이유를 물을 때 사용하는 의문사이다. 하지만 Why로 시작하는 대표적인 회화문장인 Why don't you+동사?는 무늬만 의문문이고 실제로는 상대방에게 뭔가 제안을 하는 문장으로 이유와는 거리가 있다. 그래서 우리가 지금 당장 배울 점은 아니나 written English에서조차 심지어 Why don't you~ 문장 뒤에 ?를 붙이지 않기도 하는 경우도 있다. 이 표현은 I want you to+동사원형~과 의미가 비슷하고 또한 변형된 Why don't I ~ ?는 Let me~와, Why don't we~ ?는 Let's~와 각각 같은 뜻의 표현이다. 공식은 뭐든 편리하게 하지만 언어의 다양성 앞에서는 무력해지는 법이다. Why don't you+V?를 기계적으로 제안의 표현으로만 알고 있으면 안된다. Why~의 원래 의미가 살아나 "왜 …하지 않는거야?"라는 이유를 물어보는 문장으로 많이 쓰이기도 하기 때문이다. 아래 대화를 보자.

A: Sara, why don't you ever talk to me anymore? 새라야, 왜 더 이상 나랑 얘기안하는거야?
B: Because you're a loser. I don't like you. 넌 머저리이니까. 네가 싫다고.

여기서 Why don't you~?를 제안으로 보기는 힘들고 이유를 물어보는 문장으로 해석해야 한다. 또한 지각한 학생들에게 Why don't you come to school on time?라고 물으면 제안이 아니라 의문의 문장이 된다. 여기까지 읽어봤으면 눈치챘겠지만, 공식이나 고정관념이 중하기 중헌디, 또 여기에 파묻혀 있다면 실제 영어회화에서 엉뚱해지는 지름길이라는 것을 말이다. 중언하자면 Why don't you~나왔다고 무조건 '제안'이라고 생각하면 안된다는 것이다.

Check It Out!

Here's a thought. **Why don't you** try telling her directly? 좋은 생각이 있어. 걔한테 직접말해.
So, **why don't you** just do it? I mean, what are we waiting for?
그럼 그냥 해봐. 내 말은 뭘 기다리냐고.

Why don't you just leave me alone?! 그냥 나 좀 놔둬?!
Why don't you give me a hand? 나 좀 도와주라.

| POINT |

Why don't you~? [제안] …해라
Why don't you~? [이유] 왜 …하지 않는거야?

Speaking Skills

A: A lot of people will attend the banquet.
B: They don't have enough people working there.
A: **Why don't you** volunteer to help out?
B: Unfortunately, I'll be busy that night.
A: Too bad. They could use you.
B: I know. I wish I could be there.

A: 많은 사람들이 연회에 참석할거야.
B: 거기 일손이 달려.
A: 자원해서 도와주지 그래.
B: 안타깝게도 그날밤 나 바빠.
A: 안됐네. 네가 있으면 도움이 될텐데.
B: 알아. 나도 거기에 갈 수 있다면 좋겠어.

A: It's been over a year since I saw Allison.
B: I thought you were good friends with her.
A: I was, but then we stopped communicating.
B: **Why don't you** talk to her anymore?
A: We had a serious argument.
B: You should try to get back in touch with her.

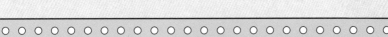

A: 앨리슨을 본 지가 일년이 넘었어.
B: 넌 걔와 친한 친구라고 생각했는데.
A: 그랬지. 하지만 우린 서로 교류를 끊었어.
B: 넌 왜 그녀에게 더 이상 말을 하지 않는거야?
A: 심하게 다투었거든.
B: 네가 걔와 다시 연락을 취하도록 해봐.

We'd appreciate it if no one told him yet

아무도 걔한테 아직 얘기 안했으면 고맙겠어

Why don't you~?가 형식은 이유 의문문이지만 실제로는 긍정 제안문인 것처럼 위장으로 살아가는 표현들이 더 있다. I'd appreciate it if you could~?가 대표. appreciate의 여러 뜻 중 일상생활에서 가장 많이 쓰이는 것은 감사하다일 것이다. 이 감사하는 단어와 가정법 would를 사용하여 I'd appreciate it if you~로 쓰면 …해주면 감사하겠다, 즉 조건부 감사표현으로 역으로 말하면 감사라기 보다는 부탁에 가까운 표현이 된다. if 이하에는 가정법 would, could 등이 오거나 아니면 과거동사가 와야 된다. 또 한가지 위장 표현으로 유명한 것은 I was wondering if~가 있다. I wonder 주어+동사는 정말 몰라서 궁금한 내용을 말할 때 쓰는 표현으로 I wonder what/how/where/if~ 주어+동사의 형태로 쓴다. 조심해야 할 건 여기서 언급하는 I was wondering if 주어 + could/would~가 되면 전혀 얘기가 달라진다는 것이다. 내용은 현재이지만 무늬만 과거진행형인 was wondering과 if 이하에 과거 조동사 could[would]가 온다는 게 다른 점으로, 이는 상대방에게 …을 해주시겠습니까라고 정중하게 물어보는 말이 됩니다. 앞서 Why don't you~는 실질적으로 제안의 문장이니까 ?를 쓰지 않는 경우도 있다고 했는데 여기서는 역으로 I was wondering if~는 실질적으로 부탁의 의문문으로 형식은 평서문임에도 불구하고 뒤에 ?를 붙이기도 한다는 점을 알아둔다.

Check It Out!

I'd appreciate it if you would make less noise while I sleep.
내가 자는 동안 시끄럽게 하지 않으면 좋겠어.

We'd appreciate it if no one told him yet. 아무도 걔한테 아직 얘기 안했으면 고맙겠어.

I was wondering if I could take tomorrow off. 내일 쉬어도 돼요?

I was wondering if I could ask you something. 혹 뭐 좀 물어봐도 될까요.

| POINT |

I'd appreciate it if~ …해주면 감사하겠어

I was wondering if~ (?) …을 해줄래요?

Speaking Skills

A: Have you got a lighter?

B: No. Why do you want one?

A: I want to smoke a cigarette here.

B: **I'd appreciate it if you didn't do** that here.

A: You don't like people smoking?

B: I'm allergic to cigarette smoke.

A: 라이터 갖고 있어?
B: 아니. 왜 필요하는데?
A: 여기서 담배 한대 피우려고.
B: 여기서 안피웠으면 고맙겠어.
A: 사람들이 담배피는 것을 싫어해?
B: 담배연기에 앨러지가 있어서.

A: Hi Kevin, did you need something?

B: **I was wondering if you could help** me out.

A: Sure, what did you have in mind?

B: I could use some advice.

A: I will give you my honest opinion.

B: Do you think I should marry my girlfriend?

A: 안녕 케빈, 뭐가 필요했었어?
B: 나를 도와줄래?
A: 그럼, 뭘 생각하고 있었는데?
B: 조언이 좀 필요해.
A: 내 솔직한 의견을 말해줄게.
B: 넌 내가 내 여친과 결혼해야 된다고 생각해?

I thought you were a good kisser

난 너 키스 잘 하는 줄 알았어

I thought 주어+동사 형태로 쓰면 …라고 생각했다라는 의미로 예를 들어 I thought last night was great라고 하면 "지난밤은 정말 좋았다고 생각해"라는 말이 된다. 하지만 그렇게 생각했지만 실제는 그렇지 않은 경우에도 많이 사용되는데 위 문장은 네가 키스를 잘 하는 줄 알았는데 실제로는 그렇지 않다라는 뉘앙스를 갖는다. And at first I thought it was him helping me라는 문장도, 그리고 처음에는 나를 도운게 걔였다고 생각했어라는 뜻으로 알고 보니 걔가 나를 도운게 아니더라는 뜻이 함축되어 있다고 생각하면 된다. 즉 화자가 자기가 잘못 알고 있었다라는 의미를 함축하고 있다. 아래 예문을 통해 I thought S+V의 속성을 파악해보기로 한다.

Check It Out!

I thought that Jimmy would be successful, and he is. 지미가 성공할거라 생각했는데 그렇게 됐어.

I thought I should start a diet. 내가 다이어트를 시작해야 되겠다고 생각했어.

I thought that was just a rumor. 그게 소문인 줄 알았는데.

I thought you were in trouble. 네가 어려움에 처한 줄 알았는데.

I thought he was dumb. 난 걔가 바보인 줄 알았어.

| POINT |

I thought S+V …라고 생각했어
I thought S+V …인 줄 알았는데 실은 아니다

Speaking Skills

A: Sue and Jack are getting a divorce.
B: That is so sad to hear.
A: **I thought** they would stay together forever.
B: Me too. They seemed be deeply in love.
A: Some people say love doesn't last forever.
B: I think that sounds too pessimistic.

A: 수와 잭은 이혼할거래.
B: 마음 참 아픈 이야기네.
A: 난 걔네들이 영원히 함께 할거라 생각했는데.
B: 나도 그래. 서로 많이 사랑하는 것처럼 보였어.
A: 사랑은 영원하지 않다고 말하는 사람들도 있잖아.
B: 그건 너무 염세적으로 들린다.

A: Did you see Brenda at the dance?
B: Yes, she was dressed in designer clothes.
A: All of the boys were watching her.
B: **I thought** she looked good last night.
A: You are right. She looked great.
B: Do you think she's dating anyone?

A: 댄스파티에서 브렌다 봤어?
B: 어, 유명 디자이너 옷을 입고 있었어.
A: 남자들이 다들 걔를 쳐다보고 있었어.
B: 지난밤에 걔는 멋졌다고 생각해.
A: 네 말이 맞아. 아주 멋졌어.
B: 걔 누구하고 데이트하고 있는 것 같아?

I feel kind of nervous tonight

오늘 밤 좀 긴장이 돼서

kind는 보통 친절한이라는 형용사, 종류라는 명사로 잘 알려진 단어이다. 그래서 It's very kind of you 하게 되면 정말 친절하시네요라는 뜻이 되고, What kind of car are you going to buy?하게 되면 어떤 종류의 차를 살거야?라는 의미가 된다. 하지만 실제 영어에 뛰어들면 I kind of feel like it's my fault, Don't you think it's kind of selfish?라는 문장을 접하게 된다. 여기서 쓰인 kind of는 이 자체가 부사로 네이티브들이 즐겨 말하는데 의미는 조금, 약간이라는 의미이다. 그래서 첫 문장은 내가 조금 잘못한 것 같기도 해, 두번째 문장은 좀 이기적인 것 같지 않니?라는 해석이 된다. 비슷한 표현으로 sort of가 있는데 둘 다 핵심어가 아니기 때문에 빨리 발음하여 kind of는 [kaindev], sort of는 [sorev]라고 약하게 들리게 된다. 다음 문장을 보면서 구분하는 습관을 해본다.

Check It Out!

What kind of wine do you like? 어떤 와인을 좋아해?
It looks **kind of** heavy though. 근데 좀 무거워 보인다.
You seem **kind of** gloomy today. 오늘 좀 우울해보여.
I feel **kind of** nervous tonight. 오늘 밤 좀 긴장이 돼서.
I'm not that **kind of** man. 난 그런 사람이 아냐.

| POINT |

kind 친절한	
kind of+N ···종류의	
kind of 좀, 약간 = sort of	

Speaking Skills

A: Look outside and see what the weather is like.

B: It's **kind of** cloudy this morning.

A: Do you see any sunshine?

B: No, the sky is gray and hazy overhead.

A: It's disappointing to hear that.

B: Were you planning to work outside today?

A: 밖에 보고 날씨가 어떤지 봐봐.
B: 오늘 아침에 좀 흐려.
A: 햇볕은 전혀 안나고?
B: 어, 하늘이 회색빛이고 머리 위는 흐릿해.
A: 그렇다면 실망스럽구만.
B: 오늘 야외에서 작업하기로 되어 있었어?

A: Do you have anything to drink here?

B: **What kind of** drink would you like?

A: I'd like some kind of soda.

B: We have Coke and we have orange soda.

A: I'll take a can of orange soda.

B: You can get it yourself. It's in the fridge.

A: 여기 뭐 마실 것 좀 있어?
B: 어떤 종류의 음료를 마실거야?
A: 탄산음료 좀 마시고 싶어.
B: 콜라있고 오렌지 탄산음료도 있어.
A: 오렌지 캔을 마실게.
B: 직접 가져가. 냉장고에 있어.

You haven't got any new e-mail

새로 도착한 메일이 없어

email은 electronic mail의 줄임말로 email 혹은 e-mail이라고 쓰기도 한다. 또한 email은 명사로 쓰이기도 하지만 동사로 이메일을 보내다라는 의미로도 사용된다. 하지만 여기서 말하려고 하는 것은 이것 뿐만이 아니다. 명사로는 단수로 an e-mail, 복수로 e-mails라는 형태가 분명 존재하지만 이런 룰이 깨지는 현상이 있기 때문이다. 예를 들어서 I got an e-mail하면 하나의 이메일을 받았다는 얘기고, I got the e-mail하면 서로 알고 있는 이메일을 받았다는 말이 된다. 그럼 여러 이메일을 받았다고 하려면 당연히 I got e-mails라고 하면 되는데, 실제 네이티브들은 I got e-mail이라고 관사없이 써서 하나 혹은 여러 이메일을 받았다는 의미로 사용하고 있다. 또한 역시 I've got e-mail이라고 해도 하나 혹은 여러 이메일을 받았다는 말이 된다. 참고로 I got e-mail보다는 I've got e-mail라고 쓰는 것이 문법적으로 더 맞다.

그래서 이메일을 하나 받았다고 하려면 I got an[the] e-mail이라고 하고 여러개의 이메일을 받았다고 하려면 I got e-mail 혹은 I got many e-mails라고 하면 된다. e-mails라고 복수로 쓸 때는 보통 구체적인 숫자와 함께 쓰이는데, I got 10 e-mails, I got several e-mails from her처럼 말이다.

> **Check It Out!**

Where can I go to **check my e-mail?** 어디 가서 이메일을 볼 수 있나요?
Did you **get the e-mail** I sent you the other day? 내가 요전날 보낸 이메일 받았어?
You **haven't got any new e-mail.** 새로 도착한 메일이 없어.
I **got an e-mail** from him early this afternoon. 오늘 오후 일찍 걔한테서 이멜을 받았어.
If you want to meet me, **send me an e-mail.** 날 만나고 싶으면 내게 이멜을 보내.

| POINT |

I've got e-mail	하나 혹은 여러개의 메일을 받다
I got e-mail	여러개의 이메일을 받다
I got e-mails	I got e-mail이라고 단수 형태를 더 쓴다.

Speaking Skills

A: I haven't been able to check the computer all day.

B: What are you doing right now?

A: I'm looking for **an e-mail** from my boss.

B: Were you able to find it?

A: It probably went to my junk mail file.

B: Make sure you don't delete those junk e-mails.

A: 난 종일 컴퓨터를 확인할 수가 없었어.
B: 지금은 뭐하는데?
A: 사장한테 온 이메일을 찾고 있어.
B: 찾을 수 있었어?
A: 스팸메일로 간 것 같아.
B: 스팸메일 삭제하지 않도록 해.

A: I received a schedule for the trip.

B: Really? No one sent me one.

A: The travel agent **e-mailed it to** my account.

B: Can you **e-mail me** that information?

A: Sure, I'd be glad to send it along.

B: Thanks. That will help me plan what to bring with me.

A: 여행 일정을 받았어.
B: 정말? 아무도 내게는 보내지 않았는데.
A: 여행사가 내 이메일 계정으로 보냈어.
B: 그 정보를 내게 이메일로 보내줄테야?
A: 물론. 기꺼이 보내줄게.
B: 고마워. 뭘가져가야 되는지 생각하는데 도움이 될거야.

You're fucking brilliant

넌 정말 머리 좋다

fuck은 분명 비속어로 함부로 써서는 안되는 금기어이다. 여기에 ing을 붙여서 fucking하게 되면 동사의 ~ing 형으로 섹스하다, 혹은 상스러운 형용사로 빌어먹을, 존나 정도에 해당되는 단어이다. 뭔가 화났을 때를 강조할 때 즐겨 애용된다. 하지만 현대영어에서는 경우에 따라서는 의미변화가 되어 fucking이란 단어가 주는 상상의 그림을 연상하지 않고 단순히 자신의 의견을 강조하는(it just makes the statement sound stronger) 단어로 사용되기도 한다. 그리고 이 fucking의 위치는 자기가 강조하는 단어 앞 어디나 붙일 수 있으면 심지어는 단어중간에 들어가 Abso-fukcing-lutely!라고 쓰이기까지 한다.

이렇게 사람이 사는 곳이라면 어디나 욕설이 있기 마련이다. 이러한 욕은 네 글자로 이루어진 말들이 많아서 four-letter word나 bad word라고 하는데 그중 damn은 God damn (it), Damn it처럼 말하는데, 부모님이나 연장자, 직장 상사 앞에서는 쓰지 말아야 한다. casual한 바(bar)같은 장소 나 혼잣말로 「에잇, 제기랄」할 때는 교육의 정도, 성별(sex)에 관계없이 많이 사용한다. damn보다 더 농도 진한 욕이 shit이다. shit은 원래 「배설물」을 의미하는데, Bull shit하면 「염병할」, 「빌어먹을」 정도가 된다.

아래 문장의 해석은 100% 믿어서는 안된다. 왜냐면 fucking은 앞뒤 문장 등 문맥에 따라 화가 나서 하는 말인지 아니면 감탄하는 맘으로 하는 말인지 구분되기 때문이다.

Check It Out!

You are a **fucking** asshole, you know that? 넌 괘씸한 놈이야. 알아?

Go and get some **fucking** wine. 가서 빌어먹을 와인 좀 가져와.

I thought it was pretty **fucking** great. 난 그게 아주 대단한 줄 알았어.

You're **fucking** brilliant. 넌 정말 머리 좋다.

You look **fucking** hot. 너 정말 섹시하다.

| POINT |

fucking (강조어) 빌어먹을, 전장헐, 정말, 꽤
God damn it 제기랄
Bull shit 빌어먹을

Speaking Skills

A: What's wrong with Pete today?

B: He found out his wife was cheating with another man.

A: Is he sure that is true?

B: He caught them **fucking** in a motel.

A: Oh my God, that's terrible?

B: I know. He is heartbroken.

A: 오늘 피트가 왜 그래?
B: 자기 아내가 딴 놈하고 바람피는 것을 알게 됐어.
A: 그게 정말인데 확실하대?
B: 모텔에서 섹스하는 것을 발견했대.
A: 맙소사, 정말 끔찍하다?
B: 그래. 걘 마음에 상처를 받았어.

A: Danny tried to start a fight with a football player.

B: He's going to get beat up.

A: The football player is much stronger than he is.

B: Why does he do these things?

A: I can't believe how **fucking** dumb he is.

B: Yeah, he's the dumbest person I know.

A: 대니가 미식축구 선수와 싸움을 시작하려고 했어.
B: 얻어터질텐데.
A: 그 선수가 대니보다 훨씬 강하지.
B: 대니는 왜 그렇게 하려고 하는거야?
A: 정말이지 엄청 멍청이더라고.
B: 맞아, 걘 내가 알고 있는 사람 중에서 가장 멍청해.

Allan died one day shy of his wedding

앨런이 결혼식 하루 전날 죽었어

앞서 평상시와 다른 의미로 쓰이는 단어로 한번 등장한 단어이지만 그 변신이 다소 충격적이라 다시 한 번 다루어 보기로 한다. shy란 단어도 참 새롭다. 부끄러운, 수줍어하는 정도로만 알고 있었는데, 숫자명사 +shy of~에서 shy는 더 이상 수줍다가 아니라 short의 의미로 수량이 모자라다라는 뜻으로 쓰이기 때문 이다. 즉 '…에서 …가 모자라는,' '빠지는' 등으로 해석하면 된다. 그래서 Allan died one day shy of his wedding하게 되면 앨런이 결혼식 하루 전날 죽었어라는 의미가 된다. 이 문장에서 shy는 전혀 부끄럽다 라는 의미가 없다는 점을 기억해두어야 한다. 여기서 발전하여 be shy of[about] ~ing하게 되면 '…까지 는 하지 않다'라는 뜻이 된다. 역시 여기의 shy 또한 부끄러운이란 의미는 전혀 없다. be shy of ~ing와 비슷한 표현으로는 stop short of~ing가 있는데 이 또한 거의 할 뻔 했지만 …까지는 하지 않았다라는 의 미가 된다.

Check It Out!

Allan died **one day shy of** his wedding. 앨런이 결혼식 하루 전날 죽었어.
She's **not too shy about** indicating who was sending it. 걘 기꺼이 누가 그걸 보냈는지 지목했어.
You **were never exactly shy about** letting us know. 넌 정말 전혀 꺼리지 않고 우리에게 말해줬어.

| POINT |

숫자명사+ shy of~ …하기 …전에

be shy of[about] ~ing …까지는 하지 않다 = stop short of ~ing

Speaking Skills

A: Steve and Kris have dated a long time

B: They have been together for six years.

A: That means it's a serious relationship.

B: They **stopped short of** getting married.

A: Why haven't they gotten married?

B: I think their parents don't want them to be together.

A: 스티브와 크리스는 오랫동안 데이트를 해왔어.
B: 함께 한 시간이 6년이 돼.
A: 그건 관계가 진지하다는 것을 말하는데.
B: 그래도 결혼까지는 하지 않았어.
A: 왜 결혼을 하지 않은거지?
B: 부모님들이 걔네들이 사귀는 것을 바라지 않는 것 같아.

A: Brett finished the race ahead of everyone.

B: He's the fastest runner I have ever seen.

A: I know. Our school keeps track of race times.

B: So, was he the quickest runner ever?

A: He **was shy of** breaking the record.

B: Well, maybe he will break the record next time.

A: 브렛은 레이스에서 1등을 했어.
B: 그렇게 빨리 뛰는 주자는 처음 봤어.
A: 그래. 학교에서는 경주기록들을 기록하고 있어.
B: 그럼, 걔가 역대 주자 중에서 가장 빨라?
A: 신기록을 깨지는 못했어.
B: 그럼, 다음번에는 신기록을 세울지도 모르겠네.

You could try, but you might not want to

해봐도 되지만 하지 않는게 나을거야

조동사 may, can, will, shall의 과거형인 might, could, would, should는 시제의 일치 등의 제한적인 경우를 제외하고는 대부분 무늬만 과거형일 뿐 현재의 의미로 쓰인다. 먼저 might은 may보다 추측의 정도가 약할 때 쓰이며, could는 가능성을 말할 때 …일 수도 있다라는 의미로 특히 의문문 Could you~? 에서는 can보다 좀 더 정중한 표현을 만들어낸다. should는 거의 별도 단어화된 것으로 약한 의무, 또는 should have+pp의 형태로 과거의 후회를 의미한다. 또한 would는 역시 시제일치를 제외하면 앞으로 그렇게 된다면 …할 것이라고 아직 실현되지 않은 상상의 이야기를 전달할 때 사용한다. 이 네 조동사는 기계적으로 외우면 안되고 의미를 잘 파악하고 있다가 이 단어들이 포함된 문장을 해석할 때는 잘 구분해서 해야 한다.

Check It Out!

We **might** have trouble gaining his trust. 우린 개의 신뢰를 얻는데 어려움을 겪을 수도 있어.

My family **might** still be upset with you. 내 가족이 여전히 너한테 화나있을거야.

You **could** try, but you **might** not want to. 해봐도 되지만 하지 않는게 나을거야.

You **should** take a break. 잠깐 쉬어.

That's no excuse. You **should have taken** a taxi. 그건 변명이 안돼. 택시를 탈 수도 있었잖아.

There are a lot of people who **would** join. 가입하는 사람이 많을거야.

| POINT |

might	[추측] …일 것이다
could	[가능성] …일 수도 있다
should	[약한 의무] …하는게 좋아
would	[가정] …할 것이다

Speaking Skills

A: My stomach is always giving me problems.

B: I notice that you feel sick a lot.

A: Yeah. Eating gives me a stomachache.

B: You **should** eat more vegetables.

A: Why is that helpful?

B: They are good for you and will make your body stronger.

A: 배가 항상 문제야.
B: 너 많이 아픈가 보구나.
A: 어. 음식을 먹으면 복통이 와.
B: 채소들을 더 많이 먹어봐.
A: 왜 그게 도움이 돼?
B: 건강에 좋고 몸이 더 강해질거야.

A: People say you have a new boyfriend.

B: It's true. He's a great guy.

A: I am very curious about him.

B: I **could** take you to meet him.

A: That **would** be great. Let's have lunch together.

B: How about tomorrow? Are you free?

A: 너 새 남친이 생겼다며.
B: 정말야. 너무 멋진 애야.
A: 정말 궁금해 죽겠다.
B: 널 데려가서 만나게 해줄 수도 있어.
A: 그럼 좋지. 함께 점심을 먹자.
B: 내일은 어때? 시간 돼?

I can live with that

괜찮아, 참을 만해

직역하면 그렇게 되지만, 의역하면 「그 상황이나 제안(that)을 견딜 수 있다」, 즉, 「나는 괜찮다」라는 의미의 표현이다. 하지만 좋아서 그런 게 아니고, 자기는 불쾌하거나 만족하지 못해서 받아들이기 싫지만 어쩔 수가 없어 그냥 「참다」, 「견디다」라는 뉘앙스를 지닌다. 주로 뭔가 토론을 하다가 상대방의 제안을 수용할 때 많이 쓰인다. 구어적인 표현으로 남녀노소 불문하고 두루두루 자주 쓰인다. 중고 컴퓨터점에 온 손님이 300 달러를 내겠다고 제안했을 때, 속이야 더 받고 싶지만 그 정도면 됐으니 받아들이겠다는 뉘앙스로 I can live with that이라고 할 수 있다. 또한 친구가 저녁 7시에 나가자고 제안했을 때 자기는 괜찮다고 말하면서 이 표현을 쓸 수 있다. 한편 I could live without it이라는 표현이 있는데 이는 "그것 없이도 살 수 있을게다," 즉 필요없다(I don't need it), 사양한다고 뭔가 거절할 때 사용하는 문장이다. 한편 live with sb하게 되면 다양한 의미로 쓰이는데 결혼은 하지 않았지만 「부부처럼 살아가다」, 「친구들끼리 살다」, 혹은 「…을 참다」 (tolerate sb)라는 의미로도 쓰이니 잘 기억해두어야 한다.

Check It Out!

I can live with that. 괜찮아, 참을 만해.
I think I can live with that. 참을 수 있을 것 같아.
I could live without it. 없어도 돼, 필요없어.

| POINT |

live with sb	…와 함께 살다
live with sth	…을 견디다, 받아들이다

Speaking Skills

A: Are you selling this computer?
B: Yes, I bought a new one and don't need it.
A: Would you take $200 for it?
B: Sure, **I can live with that.**
A: Let me go get some money at the ATM.
B: Alright. I'll be here for another thirty minutes.

A: 이 컴퓨터 파는거야?
B: 어, 새것을 사서 이건 필요가 없어.
A: 200 달러에 팔래?
B: 그래, 그 정도면 괜찮아.
A: ATM기 가서 돈 좀 찾아올게.
B: 좋아. 30분간 여기 더 있을게.

A: Is it true that you have to work on Sundays?
B: Yes, my boss needs someone in the office on Sunday.
A: You must hate having to be there.
B: I decided **I could live with that.**
A: When do you usually have a day off?
B: I am able to stay home on Mondays.

A: 너 일요일마다 일해야 한다는게 사실이야?
B: 어, 사장은 일요일 사무실에 누가 있기를 바래.
A: 거기 다녀야 한다는 걸 싫어하겠구나.
B: 난 참을 수 있겠다고 결정했어.
A: 보통 언제 쉬는데?
B: 월요일마다 집에 있을 수 있어.

(Do you) Want some more?

더 먹을래?

우리말과 달리 주어를 꼬박꼬박 챙겨주는 영어도 시대의 변화에는 어쩔 수 없는 모양이다. 의사소통에 지장이 없는 범위 내에서는 뻔한 주어들을 과감하게 생략하고 있으니까 말이다. 앞에 나온 말이나 상황을 지칭하는 대명사 It, 말하는 사람인 I, 듣는 상대방 You 등 굳이 말하지 않아도 알 수 있는 대상들은 부담없이 생략하고 말하는 추세이다.

■ It 및 It's 생략하고 말하기

(It) Sounds like ~ (…처럼 들리다)

(It) Won't be (없을 거야)

(It's) So cool (끝내주는구만)

(It's) Nice to meet you (만나서 반가워요)

(It) Looks like ~ (…처럼 보이다)

(It) Beats me (모르겠어)

(It's) Raining today (비가 내린다)

■ 뻔하면 나(I)도 빼

(I'll) Be right back (곧 돌아올게)

(I) Hope so (그러길 바래요)

(I'm) Afraid not (아닌데)

(I) Will never be there again! (다신 거기 안 갈테야!)

(I'm) Glad to see you're doing okay (네가 잘 지낸다니 좋아)

(I) Can't complain (그럭저럭 지내)

(I) Gotta go now! (그만 가봐야겠어!)

(I) Couldn't be better (아주 좋아)

■ 주어 You는 조동사와 함께 생략해

(Do you) Want some more? (더 먹을래?)

(Do you) Understand it? (알겠니?)

(Do you) Mind if ~? (…해도 되겠어요?)

(Would you) Care to ~? (…할래요?)

(You had) Better get used to it (거기에 익숙해지도록 해야 돼)

Speaking Skills

A: Someone was murdered in the alley.

B: The cops are here working on it.

A: No one witnessed the crime, though.

B: **Big problem for** them. It will be hard to solve.

A: Yeah, they need to find some evidence.

B: They will probably come up with something.

A: 이 골목길에서 누군가가 살해당했어.
B: 경찰들이 여기서 살인사건을 조사하고 있어.
A: 그래도 아무도 범죄를 목격한 사람이 없잖아.
B: 경찰에게는 큰 문제이지. 풀기가 어려울거야.
A: 그래, 증거를 좀 찾아야 돼.
B: 아마도 뭔가 생각해내겠지.

A: I saw Pat's new car.

B: It looks like a foreign sports car.

A: It was really expensive.

B: **Took many years to** save up the money.

A: Did his parents help him buy it?

B: No, it was purchased entirely with his savings.

A: 팻이 새로 뽑은 차를 봤어.
B: 수입 스포츠카 같이 보이네.
A: 정말 비싸.
B: 그 돈 모으는데 수년이 걸렸어.
A: 부모님이 사는데 도와주셨어?
B: 아니, 오로지 자기가 저축한 돈으로 구입한거야.

Okay, try me

좋아 내게 말해봐

역시 많이 쓰이는 표현이지만 순간 이 표현을 들었을 때 이게 뭐지?라는 궁금증이 생기는 표현이다. 보안의 문제든지, 믿음이 안가서든지, 혹은 무시하는 마음에서든지, 하여간 상대방이 뭔가 말을 하려고 말다, 망설일 때 궁금해하며 "Try me"라고 말할 수 있다. 내가 알 수도 있으니, 혹은 나를 믿어도 되니 내게 말해보라(I'm ready to listen)는 표현이다. 한 친구가 자기 아버님의 죽음에 대해서 말하고 싶어하지 않다고 할 때, 자기가 위로와 힘이 되어줄 수도 있으니 자기한테 한번 말해보라(give me a chance)고 할 때, 혹은 뭔가 할 얘기가 있지만 말하기에 너무 지겹다고 생각되서 망설일 때, 듣는 사람은 괜찮으니 어서 말해보라고(let me know what's on your mind)고 재촉할 수 있다.

Check It Out!

A: You wouldn't believe me. B: **Try me.** A: 날 믿지 않을 거야. B: 한번 믿어봐

A: She was insane. She didn't even let me explain. B: **Try me.**
A: 걘 미쳤어. 내가 설명을 하지도 못하게 했어. B: 내가 해볼게.

| POINT |

Try me 내게 말해봐
Okay, try me 좋아 내게 말해봐
Try me. Just try me 내게 말해봐. 그냥 말해봐

Speaking Skills

A: You look kind of depressed today.

B: You don't want to hear about my troubles.

A: **Try me.** I'm a good listener.

B: I owe some people a lot of money.

A: How did you get into debt?

B: I like to gamble, but I ended up losing.

A: 너 오늘 좀 우울해보인다.
B: 내 고민거리 듣지 않는게 좋아.
A: 내게 말해봐. 나 얘기 잘 들어주잖아.
B: 몇몇 사람들에게 돈을 많이 빚지고 있어.
A: 어쩌다 빚을 지게 된거야?
B: 내가 도박하는 것을 좋아하는데 잃고 말았어.

A: Mr. Smith is expecting a report in the morning.

B: He will be upset if it's not submitted.

A: But there is a serious problem.

B: **Try me.** Maybe we can find a solution.

A: Some of the data in the report are incorrect.

B: Let's go back and see if we can find the errors.

A: 스미스 씨는 오늘 아침에 보고서 받아보리라 예상하고 있어.
B: 제출되지 않으면 화내실텐데.
A: 하지만 심각한 문제가 있어.
B: 내게 말해봐. 우리가 해결책을 찾을 수도 있으니까.
A: 보고서의 일부 데이터가 잘못됐어.
B: 돌아가서 틀린 부분을 찾을 수 있는지 보자.

Listen to you. You need to be more polite

말 조심해. 넌 좀 더 예의를 갖춰야 돼

앞서 언급되었지만 listen to sb하게 되면 「…의 말을 귀담아 듣다」라는 생기초 표현이다. 그래서 Listen to me!(내 말 좀 들어봐!)라는 표현은 많이 들어봤겠지만 갑자기 Listen to you!하게 되면 이게 무슨 말일까 언뜻 우리말로 떠오르지 않게 된다. listen은 hear와 달리 화자가 관심과 의지를 갖고 듣는 거라는 점에 착안을 해야 한다. 즉 명령문 형태로 상대방에게 Listen to you!하게 되면 "네가 하는 말을 잘 들으라"라는 뜻으로 의역하자면 상대방에게 말할 때 "신중히 생각하고 말해라," "말할 때 조심해라," "말이 되는 소리를 해라"라는 의미가 된다. 문맥에 따라서는 상대방을 혼내면서 상대방이 바람직하지 않은 방식으로 말을 하거나 행동을 하고 있다고 주의를 줄 때도 사용할 수 있다. 강조하려면 Listen to yourself!, 그리고 상대방이 잘못하고 있는 것까지 한 문장으로 말하려면 Listen to you ~ing의 형태로 쓰면 된다. 친구가 쌍욕을 쓸 때 "Listen to you. You need to be more polite."라고 할 수 있으며, 아이가 달래도 계속 떼를 쓰며 울 때, "Listen to you crying. You need to stop because you're upsetting everyone."이라고 말할 수 있는 것이다. 단 주의할 점은 "He's gonna listen to you"처럼 쓰이면 이는 "걘 네 말을 잘 들을거야"라는 뜻으로 본래의 listen to sb가 되니 잘 구분을 해야 한다.

Check It Out!

You complain all the time. **Listen to yourself.** 넌 늘상 불평하냐. 말도 안 되는 얘긴 그만해.

Listen to yourself. That's not you. 정신차려. 너답지 않아

Listen to you. What's your deal? 잘 들어. 너 문제가 뭐야?

What makes you think he's gonna **listen to you**? 넌 왜 걔가 네 얘기를 들을거라 생각하는거야?

| POINT |

Listen to you 말할 때 조심해, 말되는 소리를 해
Listen to yourself 생각 좀 하고 말해
Listen to you crying 너 우는 것 좀 봐라

Speaking Skills

A: My plan is to start a hot dog restaurant.

B: Not many people want to eat hot dogs.

A: I think it will be successful.

B: **Listen to me.** This is a very bad idea.

A: Why do you think it's so bad?

B: You won't have customers. You'll lose money.

A: 내 계획은 핫도그 식당을 여는거야.
B: 그렇게 많은 사람들이 핫도그를 먹지 않는데.
A: 난 성공할거라 생각해.
B: 내 말 들어봐. 이건 정말 안좋은 생각이야.
A: 왜 안좋다고 생각하는거야?
B: 손님들이 없을테고 돈을 잃게 될거야.

A: The injury on my leg isn't bad.

B: It is very serious, in my opinion.

A: It's just bleeding a little bit.

B: **Listen to yourself.** You need to get help.

A: Do you think I should see a doctor?

B: You should go to a hospital right away.

A: 다리에 난 상처는 나쁘지 않아.
B: 내 생각엔 아주 심각한데.
A: 단지 좀 출혈이 있을뿐야.
B: 말이 되는 소리를 해. 넌 도움이 필요해.
A: 내가 병원에 가야 된다고 생각해?
B: 당장 병원에 가봐.

Wow, talk about handsome!

야, 정말 잘생겼네!

정말 오역하기 쉬운 표현이다. Talk about~!의 형태로 쓰이면 about 이하의 것이 중요하고 주목할 만하다고 강조하는(a way of emphasizing something) 표현으로 달리 쓰면 That's really~!에 해당한다. Talk about 다음에는 형용사, 명사나 ~ing가 올 수 있다. 우리말로는 "정말 …하네!," "…에는 따라올 사람이 없어!"에 해당되어, Talk about selfish!하면 "야, 정말 이기적이네!," Talk about snow!는 "눈 정말 되게 많이 내리네!"라고 이해하면 된다. 주로 뭔가 구체적인 대화를 나누고 나서 결론적으로 comment처럼 말할 때 아주 많이 쓰이는 표현이다. 한 여자가 유명영화배우 Chris가 지나가는 걸 봤다고 친구들에게 자랑하면서 "I saw a famous actor on the street today. Wow, talk about handsome!"라고 했는데, 이때 Talk about handsome!이란 문장의 뜻은 Chris가 정말 잘 생겼고 말하는 여자는 그 부분에 감동을 받았다는 것을 알 수 있다. 또한 교외에서 살다가 도심으로 이사가려고 했는데 가격이 너무 비싸다고 포기할 때 "I talked to the apartment salesmen about buying an apartment. Talk about expensive! I can't afford one"라 할 수 있다.

Check It Out!

Wow, **talk about** handsome! 야, 정말 잘생겼네!
Talk about selfish! 정말 이기적이네!
Talk about snow! 정말 눈 많이 내리네!

| POINT |

Talk about~ 정말 …하네, …에는 따라올 사람이 없어

Speaking Skills

A: Wendy is upset with me.

B: She says you were kissing some woman.

A: **Talk about** a liar! That never happened.

B: So you never touched another woman?

A: No, I swear I didn't!

B: I wonder why she thinks you did.

A: 웬디가 내게 화났어.
B: 네가 다른 여자와 키스했다고 하던대.
A: 거짓말 한번 끝내주네! 그런 일 절대 없어.
B: 그럼 넌 다른 여자를 전혀 손대지 않았다는거지?
A: 그럼, 맹세코 전혀 그러지 않았어!
B: 왜 걔가 네가 그랬다고 생각하는지 모르겠네.

A: How did your boss get arrested?

B: He tried to avoid paying taxes.

A: And the government found out?

B: Yes. He was prosecuted for that crime.

A: **Talk about** stupid. That was ridiculous.

B: He made a serious mistake.

A: 어떡하다 네 사장이 체포된거야?
B: 탈세하려고 했어.
A: 정부가 알아냈고?
B: 그렇지. 그 죄목으로 기소됐어.
A: 정말 멍청하구만. 참 웃긴다.
B: 중대한 실수를 한거지.

Aren't you bisexual?

너 양성애자 아니야?

Do you mind if ~?는 「…좀 해주시겠어요」라고 부탁하는 표현이라고 배웠는데 그 부탁을 들어주겠다는 의미로 대답할 때 왜 No, Not at all 따위의 부정어를 쓰는지 궁금할 것이다. Do[Would] you mind + ~ing[if S + V]?는 I was wondering if ~, I'd like (you) to ~ 등과 함께 미국인들이 즐겨 쓰는 '부탁 표현' 중 하나이다. 실용 회화에서는 Do you를 생략하고 간단히 Mind if ~?라고 줄여쓰기도 한다. 하지만 mind는 원래 「…하기를 꺼리다」(be opposed to or dislike)란 뜻의 동사이다. 따라서 Do you mind ~? 는 「…하는 게 싫으세요?」, 「…하면 당신에게 폐가 됩니까?」란 뜻이 되어 모양새와는 달리 부정의 의미를 포함하는 의문문이 된다.. 영어에서 부정의문문에 대답할 때는 우리말과 반대로 해야 한다는 사실을 알고 있을 것이다. 예를 들어 Isn't he there?(그 친구 거기 없어?)라는 물음에 No라고 하면 "응, 없어," Yes라고 하면 "아니, 여기 있어"란 뜻이 된다는 것 말이다. Do you mind ~?에 대한 대답요령도 그와 같아서 No, Not at all, Of course not 등 부정으로 대답해야 「아니, 난 괜찮아」, 「알았어」(I do not mind if ~)라는 승낙의 뜻이 되는 것이다. 반대로 Yes, Of course 등 긍정의 대답은 「그래, 싫어. 그러니까 안돼」라는 얘기가 된다. 하지만 아무리 연습해도 실전 회화에서는 헷갈리기 십상이다. 요령은 말하려는 내용이 긍정이면 무조건 Yes를, 말하려는 내용이 부정이면 무조건 No를 쓴다고 기억해두면 된다. 아니면 어떤 식으로 물어오더라도 Sure, Okay, Absolutely 등 긍정의 대답을 통해 충분히 승낙의 의미를 전달할 수 있다.

이제 「부가 의문문」에 대해 알아보자. 부가 의문문은 문장 끝에 붙어서 주로 확인이나 동의를 구할 때 쓰인다. 긍정문 뒤엔 부정 형태의 부가 의문문이, 부정문 뒤엔 긍정 형태의 부가 의문문이 쓰이는데, 흔히 Yes/No 답변이 뒤따른다. 그런데 부가 의문문이 쓰인 문장은 긍정·부정이 한자리에 존재하는지라, 대답할 때 Yes와 No 중 무엇을 택해야 할지 헷갈려 하는 사람들이 많다. 이는 영어식 언어사고와 우리나라식 언어사고 사이에 근본적으로 차이가 있기 때문이다. 우리나라 말은 「질문」이 긍정문이냐 부정문이냐에 따라 「네/아니오」의 대답이 달라지게 되어 있지만, 영어는 그 「대답」하는 내용에 초점을 맞추게 되어 있다. 즉 앞서 위에서 말했듯이 질문이 긍정문이냐 부정문이냐에 상관없이 대답하는 내용이 긍정이면 Yes, 부정이면 No가 되는 것이다.. 예를 들어 "The meeting's at 3 o'clock, isn't it?"이라고 물었을 경우 대답은, 회의가 3시에 시작하는 것이 맞다면 "Yes, it is"가 되는 거고, 3시가 아니라면 "No, it isn't"가 되는 것이다.

| POINT |

Do you mind if~? (부정의문문에 속함)

긍정의 대답을 할 때는 **No, Not at all, Of course not**

부정의 대답을 할 때는 **Yes, Of course**

Speaking Skills

A: I only like people of the opposite sex.

B: **Aren't you bisexual?**

A: **Yes. I'm not bisexual.**

B: What? I don't understand. You're bi or not bi?

A: I'm not bi.

B: Ah, then you should answer "No, I'm not bisexual."

A: 난 이성만 좋아해.
B: 너 양성애자 아냐?
A: 어. 난 양성애자 아냐.
B: 뭐라고? 난 이해가 안돼. 너 양성애자야 아냐?
A: 난 양성애자 아니야.
B: 아 그럼 넌 "어. 난 양성애자가 아냐"라고 답해야 돼.

A: **Do you mind if** I have a date with your girlfriend?

B: **Of course not.**

A: You're so generous. Thank you.

B: What do you mean 'Thank you"

A: You allowed me to have date with you girlfriend.

B: No! I don't want you to date my girlfriend!

A: Oh. Then you should say "Of course I mind".

A: 네 여친과 데이트해도 괜찮겠어?
B: 물론 괜찮지.
A: 너 정말 너그럽구나. 고마워.
B: '고맙다니' 그게 무슨 말이야.
A: 네 여친과 데이트하는거 허락했잖아.
B: 아니! 네가 내 여친과 데이트하는거 싫어!
A: 아. 그럼 "물론 안되지"라고 말해야지.

Now you're talking. I completely agree

이제야 말이 통하네. 나도 전적으로 동의해

한참 얘기하고 있었는데 상대방이 Now you're talking하면 조금 기분이 나빠지려고 할 수도 있다. 왜냐면 자기도 지금까지 입으로 열심히 talking을 하고 있었기 때문이다. 이 표현은 "이제 말이 통하네," "이제 서로 생각이 통하는구나," 즉 상대방이 앞서 한 말에 동의를 하는 표현(to express approval)이다. 이 의미를 모르는 상태에서 네이티브가 갑자기 이 표현을 쓰면 매우 당황할 수도 있다. 간단히 말하면 "That's right"이라고 말하는 것과 같다고 생각하면 된다. 또한 이 표현은 한 세대 위의 사람들이 즐겨 썼던 표현으로 현재는 그때보다는 덜 많이 쓴다. 한가지 주의할 점은 Now you're talking about that처럼 talking 이후에 말이 이어지면 원래 의미는 상실한 채 일반적으로 얘기주제에 대한 것으로(to be specifically mentioning a subject to talk about) "이제서야 네가 …얘기를 하는구나"라는 의미가 된다. 아래 문장을 보면서 의미를 익히도록 한다.

Check It Out!

Now you're talking. Let's go to a ball game! 이제야 말이 통하네. 야구경기 보러 가자!
Now you're talking. I completely agree. 이제야 말이 통하네. 나도 전적으로 동의해.

| POINT |

| **Now you're talking** 이제 말이 통하네, 이제 서로 생각이 통하는구나 |
| **Now you're talking about~** 이제서야 네가 …얘기를 하는구나 |

Speaking Skills

A: I skipped lunch and I'm really hungry.
B: How about ordering a pizza?
A: **Now you're talking.** Let's do that.
B: I'd like to get pepperoni on it.
A: I'll get some olives and extra cheese.
B: Great. I'm calling the pizza shop.

A: 점심을 걸렀더니 정말 배고파.
B: 피자를 주문하는게 어때?
A: 이제야 말이 통하네. 그렇게 하자.
B: 페페로니 피자를 먹고 싶어.
A: 난 올리브와 추가 치즈를 먹을테야.
B: 좋아. 피자가게에 전화할게.

A: Can you think of a fun place to go?
B: A new nightclub opened up downtown.
A: **Now you're talking.** We can go there tonight.
B: Do you like dancing?
A: I like to dance, but I'm not good at it.
B: Don't worry, we'll still have fun.

A: 가서 재미있게 놀 장소가 있을까?
B: 새로운 나이트클럽이 시내에 문을 열었어.
A: 이제야 말이 통하네. 오늘밤 거기에 가자.
B: 춤추는거 좋아해?
A: 좋아하지만 잘 추지는 못해.
B: 걱정마, 그래도 재미있을거야.

There goes my weekend!

내 주말이 날라갔네!

안 그래도 There[Hear] you are~, There[Here] goes~ 등의 표현으로 많이 헷갈렸는데… 먼저 There goes sb하면 「저기 …가 가네」라는 단순한 표현이지만 There goes sth하게 되면 전혀 의미가 달라진다. 그래서 There goes my weekend!하게 되면 뭔가 안 좋은 일이 생겨서, 그 때문에 자기가 즐겨야 할 주말이 망칠거라는 이야기이다. 주말을 신나게 보내려고 기대했던 만큼 그러지 못하게 된 이상 이 문장 속에는 좌절감이 잔뜩 들어있게 된다. 사실 이렇게 주말이 망치는 일이 많이 없다면 이 문장을 사용할 기회가 없겠지만 현실이 어디 그런가. 꼭 얄밉게도 금요일 퇴근하면서 일을 잔뜩 주고가는 사장의 뒷모습을 보고 "This sucks! There goes my weekend!"라고 투덜거릴 수 있고 또한 주말에 야동을 막 보려고 한 야인이 컴퓨터작동이 안돼서 AS기사를 불렀는데 부품도 새로 구해야 되고 시간이 걸린다고 하자, "This will take forever. There goes my weekend!"라고 탄식할 수 있다. There goes my marriage하면 "내 결혼은 틀렸어"가 되며 There goes that하게 되면 실패해서 "어쩔 수가 없다" 그리고 There goes my[that] theory하게 되면 "내 생각이 틀렸네"라는 뜻이 된다.

Check It Out!

There goes that. Maybe we can go to the movies instead. 어쩔 수 없네. 대신 영화갈까.

If Tom cheats on his wife, **there goes his marriage.** 탐이 바람피면 결혼생활이 끝장날거야.

If I plead guilty, **there goes** my entire academic career.
내가 유죄인정을 하면 내 평생 학교경력이 끝장날거야.

| POINT |

There goes my weekend! 내 주말이 날라갔네!

There goes my marriage 내 결혼은 틀렸어

There goes that 어쩔 수가 없네

There goes sb 저기 …가 가네

Speaking Skills

A: The downtown travel agency went bankrupt.

B: I purchased some airline tickets there.

A: I'm sorry, but it's completely closed.

B: **There goes** the money I spent.

A: I hope they weren't expensive.

B: I paid the agency over a thousand dollars.

A: 시내의 여행사가 파산했어.
B: 나 거기서 항공티켓 좀 샀는데.
A: 안됐네. 하지만 완전히 문을 닫았어.
B: 내가 쓴 돈이 날아가는구만.
A: 비싼 표가 아니었기를 바래.
B: 여행사에 천 달러 이상을 지불했어.

A: **There goes** my old girlfriend.

B: How long ago did you guys break up?

A: It's been a few years.

B: Do you miss spending time together?

A: Yes, she and I were very close.

B: Sounds like you still have some feelings for her.

A: 저기 내 전 여친이 지나가네.
B: 너희들 헤어진 지 얼마나 됐어?
A: 몇 년 됐어.
B: 함께 보낸 시간이 그립지 않아?
A: 어, 그녀와 난 매우 친했었지.
B: 너 아직 걔한테 감정이 좀 있는 것 같은데.

Let's move on

다음으로 넘어가자

기본적으로는 다른 곳으로 「이동하다」이지만 비유적으로는 뭔가 하고 있던 일을 그만두고 다른 일을 하자 (be time to go on and do another thing)고 할 때 혹은 지금까지 나누고 있는 화제(topic)를 마무리하고 다른 화제꺼리를 이야기하자는 말이다. 그래서 회의 등 비즈니스 상황에서 한 주제토론이 끝났으니 다음 agenda로 넘어가자고 할 때 많이 쓰인다. 또한 move on에는 같은 맥락이지만 나쁜 경험을 이겨내고 삶을 계속 살아가기 시작하다라는 뜻이 있어, 힘든 상황을 겪은 상대방에게 이제 그만 극복하고, 그만 잊어버리고 계속 기운을 내서 살아가라라고 할 때 많이 들을 수 있다. 학교에서 과학선생님이 실험에 대한 충분한 설명을 한 뒤에 다 이해했으면 다음으로 넘어가자고 하면서 "Unless you have questions, let's move on to another topic"이라고 할 수 있다. 또한 회의를 주재하는 사람이 다른 주제로 토론하자고 "Okay, we've discussed our business strategy. Let's move on to some other topics"이라고 할 수 있다. 참고로 Let's get a move on it하게 되면 상대방에게 뭔가 빨리 서두르고 여기를 떠나자고 할 때 사용하는 표현이다.

Check It Out!

I finished my homework. Now **let's move on** to Bible study! 난 숙제를 끝냈어. 이제 성경공부하자!

Don't you think it's time to **move on**? 이제 그만 잊고 넘어가야 될 때라고 생각하지 않아?

I'd better **get a move on it**. 빨리 서둘러야겠어.

| POINT |

Let's move on 다음으로 넘어가자

Let's get a move on it 빨리 서두르자

Speaking Skills

A: What was your last relationship like?

B: It was horrible. We fought all of the time.

A: It's best to **move on** from that.

B: I know, I need to find someone who is calm.

A: Are you having any luck?

B: I found a few people on an online dating site.

A: 마지막으로 맺은 관계가 어땠어?
B: 끔찍했어. 우리 줄창 싸웠어.
A: 그거는 잊는게 최상이네.
B: 알아, 난 차분한 사람을 찾아야 돼.
A: 좀 찾은 사람이 있어?
B: 한 온라인 데이팅 사이트에서 몇명을 찾았어.

A: Have we finished discussing the business plans?

B: I think everything has been covered.

A: Do you have any questions for me?

B: No, you were very thorough.

A: **Let's move on** to some other things.

B: Sounds good. Let's talk about our holiday.

A: 사업계획 토의는 끝난거야?
B: 하나도 빠트린게 없는 것 같아.
A: 나한테 뭐 질문할 것 있어?
B: 아니, 넌 매우 철저했어.
A: 그럼 다른 일로 넘어가자.
B: 좋지. 우리 휴일에 대해 얘기하자.

I've been playing with myself and I feel much more confident

자위를 했더니 자신감이 붙네

"I played with my friends in Jongro yesterday" 하면 「어제 친구들과 종로에서 놀았다」는 거의 완벽한(?) 문장같은데, 네이티브는 이렇게 말하지 않는다. 그건 "I played with my friends"란 말이, 친구들과 뛰고 뒹굴면서 신나게 놀고 난 「어린아이」(of children to amuse oneself with a game, using toys, running and jumping etc.)가 할 법한 말이기 때문이다. '클 만큼 큰' 어른들은 「친구들과 놀았다」고 할 때 play with my friends라고 하는 사람이 거의 없다. 우리가 생각하는 「노는 것」, 즉 맛있는 것도 먹으러 가고, 영화도 보고, 수다도 떠는 「노는」 것은 play로 표현하지 않는다. play는 주로 play tennis, play cards 와 같이 운동경기나 게임 등을 하며 「노는」 것을 말할 때 쓰는데, 「play with + 어린아이」의 형태로 쓰이면 「…와 놀아주다」라는 뜻이 되고, play with sth은 「…을 갖고 놀다」라는 의미를 나타낸다. 그리고, play with sby는 「…와 섹스하다」(have a sex with), 「…를 (장난감처럼) 가지고 놀다」(toy with)라는 부정적 의미로 쓰여 play with oneself라고 하면, 이는 「혼자 논다」는 의미로 생각하기 쉽지만 실은 「자위하다」 (masturbate)라는 민망한 의미를 담은 말이다. 보통 「노는」 것에 관해 말할 때는 대개 "The other day, Mary came over and we ate dinner"(요전날 메리가 놀러와서 저녁먹었지), "I saw Jim yesterday. We went to the movie, Kingsman: The Golden Circle"(어제 짐을 만나서 같이 『킹스맨: 골든 서클』 보러 갔어)에서와 같이, 구체적으로 뭘 하면서 놀았는지 나타내주는 것이 일반적이다. 하지만 아주 막연하게 「함께 시간을 보내며 어울린다」는 의미로 「논다」는 말은 hang out (with sby)을 써서 "I hung out with one of my friends yesterday"와 같이 말해야 한다. hang out 다음에 사람이 아니라 장소가 오면 「…에서 시간을 보내는 일이 많다」(spend a lot of time in a particular place)는 뜻이 된다. 또한, "Let's get together for a drink"(만나서 한잔 하자)에서와 같이 get together(만나다; 놀다) 역시 「노는」 것과 관련해서 반드시 알아두어야 할 표현이다.

> **Check It Out!**

Now she wants to **play with** us. 이제 걘 우리랑 놀고 싶어해.
Don't you have any friends to **hang out with**? 함께 놀 친구가 없는 거야?

| POINT |

play with+아이들	아이들과 놀다	**play with sb**	섹스하다, 가지고 놀다
play with oneself	자위하다	**hang (out) with sb**	…와 놀다, 시간을 보내다

Speaking Skills

A: Were Jamie and Sam here tonight?
B: Yeah. They just left.
A: I didn't know they spent time here.
B: I invited them to **hang out** and have dinner.
A: That's great. Did everyone have a good time?
B: It was a lot of fun.

A: 제이미와 샘이 오늘밤 여기 왔었어?
B: 어. 방금 갔어.
A: 여기서 시간을 보낸 줄 몰랐네.
B: 함께 놀고 저녁먹자고 초대했었어.
A: 잘했어. 다들 좋은 시간 보냈어?
B: 아주 재미있었어.

A: Do you have any plans?
B: No, I'll probably go home.
A: Come **hang out** at my house.
B: Is it far from here?
A: It's about twenty minutes by subway.
B: Cool! Let me grab my bag before we go.

A: 무슨 계획있어?
B: 아니, 집에 가야 할까봐.
A: 우리집에 가서 함께 놀자.
B: 여기서 멀어?
A: 지하철로 약 20분 거리야.
B: 좋아! 가기 전에 내 가방 좀 챙기고.

You better hire a security guard

경비원을 고용하는게 좋겠어

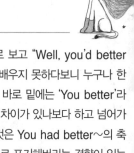

"Well, you better hurry up"을 보게 되면 had를 실수로 빠트린 문장으로 보고 "Well, you'd better hurry up"으로 고치고 싶어할 것이다. You better~는 회화에서 정식으로 배우지 못하다보니 누구나 한 번쯤 이런 부분을 봤을 것이다. 어떤 때는 'You'd better'라고 되어 있고, 또 바로 밑에는 'You better'라고 되어 있는데, 우리말 해석부분을 보면 별다른 게 없는 것 같고… 그냥 뭔가 차이가 있나보다 하고 넘어가기 일쑤이다. 결론부터 말하자면, You'd better~라고 말하는 것이 옳다. 이것은 You had better~의 축약형으로 빨리 발음해 버릴 경우 안 들리기가 쉽다. 따라서 발음나는대로 그대로 표기해버리는 경향이 있는 영화나 만화 또는 회화책에는 그냥 들리는 대로 써놓은 경우가 적지 않다. 하지만 미국 유수의 Common Errors in English에 관한 사전 및 책들에도 명시되어 있는 바와 같이 실제로 아예 You better~로 얘기하는 미국인들도 적지 않다. 심지어는 You까지 생략하여 Better+V라고 쓰기도 한다. 결론적으로 말해서 You had better+V~나, You better+V~, Better+V, 이 세가지 뜻은 동일하면 또 셋 다 자주 쓰이는 표현이라는 점이다.

Check It Out!

It takes 90 minutes for me to get home. **I'd better** get a move on it.
집에 오는데 90분 걸려. 서둘러야 돼.

We'd better prepare for some difficult times.   어려운 시기를 위해 준비하는게 낫겠어.
You'd better hire a security guard.   경비원을 고용하는게 좋겠어.
You'd better calm down or you'll get in trouble.   너 진정해라 그렇지 않으면 사고치겠다.
If you know anything, **you better** tell us.   뭔가 아는게 있으면 우리에게 털어놔.
You better not be lying to me.   넌 내게 거짓말하지 않는게 나아

| POINT |

> **You had better+V = You better+V = Better+V** …해라

Speaking Skills

A: What are you so scared of?
B: I saw a strange man in my neighborhood.
A: What was he doing?
B: He was walking around and shouting.
A: **You had better** tell the police.
B: I called them, but they still haven't arrived.

A: 뭘 그렇게 무서워하는거야?
B: 동네에서 낯선 남자를 봤어.
A: 그가 뭘 하고 있었는데?
B: 걸어다니면서 소리를 지르고 있었어.
A: 경찰에 신고를 해.
B: 전화했는데 아직 도착하지 않았어.

A: Missy expected to hear from you.
B: Oh gosh, I forgot about that.
A: **You better** call her quickly.
B: You're right. I need to do that.
A: So why are you waiting?
B: I think she's going to be angry with me.

A: 미시는 너로부터 직접 소식듣기를 기대했어.
B: 오 이런, 내가 그걸 잊어버렸네.
A: 빨리 걔에게 전화해.
B: 맞아, 그래야겠다.
A: 그럼 뭘 기다리는거야?
B: 나한테 화를 낼 것 같아.

I've got so much to do

할 일이 너무 많아

have got은 구어에서 많이 쓰는 표현으로 have와 별반 다를 것 없이 쓰인다. have+명사가 「…을 갖고 있다」라는 뜻이 되듯 have got+명사는 「갖고 있다」는 의미이다. 그냥 '아~ have 대신에 have got을 쓸 수도 있구나'하는 정도로만 알아둬도 된다. 이때 have는 종종 생략되어 I got+N의 형태로 많이 쓰인다. 다만 갖고 있다라는 의미 외의 딴 의미의 have는 have got으로 대체할 수 없다. 즉 다시 말해서 have가 먹다라는 뜻도 있는데, 이때는 대치가 안된다는 말이다.

또한 have to+동사가 「…해야 한다」는 뜻이니 have got to+동사도 「…해야 한다」는 의미가 되는 것이다. I have got to+V는 축약해서 I've got to+V가 되고, 다시 축약되어 I've gotta+V, 그리고 역시 have는 생략되기도 해서 I gotta go라고 발음되고 표기되기도 한다.

그런데 한가지 더 문제가 있다. 그럼 have got과 have gotten의 차이는 뭘까라는 의문이 생기게 된다. 앞서 말했듯 have got은 소유(possession)의 개념인데 반하여, have gotten은 획득(obtaining)의 개념이 된다. have got은 have와 같은 의미니까, Dave has got $50 in the bank이라고 하면 데이브 소유의 돈 50달러가 은행에 있다는 말이다. 반면 have gotten(have+pp)은 get의 동작성이 발휘되어서 Dave has gotten $50 from the bank하게 되면, 데이브가 은행계좌에서 50 달러를 인출했다(Dave took $50 out of his bank account)라는 말이 된다.

Check It Out!

I've got a pain in my side.   옆구리에 통증이 있어.

I've got a feeling she will not show up.   걔가 오지 않을 것 같은 느낌이 들어.

I've got so much to do.   할 일이 너무 많아.

I've got to know where to get a job.   어디에서 일자리를 구할 수 있는지 알아봐야겠어.

| POINT |

have got = have 소유하다(possess)	
have gotten 획득하다(obtain)	
have got to = have to …해야 한다	

Speaking Skills

A: Can I get you anything?
B: I feel very hungry right now.
A: **We have got** lots of snacks.
B: Do you have any candy bars?
A: No, but we have some chocolate cake.
B: Sounds good. I'd like a piece of that.

A: 뭐 좀 갖다줄까?
B: 나 지금 무지 배고파.
A: 스낵이 많이 있어.
B: 캔디바는 없어?
A: 없어, 하지만 초콜릿 케익은 좀 있어.
B: 좋아. 그거 한 조각 먹을게.

A: I fixed this toy truck.
B: What was wrong with it?
A: The batteries went dead because they were old.
B: I see. So what have you done?
A: I **have replaced** the batteries.
B: Well, my son will be happy to play with it.

A: 이 장난감 트럭을 고쳤어.
B: 뭐가 문제였는데?
A: 오래 되어서 배터리가 죽었어.
B: 그렇군. 그래서 어떻게 했는데?
A: 배터리를 교체했어.
B: 내 아들이 그거 가지고 즐겁게 놀겠구나.

I live downtown with my boyfriend

남친과 시내에서 살아

외국인에게 여자 친구를 소개하면서 This is my girl friend, Ji-Sun"이라고 하거나 혹은 한 남성이 집에서 나와 남자 친구와 같이 한집에 산다고 I live downtown with my boyfriend했더니 이상하게 여길 것이다. 물론 문법적으로 잘못된 부분은 없지만 동성(同性)의 친구를 소개할 때 girl friend, boy friend를 쓰면 동성연애자로 오해받기가 쉽다. 물론 우리나라에 있는 네이티브들은 알아서 듣거나 혹은 오해할 수도 있다고 조심스럽게 알려줄 수도 있을 것이다. 이런 경우에는 "This is a friend of mine" 또는 "This is my male[female] friend"라 말해야 오해의 소지가 없다. 하지만 언어는 생물이어서 시시각각 변화하기 때문에 굳이 male, female을 쓰기 귀찮을 때는 그리고 문맥상 분명한 동성애자가 아닌 상황하에서는 남자가 친구를 boyfriend, 여자가 친구를 girlfriend라고 쓰기도 한다.

Check It Out!

He's off to see **his girlfriend.** 개 애인 만나러 갔어.

I want to make out with **my girlfriend.** 애인하고 애무하고 싶어.

How did you find such a beautiful **girlfriend?** 어떻게 그런 이쁜 애인을 찾았어?

I'm finished with **my old boyfriend.** 오래된 남친과 헤어졌어.

Speaking Skills

A: Did you invite anyone to join us?

B: Emily will be coming.

A: Good. I think she's nice.

B: She's going to bring **her boyfriend.**

A: Have you met him before?

B: No, tonight will be the first time I've seen him.

A: 우리와 함께 할 누구 초대했어?
B: 에밀리가 올거야.
A: 좋아. 걔 착한 것 같은데.
B: 걘 남친도 데려올거야.
A: 남친 만나본 적 있어?
B: 아니, 오늘밤에 걔 남친을 처음보는 걸거야.

A: Jinsu, where are you living?

B: I live downtown with **my boyfriend.**

A: Are you gay?

B: No I'm not gay.

A: Then you should have said male friend.

B: Oh. Yes, I live with a male friend. I don't have a boyfriend.

A: 진수야. 너 어디에 살아?
B: 남친과 시내에서 살아.
A: 너 게이야?
B: 아니, 나 게이아냐.
A: 그럼 남자인 친구라고 말했었야지.
B: 아 그래. 난 남자인 친구와 살고 있어. 남친은 없어.

I stayed up all night working on assignments

과제 때문에 밤샜어

우리가 '밤을 새다'라고 할 때 자주 쓰는 'all night'은 영어에서도 통하는지 궁금할 때가 있을 것이다. all night 만으로도 「밤새도록」이라는 뜻이 있지만, 이는 구체적으로 「밤샘의, 철야의」(taking up continually during an entire night) 또는 「철야 영업의」(open all night)라는 의미로 쓰인다. 다시말해서 밤샜다고 all night을 단독으로 쓰면 콩글리쉬가 된다는 것이다. 따라서, 이런 경우에는 stay up을 사용해야된다. 예를 들어서 "나는 과제물을 하느라고 밤을 꼬박 세웠다"라고 하려면 I stayed up all night for assignments라고 하면 된다. 또한 「밤늦게까지 안 자다」는 비슷한 표현을 할 때도 stay up late이나 be up late이라는 말을 한다. 그래서 데이빗은 중간 고사 준비를 하느라고 밤늦게까지 못 자서 피곤했다라고 하려면 David was tired for having stayed up late preparing for his midterm exam이라고 하면된다.

Check It Out!

You have to try to **stay up** and study. 자지 말고 공부해야 돼.
I'd better not **stay up late** tonight. 오늘 저녁 일찍 자는게 나을거야.
It's not good for you to **stay up too late.** 너무 늦게까지 안자고 있는 건 좋지 않아.

| POINT |

stay up all night 밤을 새다	
stay[be] up late 밤 늦게까지 자지 않다	

Speaking Skills

A: You look really tired this morning.

B: I was awake until 3 am.

A: That's not good for your body.

B: Don't worry, I often **stay up late.**

A: Why not go to bed earlier?

B: Sometimes I can't sleep even if I'm in bed.

A: 너 오늘 아침 무척 피곤해보인다.
B: 새벽 3시까지 잠을 못잤어.
A: 몸에 안좋은데.
B: 걱정마. 난 종종 밤늦게까지 안자.
A: 좀 더 일찍 자도록 해봐.
B: 때로는 침대에 있어도 잠이 오질 않아.

A: The lights are still on in the library.

B: That's because students are studying.

A: But it's way after midnight.

B: It's normal for students to **stay up all night** before exams.

A: Do they get better test grades?

B: Yes, studying improves their scores.

A: 도서관에 아직도 불이 켜져있네.
B: 학생들이 공부를 하고 있기 때문이야.
A: 하지만 자정이 훨씬 지났잖아.
B: 학생들이 시험 전에 밤을 새는 것은 흔히 있는 일이야.
A: 시험점수가 더 잘 나오나?
B: 그럼. 공부하면 점수가 올라가잖아.

Don't bother talking to Jack. There's nobody home

굳이 잭하고 얘기하려고 하지마. 제 정신아냐

Nobody home을 「집에 아무도 없다」라는 의미로만 알고 있으면 낭패를 볼 수가 있다. 사실 (Is) nobody home?하고 뒤를 올려 물으면 「이 사람아, 정신을 어디다 팔아먹었어?」 혹은 「대체 정신이 있는거야 없는 거야?」라는 의미가 되어 상대방이 정신을 딴 데 팔고 있을 때, 아님 정신을 못 차리고 엉뚱한 짓을 할 때 보통은 상대방의 머리를 툭 치면서 놀리는 말로 쓸 수 있는 표현이다. 물론 친한 친구 사이에서나 쓸 수 있는 informal한 표현이니 아무데서나 남용해서는 안된다. 참고로 남의 집에 찾아가서 「집에 아무도 없나요?」하고 묻고 싶을 땐 Nobody home?이 아니라 Anybody home?하고 물어야 한다.

Check It Out!

Don't bother talking to Jack. **There's nobody home.**
굳이 잭하고 얘기하려고 하지마. 제 정신아냐.

Hello! **Is anybody home?** You told me you would call. 너 정신없구나? 전화한다고 했잖아?

| POINT |

(Is) Nobody home? 정신어디다 둔거야?

Anybody home? 누구 집에 있어요?

Speaking Skills

A: Where did Mrs. Robinson go?
B: I think she's still in her apartment.
A: We knocked on the door but there **was nobody home.**
B: Maybe she went grocery shopping.
A: How long does that usually take?
B: She'll probably be back in an hour.

A: 로빈슨 부인은 어디에 가셨어?
B: 아직 아파트에 계시는 것 같은데.
A: 문을 노크했는데 아무도 없었어.
B: 식료품 점에 가셨나보네.
A: 그러면 보통 얼마나 걸려?
B: 한시간 후에는 돌아오실거야.

A: Your grandfather looks ill.
B: As he has gotten older, he has become senile.
A: How sad. Can he still communicate with you?
B: He doesn't understand anything. **There's nobody home.**
A: It must be difficult to take care of him.
B: Yes. My mom usually helps him to eat and to dress himself.

A: 네 할아버지가 편찮으신 것 같아.
B: 나이가 드시면서 정신이 없으시는 것 같아.
A: 끔찍해라. 아직 너와 의사소통은 되는거야?
B: 아무 것도 이해를 하지 못하셔. 정신이 없으신거지.
A: 케어하는게 정말 힘들겠다.
B: 맞아. 엄마가 보통 식사 때나 옷 입으실 때 도와주셔.

영어회화! 이거 알면 개이득!

알고 쓰면 더 편리한 영어스피킹기술

chapter

4

영어다운 표현들

You don't want to drink any more

너 더 이상 술을 마시지 마라

물론 단순히 상대방의 의지를 확인할 때도 쓰인다. 넌 …하는 것을 원치 않지(?)라는 의미로 말이다. 그래서 너 나랑 데이트하기 싫지, 맞지라고 하려면 You don't want to date me, right?, 너 나랑 더 이상 놀고 싶지 않은거야?라고 하려면 You don't want to hang out with me anymore?라고 해주면 된다. 하지만 I'm a dangerous woman. You don't want to mess with me(나 위험한 여자야. 건드리지 말라고)에서 보듯 You don't want to+V는 상대방에게 충고나 조언을 할 때 쓰인다. 따라서 이는 You should not+V(…하지 않는게 낫겠어)로 생각하면 된다. 물론 긍정으로 You want to+V도 이에 해당하는데 이때는 …을 하는게 낫다(You should~)와 같다고 생각하면 된다.

또한 don't 대신에 may not을 써서 You may not want to+V로 하면 …하지 않는게 좋겠어라는 '의미'를 갖는다. 역시 상대방에게 충고를 하는 것으로 may 대신 might를 써도 된다. 그래서 너무 늦게 자지 않는게 좋겠어는 You may not want to stay up late, 그걸 하는게 좋을거야는 You might want to do that이라고 하면 된다. 몇가지 예를 더 살펴본다.

Check It Out!

You don't want to play this game with me. 나랑 이 게임을 하지 않는게 나아.
You don't want to work for a guy like that. 그런 사람 밑에서 일하지 않는게 낫겠어.
You may not want to try skydiving. 스카이 다이빙을 시도해보지 않는게 좋겠어.
You may not want to listen to rumors. 소문에 귀기울이지 않는게 좋겠어.
You might want to give it some thought. 그것에 대해 생각을 좀 해보라고.

| POINT |

You want to+V	…하는게 나아(You should~)
You don't want to+V	…하지 않는게 낫겠어(You should not~)
You may[might] want to+V	…하는게 낫겠어
You may[might] not want to+V	…하지 않는게 낫겠어

Speaking Skills

A: I'm feeling a little dizzy.

B: Well, you've been at the bar for a while.

A: I drank five beers and some whiskey.

B: **You don't want to** drink any more.

A: You think I should go home?

B: Yeah, go home and get some sleep.

A: 나 좀 어지러워.
B: 넌 한동안 바에 있었잖아.
A: 맥주 5병과 위스키 좀 마셨어.
B: 더 이상은 먹지 마라.
A: 내가 집에 가야 된다고 생각해?
B: 어, 집에 가서 잠 좀 자.

A: I've been working all night.

B: Didn't you take a nap?

A: No, there was no time for that.

B: **You may want to** get some sleep.

A: I still have many pages to write.

B: Your writing will be a mess if you don't rest a bit.

A: 나 밤새 일했어.
B: 낮잠도 안잔거야?
A: 어, 그럴 시간이 없었어.
B: 잠 좀 자는게 낫겠어.
A: 아직 작성해야 될 페이지가 많이 남았어.
B: 좀 쉬지 않으면 네 글은 엉망이 될거야.

You're not gambling any more money

더 이상 도박에 돈을 쓰지 마라

앞서 언급한 You want to~(You should~)와 You don't want to~(You should not~), 그리고 You might want~가 상대방에게 조언과 충고를 하는 표현이라는 것을 배웠다. 여기서는 한가지 더 추가로 You're ~ing과 You're not ~ing에 대해서 알아본다. 마찬가지로 You're ~ing는 상대방에게 …해라, 그리고 부정문인 You're not ~ing은 …하지마라라는 의미로 쓰인다. 물론 You don't want to+V가 일반적인 의미로 쓰일 때가 있다고 했듯이, You're (not) ~ing 역시 넌 …하게 될거야, 넌 …하지 않을거야라는 일반적인 의미로도 사용된다. 너무 기본적이라 다 아는 표현이라고 있는 그대로 문장을 이해하다보면 해석이 어색해지는 경우가 있으니 잘 알고 있다가 문맥에 맞게 이해를 해야 한다. 그래서 Clearly you're not getting the point하게 되면 넌 분명히 무슨 말인지 모르고 있어가 되고, You're not going anywhere near our girls하게 되면 넌 우리 여자애들 근처에는 오지마라라는 뜻이 된다.

Check It Out!

You're not gambling any more money. 더 이상 도박에 돈을 쓰지 마라.
You're not going to her house. 넌 걔 집에 가지 마라.
You're not using the Internet here. 넌 여기서 인터넷을 사용하지마.

| POINT |

You're ~ing …해라
You're not ~ing …하지 마라

Speaking Skills

A: What have you got in your hands?

B: It's a can of gasoline.

A: **You're not bringing** it in here.

B: What's the problem?

A: Gas smells bad, and it's dangerous.

B: Alright, I'll leave the can outside.

A: 손에 들고 있는게 뭐야?
B: 휘발유 통이야.
A: 이 안으로는 들고 오지마.
B: 왜 그러는데?
A: 휘발유는 냄새가 지독하고 위험하잖아.
B: 알았어, 밖에 다 둘게.

A: I am flat broke this week.

B: What happened to your paycheck?

A: I lost it all while gambling.

B: **You're not borrowing** money from me.

A: Why not? You can lend me something.

B: No way. You never pay me back.

A: 이번주에 완전히 무일푼이야.
B: 급여는 어떻게 됐는데?
A: 도박하다 다 잃었어.
B: 내게서 돈 빌릴 생각은 말아라.
A: 왜 안되는데? 조금만 빌려주라.
B: 절대 안돼. 절대로 돌려주지 못할거야.

He is a nice guy; he's kind of dumb though

갠 착한 사람이야, 좀 우둔하긴 해도

일반적으로 though는 「…이긴 하지만」이라는 의미의 접속사로 쓰인다. 이때는 Though it's hard work, I enjoyed it(어렵긴 하지만, 난 그 일이 재미있었어)에서와 같이 절(clause)의 맨 앞에 놓이게 되고, although나 even though 등으로 바꿔 쓸 수 있다. 여기까지는 흔히들 알고 있는 though에 관한 상식일 것이다. 하지만 though에는 이 상식을 뛰어넘는(?) 용법이 있으니, 바로 "S+V~, though"라는 형태이다. 문법책만 달달 외운 사람에게는 좀 낯설겠지만, 영미인의 대화를 듣다 보면 그야말로 툭툭 튀어나올 정도로 많이 쓰는 단골 표현이다. 예를 들어, It's hard work; I enjoyed it, though라는 문장 끝에 붙은 though는 「그래도」, 「그러나」의 의미로 전체적으로 "그 일은 어려워. 나한텐 재미있었지만 말야"라는 뜻이 되는 것이다. 즉 앞의 문장의 의미와 반대되는 문장을 말할 때 사용하면 되는 것이다. 이러한 though의 용법은 영화나 드라마 등에서 자주 듣게 되는 표현이니 꼭 알아두어야 한다.

Check It Out!

I don't know. I'll find out **though.** 몰라. 그렇지만 알아보려구.

We had a great weekend hiking; it rained the whole time, **though.**
지난 주말에 우리는 등산가서 재있게 보냈지. 내내 비가 오긴 했지만 말야.

He is a nice guy; he's kind of dumb **though.** 갠 착한 사람이야, 좀 우둔하긴 해도.

| POINT |

S+V, though 그래도, 그러나

Speaking Skills

A: Sharon told me she'd be coming.

B: She asked me if I had seen you.

A: So where is she? Is she here?

B: She was here earlier; she's not here now **though.**

A: Do you know where she went?

B: She said she had to go see her mom.

A: 샤론이 온다고 내게 말했어.
B: 걔는 내게 널 봤냐고 물어봤어.
A: 그럼 걔 어디에 있는거야?
B: 걘 더 일찍 여기 있었지만 지금은 가고 없어.
A: 걔가 어디에 갔는지 알아?
B: 걘 가서 엄마를 만나야 한다고 했어.

A: My brother Earl thinks that you're cute.

B: Ah, he is a very nice guy.

A: Would you consider dating him?

B: I like Earl; he's not my type **though.**

A: What kind of person turns you on?

B: I like quiet guys who are smart.

A: 내 오빠 얼이 네가 귀엽다고 생각해.
B: 네 오빠 참 착한 사람이야.
A: 데이트해 볼테야?
B: 얼을 좋아하지만 그래도 내 타입은 아냐.
A: 어떤 사람에게 끌리는데?
B: 난 똑똑하고 말이 별로 없는 남자들을 좋아해.

I've been dealing with that real estate thing

전 부동산 관련 일들을 처리해왔습니다

아이 생일파티를 며칠 앞두고 있는 부부가 나누는 대화이다. 남편은 아내에게 애 생일파티 일은 어떻게 돼 가냐고 물어본다. 여기서 '생일파티 일'은 생일파티 음식을 준비하고 친구들을 초대하는 등 관련된 부수적이고 세부적인 일 전부를 포함한다. 서로 알고 있는데 굳이 하나하나 언급할 필요가 없을 때 이렇게 우리말에서는 ~일, ~하는거, ~건 등으로 말하는데 영어에서도 똑같은 경우에 동일한 단어인 thing을 써도 간단히 표현한다. 다시 요약하자면 이미 상대방이 알고 있거나 혹은 바로 앞에서 언급한 내용을 다시 반복하지 않기 위해서 간단히 대표단어+thing을 쓴다. (this is a way to express an "event" or "occasion." The speaker is trying to say something in a short and simple way, without using a lot of words to describe something)

~thing은 미드나 영어에 자주 등장하는 표현으로 알아두면 편리할 것이다. 이렇게 자주 쓰이는 표현 중에 ,like라는 단어가 있다. 우리말에서도 중간중간에 "에~, 그~, 뭐랄까~" 등을 특별한 의미없이 문장 중간중간에 삽입하듯이, like는 특히 젊은 사람들이 별다른 의미가 없이 말하는 중간 중간에 사용하는 단어이다. 종종 강조하고 싶은 말 앞에 의도적으로 집어넣기도 한다.

Check It Out!

I thought **this whole revenge thing** was gonna be fun. 이렇게 복수한다는게 재미있을 줄 알았지.

I've been dealing with **that real estate thing**. 전 부동산 관련 일들을 처리해왔습니다.

Why don't you, **like,** ever realize the truth? 너 말야. 뭐랄까, 현실을 깨달아야 하지 않겠니?

You guys have, **like,** seen him in the meeting room, right?
너희들, 어, 회의실에서 그 남자 봤지, 그렇지?

You're **like** the most amazing girl I've ever dated.
너처럼, 뭐랄까, 굉장한 여자랑 데이트 해보기는 처음이야.

| POINT |

~thing	…일, …하는거, …건
,like	그~, 뭐랄까~

Speaking Skills

A: Melinda wasn't home last night.
B: Oh really? What was she doing?
A: She had to set up the festival decorations.
B: Why weren't you, **like,** helping her?
A: I was busy working on the computer.
B: I think you could have given her a hand.

A: 멜린다는 지난밤에 집에 들어오지 않았어.
B: 정말? 뭘하고 있었대?
A: 축제 장식들을 설치해야 했대.
B: 넌 저기, 걔를 도와주지 않았어?
A: 컴퓨터 작업을 하느라 바빴어.
B: 난 네가 걔를 도와줄 수 있었다고 생각해.

A: My car is having some problems.
B: Tell me what is happening.
A: It makes noise when I turn the steering wheel.
B: I'll ask my brother to check it out.
A: Isn't he, **like,** working today?
B: Yes, but he can look at it when he comes home.

A: 내 차에 문제가 좀 있어.
B: 무슨 일인지 말해줘.
A: 운전대를 돌리면 소음이 나.
B: 형보고 확인해보라고 할게.
A: 오늘 저기 일하지 않아?
B: 아니, 오늘 일하지만 퇴근해서 봐줄 수 있어.

Where's this coming from?

이게 무슨 얘기야?

Where ～ come from?하게 되면 고향을 묻는 표현으로 우리들 머리 속에 고정관념으로 박혀있다. Where～ sb ～ come from?의 경우에 「고향이 어디냐」, 「출신이 어디냐」라는 왕기초 영어표현이 되고 또한 Where does sth come from?하게 되면 문맥에 따라, 「원산지가 어디인지」(origin of something) 혹은 「이게 어디서 난 것인지」를 물어보는 표현이 된다. 그런데 Where did that come from?처럼 과거형으로 쓰면 그 근본적인 의미는 같지만 이때는 출신이나 원산지를 물어보는 것이 아니라 상대방이나 다른 사람의 말이나 행동에 놀라거나 혼란스러울 때 받아치는 문장으로 "그게 무슨 말이야?," "어째서 그런 말을 하는거야?"라는 뜻이 된다. 친구가 갑자기 "Hey, I decided to get married tomorrow"라고 하면 당황할 수 밖에 없다. 이때 놀라서 던질 수 있는 말이 바로 이 표현이다. 다시 말해 Why did you do[say] that?와 같은 문장인 셈이다. 또한 Where's this coming from?은 무슨 얘기야?라는 의미이다. 이번에는 where이 go와 어울려 I see where this is going하게 되면 무슨 말하려는지 알겠어라는 비유적인 뜻이 된다. 좀 응용해서 Do you really not know where I'm going with this?하면 "내가 말하려는 것을 정말 이해못한거야?"라는 뜻이고, Do you see where I'm going with this, kids?라고 하면 "내가 말하는 것을 이해했어?"라고 물어보는 문장이 된다.

Check It Out!

You are always angry. **Where does it come from?** 　넌 항상 화를 내. 왜 그러는 거야?
Where does all this come from? 　어떻게 하다 다 이렇게 된거야?
Let me tell you **where this is going.** 　이게 어떻게 돌아가는지 내가 말해줄게.
I honestly don't know where this is going. Just following the clues.
솔직히 어떻게 돌아가는지 모르겠어. 그냥 단서들을 따라갈 뿐이야.

You are the best. **People come from all over** the country to see you.
당신이 최고야. 전국의 사람들이 너를 보려고 오잖아.

| POINT |

> **Where did that come from?** 　그게 무슨 말이야?

> **= Why did you do[say] that?** 　왜 그런 말을 하는거야?

> **I see where this is going** 　무슨 말하려는지 알겠어, 어떻게 돌아가는지 알겠어

Speaking Skills

A: You are the boss's favorite employee.
B: Oh, I plan to quit next week.
A: **Where did that come from?**
B: I don't like working at this company.
A: Yes, but our salary is really good.
B: I will miss making a lot of money.

A: 넌 사장이 가장 좋아하는 직원이야.
B: 어, 난 담주에 그만둘 생각인데.
A: 그게 무슨 말이야?
B: 난 이 회사에서 일하는게 싫어.
A: 그래, 하지만 급여는 정말 괜찮잖아.
B: 급여 많이 받는 걸 그리워하겠지.

A: Sam and Lee decided to break up.
B: I'm shocked. They have been together a long time.
A: I know. Everyone is surprised.
B: **How did it come to this?**
A: She wants to get married and he doesn't.
B: How sad. I hope they find true love elsewhere.

A: 샘과 리는 헤어지기로 결정했어.
B: 나 충격받았어. 오랫동안 사귀었잖아.
A: 알아. 다들 놀랬어.
B: 어떻게 하다 그렇게 되었대?
A: 그녀는 결혼을 원했는데 리가 원치 않는대.
B: 안타까워라. 걔네들은 다른 진정한 사랑을 찾기를 바래.

Please let me in. It's important

제발 들여보내줘. 중요한 일이야

Allow me라는 좀 쓰다만 것 같은 표현이 있다. 이는 자신이 기꺼이 나서서 뭔가를 하겠다는 표현이다. Allow me (to+V)에서 to+V를 생략하고 쓴 표현이다. 여성이 무거운 가방을 들려고 할 때, 혹은 밖으로 나가는데 문을 열어주겠다고 할 때 쓰는 '제가 할게요'라는 다소 정중한 표현이다. Allow me와 비슷한 의미로 쓰이면서 좀 더 캐주얼한 표현으로는 Let me가 있다.

여기서 한 걸음 더 들어가서 Let me in 또는 Allow me in하게 되면 좀 들어갈게요라는 의미가 된다. 반대로 나가게 해달라고 할 때는 Let me out이라고 하면 된다. 비슷한 구조로는 자기도 포함시켜달라는 Count me in, 반대로 자기는 빼달라고 할 때는 Count me out이라고 하면 된다. 또한 Are you in?하면 너도 할래?, 그래서 너도 하면 나도 할래는 I'm in if you're in이라고 하면 된다. 그리고 그사람 들여보내는 Send him in, 들어오게 문열어주라고 할 때는 Buzz him in 등 아주 간단하게 표현할 수 있다. 특히 기특하게도 내가 알아서 나갈테니 나올 필요없다고 할 때는 I'll let myself out이라고 하면 된다.

> **Check It Out!**

Allow me in to clean up the classroom.   들어가서 교실 청소하게 해줘요.
Need your cigarette lit? **Allow me.**   라이터 필요해요? 여기요.
Why won't you **let me into** the movie for free?   왜 영화를 공짜로 못 보여주는 거야?
I wouldn't know because you never **let me in.**   네가 나를 못들어오게 해서 내가 알 수가 없지.
That sounds like a plan. **Count me in.**   좋은 생각이야. 나도 껴줘.
Our card game will start at 10 pm tonight. **Are you in?**   카드게임 오후 10시에 할거야. 너도 할래?

| POINT |

Allow me 제가 할게요		**Let me** 내가 할게요	
Let me in 들여보내줘		**Allow me in** 들여보내줘	
Let me out 내보내줘		**let myself out** 내가 알아서 나가다	
Count me in 나도 껴줘		**Count me out** 난 빼줘	
Are you in? 너도 할래?		**Send him in** 들여보내	
Buzz him in 들어오게 문열러줘			

340

Speaking Skills

A: Can I come inside and talk to you?

B: No. It's too late at night.

A: Come on, **let me in.**

B: I'm serious. It's late and I'm going to sleep.

A: Please **let me in.** It's important.

B: Tell me what you want to talk about.

A: 내가 들어가서 너와 얘기해도 될까?
B: 아니. 밤이 너무 늦었어.
A: 그러지말고 내가 들어가게 해줘.
B: 진심이야. 늦어서 잘거야.
A: 들여보내줘. 중요한 문제라고.
B: 네가 얘기하고 싶은게 뭔지 말해봐.

A: Tonight has been a lot of fun.

B: I know. And we're not finished yet.

A: What? I'm exhausted. I'm going home.

B: Don't you want to get another drink?

A: No, **count me out.** I've had enough.

B: Okay, but you'll miss having a good time.

A: 오늘밤은 정말 재미있었어.
B: 그래. 그리고 아직 끝나지 않았어.
A: 뭐라고. 난 지쳤어. 난 집에 갈래.
B: 한잔 더 하지 않을래?
A: 어, 난 빼줘. 많이 먹었어.
B: 좋아, 하지만 넌 즐거운 시간을 놓치게 될거야.

He really wants you to be here

갠 정말 여기에 오고 싶어해

어디에 가다, 어디에 오다라고 할 때는 생기초동사, go와 come이 있지만 구어체에서는 be there, be here로 쓰기도 한다. be there는 거기에 있다라는 뜻으로 go를, 그리고 be here는 여기에 있다라는 의미로 come을 각각 대신해 쓰인다.

그래서 (I'll) Be right there는 곧 갈게, 지금 가, I'll be there는 갈게라는 의미가 된다. 좀 긴 문장을 만들어보자. 갠네들 이리로 올거야라고 하려면 They are going to be here라고 하면 되고, 또한 갠 네가 여기에 오길 바래라고 할 때는 He really wants you to be here라고 하면 된다.

주의할 점은 뒤에 for you가 붙어 I'll (always) be there for you하면 미드 프렌즈의 주제가 제목으로 내가 네게 힘이 되어 줄게라는 의미가 되며, We're almost there하게 되면 거의 다 됐어 혹은 거의 끝났어라는 다른 의미가 된다는 것이다. 한단계 더 들어가 I've been there처럼 현재완료로 쓰면 가본 적이 있다, 비유적으로 무슨 말인지 알겠어라는 뜻이 된다. 이는 줄여서 Been there이라고 쓰기도 한다.

물론 오지랖넓은 get을 써도 동일한 의미로 쓰인다. When will you be here?는 When will you get here?, I will be there at five o'clock는 I will get there at five o'clock라고 해도 된다.

Check It Out!

I'll **be there.** Just let me know when and where. I'm in.
나도 갈게. 장소하고 시간 알려줘. 나도 갈 테니까.

I need to know how many people will **be there.** Is that a yes or a no?
몇 명 올지 알아야 돼. 온다는 거야 아님 못 온다는 거야?

She's going to **be here** any minute. 갠 곧 올거야.

| POINT |

I'll (always) be there for you 내가 (네게) 힘이 되어줄게

I've been there 1. 무슨 말인지 알겠어, 정말 그 심정 이해해 2. 가본 적 있어

We're almost there 거의 다 됐어, 거의 끝났어

Speaking Skills

A: What time is the performance?

B: It begins right at seven o'clock.

A: It's six thirty. We have thirty minutes.

B: We've got to **be there** before it starts.

A: Do you want to drive over there now?

B: Let's go in about five minutes.

A: 공연이 몇시야?
B: 7시 정각에 시작해.
A: 6시 반이니 30분 남았네.
B: 시작하기 전에 가야 돼.
A: 이제 그곳으로 차로 갈거야?
B: 한 5분 후에 가자.

A: Did you put these books on the table?

B: Yeah. Tim is coming to pick them up.

A: I wonder what time he'll **be here.**

B: He says he's coming after lunch.

A: Tim is always late for everything.

B: I think he'll get here around dinnertime.

A: 네가 이 책들을 테이블에 올려놨어?
B: 어. 팀이 그 책들 가지려 와.
A: 몇시에 올지 궁금하네.
B: 점심 먹고 온다고 그랬어.
A: 팀은 모든 일에 늘상 늦잖아.
B: 내 생각에는 저녁 식사 때쯤이나 올 것 같아.

I could do with a hot shower

따뜻한 샤워를 할 수 있으면 좋겠어

직역을 해서는 잘 이해가 되지 않는 표현이다. could do with sth하게 되면 구어체로 want, need의 뜻으로 생각하면 된다. I could do with~의 형태로 자주 쓰이는 이 표현은 지금 없지만 있으면 좋겠다는 희망 사항을 말하는 것으로 쉽게 말하면 I'd like~로 생각하면 된다. 꼬낙 한잔 먹었으면 좋겠어는 I could do with a cognac, 지금 당장 시원한 맥주가 있으면 좋겠어는 I could do with a cold beer right now 라고 한다. 그리고 with 다음에는 먹는 것만 나오는 것은 아니다. 하루 더 쉬었으면 좋겠어는 I could do with an extra day off, 따뜻한 물에 샤워를 할 수 있으면 좋겠어는 I could do with a hot shower라고 하면 된다. 또 I could do with a place to store extra things라고 하면 수납공간이 더 있으면 좋겠어라는 의미가 된다. 그리고 같은 맥락에서 What I could do with~하게 되면 역시 가정법 구문으로 "…있으면 좋겠다"라는 말로 쉽게 말하면 I wish I had~로 생각하면 된다. 그래서 이런 차가 있으면 얼마나 좋을까는 What I could do with a car like this, 몇천 달러가 있으면 얼마나 좋을까는 What I could do with a few thousand dollars 그리고 좋은 일자리에 일할 기회가 있으면 얼마나 좋을까는 What I could do with a chance at a good job라고 하면 된다.

Check It Out!

I could do with a beer. 맥주 먹었으면 좋겠어.
I could do with a haircut. 난 머리를 깍아야 돼.
I could do with more money. 돈이 더 좀 있었으면 좋겠어.

| POINT |

| **I could do with+N** …가 있으면 좋겠어 |
| **What I could do with+N** …가 있으면 얼마나 좋을까 |

Speaking Skills

A: We'll be going to a department store.
B: I hope you bring some money.
A: Do you need to get anything?
B: **I could do with** a new suit.
A: What do you need a suit for?
B: My sister is getting married in the fall.

A: 우리는 백화점에 갈거야.
B: 너 돈 좀 가져와.
A: 뭐 사야 되는게 있어?
B: 새로운 정장이 있으면 좋겠어.
A: 뭐 때문에 정장이 필요한거야?
B: 내 누이가 가을에 결혼하거든.

A: My boss is driving me crazy.
B: What is he making you do now?
A: He has us working through the weekends.
B: So you are working seven days a week.
A: **I could do with** some time off.
B: You should take a long vacation.

A: 사장 때문에 미치겠어.
B: 이번엔 사장이 너한테 뭘 시키는데?
A: 주말 내내 일을 시켜.
B: 그럼 너 일주일에 7일간 일하는거구나.
A: 좀 쉬었으면 좋겠어.
B: 길게 휴가를 내봐라.

I had my hair cut

나 머리 깎았어

세월이 변해도 변함없이 사역동사의 예문으로 각광받는 아주 유명한 문장이다. 'have+목적어' 다음에 동사원형이나 ~ing가 오면 목적어가 능동적으로 뭔가를 하게끔 주어가 시키는 것이고 반대로 위 예문처럼 'have+목적어' 다음에 pp가 오면 제 3자가 목적어를 pp하였다라는 말이 된다. 따라서 위 문장은 직역하면 제 3자에 의해 내 머리가 깎임을 당하였다, 즉 머리를 깎았다라는 말이 되는 것이다. 그럼 간단히 I cut my hair라고 하지 왜 이렇게 어렵게 말할까? 우리는 영리해서 "나 머리깎었어"하면 집에서 가위나 바리깡으로 깎은 게 아니라 미장원에서 깎았구나라는 걸 깨닫지만(?) 미국인들은 고지식한 건지 분명한 걸 좋아하는지 자기가 깎은 게 아니라 다른 사람이 깎았다는 것을 굳이 말하려고 한다. 그러다보니 학창시절 어렵게만 느껴졌던 사역동사가 문법책에서 현실세계로 튀어나와 여전히 우리를 괴롭히게 되는 것이다. have 대신 get을 써도 같은 의미가 되지만 get sby의 경우에는 to를 붙여서 get sby to+V라고 해야 한다.

그래서 전화영어의 대표적 문장 중 하나인 I'll have him call you back은 그 사람이 당신에게 전화하도록 하겠다는 의미이고, You had it coming은 네가 자초한거야라는 의미가 된다. 또한 컴퓨터 점을 통해서 내 컴퓨터를 업그레이드 했을 때는 I had my computer upgraded, 그리고 차를 세차장에서 세차했을 경우에는 I got my car washed라고 하면 된다.

> **Check It Out!**

If it's all right with you, I'd like to **get my hair cut**. 괜찮다면 나 머리자르고 싶어.
I got the house painted. 집을 페인트 칠했어.
You should **get the children dressed**. 애들 옷을 입혀야지.
Then, we need to know where he **gets his car washed**. 그럼 걔가 차를 어디서 세차하는지 알아야 돼.

| POINT |

주어 + 사역동사 + 목적어 + 동사원형/~ing [목적어와 동사원형/~ing는 능동의 관계]

I have him call you back. = He calls you back

주어 + 사역동사 + 목적어 + pp [목적어와 pp의 관계는 수동]

I had my hair cut. = My hair was cut.

Speaking Skills

A: You left a pair of sunglasses in my apartment.
B: Don't worry, they are old.
A: What do you want us to do with them?
B: **Have your sister throw** them away.
A: Are you sure? They look nice.
B: Don't worry, I have other pairs.

A: 너 내 아파트에 선글라스 놓고 갔어.
B: 신경쓰지마, 낡은거야.
A: 그거 어떻게 할까?
B: 누이보고 버리라고 해.
A: 정말? 좋아 보이던데.
B: 걱정마, 나 다른 선글라스도 있어.

A: You've been absent from class a lot.
B: I am way behind on what we're studying.
A: **Get Tim to** lend you his notes.
B: He's the best student in class.
A: I know. He takes the best notes.
B: Ok, I'll see if he'll let me make copies of them.

A: 너 수업 많이 빼먹었어.
B: 나 우리가 배우는 거에서 많이 뒤졌어.
A: 팀에게 노트한거 빌려달라고 해.
B: 걔가 반에서 가장 우수한 학생이지.
A: 알아. 걘 노트를 가장 잘해.
B: 알았어, 걔가 내가 걔 노트를 복사하게 할지 알아볼게.

Nice try, you'll do better next time

시도는 좋았어, 다음번에는 더 잘해라

미드보다 보면 참 많이 듣게 되는 표현. 하지만 Nice try!라는 단어들만 보고 이를 Good job!(잘했어!)와 같은 표현으로 생각하면 오산이다. nice하기는 하지만 try란 단어에 이 표현의 핵심이 숨겨져 있다. "시도는 좋았다" 하지만 "결과는 실패다"라는 의미를 내포하고 있는 표현이다. 문맥에 따라 비꼴 수도 있는 등 뉘앙스가 조금씩 다를 수는 있지만, 일반적으로 목표 달성에는 실패했지만 노력은 아주 잘했다(to make a good effort to do something), 그러니 성공하려는 노력을 포기하면 안된다고 격려(an encouragement not to give up trying to succeed)하는 문장으로 생각하면 된다. 근사한 목표이든 간계한 술수이든 원래의 목적으로 달성하지 못했지만 그래도 노력이 가상하다고 격려(cheer up)하는 것이다. 친구가 취업면접에 갔다 왔는데 결국 채용되지 못했을 때 "Sure, you didn't get hired, but it was a nice try"라고 격려할 수 있고, 또한 아들 놈이 야구를 하는데 타자로 나왔어 헛스윙으로 삼진아웃 당하자 기운을 복돋아주려고 "Nice try, you'll do better next time"라고 위로할 있다.

Check It Out!

It's too bad you lost the contest. **Nice try.** 네가 지다니 안됐네. 하지만 잘했어

Nice try, but it'll be so much more mysterious. 시도는 좋았지만, 훨씬 더 알 수 없게 될거야.

Nice try. Maybe you can make yourself stronger. 그대로 잘했어, 더 강해질 수 있을 수도 있어.

You did a good job! I was very impressed. 정말 잘 했어! 매우 인상적이었어.

| POINT |

Nice try! 시도는 좋았어!	
Nice going! 잘했어!, 잘한다(비꼼)	
Good job! 잘했어!	

Speaking Skills

A: You don't own an expensive gold necklace.

B: Yes I do. It's at my house.

A: No. You never have money to buy nice things.

B: My aunt gave it to me.

A: **Nice try,** but I don't believe it.

B: It's true. I'll even show it to you.

A: 넌 고급 금목걸이가 없어.
B: 아니 있어. 집에 있어.
A: 아냐. 넌 고급품을 살 정도로 돈이 있은 적이 없어.
B: 숙모가 내게 주셨어.
A: 시도는 좋았지만 난 안 믿어.
B: 사실이야. 너한테 보여줄 수도 있다고.

A: I thought I could finish the marathon.

B: It was a very long race.

A: Yes but it was just too tough, and I gave up.

B: **Nice try.** You'll do better next time.

A: I need to train more for the future.

B: It will improve your running stamina.

A: 난 마라톤을 완주할 수 있을거라 생각했어.
B: 아주 긴 레이스였어.
A: 그래 하지만 단지 힘들었을 뿐인데 내가 포기했어.
B: 그래도 잘했어. 다음번에는 더 잘할거야.
A: 다음을 위해서 훈련을 더 해야 돼.
B: 그러면 네 달리기 체력이 향상될거야.

You're such a kind person

정말 친절하시군요

중고등학교 6년동안 평생해야 할 공부를 다 해 버릴 듯이 영어를 공부했지만 어쩐지 영어회화와는 거리가 멀게 느껴진다. 우리는 시험문제에 틀리지 않으려고 문법으로 영어를 대했기 때문이다. 지금 나온 이 표현도 중학교에서 아니 고등학교 때까지 영어시험문제에 자주 모습을 나타내는 단골이다. 아마도 「so + 형용사, 부사 + 명사」, 「such 부정관사 + 형용사, 부사 + 명사」를 모르는 사람은 없을 것이다. 그러나 이를 미국인과의 회화에 직접 써본 사람 또한 거의 없을 것이다. 고작 친절하다고 말할 때는 "You're very kind." 정도일 것이다. 하지만 이 표현은 너무 식상하다. 상대방의 친절함에 고마움을 표시하는 데 너무 평면적이다. 쓰려면 「That's very kind of you(to ….).」를 써야 한다. 이 표현도 'such a'만큼이나 많이 쓰이는 관용적인 표현이다. 특히 이 표현은 you 다음에 「to + 동사」를 써서 상대방의 친절한 행위를 구체적으로 재언급할 수 있는 장점을 지니고 있다. 초대에 고마움을 표시하기 위해서는 "That's very kind of you to invite us." "That's very kind of you to say so."

이제는 조금은 세련되게 고마움을 표현해보자. 학창시절 많이 보아온 표현이기 때문에 어색함도 없고 또한 발음도 부드럽게 이어지는 "You're such a kind person."이란 표현을 자주 써보기를 권한다. 상황과 문맥에 연연해하지 않아도 된다. 단지 상대방이 나에게 친절함을 베풀었을 때 자연스럽게 이 말을 써보면 상대방도 흐뭇해 할 것이다. 「such a + 형용사 + 명사」는 '형용사 + 명사'의 정도를 강조하는데는 적격이다. You're such a good friend!는 너 참 좋은 친구다라는 뜻으로 What a good friend!와 의미가 같다고 할 수 있다. 특히 You're such a까지는 달달 입에 걸쳐놓고 그 다음에 자기가 강조하고 싶은 말을 형용사+명사의 꼴로 넣으면 상대방을 감탄하며 칭찬하거나 혹은 흉보는 아주 훌륭한 문장이 될 것이다. 상대방이 운전을 잘하면 You're such a good driver!, 친절하면 You're such a kind person!, 그리고 무능하면 You're such a loser!라고 하면 된다.

그밖의 강조어로 for the life of me는 부정문 앞에 위치해서 "아무리 노력해도 …을 할 수 없다"는 것을 강조하고, nothing in the world나 not have a care in the world처럼 부정어 뒤에 쓰이는 in the world 등이 있다. 또한 scare처럼 동사와 목적어(me) 사이에 the shit out of가 삽입되어 원래 어구인 scare me의 의미를 강조하는 경우이다. 그래서 You scared me는 "너 때문에 놀랐잖아"인 반면, You scared the shit out of me하게 되면 "너 때문에 간떨어지는 알았어"가 된다.

Don't be **such a** baby! 아기같이 굴지 좀 마라!

God, you scared **the shit out of** me. 맙소사. 나 간떨어지는 줄 알았어.

I'm gonna slap **the shit out of** you. 네 빰을 갈겨버릴거야.

And **for the life of me**, I can't figure it out. 그리고 정말이지, 난 그걸 도저히 못알아내겠어.

| POINT |

That's very kind of to+V …하다니 정말 고마워

You're such a 형용사+명사 너 정말 …하다

For the life of me, S+Vnot 정말이지 …

부정어+in the world 전혀 …하지 않은

scare the shit out of sb …가 간떨어지는 줄 알다

beat the shit out of sb …을 엄청 패주다

Speaking Skills

A: Jeff decided to move to another house.

B: What **in the world** made him do that?

A: He said his old house was too small.

B: I thought he lived alone.

A: He is getting married and wants more room.

B: Oh, I understand now.

A: 제프는 다른 집으로 이사가기로 했어.
B: 도대체 뭐 때문에 그렇게 하게 된거야?
A: 살던 집이 너무 작다고 말했어.
B: 난 걔가 혼자 사는 걸로 알고 있는데.
A: 결혼하게 돼서 방이 더 필요하대.
B: 아, 이제 이해가 되네.

I get it. They don't want me to come

알겠어. 개네들은 내가 오는 걸 바라지 않는구나

get은 다음에 오는 명사에 따라 구매하다, 전화를 받다, 버스 등을 타다 혹은 이해하다(understand)라는 의미로 쓰인다. 특히 get에는 이해한다(understand)라는 의미가 있어 get 다음에 명사가 아닌 대명사 it, that 등이 오는 경우가 그렇다. I've got it 혹은 I got it하면 알았어라는 말이 되고 반대로 I don't get it하면 모르겠다가 된다. 또한 I got it 혹은 시제를 바꿔 I'll get it(that)하면 전화벨이 울릴 때 혹은 노크를 하거나 초인종소리가 났을 때 내가 (전화) 받을게요, 내가 (문으로) 나갈게요라는 뜻이 된다. 마지막으로 인칭이 바꿔 You got it하면 맞았어 혹은 알았어라는 의미이고 끝을 올려 You got it(that)?하면 상대방에게 알았어? 알아들었어?라는 말이 된다. 물론 get에는 얻다, 사서 갖다라는 의미가 있어 I got it on sale은 세일 때 산거야, I got it from him은 그가 준거야라는 의미가 된다.

반면 I got this하게 되면 뭔가 책임을 지거나 어떤 일을 완수하겠다는 의미가 된다. I got this하게 되면 걱정하지마라 이 일을 내가 처리하지(Don't worry, I can handle this)라는 의미가 된다. 내가 다른 사람의 도움없이 충분히 커버할 수 있다고 자신있게(feel confident) 말하는 경우이다. 식당에서 두 친구가 식사를 하고 나서 한 친구가 계산서를 달라고 하며, "I got this"하게 되면 이 때 역시 내가 맡아서 하다, 즉 내가 계산하겠다는 의미가 된다. 따라서 I got this의 기본적 의미인 "내가 알아서 할게," "내가 맡을게"라는 것을 이해하고 문맥에 따라 응용해서 해석을 하면 된다.

Check It Out!

I think we should know where he **got it**. 우리는 걔가 그걸 어디서 구했는지 알아야 될 것 같아.

All right, **got it**. Is there anything else? 그래, 알았어. 또 다른 건?

Let me see if I **got this right**. 내가 이걸 바로 잡았는지 알아볼게.

| POINT |

I've got it(that) 알았어	
I've got it(I got it) 알았어	
I'll get it 내가 받을게, 내가 나갈게	
You got it 맞았어, 알았어 (You got it? 알았어?)	
I got this 내가 알아서 할게	

Speaking Skills

A: Some of the students no longer attend class.
B: They did poorly on the big exam.
A: **I get it.** They failed.
B: That's right. Their grades were terrible.
A: Will they take the class again?
B: Maybe they'll come back next semester.

A: 학생들 중 일부는 더 이상 수업에 참석하지 않아.
B: 걔네들은 중요한 시험에서 성적이 안좋았거든.
A: 알겠어. 낙제했구만.
B: 맞아. 걔네들 학점은 한심했다고.
A: 걔네들이 다시 수업을 들을까?
B: 아마도 다음 학기에 돌아올지 몰라.

A: The Andersons are having a house party.
B: No one sent me an invitation.
A: They only invited a few people.
B: **I get it.** They don't want me to come.
A: No, they just don't have a lot of room in their house.
B: I thought they really liked me.

A: 앤더스 씨네가 집에서 파티를 하고 있어.
B: 아무도 내게 초대장을 보내지 않았는데.
A: 몇몇 사람만 초대했대.
B: 알겠군. 내가 가는 것을 원치 않는구만.
A: 아냐. 걔네들은 집에 방이 많지 않아서 그래.
B: 난 걔네들이 날 정말 좋아하는 줄 알았는데.

I think he really gets me

걔가 나를 정말 잘 이해하는 것 같아

일반적으로 잘 알려진 표현으로는 get to+동사일 것이다. 「get to + 동사원형」은 어떤 결과에 「이르게 되다」, 오랫동안 바래왔던 일 따위를 「할 수 있게 되다」(be able to do something) 또는 어떤 일을 「시작하다」라는 뜻을 갖는다. 또한 to가 전치사로 쓰여 get to 다음에 장소나 결과의 명사가 나오는 건 「어떠어떠한 장소에 이르다」란 뜻이 된다.

그런데 문제는 get 다음에 바로 사람이 오거나(get sby) 혹은 get to 다음에 사람이 오는 경우(get to sby)가 헷갈리게 한다. 먼저 get sby의 경우 다양한 의미가 있지만 크게 세 가지의 의미가 있다. 첫번째는 sby를 잘 이해하다(understand sby intimately), 두번째는 정반대로 sby를 해코지를 하려고 하다(be out to cause harm to sby)라는 뜻을 갖는다. My girlfriend really gets me는 첫번째의 경우이고 The bully said he would get me는 두번째의 의미이다. 마지막으로 세번째 의미는 연락이 닿다(manage to contact)라는 말로 I finally got him on the phone(나는 마침내 전화로 그와 연락이 닿았다)이 그 예이다. 반면 get과 사람사이에 to가 들어와 get to sby하게 되면 연락이 닿다(make contact with sby)라는 의미, 그리고 혹은 sb를 괴롭히거나 힘들게 하다(bother)라는 의미로 쓰인다. 그래서 After e-mailing many times, I finally got to Tim하게 되면 여러번 이메일을 보낸 후에야 마침내 팀과 연락이 됐어라는 의미가 되고, The noise from the street got to me하게 되면 도로의 소음으로 내가 신경질이 났어라는 의미가 된다.

Check It Out!

My girlfriend really gets me. 내 여친은 나를 정말 잘 이해해.
The bully said he would get me. 그 깡패는 내게 해코지를 하겠다고 했어.
I finally got him on the phone. 마침내, 걔와 전화로 연락이 닿았어.
After e-mailing many times, I finally got to Tim. 여러번 이메일을 보낸 후에야 마침내 팀과 연락이 되었어.

| POINT |

get sb 진정으로 이해하다(understand sby intimately)

get sb 해코지를 하다(be out to cause harm to sb)   **get sb** 연락이 닿다(manage to contact)

get to sb 연락이 닿다(make contact with sby)   **get to sb** 괴롭히다, 힘들게 하다(bother)

Speaking Skills

A: That was an amazing first date.

B: What did you guys do?

A: We talked and went for a stroll on the beach.

B: It sounds romantic.

A: I think he really **gets me.**

B: Maybe you'll have a long relationship.

A: 정말 환상적인 첫 데이트였어.
B: 너희들 뭐를 했는데?
A: 얘기를 나누고 해변가에서 산책을 했어.
B: 로맨틱하게 들린다.
A: 걔가 나를 정말 잘 이해하는 것 같아.
B: 아주 오랫동안 만남을 갖게 될지도 모르겠구나.

A: Why do you look so sad?

B: I was visiting some kids in the hospital.

A: That couldn't have been nice.

B: Seeing them suffer **got to me.**

A: Why did you go there?

B: I wanted to try to cheer them up.

A: 왜 그렇게 울쩍해 보여?
B: 병원에 아이들 병문안을 갔었어.
A: 좋았을리가 없잖아.
B: 고통받는 것을 보니 괴로워.
A: 왜 거기에 갔는데?
B: 기운을 복돋아주려고 했었어.

I need to get back to work

나 일하러 돌아가야 돼

다 아는 얘기이겠지만 네이티브들은 우리가 예상하는 것 이상으로 쉬운 말로, 특히 핵심 동사구로 대화를 나누기 때문에 그들이 자주 쓰는 표현을 모르면 "담배불을 끄다(put out)"를 "담배불을 진화하다(extinguish)"처럼 우스운 영어를 말할 수도 있게 된다. 영어도 언어의 하나이다. 언어는 어려운 것보다는 쉽고 편한 쪽으로 가려는 습성이 무척 강하다. 그런 의미에서 가장 기본적인 하지만 네이티브가 가장 많이 쓰는 기본, 핵심 동사구들을 완벽하게 자기 것으로 만드는 것은 자신의 값어치를 올리는 가장 최선의 선택일 것이다. 어려운 표현들 어렵다고 푸념하지 말고 스스로 안다고 생각했지만 막상 쓰지 못하는 기본표현들만 제대로 쓸 줄 알아도 영어회화의 큰 고비는 넘길 수 있을 것이다.

물론 영어회화가 해도해도 안되는 이유는 몇 가지가 있다. 우리나라 사람들이 영어가 잘 안되는 가장 큰 이유는 상대방을 너무 의식해 완벽한 문장을 만들려는, 특히 일상생활에서는 잘 안쓰이는 고급단어의 사용 등을 포함 불필요한 완벽성과 그에 따른 좌절로 인해 진지하게 학습을 하기 보다는 불안감에 이책 저책 사기만 한다. 하지만 영어는 쉬운 단어로 해야 잘하는 영어가 되기 때문에 절대 기본이라고 쉽다고 무시하면 안된다. 그렇게 되면 10년 해도 안되고 백날해도 안되고 영어회화는 강건너에 있는 뜬구름일게다. 예를 들어 visit 보다는 come over, drop by, overcome보다는 get over, distribute보다는 give out, examine 보다는 look over를 postpone보다는 put off, 그리고 investigate보다는 look into, omit보다는 leave out, boast보다는 show off를 즐겨 사용한다는 점을 잘 기억해두고 활용해본다.

Check It Out!

Do you feel like **working on** your homework? 너 숙제하고 싶니?
I don't think I can **come over** tonight. 나 오늘밤에 올 수 없을 것 같아.

| POINT |

get back to	나중에 얘기를 다시 하다	**try to**	…해보려 하다
come over	들르다	**leave for**	…로 출발하다
stop by	잠깐 들르다	**work on**	…일을 하다
count on	의지하다, 기대하다, 믿다	**get over**	이겨내다, 극복하다
calm down	진정하다	**give out**	나눠주다

Speaking Skills

A: Can you get me some coffee?

B: Can't you get it for yourself?

A: I need to **get back to** work.

B: All right. Do want a snack with it?

A: Yeah, I could use a donut too.

B: I'll be back in five minutes.

A: 커피 좀 갖다줄래?
B: 네 스스로 가져가면 안돼?
A: 난 다시 일하기 시작해야 돼.
B: 좋아. 스낵도 같이 갖다 줘?
A: 어. 도너츠도 있으면 좋겠어.
B: 5분 후에 올게.

A: What do you need to borrow?

B: I have to use your brush.

A: I don't know where it is.

B: Just **try to** find it.

A: I'm busy. **Look around** for it.

B: Do you think it's in the bathroom?

A: 뭘 빌려야 되는데?
B: 네 빗을 사용해야 돼.
A: 어디에 있는지 모르겠는데.
B: 찾아보도록 해.
A: 나 바빠. 주변을 찾아봐.
B: 화장실에 있을 것 같니?

He didn't show up

걘 나타나지 않았어

어느 회사는 주중의 하루는 온종일 영어로 근무하기로 결정했다고 한다. 영어로 회의를 하는 회사는 일부 있었지만 이처럼 근무시간 내내 영어를 써야 한다는 것은 가히 파격적이다. 파격적인 만큼 직장인에게는 그만큼 큰 스트레스로 다가온다. 영어를 모르고서는 어디 명함 내밀기도 힘든 상황이 점점 우리의 숨을 조여오고 있다. 세계화, 영어회의, 영어근무의 시대에 네이티브의 특성인 동사구를 좋아하는 속성을 파헤쳐보자.

우선 show up이라는 표현부터 알아보기로 한다. 「정해진」(arranged) 또는 「예정된」(expected) 시간에 모습을 드러내는」(be present) 것을 show up이라 한다. 영어회의나 비즈니스 상담시 가끔 긴요하게 써먹을 수 있는 표현. 수요일 오후 2시는 팀장이 주재하는 영어회의 시간이다. 다들 졸음과 격전을 벌이며 회의실에 모였다. 정각 2시. 팀장이 탁자앞에 얌전히 앉아 있는 팀원들을 하나 하나 둘러보며 눈도장을 찍더니 빈자리를 하나 발견하고는 "What about Mr. Chung?" (미스터 정은 어떻게 된거지?) 옆에 있던 이대리가 더듬거리며 "He didn't come yet."이라고 재래식 영어를 한다. 이때 한번 재빨리 "He didn't show up."이라고 해보자. 말없이 침묵을 지키고 있는 동료 사원들이 소리없는 부러움 속에 "맞아! 그래, 이때는 저런 표현을 쓰는 거구나"라고 뇌까리며 감탄을 할 것이다. 이제는 세련되고도 구어적인 영어를 써야할 때이다. 들르다는 come over, 잠깐 들르는 것은 stop by, 귀를 기울여 듣는다 listen to, …일을 하다는 work on, 의지하다는 count on 그리고 극복하다는 get over 등같은 동사구는 꼭 알아두기로 한다. 마찬가지로 endure보다는 put up with, reject 대신에 turn down, demand 대신에 ask for, participate보다는 take part in, return 대신 give back, 그리고 resemble 대신에 take after, submit 대신에 turn in이나 hand in을 쓰기를 좋아한다.

Check It Out!

How come she didn't **show up** last night? 걔는 왜 어젯밤 안 왔대?
Let me have time to **think over** it. 생각할 시간 좀 줘.

| POINT |

show up 나타나다, 도착하다	**run away** 도망치다, 달아나다
look after 돌보다, 보살피다	**put up with** …을 참다
get together 만나다	**look up** 찾아보다, 방문하다
drop off 내려주다	**find out** 알아내다

Speaking Skills

A: Terry says the club is disorganized.
B: He is always complaining.
A: Most people **agree with** him.
B: Should we try to reorganize it?
A: That would be a good idea.
B: We'll need to **come up with** new rules.

A: 테리는 클럽이 엉망이라고 해.
B: 걘 늘상 불평만 하더라.
A: 대부분의 사람들이 그와 의견을 같이해.
B: 다시 재조직을 해야 할까?
A: 그건 아주 좋은 생각인 것 같아.
B: 우리는 새로운 규칙을 생각해내야겠다.

A: What has your father done since retiring?
B: He **has taken up** some new hobbies.
A: I heard he likes to be outdoors.
B: He **decided to** try mountain climbing.
A: Wow, that sounds interesting.
B: Yes, he's going to India to climb some high peaks.

A: 네 아버지는 퇴직 후 어떻게 지내셔?
B: 새로운 취미들 좀 시작하셨어.
A: 야외활동을 좋아하신다고 들었어.
B: 등산을 해보시기로 하셨어.
A: 와, 재미있겠다.
B: 어, 인도에 가셔서 고봉들 좀 등정하실거야.

I'm a fast learner

난 빨리 배우는 사람이야

조금은 오래된 하지만 기억에 생생한 영화 에린 브로코비치에서 배운게 없던 에린이 막무가내 추취직을 하기 위해 면접을 하는데, 면접관이 이러저러한 일을 해봤냐고 물어볼 때 하는 말이 I'm a fast learner이다. 물론 I learn fast해도 되지만 영어권에서는 …을 한다라는 표기하기보다는 ….하는 사람이라고 간단하고 명료하게 표현하는 습성이 있다. 물론 아주 일반적인 것은 아니다. fast learner야 출세해서 자리잡은 표현이지만 그외의 표현은 그렇게 일반적이지 않지만 그런데로 종종 쓰이곤 한다. 낙오자나 퇴학생은 dropper, 많이 먹는 사람은 big eater, 말이 많은 사람은 big talker, 키스를 잘하는 사람은 good kisser, 운전 잘 못하는 사람은 bad driver라고 한다.

미국 단기 연수도 갔다와어 그런지 이런 경향을 알고 있는 한 한국인이 미국인과 바베큐 파티를 하고 있다. 핫도그를 굽는 미국인을 칭찬하겠다고 –er 명사를 써서 You're such a good cooker라고 하자, 미국인 표정이 이러지도 저러지도 못하고 당황해 한다. ~er를 쓰려고 한 노력은 가상하나, 무조건 er를 붙인다고 사람이 되는 것은 아니다. cooker는 냄비이고 요리사는 cook이나 You're such a good cook이라고 해야 했던 것이다. 계속 이어서 말하자면 난 얘기를 잘 들어주는 사람이야는 I'm a good listener, 출혈하는 환자가 있다고 할 때는 We got a bleeder라고 하면 된다. 그리고 숫자만 세는 회계사는 bean counter, 남한테 빈대처럼 붙어서 얻어먹는 사람은 freeloader라고 한다.

Check It Out!

You're such a big talker. 넌 너무 말이 많아
He was always a good kisser. 걘 언제나 키스를 잘했어.
You're gentle and passionate, and my God, you are such a good listener!
넌 젠틀하고 열정적이고 그리고 세상에나 넌 정말 남의 말을 참 잘들어줘!

| POINT |

fast learner 빨리 배우는 사람		**dropper** 퇴학생	
big eater 많이 먹는 사람		**big talker** 말이 많은 사람	
good kisser 키스잘하는 사람		**bleeder** 출혈자	
good cook 훌륭한 요리사		**good listener** 얘기를 잘 들어주는 사람	

Speaking Skills

A: Dave has gotten fat.

B: He likes junk food too much.

A: Was he like that as a kid?

B: Sure, he has always been **a big eater.**

A: It looks like he'll need to go on a diet.

B: I don't think that he's interested in dieting.

A: 데이브는 살이 쪘어.
B: 걘 정크푸드를 너무 좋아해.
A: 아이였을 때처럼 그랬다는 말이야?
B: 물론, 걘 늘상 먹보였잖아.
A: 걔 다이어트 해야 될 것 같아.
B: 걔가 다이어트에 관심이 있는 것 같지 않아.

A: Your car has a dent in the fender.

B: My mom is **a bad driver.**

A: Did she cause an accident?

B: She hit a car that was parked on the street.

A: Oh no, did she get in trouble?

B: She drove away before any police came.

A: 네 차 범퍼에 움푹 들어갔는데.
B: 엄마가 운전을 잘 못하셔.
A: 사고를 유발하시건여?
B: 도로에 주차해 있는 차를 쳤어.
A: 이런, 곤경에 처해진거야?
B: 경찰이 오기 전에 내빼셨어.

She's a mother-to-be

갠 예비 엄마야

편리함을 목표로 변화하는 「언어의 진화」를 볼 수 있는 곳. 일상영어에서는 동사구, 부사구, to부정사구, 심지어 절을, 다시 말해 자기가 말하려는 부분이 무엇이든지 간에 간단명료하게 하나의 형용사화 혹은 명사화하여 사용하는 것을 자주 목격할 수 있다. 앞뒤 상황을 모르면 이해하기가 무척 어려운 부분이다. "My father shrugged, and, with a sort of if-you-want-to look, stepped aside" 라는 문장에서, if-you-want-to가 원래 '절(節)'이기 때문에 다소 생소하게 느낄 것이다. 여기서 if-you-want-to가 look을 수식하는 형용사처럼 쓰이고 있는 것으로 with a sort of if-you-want-to look은 「네가 그러고 싶다면' 이라는 듯한 표정으로」 정도의 의미이다.

다른 예를 들어보자면 앞서 한번 언급한 make-up, built-in, take-out 등과 같이 동사구에 하이픈(-)을 넣어 만든 형용사나 명사를 생각해보면 금방 이해가 될 것이다. 영어에서는 이처럼 동사구 뿐만 아니라 부사구나 to부정사구, 심지어는 절까지도 하이픈으로 연결하면 형용사 혹은 명사로 쓸 수 있는데, 「추종자」라는 뜻으로 친숙한 wannabe도 사실은 want to be라는 동사구에서 나온 것이다. once in a while같은 부사구도 하이픈을 넣으면 「일생 일대의」라는 뜻의 형용사가 되고 「뷔페 식당」을 가리킬 때 널리 쓰는 all-you-can-eat은 if-you-want-to처럼 절에서 나온 경우이다. 그 밖에 father-to-be(예비 아빠)와 같이 「명사 + to부정사」를 연결한 명사구도 자주 쓰인다. 하지만 이런 구절(句節) 명사나 형용사는 만들어 쓰기 나름인 데다가 원래의 구절을 잘 생각해보면 그 의미도 쉽게 유추할 수 있으므로 따로 외워둘 필요는 없다.

Check It Out!

That's because she's **a mother-to-be.** 그거야 예비엄마이기 때문이지.
It's **an all-you-can-eat restaurant.** 뷔페 식당이야.

| POINT |

wannabe 추종자 **mother-to-be** 예비 엄마 **once-in-a-while event** 일생 일대의 사건

all-you-can-eat restaurant 뷔페 식당 **thank-you** 감사 **would-be actor** 배우 지망자

women-having-sex-like-men thing 여자가 남자처럼 섹스하기

not-very-well-endowed boyfriend 거시기가 작은 남친

pay-as-you-go 현금을 지불하는

Speaking Skills

A: Teresa is very happy with her marriage.
B: She seems to be getting bigger.
A: That's because she's **a mother-to-be.**
B: I didn't know that she was pregnant.
A: Yeah, she's been pregnant for three months.
B: So she'll be having a baby in the spring.

A: 테레사는 자신의 결혼에 매우 흡족해 해.
B: 걔 몸이 좀 커진 것 같아.
A: 그거야 예비엄마이기 때문이지.
B: 임신한 줄 몰랐는데.
A: 맞아, 임신 3개월이야.
B: 그럼 봄에 아기를 낳겠네.

A: Is this a new place to eat?
B: Yeah, it just opened up a little while ago.
A: What kind of food do they serve?
B: It's **an all-you-can-eat restaurant.**
A: So we can choose anything, like a buffet?
B: That's right. You're going to like it.

A: 여기가 새로운 식당이야?
B: 어, 오픈한지 조금 됐어.
A: 무슨 음식을 파는데?
B: 뷔페 식당이야.
A: 그럼 뷔페처럼 아무거나 고를 수 있는거야?
B: 맞아. 맘에 들거야.

Who do you work for?

어디서 일해?

문화적 차이를 느낄 수 있는 표현. 「우리는 어디에서 일한다」를 영어를 옮기라고 하면 십중팔구 "work at(in) a company"를 쓰게 된다. 물론 틀린 표현은 아니다. 많이 쓰이는 표현이다. 하지만 그 만큼 많이 쓰이는 표현이 있다. 「…을 위해서 일한다」, 바로 work for 다음에 사장이름을 쓰거나 혹은 회사명을 쓰는 형태이다. 사장이름이 Mr. James면 "I work for Mr. James" 그리고 다니는 회사가 ABC Computer Company라면 "I work for ABC Computer Company"라 하면 되는 것이다. 이 표현은 자기 소개의 기본으로 꼭 필요한 표현이다. 지금은 정보화시대. 이 시대가 필요로 하는 사람은 적응력이 뛰어나고 창의적인 사람 그리고 아이디어가 출중한 사람이다. 자기 혼자만의 울타리에 갇혀지내는 사람은 결코 생존할 수가 없다. 사람 사귀기, 즉 많은 사람을 알아두는 인맥쌓기(networking)는 그만큼 귀중한 자산이다. 외국출장(여행)시 혹은 파티석상에서 구석에 처박혀 있지 말고 적극적으로 자기 소개도 하며 만남을 이어가야 한다. 이때 서두로 "I work for Samsung Corp. in Seoul. I've been with them for 10 years and I'm sales director for overseas business"라 유창하게 자신을 소개하면서 "How about you?" "Who do you work for?"라 물꼬를 틀 수가 있다. 응용표현으로 좀 더 큰 회사에 다니고 싶어하는 사람은 "I want to work for a larger firm," 상대방이 다니는 회사의 규모를 물을 때는 "How big is the company you work for?"라 하면 된다. 어느 표현이든지 그렇지만 한가지 기본표현은 기계처럼 암기하고 그 후에 그 표현을 지갑에 넣고 다니면서 길을 걸을 때 특히 전철에서 한눈팔지 말고 그 표현을 이용하여 많은 응용회화 문장을 스스로 만들어봐야 한다.

Check It Out!

So you used to **work for** Frankie Flynn? 그럼 넌 프랭키 플린 밑에서 일했었지?

Why do you want to **work for** me? 왜 내 밑에서 일하려고 해?

That's because I **work in** an office nearby. 주변 사무실에서 일해서 그래.

| POINT |

work for sb[회사명] …에서 일하다

work at[in]~ …에서 일하다

works at a law office 법률회사에서 일하다

Speaking Skills

A: Hey Dave, it's been a long time since I've seen you.
B: Yeah, almost five years.
A: How have you been? **Are** you still **working at** CBS?
B: Yes, as a matter of fact, I am. How about you? **Who do you work for?**
A: Actually I'm unemployed right now.
B: Oh, I'm sorry to hear that.

A: 야 데이브, 오래간만이다.
B: 그래, 거의 5년쯤 됐지.
A: 그동안 어떻게 지냈어? 아직 CBS에서 일해?
B: 응, 그래, 너는? 넌 어디서 일하는데?
A: 사실 지금은 실업자야.
B: 오, 정말 안됐다.

A: Do you like working in a print shop?
B: Sure, it's a good job and I like my boss.
A: You've been here for a while.
B: **I've worked for** Mr. Sampson for three years.
A: Ever thought of getting another job?
B: No, I hope to stay here.

A: 인쇄소에서 일하는거 맘에 들어?
B: 그럼, 괜찮은 일이고 사장도 맘에 들어.
A: 여기서 일한지 한참됐지?
B: 샘프슨 사장 밑에서 3년간 일했어.
A: 다른 일자리로 옮길 생각은 해본 적이 없어?
B: 없어, 난 여기 남아 있기를 바래.

You went where?

어디 갔었다고?

대화는 자기 이야기를 잘 전달하는 것도 중요하지만 그에 못지 않게 상대방의 말을 잘 들어야 합니다. You did?는 상대방의 말에 화답하는 것으로 대화를 부드럽게 유도하는 표현중의 하나이다. 우리말로는 "그랬어?"에 해당되는데 물음표가 있다고 해서 꼭 답을 요구하는 문장이 아니니까 착각하지 말자. 또 이 표현은 상대방의 주어와 동사의 종류 및 시제에 따라 Are you? Were you?, Have you? You do? 등 다양하게 바꿔 사용해야 되기 때문에 순발력을 요구하는데 다시 말하자면 우리에게는 좀 어렵다는 말이다. 상대방이 어떤 조동사 어떤 시제를 썼는지 명확히 들어야하기 때문이다. 이럴 땐 그냥 Really? Are you sure? Is that so? 등의 표현을 써도 무방한다.

또한 You went where?이라는 표현이 있는데, 이는 단순히 맞장구를 치는 게 아니라 상대방 말의 일부분을 못들었을 경우 혹은 믿기지 않는 이야기를 들었을 경우에 사용하는 표현. 모르는 부분만 의문사로 바꾸면 된다. 도서관과는 벽을 쌓고 사는 친구가 I went to the library to get a book(책 빌리러 도서관에 갔었어)라고 할 때 놀래서 너 어디에 갔다고?라고 하려면 You went where?이라고 하면 된다. 상대방의 무엇을 했는지 다시 물을 때는 You did what?(네가 뭘했다고?)라고 하면 된다

Check It Out!

You do? That's fantastic! 그래? 정말 멋져!
You did? What was he talking about? 그랬어? 걔는 뭐랬어?
You did what? I can't believe it 뭘했다고? 안 믿어져
You did what? You really went to Africa? 네가 뭘 어쨌다고? 정말 아프리카에 갔었어?

| POINT |

You do? 그래?		**You did?** 그랬어?	
Are you? 그래?		**Were you?** 그랬어?	
You went where? 네가 어디에 갔다고?		**You did what?** 네가 뭘했다고?	

Speaking Skills

A: Did you enjoy the trip to Washington D.C.?

B: It was good. I met the president.

A: **You did?** I can't believe that!

B: Believe it. We shook hands.

A: When did that happen?

B: It happened during a tour of the White House.

A: 워싱턴 여행 즐거웠어?
B: 좋았어. 대통령을 만났어.
A: 그랬어? 설마!
B: 정말야. 우리 악수했는데.
A: 언제 그랬는데.
B: 백악관 투어 중에 그랬어.

A: People have different hobbies.

B: I know. I collect rare coins.

A: I fly remote controlled airplanes.

B: **You do?** That's interesting.

A: Yeah, it's a lot of fun to fly them.

B: I heard that they are really expensive.

A: 사람들은 서로 다른 취미들을 갖고 있어.
B: 알아. 난 희귀 동전을 수집해.
A: 난 원격으로 비행기를 조정해.
B: 그래? 재미있겠다.
A: 어, 비행기 날리는거 무척 재미있어.
B: 비행기가 무척 비싸다고 들었는데.

It's time to go

가야지

명사 time이 와서 It's time (for + 사람) to do~라는 문장이 되면 …할 시간이 되었다라는 말이지만 시간의 순서상 …할 차례가 되었다는 것이 아니라 의당 벌써 했어야하는 일인데 좀 늦은 감이 있다라는 뉘앙스를 풍기는 표현이다. 즉 바로 to+V 이하를 해야 하는 다급함을 포함하고 있다. 그래서 일종의 현재사실과 반대가 되는 사실을 말하는 게 되어 It's time S + V의 경우에는 동사가 가정법의 영향을 받아 It's time you got a job(네가 직장을 가져야 할 때다)처럼 과거형을 쓰게 된다. 파티에 늦을지도 모르니 빨리 가자고 할 때는 It's time to leave for the party, 더 늦기 전에 내 인생을 되찾겠다고 할 때는 It's time I took my life back이라고 하면 된다. 물론 It's time for dinner(저녁먹을 때다)처럼 바로 명사가 올 수도 있다.

time 앞에 high를 붙여서 It's high time to+V, 혹은 It's high time S+V(과거동사)라고 쓸 수도 있는데 이는 It's time~처럼 늦었으니 서두르자라는 뉘앙스를 품고 있지만, 주로 더 시간이 흐르기 전에 …하는 것이 중요하다라는 의미를 갖는다.(More commonly it means that it's important to do something before much more time passes) 아주 열심히 일한 우리는 휴가를 받을 때가 되었다고 할 때는 It's high time that we took some holidays라고 하면 되고, 더 늦기전에 중요한 건배를 하자고 할 때는 I think it's high time to make a toast라고 하면 된다.

Check It Out!

Rise and shine! **It's time to** get up and go to school.　일어나! 일어나 학교 갈 시간야.

Maybe **it's time that** we get to know our new neighbors.
아마도 새로운 이웃을 알아두어야 할 때인가봐.

I think **it's high time to** make a toast.　건배를 해야 될 때가 된 것 같아.

It's high time our families got together.　우리 가족들이 함께 해야 할 때이야.

| POINT |

It's time to+V 바로 …하자
It's time S+V 늦기전에 …하자
It's high time to + V …할 때가 되었다
It's high time that S + V(과거동사) …할 때가 되었다

Speaking Skills

A: Lea has borrowed several hundred dollars from me.
B: Has she ever repaid you?
A: No. She never seems to have enough money.
B: **It's high time** she paid you back.
A: I know. But she can't do it.
B: She needs to get a job and earn a salary.

A: 리아가 내게서 수천 달라를 빌려갔어.
B: 되갚기는 한거야?
A: 아니. 돈의 여유가 전혀 없는 것 같아.
B: 빨리 너한테 돈을 갚아야 하는데.
A: 알아. 하지만 그럴 수가 없어.
B: 걘 직장을 잡아서 돈을 벌어야 돼.

A: Are your suitcases all packed?
B: They are packed and ready.
A: **It's time to** get going.
B: What time does our flight leave?
A: Boarding starts at nine o'clock.
B: We'll be there with plenty of time to spare.

A: 가방 다 쌌어?
B: 다 쌌고 준비됐어.
A: 가야 할 때야.
B: 비행기가 언제 출발해?
A: 승선은 9에 시작해.
B: 시간 여유있게 공항에 가야 될거야.

You can't leave your car unattended

차를 방치해두면 안돼

attend가 참석하다이나 unattended는 참석하지 않은이라고 생각하기 쉽다. 넓게 해석하자면 틀린 것도 아니지만 좀 더 정확히 의미는 주의를 기울이지 않는, 지켜보는 사람이 없는이라는 의미이다. attend는 참석하다라는 뜻 외에 시중들다, 주의를 기울이다라는 의미가 있기 때문이다. 이렇기 때문에 무슨 일인일식하듯이 단어의 한 뜻만 외우게 하는 학습방법은 재고되어야 한다. 꼼에서 어린이를 차량에 방치하고 쇼핑을 보다가 걸린 사람들이 있었다. 이때의 죄목 중 하나가 아이차량방치(leaving children?unattended?or unsupervised in a motor vehicle)였다. 이렇듯 un+Vpp의 단어들은 자주 쓰이지만 다소 formal한 경우에 쓰인다는 것을 알아둔다. 그밖의 단어들로는 unwanted는 원하지 않은, unaccounted for는 행방불명의, unstated는 무언의, undocumented는 이주증명서가 없는 그래서 undocumented worker하면 불법취업자가 된다. 또한 unheard가 있는데 이는 못들어본이라는 뜻으로 좀 더 자연스럽게 옮기자면 드문 일이 아닌이라는 의미이다. 부부가 자신들의 섹스비디오를 만들었다 다른 사람에 들켰을 경우에 그 다른 사람이 위로한다고 It's not unheard of to tape yourself while you're having sex(자신들이 섹스하는 걸 녹화하는게 드문 일도 아니잖아)라고 할 수도 있다.

Check It Out!

You can't leave your car **unattended**. 넌 차를 방치해놓을 수 없어.

It's very not good leaving candles **unattended**. 촛불을 신경안쓰고 놔두면 안좋아.

It's not **unheard** of to get rich in a few years. 이삼년내 돈을 많이 벌었다는게 드문 일도 아냐.

It's a place to deposit **unwanted** clothes. 원치않는 옷들을 두는 곳이야.

| POINT |

unattended	방치된, 지켜보는 사람이 없는
unwanted	원하지 않은
unaccounted for	행방불명의
undocumented	불법이주의
It's not unheard of to+V~	…하는 것은 드문 일도 아냐

Speaking Skills

A: I'll just park here for a few minutes.
B: Your car will get towed away.
A: What's the problem?
B: This area is only for taxi drivers.
A: So I can't park here?
B: No. You can't leave your car **unattended.**

A: 난 여기여 몇분간 차를 주차할거야.
B: 견인될거야.
A: 뭐가 문제인데?
B: 이 구역은 택시만이 주차할 수 있어.
A: 그럼 난 여기에 주차못하는거야?
B: 어. 넌 차를 방치해놓을 수 없어.

A: What is that bin for?
B: It's a place to deposit **unwanted clothes.**
A: Really? What happens to the clothing?
B: A charity organization collects all of it.
A: They must have a good use for it.
B: They distribute the clothes to poor people.

A: 저 쓰레기통은 무슨 용도야?
B: 원치않는 옷들을 두는 곳이야.
A: 정말? 옷은 어떻게 되는데?
B: 자선단체가 모든 수거해 가.
A: 옷들을 좋은데 사용하겠구나.
B: 가난한 사람들에게 옷을 나누어줘.

Make sure you bring some money with you

반드시 돈을 가져오도록 해

"I am bringing some traditional Korean food with me"라는 문장에서 with me는 왜 쓴걸까? 결론부터 말하자면, "I am brining some traditional Korean food"라고만 해도 맞는 문장이다. 그렇다면 도대체 왜 with me를 덧붙였을까? 그 열쇠는 전치사 with가 쥐고 있다. 보통 「…와 함께」라고 해석하는 with에는 여러가지 용법이 있지만, 어떤 것을 그 순간에 「소지」하거나 「휴대」(carrying something in your pocket, bag etc. at the moment)하고 있다는 것을 나타낼 때도 with를 쓴다. 예컨대 "I have that book"이라고 하면 「책을 가지고 있다」는 「소유 상태」는 알 수 있지만, 그 책이 현재 집에 있다는 건지 말하는 사람의 수중에 있다는 건지 책의 「소재」(所在)까지는 알 수가 없다. 하지만 "I have that book with me"라고 하면 「내가 지금 현재 책을 휴대하고 있다」라는 말로 그 책의 「소재」까지 분명해지는 것이다. 따라서 위 문장, "I am bringing some traditional Korean food"는 아무런 문제가 없는 문장이지만, 이것만으로는 말하는 사람이 지금 현재 직접 들고 왔다는 건지 다른 수단을 이용해서 들여오는 중이라는 건지 알수가 없는 것이다. 그래서 with me를 붙여 "I am bringing some traditional Korean food with me"라고 하면 그 한국 음식을 「현재 내가 가지고 있다」라는 뜻이 좀더 명확해진다. 정리하자면 with me, with you는 지금 몸에 지니고 있다는 것을 강조하는 표현이 되는 것이다.

Check It Out!

I **am bringing** some traditional Korean food **with me.** 내가 한국 전통음식을 좀 가져갈게.
Make sure you **bring** some money **with you.** 돈 지니고 오는거 잊지마.

| POINT |

bring sth with me[you] …을 갖고[지니고] 오다

Speaking Skills

A: Thanks for coming with me.
B: I know you're nervous at the doctor's office.
A: We'll have to wait for a while.
B: Good. I **brought a book with me.**
A: While you read, I'll check my cell phone.
B: I'm sure the nurse will call you soon.

A: 나와 함께 와서 고마워.
B: 병원에서 네가 긴장하는거 알아.
A: 잠시 기다려야 돼.
B: 좋아. 내가 책을 가져왔어.
A: 네가 책을 읽는 동안, 난 핸드폰을 볼게.
B: 간호사가 곧 호명할거야.

A: The sky is very dark this morning.
B: It looks like it's going to rain.
A: You'd better **take an umbrella with you.**
B: Don't worry, I have a raincoat.
A: Don't you want to take an umbrella?
B: My coat is completely waterproof.

A: 오늘 아침 하늘이 매우 어둡다.
B: 비가 내일 것 같아.
A: 우산 가지고 가는게 낫겠어.
B: 걱정마, 우의가 있어.
A: 우산을 가져가기 싫다는 말야?
B: 내 우의는 완전히 방수가 돼.

You go to bed a lot earlier these days

요즘 너 아주 일찍 잠자더라

「밤 12시에 잔다」는 의미로 "I sleep at midnight"이라고 말했더니 네이티브가 "I go to bed at midnight"으로 고쳐주었다. 그럼 I sleep at midnight은 왜 틀렸을까? 우리말에서는 「잠자리에 드는 행위」와 「잠들어 있는 상태」를 따로 구분하지 않고 「자다」라고 하는데, 영어에서는 이 둘을 명확하게 구분해서 쓰고 있다. sleep은 「잠들어 있는 상태」(resting state in which the body is not active and the mind is unconscious)를 나타내는 동사이기 때문에, "I sleep (at) midnight"이라고 하면 「밤 12시에 자고 있다」라는 뜻이 되므로 이런 말은 거의 사용되지 않는다. 다시 말해서 우리가 sleep하는 시간을 예측하거나 통제할 수 없다는 것이다. 보통은 잠자리에 들어서 어느 정도 시간이 지나야 잠이 들게 마련이기 때문이다. 이런 경우에는 예측이나 통제가 가능한 「잠자리에 들다」라는 뜻의 go to bed를 써야 한다. 잠과 관련해 몇가지 표현을 더 살펴보면, 침대에서 일어난 후에 밤에 다시 잘 수 있도록 침대를 정돈하는 것은 make the bed, 「잠이 드는 것」(succeed in sleeping)은 「…하게 되다」라는 뜻의 get to를 써서 get to sleep 또는 go to sleep, 누가 업어가도 모를 정도로 「깊은 잠에 빠졌을 때」는 fall into a deep sleep이라고 표현한다. 또한 I'm going to sleep이란 표현도 있는데 앞으로 잔다는 의미로 구체적으로 자는 시점을 말하지 않기 때문에 가능한 표현이다.

Check It Out!

You **go to bed** a lot earlier these days. 요즘 너 아주 일찍 잠자더라.
I want to **go to bed.** I feel tired. 자고 싶어. 피곤해.
Sometimes I eat a lot of junk food before I **go to sleep** at night.
때때로 밤에 자기 전에 많은 정크푸드를 먹어.

| POINT |

sleep at midnight 언제 잠드는 시간을 알 수 없기 때문에 틀린 표현.

go to bed at midnight 잠자리에 드는 시간은 조정가능하기 때문에 가능.

Speaking Skills

A: When are you generally in bed?

B: I **sleep at** midnight.

A: I think you mean you **go to bed** at midnight.

B: Why is it different?

A: You can't control when you sleep, but you know when you **go to bed.**

B: Oh. I **go to bed** at midnight. Usually I fall asleep in a few minutes.

A: 보통 몇시에 자?
B: 자정에 자.
A: 자정에 잠자리에 든다는 거겠지.
B: 그게 서로 달라?
A: 언제 잠드는지 컨트롤 못하지만 잠자리에 드는 것을 알 수 있잖아.
B: 아. 자정에 잠자리에 들지만 보통 몇분 후에 잠들어.

A: These days I have trouble sleeping.

B: You need to **go to bed** earlier.

A: I'm never in bed before 2a.m.

B: Generally I **go to bed** at midnight.

A: And that makes you feel rested?

B: Sure. I never feel sleepy.

A: 요즘 불면증이 있어.
B: 일찍 잠자리에 들어야 돼.
A: 새벽 2시 전에는 잠자리에 안들어.
B: 난 보통 자정에 잠자리에 드는데.
A: 그러면 쉬었다는 느낌이 들게 돼?
B: 물론. 난 전혀 졸린 적이 없어.

I think I can manage

혼자 할 수 있을거야

회화학원에서 강사가 든 짐이 무거워보이길래 용기를 내어 "Do you need a help?"라고 하면 네이티브는 "No, I can manage"라고 하기 쉬운데, 이 manage 때문에 맘이 불편한 경우가 많을 것이다. 왜냐면 우리가 알고 있는 동사 manage는 흔히 「관리하다」, 「경영하다」의 뜻으로 거창한(?) business적 상황에서 쓰는 단어로 알고 있기 때문이다. 하지만 이 manage는 비즈니스적인 상황이 아니더라도 네이티브들의 일상적인 대화에서 쉽게 접할 수 있는 단어이다. 이 경우엔 주로 조동사 can, could 등과 함께 쓰여, How can she manage it on such a small income?(걘 그렇게 조금 벌어서 어떻게 먹고 살지?)라는 문장에서와 같이 「(힘든 일을) 잘 해내다」라는 뜻을 갖게 된다. 혹은 She knows how to manage him when he's angry(그 여자는 그 남자가 화가 났을 때 어떻게 다루어야 하는지 알고 있다)에서처럼 「(다루기 어려운 사람에 대해) 잘 대처하다」라는 의미로 쓰이기도 한다. 다시 말해서 다른 사람의 도움없이 적절하게 자신이 할 수 있다는 의미이다. 따라서 No, I can manage는 「아니, 나 혼자서 할 수 있어」 정도의 뜻이 된다.

Check It Out!

A: Do you need help unloading your car? 차에서 짐내리는 거 도와줘?
B: No, thank you. I think I can manage. 고맙지만, 됐어. 혼자 할 수 있을거야.
I'm not sure I can manage the tasks you gave me. 주신 업무를 해낼 수 있을지 모르겠어요.

| POINT |

I can manage 나 혼자서 할 수 있어

Speaking Skills

A: I bought these things at the store.

B: Do you need help carrying them?

A: No thank you. **I can manage.**

B: Well, let me get a cab for you.

A: That sounds like a good idea.

B: And I can help you load them in the trunk too.

A: 이것들 가게에서 샀어.
B: 나르는거 도와줄까?
A: 고맙지만 괜찮아. 나 혼자서 할 수 있어.
B: 그럼 택시 잡아줄게.
A: 좋은 생각이야.
B: 그리고 트렁크에 싣는 것도 도와줄게.

A: I hate having all of this work.

B: Seems like you are constantly working.

A: I know, and it's wearing me out.

B: Do you want me to help you?

A: It's okay. **I can manage.**

B: Let me know if there is anything I can do.

A: 이 모든 일을 해야하는게 싫어.
B: 너 쉬지않고 일하는 것처럼 보여.
A: 알아, 그게 지치게 만들어.
B: 내가 도와주길 원해?
A: 괜찮아. 나 혼자 할 수 있어.
B: 내가 뭐 할 수 있는 일이 있으면 말해.

They graduated in the class of 2007

걔네들은 2007년도에 졸업했어

「동창」이란 말은 결국 「같은 학교를 다녔다」는 말이므로 went to the same school 혹은 attended the same school을 쓰면 된다. 따라서 「우리는 고등학교 동창이야」라는 말은 "We went to the same high school"이 된다. 마찬가지로 high school 대신 primary school이나 middle school, university를 넣어서 「초등학교 동창이다」 혹은 「중학교 동창이다」, 「대학 동창이다」라는 말을 만들 수도 있다. 다음으로 「학번」에 관해서 살펴보자. 사실 미국에서는 우리와 달리 입학이 졸업으로 이어지는 것은 아니기 때문에, 그들은 같이 입학한 사람들보다는 같이 졸업하는 사람들과 더 강한 유대감을 느낀다. 그래서인지 영어에서는 우리말의 「학번」에 딱 들어맞는 표현이 없고, 대신에 그들은 주로 「졸업년도」(year of graduation)를 따져서 「언제 졸업했냐」, 즉 "What year were you in?"이라고 물어본다. 이런 질문을 받으면 대개 「…회 졸업생이야」라고 대답을 하게 되는데, 이때 중요한 단어가 바로 class이다. 우리는 흔히 class를 「학급」, 「등급」이라는 뜻으로만 알고 있는데, 사실은 「졸업동기생(학급)」(group of students who will finish studying in a particular year)을 가리키기도 한다. 따라서 「I were in the class of + 서수[년도]」를 쓰면 「…회[…년도] 졸업생이야」라는 뜻이 된다. 물론 「I graduated in + 년도」를 써서 「…년에 졸업했어」라고 답할 수도 있다.

Check It Out!

They graduated **in the class of 2007.** 걔네들은 2007년도에 졸업했어.
It was Harvard, **class of 1999.** 하버드이고 1999년 졸업했어.

| POINT |

We went to the same high school 우리는 고등학교 동창이야
I were in the class of + 서수[년도] …회[…년도] 졸업생이야
I graduated in + 년도 …년에 졸업했어

Speaking Skills

A: Bob and Pam got married after graduating.

B: Yeah, they've been together for a while.

A: Do you know when they finished university?

B: They graduated **in the class of 2007.**

A: That's the same year I graduated.

B: I thought you looked like you were the same age.

A: 밥과 팸은 졸업후 결혼했어.
B: 그래, 걔네들 한동안 사귀었지.
A: 걔네들 몇년도에 졸업했는지 알아?
B: 2007년도에 졸업했어.
A: 내가 졸업한 해와 같네.
B: 난 네가 같은 나이 또래처럼 보인다고 생각했어.

A: It must be nice to have an Ivy League degree.

B: Yes, it makes it easier to get a good job.

A: Where did you graduate from?

B: It was Harvard, **class of 1999.**

A: Harvard is one of the best schools in the nation.

B: Right. It is internationally respected.

A: 아이비리그 학위가 있으면 정말 좋을거야.
B: 맞아, 좋은 일자리를 쉽게 얻게 되지.
A: 넌 어디 졸업했니?
B: 하버드이고 1999년 졸업했어.
A: 하버드는 국내 최고의 학교중 하나잖아.
B: 맞아. 국제적으로도 인정받고 있지.

Stop being lazy. You need to study harder

게으름피지마. 공부 더 열심히 해

「저는 컴퓨터를 열심히 배우고 있습니다」라는 뜻으로 "I has been learning computer hard"라고 했더니 네이티브가 "I has been studying computer hard"라고 고쳐줬다. 그럼 learn∼hard와 study∼hard와는 뭐가 다른 것일까. 우리나라에서는 무엇인가를 「열심히 배운다」는 말을 많이 하기 때문에 우리 식으로 learn sth hard라고 영작하게 된다. 그러나 영어에서 learn은 「어떤 것을 공부해서 완전히 알게 된」(know or understand something through studying) 상태를 나타내는 동사로, 특히 다른 사람에게서 수동적으로 배움을 받는 것으로 「열심히」라는 뜻의 부사 hard와는 의미상 어울리지 않는다. 그 대신 learn a lot of sth이나 learn much sth과 같이 어떤 것을 「많이」 배웠다고 표현해야 한다. 반면 study는 무엇인가를 「배우기 위해 노력하다」(try to learn)라는 뜻, 즉 적극적으로 학습하여 외우는 동작으로 자신이 그 정도를 컨트롤할 수 있기 때문에 study sth hard와 같이 쓸 수 있는 것이다.

Check It Out!

You need help **learning** how to use it. 사용법을 배우는데 도움이 필요하구나.
I'm having a hard time **learning** this subject. 이 과목을 배우는데 힘든 시간을 보내고 있어.
Stop being lazy. You need to **study** harder. 게으름피지마. 공부 더 열심히 해.
I have to **study** for my exams. 시험공부 해야 돼.

| POINT |

learn a lot of[much]~ …을 많이 배웠다

study~ hard 배우기 위해 열심히 학습하다

Speaking Skills

A: I don't understand these math formulas.

B: Would you like me to explain them?

A: Yes. We're having a test next week.

B: You're going to have to **study** hard.

A: I'm very worried about that.

B: Don't worry. I'll help you out.

A: 이 수학공식들 이해못하겠어.
B: 내가 그것들 설명해줄까?
A: 어. 우리 담주에 시험있거든.
B: 공부 열심히 해야 되겠다.
A: 걱정이 많이 돼.
B: 걱정마. 내가 도와줄게.

A: My father insists that I get top grades.

B: That must give you a lot of stress.

A: He expects me to lead the other students.

B: I see you spend most of your time studying.

A: If I **study** hard, I will be at the top of the class.

B: How are you doing so far? Are your grades good?

A: 아버지는 내 성적이 상위권이어야 된다고 하셔.
B: 스트레스 많이 받겠구나.
A: 내가 다른 학생들을 리드하기를 기대하셔.
B: 너 대부분의 시간을 공부하는데 쓰겠구나.
A: 열심히 하면 반에서 1등할거야.
B: 지금까지는 어때? 성적이 좋아?

I have some plastic bags left over from shopping

쇼핑하고 남은 비닐봉지가 좀 있어

우리가 영어인 줄로만 굳게 믿고 있던 말들 중에는 콩글리쉬가 참 많다. 「비닐 봉지」도 바로 그런 경우이다. vinyl은 우리가 흔히 「비닐」이라고 부르는 「합성수지의 한 종류」를 가리키는 말한다. 수퍼마켓에서 물건을 담아주는 「비닐봉지」도 이 vinyl로 만들어진 것이기는 하지만, 이것을 vinyl bag이라고 말한다면 어리둥절해 하는 외국인이 많을 것이다. 우리나라에서는 종잇장처럼 얇은 것은 "비닐"이고, 컵이라든가 칫솔 손잡이처럼 딱딱해서 휘거나 구부릴 수 없는 건 "플라스틱"이라고 생각하는 경향이 있다. 하지만 vinyl 자체는 원래 플라스틱의 일종으로, 영어에서는 우리가 구별하는 「비닐」과 「플라스틱」을 모두 plastic이라고 표현한다. 그래서 「비닐봉지」의 올바른 영어 표현은 plastic bag이 되는 것이다. 그렇다고 이를 응용하여, '그럼 「비닐하우스」는 plastic house겠구나'하고 생각하는 사람도 있을 것이다. 하지만 「비닐하우스」는 영어로는 green house라고 한다. 한편 vinyl bag은 핸드백이나 비닐로 만들어진 것을 의미한다고 보면 된다.

Check It Out!

She finds **a plastic bag** of old clothes and things.
걘 낡은 옷들과 그와 같은 것들이 있는 비닐봉지를 찾았어.

I have **some plastic bags** left over from shopping. 쇼핑하고 남은 비닐봉지가 좀 있어.

I have **a vinyl bag** I keep my tools in. 내 도구들은 비닐봉지 안에 두고 있어

| POINT |

plastic bag	비닐봉지
vinyl bag	핸드백이나 비닐로 만든 것

Speaking Skills

A: I don't have anything to carry these items

B: I have **some plastic bags** left over from shopping.

A: Where are they located?

B: They are in the closet in the hallway.

A: How many of them can I use?

B: Take however many that you want.

A: 이 물건들을 나를 것이 아무것도 없어.
B: 쇼핑하고 남은 비닐봉지가 좀 있어.
A: 어디에 있는데?
B: 복도 벽장에 있어.
A: 몇장 써도 돼?
B: 원하는 대로 가져가.

A: My cell phone is malfunctioning again.

B: I'm good at fixing phones.

A: Would you take a look at it?

B: Sure, just let me get my tools.

A: Where do you keep them?

B: I have **a vinyl bag** I keep my tools in.

A: 내 핸드폰이 또 작동이 잘 안돼.
B: 난 핸드폰 고치는데 잘해.
A: 한번 봐줄테야?
B: 물론, 내 도구들 좀 가져올게.
A: 그것들을 어디에다 보관하고 있는데?
B: 내 도구들은 비닐봉지 안에 두고 있어.

You can say that again! I'm exhausted

그렇게나 말야! 나도 지쳤어

들리지 않는, 그래서 겁이 나는 우리나라 사람들은 영어가 한글와 똑같은 언어라는 사실을 잊고 있는 것 같다. 그래서 언어가 문맥(상황)에 따라 변할 수 있는 백의 얼굴을 하고 있다는 사실을 모르고 글자그대로 축역하는 번역 기계가 되고 만다. You can say that again!이라는 표현을 "그 얘기를 다시 해도 된다"라고 멋있게 번역하는 것도 바로 이런 연유에서이다. 이런 관용적인 표현은 일차적으로 우리말로 직역을 한 다음 상황에 맞는 우리말 표현을 찾아야 제맛이 난다. 즉 "그 얘기를 다시 해도 된다"는 얘기는 네가 한 얘기는 맞는(correct) 말이기 때문에 반복해도 된다(That is so true or so insightful that it bears repeating)는 뜻이다. 두말하면 잔소리 혹은 지당하신 말씀이라는 말과 다름아니다. 상대방의 말에 대꾸하는 "You are correct./I agree./You are right." 등의 표현에 대신할 수 있는 말. 혹한의 겨울교정을 걸은 두 남녀가 강의실에 들어오면서 하는 말. 여자가 "It's really cold out there."라고 하자 남자는 "You can say that again!"이라고 화답하면 남부럽지 않은 영어회화문장이 되는 것이다. 주의해야 할 것은 'that'을 강조해서 말하면서 뒤를 올려야 된다는 점이다. 조금은 어색할지 모르겠지만 이왕 시작한 몸 수줍음과 어색함은 과감하게 버리고 연습해보기로 한다. You're telling me./You said it./That's true. 등도 같은 말이다.

Check It Out!

A: Quite a party last night. B: **You can say that again.**

A: 간밤에 파티 멋졌어. B: 정말 그래.

You're telling me. Let's find someplace cool. 정말 그래. 어디 시원한 곳 좀 찾아보자고.

| POINT |

You can say that again! 그렇게 말야!

= **You're telling me, You said it, That's true**

Speaking Skills

A: That was a long hike.

B: It was twice as long as the others I've done.

A: It's completely tired me out.

B: **You can say that again!** I'm exhausted.

A: Would you like to get something to eat?

B: Sure. I could eat three meals right now!

A: 정말 긴 하이킹이네.
B: 내가 한 하이킹보다 두배 정도 길어.
A: 완전히 녹초가 됐어.
B: 그렇게나 말야! 나도 지쳤어.
A: 뭐 좀 먹을테야?
B: 물론. 지금 당장 세 끼를 다 먹을 수도 있을 것 같아.

A: Wow, the new girl is amazing.

B: She's the best looking girl in the office.

A: **You're telling me!** She's beautiful.

B: Do you think anyone has asked her out?

A: She's told people that she has a boyfriend.

B: Oh no! That is terrible news!

A: 와, 저 새로 온 여자 끝내준다.
B: 사무실에서 가장 예뻐.
A: 정말이야! 정말 예쁘다.
B: 다른 누가 데이트 신청했을 것 같아?
A: 걔는 남친이 있다고 사람들에게 말했대.
B: 이런! 끔찍한 소식이군.

영어회화! 이거 알면 개이득!

알고 쓰면 더 편리한 영어스피킹기술

chapter

5

알고쓰면 더 편리한 표현들

I'm sorry? Could you repeat that?

뭐라고요? 다시 한번 말해줘요

사과의 표현인 I'm sorry에 왠 난데없이 물음표(?)가 붙어있는지 의아하게 생각할 수도 있다. 이는 미안하다는 의미가 아니라 상대방의 말을 못들었을 때 혹은 예상치 못한 상대방의 말에 놀래거나 화나서 다시 한번 말해달라는 표현이다. 물음표가 붙었으니 당연히 끝을 올려 발음해야 하고 줄여서 Sorry?라고 해도 된다. 비슷한 표현으로는 Excuse me?, Come again? 등이 있다. 그래서 "뭐라구요? 다시 한번 말해줄래요는 I'm sorry. Could you repeat that?, 미안하지만 뭐라고 했어?는 Excuse me, what did you say?, 그리고 뭐라고? 잘 못들었어라고 할 때는 Come again? I didn't hear you well이라고 하면 된다. 그밖에 전문적으로 다시 말해달라고 하는 표현들로는 Say it once more 한번 더 얘기해줘, Would you speak more slowly please? 좀 천천히 말해 줄래요?, I didn't catch what you just said. 방금 말한 거 못들었는데요. I didn't quite get that 무슨 말인지 전혀 모르겠네요 등이 있다. 네이티브가 말하는 걸 완벽히 듣기 힘든 상황하에서는 이렇게 다시 한번 말해달라는 표현은 다른 어떤 표현보다도 항시 입에 달달 달고 다녀야 한다.

Check It Out!

I'm sorry? Could you repeat that? 뭐라고요? 다시 한번 말해줘요.
Excuse me, what did you say? 미안하지만 뭐라고 말했어?

| POINT |

I'm sorry? 뭐라고요?
Come again? 뭐라구?
Pardon me? 뭐라고 하셨죠?
Excuse me? 뭐라고요?

Speaking Skills

A: When will this be finished?
B: The meeting will end at three.
A: **Excuse me?** Can you repeat that?
B: I said we'll be done at three o'clock.
A: Good. I have to leave after that.
B: Yeah, I have other plans in the afternoon too.

A: 이거 언제 끝날까?
B: 회의는 3시에 끝날거야.
A: 뭐라고? 다시 말해줄래?
B: 3시에 끝날거라고 말했어.
A: 좋아. 그 이후에 나가야겠다.
B: 그래. 나도 오후에 다른 계획이 있어.

A: The electric wires in this building are bad.
B: Do you think they are dangerous?
A: Sure. They could cause a serious fire.
B: **What did you say?**
A: The electrical wires could cause a fire.
B: Oh. We should hire someone to fix them.

A: 이 빌딩의 전기선 상태가 안좋아.
B: 위험할 것 같아?
A: 그럼. 심각한 화재를 일으킬 수도 있어.
B: 뭐라고?
A: 전기선들이 화재를 일으킬 수도 있다고.
B: 어. 사람 불러서 전기선들 고쳐야겠네.

How about tomorrow?

내일은 어때?

간단하면서도 사용하기도 편한 표현. How about 다음에는 명사 또는 동사의 ~ing만 오는 것으로 알려져 있는데 실은 How about 다음에는 아무 말이나 와도 된다. How about over her?(이쪽은 어때요?), How about we go to the movies tonight?(오늘 저녁 영화 어때?)처럼 How about 다음에는 부사구나 절 등이 올 수도 있는 것이다. 절이 와도 주어와 동사가 도치가 안되는 아주 편리한 표현이다. 상대방의 의견을 구하거나 권유할 때(making a suggestion) 아주 빈번히 아주 간단하게 쓰이는 다목적용 구문이다. 어디에 가자고 할 때(How about a restaurant?), 뭘 먹자고 권유할 때(How about some steak?) 또는 약속장소나 시간을 정할 때(How about later this afternoon?: How about at my office?), 혹은 집에 초대할 때(How about coming for a drink tonight after work?)도 쓸 수 있는 아주 편리한 표현이다. 그리고 상대방의 의견을 구할 때(I'm not going. How about you?)도 두루 쓰인다. 모르면, 아니 안 쓰면(알면서도 못쓰는 사람도 많다) 아주 손해본다.

Check It Out!

How about some dessert? 디저트 좀 드실래요?
How about you? Are you seeing anyone? 넌 어때? 누구 만나는 사람있어?
How about going out for dinner? 저녁먹으러 나가는 건 어때?
How about you give it to me straight? 솔직하게 말해주지?

| POINT |

How about ~~? …가 어때?
How about you? 네 생각은 어때?
How about that? 그건 어때?
How about that! 거 근사한데!, 그거 좋은데! 잘됐군!(느낌표에 주목)
How about now? 지금은 어때?

Speaking Skills

A: Do you have anything to eat in the fridge?
B: No, I forgot to go grocery shopping.
A: **How about** dinner at a restaurant?
B: There's a good pizza place around the corner.
A: Sounds good. I'm hungry.
B: Well, let's go and order some food.

A: 냉장고에 뭐 먹을거 있어?
B: 아니, 시장보는 것을 깜빡했어.
A: 식당에서 저녁 먹는 건 어때?
B: 길 모퉁이에 피자 잘하는 집이 있어.
A: 좋아. 나 배고파.
B: 그래 가서 먹을 거 주문하자.

A: I have to tell you some bad news.
B: Oh no. We'd better discuss this privately.
A: Where is a good place to talk?
B: **How about** at my office?
A: I'll meet you there in ten minutes.
B: I'll be waiting for you.

A: 안좋은 소식을 좀 말해야겠어.
B: 이런. 조용히 얘기나누자.
A: 어디가 얘기하기에 좋은 장소야?
B: 내 사무실이 어때?
A: 10분 후에 거기서 보자.
B: 기다리고 있을게.

How come you're late?

왜 늦은거야?

아직 영어로 말하기가 서투른 경우에는 어려운 표현보다는 쉬운 표현을 자기 것으로 만들어 자유자재로 부릴 수 있어야 한다. How come은 How does it come that의 준말로 Why is it? 또는 How can it be that…?의 뜻이다. 「놀라움」(surprise)을 표현하는 구어적(informal)인 말이다. 용법은 단독적으로 How come?이라 해서 Why?와 똑같이 「왜, 어째서」라는 뜻으로 쓸 수도 있고, 또는 How come 다음에 놀라운 사실 또는 의문의 사실을 「주어+동사」의 어순으로 서술할 수도 있어 부담없이 무궁무진한 의사표현을 만들 수 있다. why와는 달리 시제, 인칭에 상관없이 그대로 평서문을 갖다 붙이기만 하니까 '의문문에서는 주어와 동사를 도치해야 한다'는 부담에서 해방될 수 있다는 말이다. 또한 발음하기도 용이해서 실생활에서 why 대신 유용하게 쓸 수 있다.

입사가 능력에 비례하지 않았던 시절의 옛날 이야기이지만 능력은 출중한데 입사시험에 낙방한 친구를 보고 "How come she got the job when you are the best-qualified person?"이라 하며 위로할 수도 있고 또는 친구한테서 오래간만에 전화가 왔을 경우 "How come you never visit us anymore?"이라 하며 무심함을 탓할 수 있다. 거의 why의 대용으로 편안하게 쓰면 된다. 팀 회식에 입사동기가 못간다고 하자 "How come you're not going?"(왜 안가는 거야?), 밑에 있는 사람이 시킨 일을 제대로 하지 않을 경우에는 "How come you didn't do what you were told?"라고 꾸짖을 수가 있다. 부담없이 자주 써보자.

Check It Out!

How come you never said anything to me?　왜 내게 한마디도 안했던거야?
How come you're still at a job that you hate?　왜 네가 싫어하는 직장에 아직도 다녀?
How come you never told me that?!　어떻게 내가 얘기를 안한거야?!

I POINT I

How come 주어+동사?　어째서 …하는 거야?

How come?　왜?, 어째서?(Why?, Why is that?)

Speaking Skills

A: Have you seen my car keys?
B: Alice put them in her purse.
A: **How come** she took them?
B: She said she was going to move your car.
A: I don't understand why.
B: She said it was parked illegally.

A: 내 자동차 키 봤어?
B: 앨리스가 자기 지갑에 넣었어.
A: 왜 걔가 열쇠를 가져간거야?
B: 네 차를 이동한다고 했어.
A: 왜 그랬는지 모르겠네.
B: 불법 주차되어 있다고 했어.

A: I didn't go to my dentist appointment.
B: I thought you had a toothache.
A: I do. My tooth really hurts.
B: **How come** you skipped your appointment?
A: Going to the dentist can be unpleasant.
B: I know, but the pain is only going to get worse.

A: 치과 예약시간에 가지 않았어.
B: 치통이 있는 줄 알았는데.
A: 맞아. 정말 이가 아파.
B: 왜 치과에 가지 않은거야?
A: 치과에는 정말 가고 싶지 않아.
B: 알아, 하지만 치통이 점점 더 심해질 뿐이야.

I mean, she's just a friend

내 말은 걘 그냥 친구야

대화를 하다 보면 서로 의사소통이 원활히 되지 않는 경우가 많다. I mean,은 상대방이 내가 한 말을 못 알아들었을 때 혹은 내가 이건 다시 설명을 해주어야겠다고 생각들 때 필요한 표현이다. 일단 I mean이라고 한 다음에 좀 더 명확히 말을 하면 된다. 특히 native와 대화시 짧은 영어실력으로 의사전달이 정확히 안되었다고 판단될 경우에 I mean하고 다시 한번 영작을 해볼 수 있는 요긴한 표현이다. I mean (that) S +V 의 구문을 써도 되지만 이보다는 의문문도 구도 넣을 수 있는 훨씬 자유로운 I mean, ~을 활용해본다. 이번에는 반대로 You mean~하게 되면 내가 상대방의 말을 이해못했거나 헷갈릴 경우 상대방이 한 말을 확인하고자 할 때 쓰는 표현이다. 다시 설명하는 I mean 다음에는 문장이 오는 경우가 많은 반면 이해못하는 부분만 확인하는 경향이 강한 You mean~의 경우에는 '구'의 형태도 많이 온다. 억양에 따라 의미가 좀 달라지는데 You mean~?처럼 끝을 올려 발음하면 …란 말야?라는 뜻으로 상대방의 확인을 적극적으로 요구하는 것이며 반대로 You mean~하며 끝을 내려 발음하면 상대방의 말을 확인차원에서 자기가 정리한다는 느낌으로 …란 말이구나라는 뜻이 된다.

Check It Out!

I mean, let's be honest. 내 말은 우리 솔직해지자고.
I mean, she's just a friend. 내 말은 걘 그냥 친구라는거야.
You mean, when you were a baby. 네 말은 네가 애기였을 때 말이지.
You mean actually marry him? 네 말은 걔랑 실제 결혼한다는 말야?

| POINT |

I mean,	내 말은
I mean it	진심이야
I mean business	진심이야
I mean to+V	…할 생각이야
You mean, ~?	네 말은 …라는거야?
Do you mean (that) S+V?	…란 말이야?
You mean it?	정말야?

Speaking Skills

A: How come Barney never comes here anymore?

B: He's gotten a better job.

A: **You mean** he works for another company?

B: No, **I mean that** he got a promotion.

A: I see. So where is he working now?

B: He's at our office in Singapore.

A: 어째서 바니는 더 이상 여기에 오지 않는거야?
B: 더 나은 일을 맡았어.
A: 다른 회사에서 일한다는 말이야?
B: 아니, 내 말은 걔가 승진했다는 말이야.
A: 알겠네. 그럼 지금은 어디서 일을 해?
B: 싱가포르 지사에서 일해.

A: Stan ate some of your chili.

B: I made it extra spicy.

A: He doesn't like foods that are hot.

B: **You mean** you didn't like it?

A: He said that it burned his mouth.

B: I'm really sorry to hear that.

A: 스탠이 네 칠리를 좀 먹었어.
B: 추가로 양념을 만들었는데.
A: 걘 매운 음식은 좋아하지 않아.
B: 네가 싫어했다는 말이야?
A: 걔가 입이 화끈거렸다고 말했어.
B: 그 말을 들으니 안됐네.

Help yourself to the cake

케익 맘대로 먹어

형태적으로 특이하게도 동사+oneself~형의 형태가 있다 Help yourself, Make yourself, Enjoy yourself, Suit yourself 등의 명령문이나 혹은 apply oneself, can't bring oneself to, treat oneself to 등의 일반 동사구가 있다. 먼저 help yourself의 활용은 단독으로 사용하거나 혹은 Help yourself to+음식의 형태로 쓴다. 케익 맘대로 먹어는 Help yourself to the cake, 냉장고에 있는 거 아무거나 들어는 Help yourself to whatever's in the fridge 혹은 Please help yourself to anything in the fridge 라고 하면 된다. 또한 Make yourself는 집처럼 편히 계세요라고 하려면 Make yourself at home, 그냥 편히 계세요는 Make yourself comfortable, 그리고 술한잔 따라 마시며 편히 쉬어라고 하려면 Make yourself a drink and relax라고 하면 된다.

또한 can't help oneself는 자신도 어쩔 수 없다라는 말이며 bring oneself는 스스로 자신을 끌어 올리는 걸로 주로 can't bring oneself to~로 쓰인다. "..할 마음이 전혀 내키지 않는다"라는 의미. allow oneself to~는 자기 자신을 허락하는 것으로 "스스로 …에 몰두[열중]하다"는 의미가 된다. devote oneself to나 dedicate oneself to~역시 같은 맥락의 표현이다. be oneself는 평소 자신의 모습이다, make oneself clear는 …에게 자신의 말을 이해시키다, make oneself understood 역시 자신의 말을 이해시키다. 그리고 call oneself something은 자칭 …라고 하다, ask oneself~는 …을 자문해보다, stop oneself from ~ing는 …하는 걸 참다, 그리고 treat oneself to는 (큰마음 먹고) …을 즐기다이다.

I POINT I

Help yourself to the cake 케익 맘대로 먹어

Make yourself at home 집처럼 편히 계세요

Enjoy yourself 재미있게 보내세요

Suit yourself 마음대로 해

I can't bring myself to~ …할 마음이 전혀 내키지 않아

I allow myself to~ …에 몰두하다, 열중하다, 빠져있다

I treat myself to~ (스스로) …을 하다, …을 챙겨먹다, 몸을 쉬게 하다, …을 사다

allow oneself to 스스로에게 …하는 것을 허용한다, 즉 긴장풀고 평소에 하지 않던 것을 해보다

commit oneself to …에 약속하다,' …을 떠맡다,' '몰두하다', '전념하다' '헌신하다'

explain oneself 속마음을 털어놓다, 자신의 행동에 대한 해명을 하다

Speaking Skills

A: It's so sad that Vera passed away.

B: Yes. I can't go to her funeral.

A: You're skipping the memorial service?

B: **I can't make myself attend** it.

A: But you were such good friends.

B: I would fall apart if I tried to go.

A: 베라가 죽다니 너무 슬퍼.
B: 그래. 난 걔 장례식에 못가.
A: 장례식에 안간단말야?
B: 난 참석할 수가 없어.
A: 하지만 너희들 아주 친한 친구였잖아.
B: 난 가려 한다면 쓰러질거야.

A: I'll be off on my vacation tomorrow.

B: Where are you headed?

A: I rented a house near the beach with some friends.

B: I hope you **enjoy yourself.**

A: It should be a fun time.

B: Do you think I could come along?

A: 내일 나 휴가차 떠나.
B: 어디로 가는데?
A: 친구들과 함께 해변 근처에 집을 빌렸어.
B: 즐겁게 보내기를 바래.
A: 재미있을거야.
B: 내가 따라가도 될 것 같아?

Not that I know of. Why?

내가 알기로는 아냐. 왜?

꼭 필요한 기본적인 표현을 습득하여, speaking을 가능하게 하는 것이지만 늘상 똑같은 표현을 지나치게 수없이 반복하면 말하는 사람도 그렇고 듣는 사람도 조금은 짜증나게 된다. 특히 상대방과 대화시 Yes, No 의 대답은 대화의 기본으로 잠깐의 대화라도 수차례씩 쓰게 되는 말이다.

그렇다고 긍정일 경우에는 무조건 Yes, 부정일 경우에는 No만 집요하게 사용한다면 대화가 무척 건조해질 것이다. 물론 영어가 동어반복 회피현상이 강한 언어이고 남의 나라 말을 배우는 입장에서 그네들처럼 화려한 멋을 부릴 수는 없지만 적어도 대답하는 표현은 가능한 한 여러 개 알아두어야 궁색함을 면할 수 있다.

Not that I know of는 부정적인 대답을 하는 표현의 하나로 "(적어도) 내가 알기로는 그렇지 않다"(not so far as I know; not to my knowledge)는 완곡한 부정표현이다. 질문에 대한 답이 자신이 없을 경우 혹은 대답에 신중을 기할 때 쓸 수 있는 표현이다. 좀 쓰기에 쑥스러운 감도 없지 않으나 한사코 no만 쓰면 대화의 맥도 부자연스러워지니 과감하게 써서 자기 것으로 만들어 보자.

참고로 not that I know of의 형태에서 not that I~ 다음에 꼭 know of만 오는 것은 아니다. not that I recollect [recall], not that I remember, Not that I'm aware of 등 다양하게 쓰일 수 있다.

Check It Out!

Not that I know of. Why? 내가 알기로는 아냐. 왜?

Not that I know of but I haven't been working here that long.

내가 알기로는 아냐. 하지만 난 여기 온지가 얼마 안됐어.

| POINT |

Not that I know of 내가 알기로는 아냐

Not that I recollect[recall] 내 기억하기로는 아냐

Not that I remember 내가 기억하는 바로는 아냐

Not that I'm aware of 내가 아는 한 몰라

Speaking Skills

A: What were the police doing here?

B: Ted was arrested for assault.

A: Did he ever act violent before?

B: No, **not that I know of.**

A: What got him so upset?

B: Someone said that he was lazy and stupid.

A: 경찰이 여기서 뭐하는거였어?
B: 테드가 폭행죄로 체포됐어.
A: 걔가 전에 폭력을 휘두른 적이 있어?
B: 아니, 내가 알기로는 없어.
A: 뭣때문에 그렇게 화가 난거야?
B: 누가 걔보고 게으르고 멍청하다고 말했대.

A: Jim is going to introduce me to his sister.

B: Have you met her in the past?

A: **Not that I remember.**

B: Is she older or younger than he is?

A: He says she is a few years younger.

B: Great. I'll bet you'll get along well with her.

A: 짐이 나를 자기 동생에게 소개시켜줄거야.
B: 전에 동생 만난 적 있어?
A: 기억하기로는 없어.
B: 동생이래 누이래?
A: 동생이래.
B: 잘됐네. 동생과 잘 어울릴거야.

I was a little bit surprised

난 좀 놀랐어

좀 어려워, 좀 복잡해, 조금 그래 등 말할 때 '조금'이란 단어를 쓸 때가 참 많다. 단정적으로 말하지 않으려는 습성 때문인데 이에 해당되는 영어표현이 a little bit이다. 무진장 많이 쓰는 a little bit은 부사로서 동사 뒤(Move over just a little bit) 혹은 형용사 앞(a little bit different)에 위치한다. 물론 little을 생략하고 a bit이라고 쓰이기도 한다. 약간의, 조금이라는 의미의 kind of, sort of와 같은 맥락의 표현으로 생각하면 된다.

Check It Out!

I was **a little bit** surprised, to say the least. 줄여서 말해도 난 좀 놀랐어.
I seem to be **a little bit** drunk. I was off duty. 좀 취해 보이지? 근무가 끝나서 그랬어.
Move over **a little bit.** Let me sit down. 옆으로 조금만 가. 나 좀 앉게.
When no one was looking, I touched myself **a little bit** too. 아무도 안볼 때. 나 살짝 자위했어.
I **sort of** did a stupid thing last night. 저기 지난밤에 좀 멍청한 짓을 했어.

| POINT |

a little bit 조금(의)

a bit 조금(의)

kind[sort] of 조금, 약간

Speaking Skills

A: I broke my leg while skiing last year.

B: Was it a serious injury?

A: Sure, it still hurts **a little bit.**

B: It doesn't look like you have a limp.

A: I worked hard to get back in shape.

B: You are really a tough guy.

A: 작년에 스키를 타다가 다리가 부러졌어.
B: 심하게 다쳤어?
A: 그럼, 아직도 조금 아파.
B: 다리 절뚝거리지 않는 것 같은데.
A: 다시 정상상태로 돌리기 위해 애많이 썼어.
B: 너 정말 강건하다.

A: What miserable rainy weather.

B: It ruined our plan to go for a hike.

A: How long is it supposed to last?

B: The rain will continue into the night.

A: Maybe the skies will be clear in the morning.

B: We could use **a little bit** of sun tomorrow.

A: 비오는 날씨 정말 우울하군.
B: 그 때문에 하이킹가려는거 망쳤어.
A: 언제까지 비가 올거래?
B: 비는 밤까지 계속될거래.
A: 아침에야 날씨가 맑아지겠구만.
B: 내일은 햇볕이 좀 쬐였으면 좋겠다.

Sure, that makes sense

그래 그거 말 된다

sure를 아직도 '확실한'이란 의미로만 알고 있으면 안된다. 물론 sure가 형용사로써 be sure to, make sure 등 알짜 표현을 양산하는 건 사실이지만 부사로서의 sure를 회화에서 빼놓을 수는 없기 때문이다. 구어체에서 Sure는 가벼운 Yes, 또는 Okay란 뜻이다. 다시 말해서 일반적으로 yes을 대신해서 가볍게 '그래'라는 의미로 쓰이고 또한 상대방이 감사인사를 할 때 가볍게 "Sure"하면 괜찮아, 뭘요 정도의 의미의 답변인사가 되기도 한다. 초지일관 로봇처럼 yes만 내뱉지 말고 편하고 가볍게 "Sure"라고 해보자. 또한 주어+sure+동사~의 형태로 sure가 주어와 동사 사이에 오는 경우도 있는데 이때는 sure가 부사로 surely의 대용으로 쓰인 경우이다.

비슷한 표현으로 All right이 있는데 이는 상대방의 의견이나 제안에 동의하면서 알았어 혹은 좋아, 그래라는 의미로 쓰인다. 줄여서 Alright로 표기하기도 한다.

Check It Out!

Sure, that makes sense. 그래 그거 말 된다.
Sure. Take your time. 물론. 서두르지 말고.
It **sure** is hot out there. 정말이지 밖에 쪄.
Man, I **sure** miss Julie. 야 정말 줄리가 보고 싶네.

| POINT |

Sure = 어, 그래(Yes) Sure. Call me in the morning. 그래. 아침에 전화해

(That's) For sure = Surely 물론, 확실하지 She doesn't know for sure 걘 확실히 몰라

Sure thing = 물론(Of course) Sure thing, boss. I'm coming right up 물론요, 사장님. 바로 갑니다.

It sure is. 그렇고 말고.

All right 좋아, 그래

Speaking Skills

A: Are you okay? You seem tired.

B: I didn't sleep last night and I'm exhausted.

A: Is there anything I can do to make you feel better?

B: Can we go grab a cup of coffee?

A: **Sure,** we can do that.

B: Great. I really need a boost of energy.

A: 괜찮아? 너 피곤해 보여.
B: 간밤에 잠을 못자서 녹초가 됐어.
A: 너 기분나아지게 내가 뭐 해줄 것 있어?
B: 우리 가서 커피마실까?
A: 그래, 그렇게 하자.
B: 잘됐네. 난 정말 에너지를 충전해야 돼.

A: I'd like to watch a romantic movie.

B: Let's stream one on my computer.

A: Can we watch it after we eat?

B: **Sure thing,** I'll get it ready.

A: I'll start cooking our meal.

B: Let's have soup and sandwiches.

A: 멜로 영화보고 싶어.
B: 내 컴퓨터에서 하나 틀어보자.
A: 우리 식사 후에 봐도 될까?
B: 물론이지. 내가 준비할게.
A: 난 식사를 준비할게.
B: 수프하고 샌드위치를 먹자.

Hey, no prob. I'll get right on it

문제없어요. 바로 해드리죠

상대방의 감사인사에 '괜찮아'라는 인사 외에도 상대방이 부탁하거나 사과할 때도 쓰인다. 그래서 "Regular unleaded. Please fill it up"(보통 무연휘발유로 가득 채워주세요)라고 할 때 "No problem" 이라고 하면 이때는 "예 알겠습니다"라는 의미이고 또 "I'm sorry I can't make it"(미안하지만 못갈 것 같은데)라는 말에 "No problem"하면 "괜찮아"라는 의미가 된다. 줄여서 No pro라고 하기도 한다.

No problem 처럼 No 혹은 Not으로 시작하는 간편한 표현들도 많이 있는데, No 다음에는 명사를 그리고 Not 다음에는 형용사[부사]를 쓴다는 점이 다르다. 말도 안된다고 거절하는 No way, 아직은 아니라고 말 하는 Not yet, 지금은 아니라는 Not now, 그렇게 빨리는 안돼라는 Not so fast 그리고 사실은 안 그래라 는 Not really 등이 유명하다.

Check It Out!

Hey, **no prob.** I'll get right on it. 문제없어요. 바로 해드리죠.
Don't worry! **No big deal.** 걱정 매 별거 아냐.
No way. You're a pain in the neck. 안돼, 너 진짜 성가신 놈이네.

| POINT |

No problem 괜찮아	
No wonder 당연하지	
No damage 손해본 거 없어	
No big deal 별일 아냐	
Not so bad 그렇게 나쁘지 않아	
Not always[exactly] 늘[꼭] 그런 건 아냐	
Not very much 별로 그렇지 않아	
Not really 사실은 안 그래	

Speaking Skills

A: Is this your chair?
B: Yes, I was just sitting there a moment ago.
A: Did you want to keep using it?
B: Yeah, I hope you don't mind.
A: **No problem.** I'll just use another one.
B: Thanks. I appreciate that.

A: 여기 자리세요?
B: 네. 조금 전에 앉아있었는데요.
A: 계속 사용하실거죠?
B: 네. 괜찮으시다면요.
A: 괜찮습니다. 전 다른 의자를 사용할게요.
B: 감사드려요.

A: Can you help me find the scissors?
B: They are right here, on top of the desk.
A: Thank you for pointing them out.
B: **No problem.** I was happy to help.
A: And do you know where the paper is?
B: It's on the desk, right next to the scissors.

A: 가위 찾는거 도와줄테야?
B: 바로 여기 책상 위에 있어.
A: 가리켜줘서 고마워.
B: 뭘. 도움이 돼서 기뻐.
A: 종이는 어디에 있는지 알아?
B: 그것도 가위 바로 옆 책상 위에 있어.

Where are you traveling to?

어디로 여행가는 거야?

의문사 의문문의 끝에 전치사가 붙는 경우이다. "친구 좋다는게 뭐야?"라는 의미의 What are friends for?가 대표적인 문장이다. 이렇게 What ~ for?의 형태는 이유나 목적을 말하는 경우로 "걘 왜 토익을 보려는거야?"라고 하려면 What is he taking TOEIC for?라고 하면 된다. What's it for?는 무슨 이유로?, 무엇 때문에, 그리고 What for?는 왜?, 뭐 때문에?라는 의미가 된다.

Who의 경우에는 speak나 talk과 연결되어 누구에게 말을 하느냐는 뜻에서 '방향'의 to가 붙게 된다. "누구랑 통화하시겠어요?"는 Who do you want to speak to?, "어느 미스터 김과 통화하시겠어요?"는 Which Mr. Kim do you want to talk to?라고 하면 된다. 또한 어디로 여행을 가냐고 상대방에게 물어보려면 Where are you traveling to?라고 하면 된다. 의문사~전치사?의 형태에서 Where is[are] ~ from?을 빼놓을 수는 없을 것이다. …가 어디서 난거냐라는 의미. from은 출처, 기원 등을 의미하는 것으로 주어자리에 사람이 오면 출신지를, 사물이 오면 원산지나 출처를 물어보게 된다.

다음으로 뒤에 about가 붙는 경우가 있는데 Which guy are you talking about?은 어떤 녀석을 말하는거야?, What do you want to talk about?은 무슨 얘기를 하고 싶은거야?라는 뜻이 된다.

그밖에 of가 붙는 경우는 What would you say it was made of?(그게 무엇으로 만들어졌다고 생각해?), What kind are you thinking of?(어떤 종류를 생각하고 있는데?), 그리고 with가 붙는 경우는 Any chance you want to come with?(함께 가고 싶어?), What can I help you with?(무엇을 도와 드릴까요?), Who are you going out with?(누구랑 데이트하는데?) 등이 있다.

Check It Out!

What are friends **for?** 친구 좋다는 게 뭐야?
Who do you want to speak **to?** 누구랑 통화하시겠어요?
Where is this incredible cake **from?** 이렇게 엄청나게 맛난 케익을 어디서 샀어요?
What do you want to talk **about?** 무슨 얘기하고 싶은 거야?

| POINT |

What is[are]~ for? …하다는게 뭐야?

Where is/are+S+ from? …가 어디서 난거야?

Speaking Skills

A: Is there anything we should take to the party?
B: They asked us to bring a bag.
A: **What** do we need to bring a bag **for?**
B: It's a party for kids, and they are giving out candy.
A: Good. I like to eat candy.
B: The candy is supposed to be for our son and daughter.

A: 우리가 파티에 가져가야 될게 뭐 있어?
B: 가방을 가져오라고 했어.
A: 가방은 뭐하러 가져가야 되는거야?
B: 아이들 파티니까. 사탕을 나눠줄거야.
A: 좋아. 나 사탕먹는거 좋아해.
B: 사탕은 우리 아들 딸을 위한거야.

A: You have beautiful artwork.
B: I have collected it from all around the world.
A: **Where** did this painting come **from?**
B: It was purchased in France.
A: I like it. Was it expensive?
B: Yes it was. It cost thousands of dollars.

A: 아름다운 공예품을 갖고 있네.
B: 세계 도처에서 모은거야.
A: 이 그림은 어디서 난거야?
B: 프랑스에서 구입했어.
A: 맘에 든다. 비쌌어?
B: 어 그랬지. 돈이 많이 들었어.

I've got a signal

난 신호가 잡혀

소변보면서도 핸드폰을 해야 하는 우리 시대의 절대필수품인 스마트폰을 사용할 때 쓰는 표현들도 알아두면 요긴하게 써먹을 수 있다. 먼저 하이킹이나 등산 등 오지에 갔을 때 신호가 잡힌다고 할 때는 I've got a signal, 반대로 신호가 잡히냐고 할 때는 You get any bars?라고 하면 된다. 스피커폰으로 하라고 할 때는 put it on speaker phones, 앱을 사용하다라고 할 때는 use an app, 대역폭을 늘렸다??고 할 때는 improved bandwidth, 데이타 전송속도는 data transfer speed, 더 넓은 대화면은 larger display 그리고 암호화된 메시지전달은 encrypted messaging 등이 있다.

Check It Out!

Have you got any bars here? 신호 좀 떠?
I just keep it on vibrate. 진동으로 해놓고 있어.

| POINT |

get a signal 신호가 잡히다

You get any bars? 신호가 잡혀?

put it on speaker phones 스피커폰으로 해놓다

use an app 어플을 이용하다

data transfer speed 데이타 전송속도

larger display 대화면

encrypted messaging 암호화된 메시지전달

keep ~ on vibrate 진동으로 해놓다

turn on the ringer 소리나게 해놓다

Speaking Skills

A: We are really far out in the mountains.

B: I don't think my cell phone will work.

A: **Have you got any bars** here?

B: No, I have none. How about you?

A: **I only have one bar on my phone.**

B: Hopefully we won't have an emergency.

A: 산 속 멀리에 왔네.
B: 내 핸드폰이 안터질 것 같아.
A: 신호 좀 떠?
B: 아니, 안잡혀. 넌?
A: 내 폰에는 하나 잡히네.
B: 위급상황이 벌어지지 않기를 바라야겠네.

A: We aren't allowed to bring phones to class.

B: Teachers hate it when our phones ring.

A: Do you **shut your phone off?**

B: I just **keep it on vibrate.**

A: That's a good idea.

B: Yeah. I **turn on the ringer** after class ends.

A: 우리는 수업시간에 핸드폰을 가져오면 안돼.
B: 핸드폰이 울릴 때 선생님들이 싫어하셔.
A: 폰을 꺼놓아?
B: 진동으로 해놓고 있어.
A: 그거 좋은 생각이야.
B: 그래. 수업이 끝나면 소리나게 해.

It works!

제대로 돼!, 효과가 있어!

주어로 It(This, That) 등의 대명사나 명사가 오고 다음에 가볍게 한 단어만 넣어서 의사표현을 하는 경우가 종종 있다. 뭔가 제대로 돼가고 있다라는 의미의 It works!, 반대로 제대로 안될 때의 It doesn't work, 그리고 제대로 안될거야, 효과가 없을거야라는 의미의 It won't work 등이 대표적인 경우이다. 또한 어디가 아프다고 할 때 It hurts, My leg hurts, It matters, It doesn't matter(중요하지 않아) 그리고 난이도가 있지만 뭔가 안좋다고 말할 때의 It sucks, 그리고 고약한 냄새가 난다라는 의미에서 불쾌감을 나타내는 It stinks 등이 있다.

Check It Out!

It works! 제대로 돼!, 효과가 있어!

It doesn't work. 제대로 안돼, 그렇겐 안돼.

It won't work. 효과가 없을거야.

It matters. 그게 중요해.

It doesn't matter. 그건 중요하지 않아, 상관하지 않아.

Does it matter? 그게 중요해?

It sucks! 젠장할!

It doesn't suck. 봐줄 만 한데, 나쁘지 않은데.

It stinks. 젠장, 영 아니야.

What stinks? 뭐가 이렇게 냄새가 구려?

| POINT |

It+Vs! …하다!

It doesn't+V! …하지 않다!

Speaking Skills

A: This schedule has us working seven days a week.
B: Everyone is so exhausted and grumpy.
A: **It sucks.** I really hate it.
B: Will the schedules ever change?
A: Next year we will have a lighter work load.
B: It is a relief to hear that.

A: 이 일정은 우리보고 일주일에 7일 일하라는 소리네.
B: 다들 지쳤고 불만이네.
A: 빌어먹을. 난 정말 싫어.
B: 일정이 혹여 바뀔까?
A: 내년에는 업무량이 조금 가벼워질거야.
B: 그 소리를 들으니 안심이군.

A: I need something to wake me up.
B: Want to grab some coffee or tea?
A: Can we use the coffee machine?
B: **No, it doesn't work.**
A: Let's go to a coffee shop.
B: There is a Starbucks across the street.

A: 정신이 좀 들게 할 뭔가 필요해.
B: 커피나 차 좀 마실테야?
A: 커피머신 사용해도 돼?
B: 아니, 고장났어.
A: 커피숍에 가자.
B: 길건너에 스타벅스가 있어.

How fast can you make it happen?
얼마나 빨리 그걸 할 수 있어?

have 동사가 사역동사 자격으로 일상생활에서 많이 쓰이듯, make~+V의 형태로 무지무지 많이 쓰인다. 다음에 이어지는 동사에 따라 또 의역의 정도에 따라 다르게 표현할 수도 있지만 대개는 …을 …하게 하다 라는 의미이다. 대표적인 make it happen은 아주 많이 쓰이는 표현으로 그것이 일어나도록 하게끔 한다 는 뜻으로 다시 말해 '그렇게 되도록 하겠다,' 나아가 '이루다, 성공하다'라는 뜻도 갖게 된다. 그래서 You'll make it happen은 넌 성공할거야, I'll try to make that happen은 그렇게 되도록 할게라는 의미가 된다. 다음으로 make it[this] work의 형태는 …을 작동하게 하다, 잘돌아가게 하다라는 의미이다. 목적어를 things로 써서 make things work하면 일을 제대로 돌아가게 하다가 된다. 아마 사용빈도로는 가장 많이 쓰일 make~feel~을 빼놓을 수가 없다. …의 기분을 …하게 만들다라는 의미가 된다. make sb feel like하게 되면 sb를 …처럼 느끼게 하다라는 뜻이 된다. 너 때문에 바보가 된 기분이야는 You made me feel like an idiot라고 하면 된다. 또한 …가 …하고 싶게 만들다라는 make ~ want의 형태로 알아둔다.

> **Check It Out!**

How fast can you **make it happen?** 얼마나 빨리 그걸 할 수 있어?
You'll **make it happen.** 넌 성공할거야.
There are ways to **make this work.** 이걸 제대로 돌아가게 하는 방법이 있어.
I just wanna **make things work** again. 난 단지 일이 다시 제대로 돌아가길 원해.
Go get some sleep. It'll **make you feel better.** 가서 좀 자. 기분이 더 좋아질 거야.
Don't **make me feel bad.** I don't like it either. 기분 나쁘게 하지마. 나도 마음에 안 들어.
He **made me feel like** a princess. 걔 때문에 나는 공주가 된 기분이었어.

| POINT |

make it happen	그렇게 되도록 하다, 이루다
make it work	…을 작동하게 하다, 잘 돌아가게 하다
make things work	일을 제대로 돌아가게 하다
make ~ feel~	…의 기분을 …하게 만들다
make ~ feel like~	…을 …처럼 느끼게 하다
make ~ want	…가 …하고 싶게 만들다

Speaking Skills

A: You haven't set up your business yet?

B: I can't afford to buy the machines I need.

A: How much will it cost to **make it happen?**

B: Probably it will be over a million dollars.

A: Is it possible for you to get that money?

B: I'm trying to find some investors.

A: 너 아직 회사 세우지 않았어?
B: 기계를 살 여유가 없어.
A: 그렇게 하는데 얼마나 드는데?
B: 아마 백만 달러이상 들거야.
A: 너 그 돈을 마련할 수 있어?
B: 투자자들을 찾고 있는 중이야.

A: Tim started a restaurant downtown.

B: Have you ever eaten there?

A: I have, and I didn't like the food.

B: Sounds like his restaurant will fail.

A: He will never **make it work.**

B: That's too bad. I feel sorry for him.

A: 팀은 시내에 식당으로 오픈했어.
B: 거기서 먹어본 적 있어?
A: 있는데 음식은 맘에 들지 않았어.
B: 그 식당 실패할 것같이 들린다.
A: 걘 식당을 제대로 돌아가게 하지 못할거야.
B: 안됐네. 걔가 안됐어.

I'll ask him if he can make a commitment

개에게 참여할 수 있는지 물어봐야겠어

거창하게 해석하다가는 이게 무슨 뜻인지 모르고 헤매는 단어들. 대표적인 것으로 engage를 들 수 있다. …에 종사하다, 약혼하다라고만 알고 있으면 해석이 어색해지는 경우가 있다. engage는 일상생활에서 그냥 어떤 일을 하다라고 할 때가 많다. 그래서 How often do you engage in intercourse?는 얼마나 자주 성교에 종사하는냐가 아니라, 그냥 "얼마나 자주 성교를 해?" 정도로 옮기면 된다. commit 또한 짜증나는 단어 중의 하나. commit crimes 정도는 가볍게 해석이 되지만 be committed to + N[~ing]나 commit oneself to~ 혹은 make a commitment to~하게 쓰이면 …에 혹은 …하는데 전념하다, 헌신하다라는 의미가 된다. credit 역시 우리를 괴롭히는 단어중의 하나. 워낙 의미가 많기 때문이다. 신용카드로 구입하다는 buy sth on credit, take credit for~는 …의 공을 차지하다, 반대로 give sb credit for는 …에게 …의 공을 돌리다, 그리고 be a credit to~하게 되면 …의 자랑이다라는 의미가 된다.

Check It Out!

I'm committed to programs that are interesting. 난 흥미있는 프로그램만 보고 있어.

I'll ask him if he can **make a commitment.** 개에게 참여할 수 있는지 물어봐야겠어

You're really committed to making this family work. 넌 정말 이 가정을 제대로 만들려고 전념하고 있어.

He was committed to Amy the whole time. 걘 모든 시간을 에이미에게 바쳤어.

I'm sorry I **took credit for** your work. I apologized. 네가 한 일을 내 걸로 가로채서 미안해.

I **give them credit for** searching for a solution. 해결책을 찾은 건 걔네들의 공이야.

| POINT |

engage in~ …의 일을 하다	
be committed to + N[~ing] …하는데 전념하다	
commit oneself to~ …하는데 전념하다	
make a commitment to~ …하는데 전념하다, 헌신하다	
buy sth on credit …를 신용카드로 구매하다	
take credit for …의 공을 인정하다, 칭찬하다, …을 자신의 공으로 삼다	
give someone credit for …을 …의 공으로 인정하다, …의 능력[성질]을 가지고 있다고 생각하다	
get credit for …로 인정받다, 명성을 얻다	**be a credit to sb[sth]** …의 자랑이다

Speaking Skills

A: Is the client going to prison?

B: Yes, I think he will be sent to prison.

A: Did he enter a plea deal?

B: The lawyers **engaged in** a discussion about it.

A: What did they decide?

B: They decided he should plead guilty.

A: 의뢰인이 감옥에 가게 되나?
B: 어, 감방에 들어가게 될 것 같아.
A: 유죄협상을 했어?
B: 변호사들이 그에 대해 토의하고 있어.
A: 결론은 어떻게 내렸어?
B: 그가 유죄인정을 해야 한다고 내렸어.

A: You've always been at the top of our class.

B: It involves a lot of studying.

A: It seems like you are always reading textbooks

B: I've **committed a lot of time to** becoming the best student.

A: Have you ever gotten any low grades?

B: No, I've passed all of my classes with As.'

A: 넌 항상 반에서 일등자리를 내놓지 않더라.
B: 공부를 많이 해야 돼.
A: 넌 항상 교과서를 읽는 것 같아.
B: 난 최고의 학생이 되기 위해 많은 시간을 투자하고 있어.
A: 낮은 성적을 받은 적이 있어?
B: 아니, 난 모든 과목을 A로 통과했어.

Everything will work out for the best

다 잘 될거야

work out는 잘되다, …게 되다, 해결하다, …을 이해하게 된다, 답을 찾다, 운동하다라는 의미. 중요한 표현이지만 의미가 분명하게 오지 않는 것 중의 하나이다. 먼저 어떤 안 좋은 상황이 주어로 올 경우에는 나아지다, 좋아지다, 그리고 work out+well[badly, all right, OK] 등이 오면 …게 되다라는 의미로도 쓰인다. 또한 work things out하게 되면 일을 잘 풀어가다, 문제를 해결하다라는 뜻이 된다. Things을 앞으로 해서 Things don't work out(일이 잘 안풀려)라고 할 수도 있다. 물론 해결해야 될 일을 직접 써서 work out our difference(우리의 차이점을 해결하다)라고 쓸 수도 있다. 또한 결정하거나 어떤 문제에 대해 동의하다라는 의미로도 쓰인다. 끝으로 약속 등을 정할 때 상대방이 특정일이나 시간에 괜찮은지 물어볼 때 사용하는(Does this Friday work out for you? 이번 금요일 괜찮아?) 것도 함께 알아둔다.

Check It Out!

Something **works out**.　나아지다(get better).
Something **works out well[badly]**.　좋게(나쁘게) 되다(turn out).
I hope it **works out with** you and Mike.　너하고 마이크하고 잘 되기를 바래.
How's that working out for you?　그러니까 어때요?
Let's **work it out**.　제대로 해보자.
Everything will **work out for the best**.　다 잘될 거야.
I'm trying to **work things out with** Eva.　난 에바와 일을 잘 풀어가려고 하고 있어.
Things didn't **work out** and he broke up with her.　사정이 잘 풀리지 않아 걔랑 헤어졌어.

| POINT |

안 좋은 상황+ work out	나아지다. 좋아지다
work out well[badly, all right, okay]	…하게 되다(turn out)
work~ out	…잘 풀어가다
work out our difference	우리의 차이점을 해결하다
work out	운동하다 *workout 운동(주로 gym에서)
work out	결정되다
특정일[시간] work out for sb	…에게 괜찮다　**work out for the best** 결국은 잘 되다

Speaking Skills

A: I saw your ex-boyfriend at the party.

B: No one sent him an invitation.

A: Well, he just showed up.

B: I just can't **work out** why he was there.

A: Maybe he has started stalking you.

B: No, he's not that type of guy.

A: 파티에서 네 옛남친을 봤어.
B: 아무도 걔한테 초대장을 보내지 않았는데.
A: 그러게나, 걔가 나타났잖아.
B: 왜 걔가 거기에 왔는지 이해가 안돼.
A: 너를 스토킹하기 시작했는지 모르지.
B: 아냐, 걔는 그런 타입의 얘가 아냐.

A: How was the concert in the park?

B: It was sold out and we didn't get tickets.

A: So you couldn't get in.

B: We decided to go to the movies instead.

A: It probably **worked out for the best.**

B: Sure. We had a good time.

A: 공원에서의 연주회는 어땠어?
B: 매진되어서 표를 구하지 못했어.
A: 그럼 들어가지도 못했겠네.
B: 대신 영화관에 가기로 했어.
A: 오히려 더 잘 된 것 같아.
B: 그럼. 우리 좋은 시간을 보냈어.

It was a real eye opener for me

정말 내게는 놀란만한 일이었어

개개의 평이한 단어들이 모여서 전혀 다른 엉뚱한 의미를 갖는 영어 표현들이 많이 있다. 이처럼 하나에 하나를 더하면 두 개가 되지 않고 다른 의미를 갖게 되는 것은 언어가 갖는 사회와 문화적 특수성 때문이다. 이번에는 두 단어로 이루어진 표현중 재미난 그리고 주위에서 많이 보아온 것들을 중심으로 정리해본다. 여러분들의 힘든 영어학습에 잠시 쉬어갈 수 있는 공간이 되기를 바라며 또한 미처 몰랐던 표현은 어깨에 힘주며 친구들에게 아는 척을 해보아도 된다. 먼저 fat chance는 반어적인 표현으로 가능성이 희박할 때 사용하는 표현이다. get lucky는 젊은 사람들이 많이 사용하는 것으로 운이 좋다, 땡잡았다, 즉 데이트할 때 여자하고 갈 때까지 갔다는 의미이고 eye-opener는 놀랄만한 일, 대단한 미인, hard truth는 받아들이기 쉽지 않은 진실, hit man은 살인청부업자, cold call은 모르는 사람에게 막무가내로 전화하는 세일즈 전화, private parts는 음부, better half는 배우자, skin deep은 피상적인, 그리고 missionary position은 정상위를, personal effects는 개인소지품을 말한다.

Check It Out!

The lawyer told the boy's mother that he had a **fat chance** of being acquitted.
변호사는 소년의 어머니에게 그가 석방될 가능성은 거의 없다고 말했다.

The high school boys went to the dance with hopes of **getting lucky!**
고등학교 남학생들은 여자들하고 한번 해볼까하는 희망을 갖고 댄스파티에 갔다.

The couple decided to spice up their sex life by trying something other than the **missionary position.** 그 부부는 정상위에 다른 체위를 시도함으로써 자신들의 성생활을 풍요롭게 하기로 했다.

| POINT |

fat chance 희박한 가능성	**get lucky** 여자와 자다
eye-opener 놀랄만할 일, 대단한 미인	**best man** 신랑들러리
hard truth 받아들이기 힘든 사실	**hit man** 살인 청부업자
tall order 무리한 주문	**nose job** 코 수술
personal effects 개인소지품	**cold call** 세일즈 전화
private parts 음부	**better half** 배우자
skin deep 피상적인	

Speaking Skills

A: Isabella's grandmother passed away.

B: Has anyone told Isabella about it?

A: No. I am supposed to let her know.

B: You're going to have to tell her the **hard truth.**

A: It won't be easy.

B: I'm sure she's going to start crying.

A: 이사벨라의 할머니가 돌아가셨어.
B: 누가 이사벨라에게 그 얘기를 말해줬어?
A: 아니. 내가 걔한테 알려주기로 되어 있어.
B: 네가 받아들이기 힘든 사실을 걔한테 말해야겠구나.
A: 쉽지 않을거야.
B: 울기 시작할거야.

A: How was your church's missionary trip?

B: We saw some very poor people in Africa.

A: I've heard that there is a lot of poverty.

B: It was a real **eye opener** for me.

A: Were you able to help anyone?

B: We brought farming supplies to a village.

A: 네 교회의 선교여행이 어땠어?
B: 아프리카에서 매우 가난한 사람들을 좀 봤어.
A: 가난이 팽배해있다는 말을 들었어.
B: 정말 내게는 놀란만한 일이었어.
A: 누구 도움을 줬어?
B: 한 마을에 농산물을 가져갔어.

You passed it by two stops

두 정거장 지나쳤어요.

휴일에 지하철을 타면 지도나 지하철 노선도를 가지고 서울 시내 여행을 하는 외국인들을 가끔 볼 수 있을 것이다. 외국인이 신논현역이 여기서 내려야 되냐고 물었을 때, "이미 2정거장이 지났다"를 말한다고 "2 station pass"하고 아무리 외쳐도 이해시키기가 힘들 것이고 지하철 노선도에 동그라미를 쳐주며 설명을 해야지만 겨우 의사소통이 될 것이다. 지하철을 타다보면 외국인이 내려야 하는 지하철 역에 대해서 묻는 모습을 종종 볼 수 있는데, 이제는 더 이상 당황해 하지 마자. 「두 정거장을 지났다」는 말은 "You passed it by two stops," "It's two stops back"이라고 말하면 된다. 그냥 정거장을 지나쳤다는 말만 하고 싶다면 "You missed the stop" 혹은 You missed your stop, We passed your stop이라고 하면 된다.

Check It Out!

When should I **get off** the subway? 어디에서 지하철에서 내려야 하나요?

Just **get off** and take the subway in the opposite direction.

내려서 반대방향으로 가는 지하철을 타세요.

| POINT |

You passed it by two stops	두 정거장 지나쳤어요.
It's two stops back	두 정거장 뒤예요.
You missed the stop	지나쳤어요.
You missed your stop	지나쳤어요.
We passed your stop	지나쳤어요.

Speaking Skills

A: When should I get off the subway?

B: Where are you going?

A: I want to head to the shopping district.

B: The one in the center of the city?

A: Yes, that's the one.

B: **You missed your stop.**

A: 어디에서 지하철에서 내려야 하나요?
B: 어디 가시는데요?
A: 쇼핑하는 곳으로 가려구요.
B: 도심 중심지에게 있는거요?
A: 네, 바로 거깁니다.
B: 지나쳤네요.

A: We're heading to the city zoo.

B: That's near the 14th Street Station.

A: Is that coming up soon?

B: No. **That was two stops ago.**

A: How can we get back there?

B: Just get off and take the subway in the opposite direction.

A: 우리는 시동물원으로 가고 있는데요.
B: 14번가 역에서 가까워요.
A: 곧 내려야 하나요?
B: 아뇨, 두 정거장 지나쳤어요.
A: 그쪽으로 어떻게 돌아가나요?
B: 내려서 반대방향으로 가는 지하철을 타세요.

There's some gum on your pants

바지에 껌이 붙어 있어.

지난 주말 야구장에서 외국인들이 기립해서 박수 갈채를 보내는데 아니, 외국인의 바지에 껌이 붙어 있다? 이럴 때, 즉 "바지에 껌이 붙었어요"를 어떻게 말해야 할지 선뜻 떠오르지 않는다. 가장 많이 "See your pants"라 하고 말하고 쉬운데 의사소통이 과연 됐을까? 이런 상황에서 우리도 「바지 좀 보세요」라고 하면 직접적이지는 않지만 그래도 의미 전달은 되듯이, "See your pants"라고 말했을 때 외국인은 자신의 바지에 뭔가가 묻었다는 의미는 파악하긴 했겠지만 정확한 영어 표현은 "Look at your pants"이다. 여기서 더 직접적으로 정확하게 말하고 싶다면 동사 stick을 이용해본다. 이 stick은 「들러붙다」(remain attached by adhesion)는 의미로, "There's gum sticking to your pants"라고 하면 가장 정확한 말이 된다. 다른 간편한 표현으로는 "There's some gum on your pants," "You've got gum on your pants," "You sat on a piece of gum" 등이 있을 수 있다.

Check It Out!

There's **gum sticking to** your pants. 바지에 껌이 붙어 있어.
There's **some gum on** your pants. 바지에 껌이 붙어 있어.
You've got gum on your pants. 바지에 껌이 붙어 있어.
You **sat on a piece of gum.** 껌있는데 앉았구나.

| POINT |

Look at your pants.	바지 좀 보세요
There's gum sticking to~	…에 껌이 붙어 있어요
There's gum on~	…에 껌이 붙어 있어요
You've got gum on~	…에 껌이 붙어 있어요

Speaking Skills

A: What is that on the seat of your pants?

B: I'm not sure. It's pink.

A: **You sat on a piece of gum.**

B: What a mess! How do I get it off?

A: Rub an ice cube on the gum.

B: That will help me to peel it off?

A: 네 바지 엉덩이 부분에 그게 뭐야?
B: 잘 모르겠어. 핑크색이네.
A: 너 껌위에 앉았구나.
B: 이런 젠장! 어떻게 떼어내지?
A: 얼음을 껌위에 문질러봐.
B: 그러면 껌을 벗겨내는데 도움이 돼?

A: **There's some gum on your pants.**

B: Damn it! It must have been on the park bench.

A: Yeah, sometimes kids leave it on there.

B: These pants are ruined!

A: They are. I hope they weren't expensive.

B: They were my best pair of pants.

A: 네 바지에 껌이 붙어 있어.
B: 빌어먹을! 공원 벤치에서 였을거야.
A: 어, 아이들이 때때로 그곳에 두곤 하지.
B: 이 바지 버렸네!
A: 그래. 비싼 바지 아니기를.
B: 가장 좋은 바지였는데.

You're the spitting image of your father!

아버지와 빼닮았네!

우리말의 "아버지와 국화빵이네요!"를 어떻게 표현해야 할지 모르면 평범하게 "You resemble your father a lot"이라고 말할 수 밖에 없을 것이다. 그럼 어떻게 말하면 우리말 뉘앙스를 잘 전달할 수 있을까? 자식의 외모가 부모를 쏙 빼닮은 경우 우리말로 「마치 국화빵 틀(mold)에 박아낸듯이 똑같다」는 얘기를 한다. 이런 뉘앙스에 가장 잘 맞는 영어표현은 spitting image이다. 우리가 아는 동사 spit은 「입안에 들어있는 음식물 따위를 뱉다」(throw out from the mouth)는 말로 부모의 입에서 뱉어놓은 것처럼 똑같이 생겼다는 의미이다. 따라서 가장 정확하게 영어로 옮겨보면 "You're the spitting image of your father"가 된다. 그리고 spitting image 대신에 spit and image라 해도 된다. 하나 더 소개하자면 dead ringer라는 단어를 미국인들한테 써보면 장단을 잘 맞춰줄 것이다. ringer란 「꼭 닮은 사람이나 물건」(a person or thing that closely resembles another)을 말하는데, dead를 그 앞에 첨가함으로 더 강한 의미 전달이 가능하다. 여기서 dead는 「정확한」(exact / precise)이라는 강조의 단어로, "You're a dead ringer of your father!"하고 멋들어지게 말해보자.

Check It Out!

A: You're the spitting image of your father! 아버지와 빼닮았네!
B: Yes, people tell me that a lot. 네. 사람들이 그렇게 많이 얘기해요.

| POINT |

be the spitting image of sb …와 쏙 빼닮다
be a dead ringer of sb …와 똑같다

Speaking Skills

A: Your boy is growing up fast.
B: He gets bigger every week.
A: He really resembles your side of the family.
B: **He's the spitting image of** my grandfather.
A: Was your grandfather a tall man?
B: Yes, and I think my son will be tall too.

A: 네 아들 빨리 크네.
B: 매주 자라고 있어.
A: 네 쪽을 정말 닮았네.
B: 갠 할아버지와 쏙 빼닮았어.
A: 할아버지가 키가 크셨어?
B: 어, 내 아들도 키가 클 것 같아.

A: Sometimes people think my sister is my twin.
B: They say **she's the spitting image of you.**
A: We are very much alike.
B: What is the age difference between you?
A: She's only a year older.
B: No wonder that you're so similar.

A: 가끔 사람들이 내 누이와 나를 쌍둥이로 생각해.
B: 네 누이와 네가 빼닮았잖아.
A: 우리는 정말 매우 비슷해.
B: 너희들 나이차는 어떻게 돼?
A: 누이가 한 살 많아.
B: 네가 비슷한게 놀랍지도 않네.

Can you tell those guys to quiet down?

개네들보고 좀 조용히 하라고 할테야?

guy는 「놈」, 「녀석」이라는 의미로 원래 남자를 가리키는 말이다. 하지만, 복수형태로 여러 명의 사람들을 향해 부르는 말로 쓰일 때는 꼭 남자에게만 쓰이는 건 아니다. 그래서 남학생과 여학생이 섞여 있는 강의실에서 교수님께서 "You guys…"하고 말을 시작하셨다면, 그게 「남학생들, 너네들 말야…」하고 남학생들만을 향해 말하는 게 아니라 그냥 그 강의실에 있는 학생들 전부를 향해 말하는 게 된다. 물론 남학생들이 섞여 있을 때만 guys를 쓸 수 있는 건 아니어서, 여학생들만 모여 있다 해도 "You guys…"라고 할 수 있다. 그러니까 단수 형태로 guy는 남자를 지칭하는 말로 쓰이고, 복수 형태로 guys는 남·녀 구분 없이 둘 이상 모여 있는 사람들을 향해 쓰인다고 이해하시면 된다. 한가지 더, guys는 분명 공손하게 부르는 말은 아니어서 그래서 교수님이 학생들을 향해, 혹은 친구들끼리 "You guys…"라고 부를 순 있어도, 학생이 여러 명의 교수님들을 향해 "You guys…"라고 말한다면 큰 실례가 된다는 것도 기억해 두어야 한다.

이와 유사한 경우로 실망하거나 기뻐서 흥분했을 때 쓸 수 있는 "Oh, man!"과 같은 표현도 man이라는 단어 때문에 남자와 얘기하는 중에만 쓸 수 있다고 생각하기 쉽지만 현재 미국영어에서는 성(性)에 관계없이 보편적으로 사용되고 있다. 이 뿐만이 아니다. "Oh, man!"과 같은 맥락에서 자주 쓰이는 "Oh, boy!" 또는, "Oh, brother!"도 "Oh, man!"의 대를 이어 성을 구분할 줄 모른다. unisex다 뭐다 해서 옷이나 행동, 말투 등에 남녀 구분이 거의 없어지다시피 하고 있으니 이것도 그러한 추세 중의 하나라고 생각하면 될 것이다. 그러니 외국인 친구가 여자인 본인에게 guy나 man과 같은 표현을 쓴다고 해도 절대 슬퍼하거나 노여워하지 않아도 된다.

Check It Out!

Do **you guys** want to go to a movie after work tonight?
오늘 밤 퇴근 후에 영화 보러 가지 않을래?

Oh, man! I can't believe I forgot to bring the money I owe you!
이걸 어째! 너한테 갚을 돈을 깜빡하고 안 가져 오다니!

| POINT |

| **guy** 남자, 녀석 | **you guys** 여러분들(친구들끼리 혹은 위사람이 아랫사람들에게) |

Speaking Skills

A: Why is **that guy** staring at us?

B: I thought he was a friend of yours.

A: I don't even know **the guy.**

B: I don't like the way he's looking at us.

A: Let me go over and talk to him.

B: What if he tries to start a fight with you?

A: 저 남자 왜 우리를 빤히 쳐다보고 있는거야?
B: 너희들 친구라고 생각했는데.
A: 난 알지도 못하는데.
B: 나도 저 녀석이 우리를 쳐다보는 투가 싫은데.
A: 내가 가서 얘기해볼게.
B: 너와 싸움을 걸려고 하면 어쩌려고?

A: What is all that noise next door?

B: Linda brought some friends home from school.

A: What in the world are they doing?

B: I think they are practicing dance moves.

A: Can you tell **those guys** to quiet down?

B: I'll go over and ask them to tone down the noise.

A: 옆집에서 나는 소리가 다 뭐야?
B: 린다가 학교에서 친구들을 좀 데려왔어.
A: 도대체 걔네들 뭘 하는거야?
B: 댄스 동작을 연습하고 있는 것 같아.
A: 걔네들보고 좀 조용히 하라고 할테야?
B: 내가 가서 소리 좀 죽여달라고 할게.

Can I get it to go?

포장되나요?

fast food점에 한번이라도 가본 사람이라면 음식을 주문받고 난 점원이 「여기서 드시겠습니까? 아님 싸 드릴까요?」하고 묻는 걸 들은 적이 있을 것이다. 영어에서 이 표현에 해당하는 것이 바로 "For here or to go?"로 for here는 「여기서 드실 건가요?」하고 묻는 것이고 to go는 말 그대로 「가져가서 먹을 수 있게 포장해 드릴까요?」라는 의미이다. 보통 이런 질문을 받으면 대답 역시 간단하게 "For here" 또는 "To go"라고 해주면 된다. Baskin Robbins 등의 가게에서 Ice cream to go라는 표지판 역시 이런 표현으로 「아이스크림, 포장됩니다」라는 의미가 된다. 이렇듯 음식을 앞에 써주고 뒤에 to go만 갖다 붙여주면 굳이 "Would you wrap it up for me?"하고 장황하게 말하지 않아도 포장해 달라는 의미가 통하게 된다. 빠른 게 생명인 fast food인 만큼 주문을 받을 때도 이렇게 간단히 묻고 답하는 것이 그네들의 습성이니 못 알아들어서 머뭇거리지 말고 "Two hamburgers for here[to go], please"하고 선수치듯 자신있게 주문해 보자. 이렇게 잘 알려진 포장 전문집이 아닌 곳에서 포장되나요?라고 물어볼 때는 Can I get it to go?라고 물어보면 된다.

Check It Out!

A: You hop out and order two hamburgers and a coke **to go**.
B: Good, you can wait in the car and make sure we don't get a ticket.

A: 네가 뛰어가서 햄버거 두개랑 콜라 하나 사와. B: 좋아, 차에서 기다리면서 딱지나 떼이지 않도록 해.

Alright. **Is that for here or to go?** 네. 여기서 드실 건가요 아니면 포장인가요?

| POINT |

For here or to go? 여기서 드시겠습니까 아니면 포장인가요?

To go[For here], please 가져갈 거예요[여기서 먹을게요]

Two hamburgers to go 햄버거 2개 포장요

Can I get it to go? 포장되나요?

Speaking Skills

A: Can I help you with your order?

B: Do you serve hamburgers and fries?

A: Sure. We specialize in fast food.

B: I'd like two burgers and an order of fries.

A: They'll be ready in five minutes.

B: Great. **Can I get them to go?**

A: 주문도와드릴까요?
B: 햄버거와 프라이스 되나요?
A: 그럼요. 패스트푸드 전문점입니다.
B: 햄버거 두개와 프라이스 하나로 할게요.
A: 5분후에 준비됩니다.
B: 좋아요. 포장도 되나요?

A: I'd like to place an order.

B: What would you like to have?

A: A chicken sandwich and a Coke, **to go.**

B: Would you like a side salad?

A: No, just give me the sandwich.

B: Alright, coming right up.

A: 준비하고 싶은데요.
B: 뭘 드시겠어요?
A: 치킨 샌드위치와 콜라 한 잔 포장요.
B: 샐러드도 하시겠어요?
A: 아뇨, 샌드위치만 주세요.
B: 알겠습니다, 바로 나옵니다.

May I be excused?

잠깐 나갔다 와도 될까요?

excuse는 「용서[변명]하다」라고 사전에 나오는데 사전적 의미보단 실전 적용능력이 더 중요하다. May I be excused?를 직역하면 「저를 용서해주시겠어요?」가 되지만 실제 의미는 그렇게 심각하지않다. 대화 중에 전화가 왔다거나 해서 상대에게 양해를 구할 때 「(잠시) 나갔다 와도 될까요?」란 의미로 쓰는 표현이다. 가볍게 '용서를 빈다'고나 할까요? 이것은 친구처럼 부담없는 사이보단 부모님, 직장 상급자, 혹은 찾아온 손님에게 쓰는 공손한 표현이란 점을 기억해두어야 한다. 물론 May 대신 Could, Can, Would 등을 쓸 수도 있다. 이에 대한 대답은 주어만 바꾸어 You're excused라고 하면 제일 간단하다. 즉, 「가도 좋다」(You may leave)는 얘기이다. 또한 Would you excuse sb (for~)?도 역시 함께 있다가 자리를 뜨면서 혹은 상대방에게 자리를 비켜달라고 할 때 사용하는 표현. 아울러 양해를 구하는 또 하나의 중요 표현 I beg your pardon도 살펴보자. 이것은 상대방이 방금 한 얘기를 못 알아 들어서 「다시 한 번 얘기해 달라」(Please repeat what you have just said)고 부탁하는 말이다. 하지만 그저 Excuse me와 똑같이 「실례합니다」란 의미로도 쓰이고, 간단히 Beg your pardon?이나 심지어 Pardon?으로 확 줄여 쓰기도 한다.

Check It Out!

May I be excused? I have to go get the book off my car.
잠깐 나갔다 와도 될까요? 차에 놔둔 책을 가져 와야겠어요.

If you'll excuse me, I must go home. 괜찮으면 나 집에 갈게.

Excuse me, I am looking for a wedding present. 저, 결혼선물을 살까 하는데요.

May I be excused for a moment? 잠깐 자리를 비워도 될까요?

Could you excuse us? I need to talk to your wife. 실례해도 될까요? 당신 부인과 얘기 좀 해야 돼요.

Can you excuse me for a minute? I got a quick phone call.
잠시 실례할게요. 빨리 전화할데가 있어서요.

| POINT |

May I be excused? 잠깐 나갔다 와도 될까요?

If you'll excuse me (자리를 뜨면서) 괜찮다면

Can you excuse us? 자리 좀 비켜주시겠어요?

Speaking Skills

A: We've been sitting here a long time.

B: We've got to wait for the boss to show up.

A: What is he doing?

B: I don't know, but he's late.

A: **May I be excused?** I've got to use the bathroom.

B: Okay, but you'd better hurry back.

A: 우린 여기 오랫동안 앉아있었어.
B: 사장이 올 때까지 기다려야 돼.
A: 뭐하고 있는거야?
B: 모르지만 늦네.
A: 잠깐 자리 좀 비울게. 화장실 가야 해서.
B: 좋아, 하지만 서둘러 돌아와.

A: Is that your phone ringing?

B: Yes it is. I need to take this call.

A: Do you need some privacy?

B: Yeah. **Would you excuse me for a moment?**

A: I'll step outside while you talk.

B: This will only take a few minutes.

A: 네 전화기 울리는거지?
B: 맞아. 나 이 전화 받아야 돼.
A: 조용히 받아야 돼?
B: 어, 잠깐 자리 좀 비켜줄테야?
A: 전화하는 동안 밖에 있을게.
B: 금방 끝날거야.

Lemme give you some advice about that

그에 대해 조언을 내가 해줄게.

Lemme see what the photos look like라는 문장에서 Lemme는 사전을 찾아봐도 없을 것이다. 문맥으로 볼 때 Let me를 이렇게 표기한 것 같은데 단순한 오타인지 아니면 정말 이렇게도 쓰이는 걸까? 답은 오타가 아니다. Lemme는 Let me를 발음나는 대로 표기한 것으로 Let의 /t/ 발음은 me의 /m/ 발음 앞에서 제대로 파열되지 않고 목안으로 삼켜지게 되므로, Lemme처럼 소리나게 된 것이다. 그런데 미드나, 영화, 그리고 등에서는 "정확한 형식" 보다는 "생생한 구어"가 더 우선시 되므로 이따금 표기 자체를 Lemme라고 하게 되는 것이다. 이처럼 "표기의 형식파괴"가 이루어진 경우는 Lemme 외에도 많다. 예를 들어 give me는 gimme로, don't know는 dunno로 표기하는 경우가 허다하고, 또한 '동사 + to'를 줄이는 경우도 많다. wannabe(인기스타를 쫓아다니며 흉내내고 싶어하는 사람)라는 정형화된 표현이 있을 정도로, want to를 소리나는 대로 쓴 wanna라는 표기는 일반적이다. going to를 gonna로, got to는 gotta로 표기하는 일도 비일비재하다.

그리고 Rock 'n' roll에서처럼 and를 달랑 n 하나로 처리해버리는 경우나, because의 앞머리 be—를 과감하게 떼어버리고 'cause로 표기하는 경우도 있다. ~ing 는 /잉/이라고 소리내기 보다는 발음하기 편하게 /in/이라고 소리내는 경향이 있기 때문에 표기 자체를 끝자음 —g를 떼어버리고 goin'이나 doin'으로 하기도 한다. you를 ya', cha 등으로 표기하는 경우도 있는데, you에 강세가 없으면 /ja/로 발음하는 경우가 많아 이를 표기에 그대로 반영한 것이다. 그리고 주유소에서 많이 들을 수 있는 표현인 Fill 'er up(가득 넣어주세요)에서 'er는 her에서 발음이 거의 되지 않는 h—를 생략한 것이다.이제 Go get'em에서 em도 them의 줄인말이라는 것을 쉽게 짐작할 수 있을 것이다.

Check It Out!

Lemme give you some advice about that. 그에 대해 조언을 내가 해줄게.
Gimme one of your cigarettes. 네 담배 하나만 줘봐.

| POINT |

lemme = let me	**gimme = give me**
dunno = don't know	**wanna = want to**
gonna = going to	**gotta = got to**
'cause = because	**doin' = doing**

Speaking Skills

A: Were you shopping this morning?
B: I was out at a department store.
A: **Lemme** see what you bought.
B: I got this little black dress.
A: That looks great. When will you wear it?
B: My office is having a party at the end of the month.

A: 오늘 아침에 쇼핑했어?
B: 백화점에 갔었어.
A: 뭐 샀는지 좀 보자.
B: 이 작은 검은 드레스를 샀어.
A: 멋져 보인다. 언제 입을거야?
B: 사무실에서 이달 말에 파티가 있어.

A: The new Star Wars film is out.
B: I heard that it is pretty good.
A: **Wanna** go see it together?
B: I don't really like science fiction.
A: You'll probably like this movie, though.
B: No, I don't think I'll like it.

A: 새로운 스타워즈 영화가 나왔어.
B: 꽤 괜찮다고 하던데.
A: 함께 보러 갈래?
B: 난 그다지 공상과학영화는 좋아하지 않아.
A: 그래도 이 영화는 좋아할지도 몰라.
B: 아니, 좋아하지 않을거야.

A coffee and a pastry? Coming right up

커피 한잔하고 패스츄리 하나 드릴까요? 바로 나옵니다

coffee는 셀 수 없는 거니까 "A cup of coffee"나 "Two cups of coffee"라고 해야 되는데 네이티브들은 그냥 커피를 주문할 때 거의 대부분이 "A coffee" 또는 "Two coffees"와 같이 말한다. 외국인들과 직접 부딪히다 보면 우리가 열심히 갈고 닦은 교실영어와는 다른 생활영어 때문에 당황하는 경우가 많은데 이 경우도 그런 경우에 해당하는 것이다. 물론 coffee는 물질명사이고 그것을 담는 용기에 따라 모양과 양이 달라지기 때문에 a cup of coffee와 같이 단위명사의 도움을 받아야 하는 게 사실이다. 하지만 커피점이나 음식점들의 메뉴판을 보면 대부분 「잔」(cup)을 기준으로 제공하고 있기 때문에, 번거롭게 a cup of라는 단위명사를 붙이지 않아도 「커피 한잔」을 가리킨다는 것을 알 수가 있게 된다. 이는 coffee 뿐만이 아니라 water, milk, juice 등의 여타 음료에 대해서도 마찬가지이며 a piece of나 a roll of 따위의 단위명사로 구분해줘야 한다고 배운 bread 종류에도 함께 적용된다. 이처럼 음식을 주문할 때는(when they order) 굳이 말하지 않아도 뻔히 알 수 있는 단위명사는 생략해 버리고 간단히 a coffee, a water, a milk, a bread 등과 같이 표현하는 게 보통이다.

Check It Out!

A coffee and a pastry? Coming right up. 커피 한잔하고 패스츄리 하나 드릴까요? 바로 나옵니다.
Three coffees would be great. What do I owe you? 커피 3잔요. 얼마죠?

| POINT |

a coffee 커피 한 잔
two coffees 커피 두 잔

Speaking Skills

A: Could I get **a coffee?**

B: Sure. How do you take your coffee?

A: Give me two spoons of sugar in it.

B: You don't want any cream?

A: No, I don't like cream.

B: I'll bring it out to you in a minute.

A: 커피 한 잔 줄래?
B: 그럼. 어떻게 커피탈까?
A: 설탕 두 스푼 넣어줘.
B: 크림은 됐고?
A: 어, 크림은 싫어해.
B: 바로 내다 줄게.

A: Can I take your order?

B: I'd like to get four doughnuts.

A: Okay. Do you want anything else?

B: I need **two coffees to go.**

A: We'll get your order ready.

B: Great. Thank you for your help.

A: 주문하시겠어요?
B: 도넛 4개 주세요.
A: 네. 원하시는 다른 것은요?
B: 커피 두잔 포장해주세요.
A: 주문대로 준비하겠습니다.
B: 좋아요. 도와줘서 고마워요.

I must copy these papers, plus I need to prepare a report

이 서류들을 복사해야 하고, 또 보고서도 준비해야 해

I've got to meet him, plus I've got to go grocery shopping이란 문장에서 plus는 무슨 뜻일까? 영미인들의 spoken English를 어느 정도 접하다보면 자연스럽게 맞닥뜨리게 되는 게 바로 이 plus의 외도(?) 현장이다. 「더하기」라는 뜻으로만 십수년을 알아온 단어가 문장 사이에 떡 하니 자리한 이 "사건"에 자신의 귀를 의심하느라 다음 말들을 놓쳐버릴 수밖에 없었던 쓰린(?) 경험이 있는 분들이라면 이번 기회에 이 새로운 용례를 확실히 익혀보자. plus는 우리가 흔히 알고 있는 「더하기」라는 일차적인 의미 외에, 위 문장에서와 같이 두 개의 절을 잇는 접속사(conjunction)로도 활용이 가능한 단어이다. 특히 spoken English에서 자주 쓰이는 이 접속사 plus는, 「게다가」(in addition to this) 정도의 뜻으로 besides, moreover, furthermore 등의 접속사들과 같은 개념의 표현이다. 따라서 I've got to meet him, plus I've got to go grocery shopping이란 문장은 「난 그 남자도 만나야 하고, 게다가 가게에 가서 먹을 것도 사야 해」 정도의 뜻이 된다.

Check It Out!

I must copy these papers, **plus** I need to prepare a report.
이 서류들을 복사해야 하고, 또 보고서도 준비해야 해.

| POINT |

plus 게다가

Speaking Skills

A: What are you so cranky for?

B: I have too many things to do.

A: What do you have going on today?

B: I've got to finish this, **plus** I have to go shopping.

A: Are you going shopping for clothes?

B: No, I have to buy groceries for my family.

A: 뭐 때문에 그렇게 짜증을 내?
B: 할 일이 너무 많아.
A: 오늘 할 일이 뭔데?
B: 이걸 끝내야 되고 게다가 쇼핑도 해야 돼.
A: 옷 사러 쇼핑하러 가는거야?
B: 아니, 가족들 먹을 식료품사야 돼.

A: Where is Lee? She's supposed to be here.

B: She is still working in her office.

A: How come she has so much work?

B: She has to teach, **plus** she has a staff meeting.

A: I thought the staff meeting was postponed.

B: No, it's going to be held at four this afternoon.

A: Lee는 어디 있어? 여기 있어야 되는데.
B: 사무실에서 일하고 있을거야.
A: 왜 걘 그렇게 일이 많아?
B: 강의도 해야 되고, 게다가 임원회의도 있잖아.
A: 임원회의는 연기된 걸로 알았는데.
B: 아니, 오늘 오후 4시에 열릴거야.

My family is coming to visit me next week

내 가족이 다음주에 나를 방문하러 와

영작을 할 때마다 항상 family라는 단어의 사용에 많은 혼동이 온다. family는 때로는 단수, 때로는 복수로 사용되는 것으로 알고 있는데 그 구별을 어떻게 할지 고민이 많이 될 것이다. family의 사용은 심지어 영어를 사용하는 원어민(native)들조차도 종종 실수하는 부분이다. family는 기본적으로 여러 사람들의 집단을 일컫는 「집합명사」로 「단수」로 취급한다. 이런 family가 복수취급을 받는 경우는 "The families in the small town are protesting the plans to build a new mall"(작은 마을에 있는 가구들은 새 상점가를 짓는 계획에 반대하고 있다)처럼 그 자체로 복수를 만들어 복수동사와 어울려 있는 경우이거나, "The family are at dinner"에서처럼 가족 구성원이 개별적으로 뭔가를 하고 있다고 말할 때이다. 또, 일반적으로 가족을 소개할 때는 가령, 「우리 가족은 어머니와 아버지를 포함해서 6명이다」라고 하면 "There are six people in my family including my mother and father"로 표현할 수 있다. 다음으로, 아래 예문을 통해 형제를 표현하는 방법을 익혀두기로 한다.

Check It Out!

My family is coming to visit me next week. 내 가족이 다음주에 나를 방문하러 와.
The entire family is coming for the long weekend. 전 가족이 긴 주말 동안 와 있을 예정이에요.
I come from **a family of** seven children. 나는 7형제 집안 출신이다.
I am the youngest of five in my **family.** 우리 집에서 나는 다섯 명 중 막내이다.
I have **three siblings.** 나는 자매가 셋이다.
I am **an only child.** 나는 독자이다.
I have **a twin brother and a sister.** 나에겐 쌍둥이 형제 한 명과 누나 한 명이 있다.

| POINT |

family 단수취급하나 개별 구성원들을 말할 때는 복수취급

Speaking Skills

A: My parents have a good marriage.
B: Do you have many brothers and sisters?
A: I come from **a family of** seven children.
B: Holy cow, that's a lot of people.
A: I know. Our house was always so busy.
B: Are you planning to have a lot of kids?

A: 부모님은 행복한 결혼생활을 하고 계셔.
B: 형제 누이가 많아?
A: 7자녀 가족출신이야.
B: 와, 많네.
A: 알아. 우리 집은 항상 정신이 없어.
B: 너도 애 많이 낳을거야?

A: John sometimes acts selfish.
B: That's because he never learned to share.
A: Didn't he have any brothers or sisters?
B: No, **he is an only child.**
A: That's sad. He must have been lonely.
B: I think he wishes **he had siblings.**

A: 존은 때때로 이기적으로 행동해.
B: 걘 함께 나누는 것을 전혀 배우지 못해서 그래.
A: 걔 형제나 누이가 없어?
B: 어, 독자야.
A: 안됐네. 외로워겠네.
B: 형제가 있었으면 좋겠다고 생각할 것 같아.

I think I'd like to thin my hair out

숱을 좀 치고 싶어요

우리가 보통 말하는 「머리숱」을 영어로 어떻게 말하는가 하면… 대답은 「없다!」이다. 다시 말해 영어에는 굳이 「머리숱」이란 말이 따로 없다. 「머리숱」이라 함은 「머리털의 분량」을 말하는데, 영어에서는 다만 (머리카락의) 밀집도를 나타내는 말인 thick이나 thin을 써서 우리말의 「머리숱이 많다/적다」로 표현할 뿐이다. thick은 형용사로 「빽빽한」, 「털이 많은」이란 뜻이고, 그 반대의 뜻을 갖는 thin은 형용사 뿐 아니라 동사로도 사용된다. 이를 이용한 기본적인 표현으로, 「머리숱이 많다/적다」라고 할 때는 "Your hair is very thick/thin"이라고 하면 된다. 이제 「숱을 많이 쳐주세요」라고 해보자. 무엇보다도 우선, "thin one's hair out"이라는 표현을 이용하도록 권해드리고 싶다. 그래서 "I'd like to thin my hair out"이라고 말하면 완벽해진다(Oh, It's perfect!). 동사 thin이 out과 어울려 「성기어지다」란 뜻으로 쓰인 것이다. 직역하면 「내 머리카락을 성기어지게 하고 싶군요」, 이렇게 해서 내용상 특히 머리숱이 많은 사람이 종종 「숱을 좀 쳐달라」고 할 때 쓰는 말이 되는 것이다.

그럼, 내친 김에 「머리숱」과 마찬가지로 우리완 조금은 다른 사고를 엿볼 수 있는 표현 하나를 더 살펴보자. 바로 「가리마」가 그것이다. 영어에서 「가리마」란 말 또한 「머리숱」과 마찬가지로 특별한 단어가 따로 없다. 다만, 「…을 나누다」, 「가르다」란 뜻의 동사 part를 이용해서 「가리마를 어느 쪽으로 탈까요?」라고 할 때는 "Where do you part your hair?." 또는 "On which side do you part your hair?"로 풀어서 말할 뿐이다. 그래서 「왼쪽/오른쪽/중간 가리마를 타달라」고 할 때는 "Please part it on the left / right / middle (center) (side)"라고 대답하면 된다. 끝으로 「상고머리」를 비롯해 여러가지 헤어스타일을 영어로 어떻게 얘기하는지 보자. 먼저, 기본적으로 「커트」는 'cut,' 「파마」는 'perm,' 「커트」 중에서도 「짧은 커트」는 보통 'short haircut,'(short cut은 콩글리쉬이다.) 군대식으로 짧게 깎은 머리, 일명 「상고머리」는 'crew cut'이라고 합니다. 또, 예전에는 「단발머리」는 'bob,' 커튼머리, 그러니까 「가지런히 잘라내린 앞머리」는 'bang(s),' 「땋아서 길게 늘인 머리」는 돼지꼬리같다 하여 'pigtail,' 「양갈래로 딴 머리」는 여기에 –s를 붙여 'pigtails,' 「그냥 묶기만 해서 길게 늘어뜨린 머리 모양」은 'ponytail'이라고 한다.

| POINT |

I'd like to have(get) my hair cut (short/shoulder-length)

커트를 (짧게 / 어깨 길이만큼) 하고 싶어요

Please leave the bangs as they are 앞머리는 그대로 놔두세요

Even cut them, please 머리를 고르게 잘라 주세요

Leave them this long 이 만큼 길게 해 주세요

440

Speaking Skills

A: Karen likes wearing hats.

B: It is a way of covering her hair.

A: Yeah? Why does she cover her hair?

B: She **has fine hair** and it gets messed up easily.

A: Doesn't she use hair spray?

B: She says it smells bad and she doesn't like it.

A: 카렌은 모자쓰는 것을 좋아해.
B: 자기 머리를 숨기기 위한 방법이지.
A: 그래? 왜 머리를 숨기는데?
B: 걘 머리숱이 적어 쉽게 엉크러지거든.
A: 헤어 스프레이를 사용하지 않아?
B: 냄새가 나빠서 별로 좋아하지 않는대.

A: Your friend Mac is good looking.

B: All the girls think so.

A: He has a good head of hair too.

B: He **has thick hair** and won't go bald.

A: Women don't find bald men attractive.

B: Usually they prefer a guy with hair.

A: 네 친구 맥은 잘 생겼다.
B: 모든 여자애들이 그렇게 생각해.
A: 걘 머리숱도 많아.
B: 머리숱이 많으니 대머리는 안되겠구나.
A: 여자들은 대머리 남자들을 매력적으로 보지 않아.
B: 보통 머리가 있는 남자를 더 좋아하지.

We are flying to America in the morning

아침에 미국으로 비행기타고 가

「미국」을 나타내는 표현들과 자주 부딪히게 되는데, 어떤 때 U.S.A.를 쓰고, 어떤 때 U.S., 혹은 America를 쓰는지 궁금할 것이다. U.S.A., U.S., America는 모두 「미국」을 가리키는 말이며, 실제로 이들 단어들을 사용함에 있어 특별히 구분해서 써야할 경우나 이유는 없다. 다만, 한 기사 내에서 될 수 있으면 같은 표현을 되풀이해서 쓰지 않으려는 경향이 강한 영어의 속성상 CNN이나 인터넷 영문기사 읽다보면 이렇게 여러가지로 표현하고 있는 것을 쉽게 볼 수 있는 것이다.

사실, 「미국」의 대외적인 정식명칭(official name)은 'United States of America'인데, 흔히 줄여서 U.S.A.라고 쓴다. U.S. 또한 U.S.A.를 좀더 짤막하게 나타낸 것에 불과하고(U.S. is an even shorter form for U.S.A.). 한편 America는 북미(North America)와 남미(South America)로 구성된 「대륙의 명칭」인데 어쩌다 보니 세월 속에 묻혀 어느새 「미국」을 가리키는 일반적인 용어(term)로도 쓰이게 되었다. 그래서 American하면 「미국의」, 「미국인의」라는 뜻이 된다.

Check It Out!

He lost his passport and needed to get to the **American** Embassy as soon as possible.

그는 여권을 잃어버려서 가능한 한 빨리 미(美) 대사관에 가야만 했다.

She is going to take a holiday in the **U.S.** for two weeks this summer.

그녀는 올여름 2주 동안 미국에서 휴가를 보낼 것이다.

He has always wanted to live in the **U.S.A.,** and now is his chance!

그는 늘 미국에서 살고싶어 했는데, 지금이야말로 좋은 기회로군!

| POINT |

USA : United States of America 미합중국

US : United States 미합중국

America 미국(의)

Speaking Skills

A: Everything is packed and ready.

B: Where are you and your husband going?

A: We are flying to **America** in the morning.

B: How exciting. Are you visiting someone?

A: My aunt lives in California.

B: She must be happy that you're coming.

A: 다 짐 꾸렸고 준비됐어.
B: 너희 부부 어디로 가는데?
A: 아침에 미국으로 비행기타고 가.
B: 신나겠다. 누구 방문하는거야?
A: 숙모가 캘리포니아에 살고 있어.
B: 너희들이 가서 기쁘시겠다.

A: I was born in the **USA.**

B: Were you raised there too?

A: No. My family moved to Toronto when I was young.

B: Are all of your relatives in Canada?

A: We have relatives in both the **US** and Canada.

B: I've only been to the **US,** but I'd like to visit Canada.

A: 난 미국에서 태어났어.
B: 그럼 거기서 자란거야?
A: 아니. 내가 어렸을 때 부모님이 토론토로 이사갔어.
B: 친척 모두가 캐나다에 계셔?
A: 미국하고 캐나다에 친척들이 계셔.
B: 난 미국에 가봤는데, 하지만 캐나다를 가보고 싶네.

I prepared for the college entrance exam for a year ~

재수하면서 공부했고

「저는 재수(삼수)해서 대학에 들어왔습니다」라는 말을 영어로는 어떻게 표현할까? 한때 「재수는 필수, 삼수는 선택!」이라는 말이 유행했을 정도로 재수·삼수의 열기가 대단했었다! 하지만 미국에서는 반드시 대학에 가야 한다는 관념이 별로 없기 때문인지, 우리의 「재수」나 「삼수」를 뜻하는 특정용어가 없다. 하지만 「재수해서 대학에 들어왔」는 말은 「고등학교 졸업 후 1년간 입시를 준비해서 대학에 들어왔」고 돌려서 생각할 수 있죠. 따라서 「…를 졸업하다」라는 뜻의 동사구 graduate from과 「대학입시를 준비하다」라는 뜻의 prepare for the college entrance 등을 이용해서 "After graduating from high school, I prepared for the college entrance exam for a year and then entered university."라고 말하면 됩니다. 「삼수」는 「2년간」 입시를 준비하는 것이므로 for a year 대신 for two years를 쓰면 되겠죠!

Check It Out!

Following my graduation from high school, I **studied for a year to pass the entrance exam** to enter university.
고등학교 졸업하고 나서, 난 일년간 공부해서 이 대학에 들어오는 입학시험을 통과했어.

I **studied for a year to pass the entrance exam** after graduating from high school in order to enter university.
고등학교 졸업후 이 학교에 들어오기 위해 한 일년간 공부했어.

| POINT |

prepare for the college entrance exam for a year 재수하다

prepare for the college entrance exam for two years 삼수하다

study for a year to pass the entrance exam 재수하다

Speaking Skills

A: It wasn't easy to get into a top university.

B: How did you get good grades on the entrance exam?

A: After graduating from high school, **I prepared for the college entrance exam for a year and then entered university.**

B: Was it competitive at your school?

A: Only five percent of the applicants were admitted.

B: Wow, it's a good thing you studied so hard.

A: 일류대학에 들어가는 것은 쉽지 않았어.
B: 입학시험에서 어떻게 좋은 점수를 받았어?
A: 고등학교 졸업후에, 재수하면서 공부했고 그래서 대학에 들어왔어.
B: 학교에서 경쟁이 치열했어?
A: 지원자의 5%만 입학했어.
B: 와, 열심히 공부한게 잘된거네.

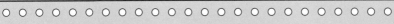

A: My mom always encouraged me in school

B: It's great when your family supports you.

A: Yeah, she was key to my entrance into a good university.

B: So how did you gain admittance?

A: After graduating from high school, **I prepared for the college entrance exam for two years and then entered university.**

B: Your exam grade must have been very high.

A: 엄마는 항상 나보고 학교에 들어가라고 하셨어.
B: 가족이 지원해줄 때가 좋지.
A: 그래, 내가 좋은 대학 들어가는데 중요한 역할을 하셨어.
B: 그래 너 어떻게 입학을 하게 된거야?
A: 고등학교 졸업후에 삼수해서 대학에 들어가게 됐어.
B: 입학성적이 무척 높아겠구나.

She is expecting a baby

여자가 임신을 했거든

"I have a little visitor." "I'm expecting a baby." "I'm in a delicate condition" 이 세 문장 모두 여성들과 관련이 있는 표현이다. 첫번째 문장은 「임신중」이라는 말이 아니라, 우리나라에서도 「그 날이다」. 「~ing이다」라고 하는 것처럼 한 달에 한 번 여성들이 겪는 「생리중」(have received the menses)이라는 말이다. "I have my period"도 같은 뜻이다.

이번엔 임신에 관련된 표현을 살펴보기로 한다. 기본적으로는 「임신한」이라는 뜻의 형용사 pregnant를 이용해서 "I am[get] pregnant"라고 할 수 있고, "I am expecting (a baby)"나 "I am in a delicate condition" 외에도, 임신을 하면 얼마 후에 「아이가 생길 것」이라는 맥락에서 "I am going to have a baby"라는 말을 쓰기도 한다. 그 밖에도 be knocked up이나 have one in the oven도 「임신중」이라는 뜻이지만, 무례한 표현(rude expression)이니 되도록이면 사용하지 않는 게 좋다. 한편, 「임신 3개월이다」라고 하려면 pregnant를 three months로 수식해서 "I'm three months pregnant"라고 하거나 「…에 들어서다」라는 뜻의 be into를 써서 "I'm into the third month"라고 하면 된다. 또한 「출산」과 관련해 자주 등장하는 「예정일」은, 「만기가 되는」이라는 형용사 due를 써서 "When are you due?"라고 하거나 위에서도 나온 「기대하다」라는 뜻의 expect를 써서 "When are you expecting?"이라고 물어보면 된다..

Check It Out!

A: Why did they decide to get married so soon? 그들은 왜 그렇게 급하게 결혼을 결정한거야?

B: She **is expecting a baby.** 여자가 임신을 했거든.

A: **When is she due?** 출산 예정일이 언젠데?

B: **She is due at** the end of October. 10월 말이야.

| POINT |

be expecting a baby 임신중이다

be in a delicate condition 임신중이다

be going to have a baby 임신중이다

be three months pregnant 임신 3개월이다

When are you due? 출산일이 언제야?

Speaking Skills

A: It is harder for me to move around.
B: I notice that your belly has gotten bigger.
A: That's because I **am pregnant.**
B: Really? What a surprise!
A: My husband and I are very happy.
B: Do you want to **have a boy or a girl?**

A: 이동하는게 더 힘들어져.
B: 배가 더 불렀네.
A: 임신해서 그래.
B: 정말? 놀라운 소식이네!
A: 남편과 난 정말 기뻐.
B: 아들을 원해 아니면 딸을 원해?

A: You just got back from the doctor's office?
B: Yes! And I learned that I'm going to **have a boy!**
A: Really? **When are you due?**
B: **The baby is due in** late November.
A: So he will be born in the winter.
B: Right, it's going to be cold when he's born.

A: 병원 갔다 오는 길야?
B: 어! 내가 임신이라는 것을 알았어!
A: 정말? 언제가 출산일인데?
B: 11월 말이야.
A: 그럼 겨울에 태어나겠구나.
B: 맞아, 출산 때 추운 날씨일거야.

She is supposed to meet me here

여기서 나랑 만나기로 되어 있는데

「be supposed to + 동사원형」의 표현은 여러가지 상황에서 다양하게 쓰이기는 하나, 기본적으로는 의무나 약속, 평판 등을 근거로 「…을 하는 것이 강하게 기대된다」(expect)는 의미에서 출발한다. 예를 들어 "What's that supposed to mean?"에서 be supposed to는 「의도」를 나타내므로 be intended to와 바꿔 쓸 수 있으며 문장은 「그 말은 무엇을 의미하려는거냐?」 즉 「무슨 뜻으로 한 말이냐?」는 의미가 되는 것이다. 그 밖에 "Who is supposed to be here?"와 같은 문장에서는 「…하기로 되어있다」, 즉 「의무」의 뉘앙스를 풍기고 "You're not supposed to do ∼"와 같이 부정형이 되면 완곡하게 금지를 나타내는 표현으로 "You're not allowed to do ∼"라고 해도 같은 뜻이 된다. 일상영어에서 무지무지 많이 사용되는 표현으로 꼭 그 뉘앙스를 기억해두도록 한다.

Check It Out!

He **was supposed to** be here an hour ago to cover my shift.
그는 한 시간 전에 나랑 교대하기로 되어 있었다구요.

The test **is supposed to** last for hours. 시험은 몇시간 계속 될거야.

What **am I supposed to** do about it? 그에 대해 내가 어떻게 해야 되는거야?

When's this meeting **supposed to** happen? 이 회의는 언제 열리도록 되어 있어?

I'm not sure what I'm **supposed to** do here. 난 여기서 내가 무엇을 하기로 되어 있는지 잘 모르겠어.

You're **supposed to** be with your family on Thanksgiving.
넌 추수감사절에는 가족과 함께 해야 하잖아.

| POINT |

| **be supposed to~** | …하는 것이 강하게 기대되다, …하기로 되어 있다 |
| **You're not supposed to~** | …해서는 안된다 |

Speaking Skills

A: Have you seen Emily?

B: No. I haven't seen her all day.

A: She **is supposed to** meet me here.

B: Maybe she's running a little late.

A: I'm going to give her a call.

B: Wait, I think I see Emily walking toward us.

A: 에밀리 봤어?
B: 아니, 온종일 못봤는데.
A: 여기서 나랑 만나기로 되어 있는데.
B: 좀 늦는거겠지.
A: 전화를 해봐야겠다.
B: 잠깐, 에밀리가 우리쪽으로 걸어오는 것 같아.

A: The weather sure is cold today.

B: It **is supposed to** snow tonight.

A: Is it going to be a big storm?

B: No, they say it will just be some flurries.

A: Good. I don't like dealing with a lot of snow.

B: Yeah, a lot of snow causes accidents and makes a mess on the roads.

A: 오늘 정말이지 춥네.
B: 오늘밤에 눈이 내린대.
A: 눈폭풍이래?
B: 아니, 눈보라가 좀 칠거래.
A: 잘됐다. 많은 눈을 치우는 건 싫어.
B: 그래, 눈이 많이 내리면 사고가 발생하고 도로가 엉망이 되잖아.

This computer has been broken for a week

이 컴퓨터는 일주일간 고장 나 있었어

'디지털 시대'라고는 하지만, 갑자기 멈춰버린 컴퓨터 앞에선 장사가 없다. 이렇게 컴퓨터가 갑자기 작동을 멈추면 「다운됐다」 내지는 「죽었다」고 말하는 사람들이 많은데, 영어에서도 보통 down이나 die를 써서 "The computer is down," "The computer died"와 같이 표현할 수 있다. 비즈니스에서는 「감소」, 「하락」 등의 의미로 자주 쓰이는 down이, 여기서는 「작동되지 않는」(not in operation)이라는 뜻으로, 컴퓨터 뿐만 아니라 전화 라인이나 각종 장비에 대해서도 사용할 수 있다. 한편 고장의 정도가 심한 경우에는 crash를, 「사용할 수 없다」라는 뜻을 나타내려면 be out of service를 쓸 수도 있다. 특히 컴퓨터 화면이나 하드 드라이브가 작동되지 않는 경우에는 be frozen을 써서 "The screen[hard drive] is frozen"이라고 한다. 또한 「모니터가 흔들리는」 경우에는 원래 안테나 달린 시대의 TV 흔들림을 묘사하던 wavy, fuzzy 등의 형용사를 이용해 "The monitor is wavy[fuzzy]"라고 할 수 있고 「부팅이 안될 때」는 "The computer won't boot up"이라고 말하면 된다. 참고로 out of oder라는 표현이 있는데 이는 복사기나 자판기 등 개인품목이 아닌 상업적인 물품에 사용한다는 점을 기억해둔다.

> **Check It Out!**

I just wrote a long e-mail, but **my computer crashed** right before I could send it.
좀전에 긴 이메일을 썼는데, 보내기 직전에 컴퓨터가 완전히 다운됐어.

There have been a number of occasions that **the computer crashed.**
컴퓨터가 망가지는 많은 경우가 있어.

The computer may **have a virus,** but how can I tell?
컴퓨터가 바이러스에 걸렸나봐 하지만 내가 어떻게 알겠어?

This computer **has been broken** for a week. 이 컴퓨터는 일주일간 고장 나 있었어.

| POINT |

The computer is down[died] 컴퓨터가 다운됐다

The computer crashed 컴퓨어가 망가졌어

The screen is frozen 모니터가 움직이지 않아

The computer won't boot up 부팅이 안돼

fix the computer 컴퓨터를 수리하다(repair the computer)

Speaking Skills

A: I didn't get much done today.

B: Aren't you finished with the paperwork?

A: I couldn't do it because **the computer was down.**

B: **That computer is broken** again?

A: **The screen froze up** while I was using it.

B: You need to buy a new one.

A: 오늘 일을 많이 하지 못했어.
B: 서류작업 끝내지 못했어?
A: 컴퓨터가 다운되어서 그렇게 할 수가 없었어.
B: 컴퓨터가 다시 고장났구나?
A: 내가 사용하는 도중에 모니커가 멈춰버렸어.
B: 새로운 컴퓨터 사야겠다.

A: This is the worst day of my life!

B: Why? What happened to you?

A: **My computer crashed** and I lost all my files.

B: You had a lot of information on that computer.

A: I had been writing a novel for two years.

B: Oh my God! And all of that work is gone?

A: 내 생애 최악의 날이야!
B: 왜? 무슨 일인데?
A: 컴퓨터가 망가져서 모든 파일을 날렸어.
B: 그 컴퓨터에 많은 정보를 넣어두었잖아.
A: 난 2년간 소설을 쓰고 있었다고.
B: 맙소사! 그 모든게 날라간거야?

I have a blister on my tongue

혓바늘이 돋았어

외국인 친구를 만나는데 마침 입에 혓바늘이 나서 매운 음식을 먹지 못하고 있는 상태였다면 그 상황을 어떻게 영어로 표현할까? 'blister' 「물집, 수포」라는 단어만 안다면 그다지 큰 문제 없이 말할 수 있다. 이럴 땐 간단히 "I have a blister on my tongue and I can't eat spicy food"「혓바늘이 돋아서 매운 음식을 먹을 수가 없어」라고 표현하면 된다. 혹은 'blister'를 「물집이 생기다」라는 동사로 써서 "I have a blistered tongue"이라고 할 수도 있다. 'blister'는 일반적으로 뜨거운 액체나 불에 데서 나타나게 되는 현상이지만 그 외에도 바이러스라든가 독식물(poisonous plants)등과 같이 'blister'를 유발시키는 원인은 많다. 이런 모든 경우를 포괄하여 사용하시면 된다. 근데 간혹 혓바늘의 의미가 「좁쌀모양으로 오돌도돌하게 붉은 것이 돋는 증상」이라고 해서 "I have a rough tongue"이라고 표현하고 싶은 사람들이 있을지 모르겠지만, 또 실제 그렇게 써 놓은 한영사전도 있으니까. 하지만 그건 부적절한 표현이다. 'rough'는 단순히 혀의 표면이 까치까칠하거나 오돌도돌한 상태를 나타낼 뿐 뭔가 이상이 있다는 말이 아니기 때문에 그렇게 말하면 외국인들이 잘 알아듣질 못할 것이다. 그리고 이제는 다 나았다라고 하려면 "My tongue is better and I can eat spicy food again. Let's go to have 떡볶이"라고 말할 수 있다. 이처럼 감기나 그밖의 다른 병이 다 나아서 좋아졌다고 말할 때는 "I'm feeling better now."라고 하면 된다.

Check It Out!

I have a blister on my tongue and I can't eat spicy food. 혓바늘이 돋아서 매운 음식을 먹을 수가 없어.
I got a blister on my tongue after drinking hot coffee. 뜨거운 커피를 마시고 나서 혓바늘이 돋았어
I have a blistered tongue. 혓바늘이 돋았어.

| POINT |

have a blister on one's tongue 혓바늘이 돋다
have a blistered tongue 혓바늘이 돋다

Speaking Skills

A: Why are you scowling?

B: The inside of my mouth is hurting.

A: What problem are you having?

B: I **got a blister on my tongue** after drinking hot coffee.

A: So you must have burned your tongue.

B: I know, and there's nothing I can do to treat it.

A: 왜 얼굴을 찌푸리는거야?
B: 입안쪽이 아파.
A: 무슨 문제인데?
B: 뜨거운 커피를 마시고 혓바늘이 돋았어.
A: 그럼 혀가 데었겠구나.
B: 그래, 어떻게 치료할 수 있는 방법이 없어.

A: Let's go eat some Mexican food tonight.

B: Does it have hot peppers in it?

A: Sure. A lot of Mexican food has peppers.

B: I **have a blister on my tongue** and can't eat spicy food.

A: Want to try some food that is more bland?

B: Let's eat at a Vietnamese restaurant.

A: 오늘밤에는 멕시코 음식을 먹으러 가자.
B: 안에 매운 후추가 들어있지?
A: 물론. 많은 멕시코 음식에는 후추가 들어가지.
B: 난 혓바늘이 돋아서 매운 음식을 못먹어.
A: 좀 더 순한 음식을 먹을래?
B: 베트남 식당으로 가서 먹자.

May I try it on?

입어봐도 돼요?

옷가게에서 try on이라고 하면 옷을 입어보다라고 알고 있다. 하지만 이 표현이 직접 입어보는 것만 해당하는지, 아니면 거울에 대고 잘 어울리나 대보는 것에도 try on을 쓸 수 있는 건지 궁금할 때가 있다. 그리고 점원이 「이옷이 괜찮을 겁니다」하고 매장에 걸려 있던 옷을 한손으로 들어 받치며 손님에게 보여줄 때는 주로 어떤 표현을 쓸까? 먼저 try on은 「한번 입어보다」는 뜻으로, 그냥 대보는 건 try on이라고 하지 않는다. hold the clothes against one's body 혹은 hold the clothes up (to one's face against the mirror)가 「옷을 대보다」라는 뜻이다. 다음으로, 점원이 손님에게 옷을 권할 때는 "May I suggest this?" 라고 하거나 "I've got exactly what you're looking for!," "I have just the thing!" 등의 구매의욕을 불러 일으킬 만한 말을 할 수 있다. 마지막으로 매장에 있는 옷을 「그냥 구경만 하는」 것을 나타내는 것으로는 「이것저것 구경하다」라는 의미의 browse라는 표현이 있다. 옷을 구경하고 있는데 점원이 다가와서 살 생각이 있는지 물어본다면 "I'm just browsing" 혹은 "I'm just looking (around)"이라 대답하면 된다. 참고로 try out은 특정 시간에 감독들이 스카웃할 만한 선수들이 있는지 보기 위해서 하는 게임(to play that sport at a specific time so the coaches can watch to see if you're talented enough to join the team)을 말한다. .

> **Check It Out!**

May I try it on? 입어봐도 돼요?
Would you like to try it on? 입어 볼래요?
May I try on a pair of shoes? 이 구두 신어봐도 돼요?
Is it okay to try on anything I want? 뭐든지 신어봐도 돼요?
You try it on, but it's not exactly the right fit for you. 입어봐, 하지만 너한테 정말 딱 맞는 것 같지는 않아.

| POINT |

try on 옷을 입어보다	
hold the clothes against one's body 옷을 대보다	
hold the clothes up (to one's face against the mirror) 옷을 대보다	
I'm just browsing 그냥 구경하고 있어요(I'm just looking around)	
try out 감독들이 스카웃 결정을 하기 위해 선수들이 경기를 하다	

Speaking Skills

A: Welcome to the Price Department Store.
B: Thanks. It looks like a good place for shopping.
A: Can I help you find something?
B: No thank you, **I'm just looking around.**
A: Alright, just call me if you need something.
B: I will be sure to do that.

A: 프라이스 백화점에 어서 오십시오.
B: 감사해요. 쇼핑하기 좋은 곳 같군요.
A: 뭐 찾으시는 물건 있습니까?
B: 감사했지만 괜찮습니다. 그냥 구경 좀 할게요.
A: 네, 뭐 필요한 것 있으면 불러 주십시오.
B: 그렇게 할게요.

A: We stock many sizes of pants and shirts.
B: I am looking for some casual clothes.
A: Do you see anything you like?
B: Can I **try on** this pair of jeans?
A: Sure. The dressing room is back there.
B: Let me go and see how well they fit me.

A: 저희 가게에는 많은 사이즈의 바지와 셔츠가 있어요.
B: 캐주얼한 옷을 찾고 있는데요.
A: 뭐 맘에 드시는거 있나요?
B: 이 청바지 입어봐도 돼요?
A: 물론요. 탈의실은 저기 뒤쪽에 있습니다.
B: 가서 얼마나 잘 맞는지 볼게요.

I have a splitting headache

깨질듯이 아프다

구체적인 감각을 표현하는 것, 예를 들면 「머리가 망치로 때리는 것처럼 아프다」라든가, 또는 구체적인 감정 표현, 예를 들어 「시원섭섭하다」와 같은 애매하고 비유적인 표현을 영어로 하려면 잘 안될 것이다. 「두통」을 나타내는 말은 headache니까, 기본적인 표현인 「머리가 아프다」는 "I have a headache"가 된다는 건 다들 알고 있을 것이다. 나아가 「머리가 심하게 아프다」라고 하려면 "I have a headache so bad" 혹은 "I have a severe headache"라고 하면 된다. 이와 같은 기본 표현 몇 개만 알고 있다면 다른 표현은 응용이 가능하다. 「망치로 때리는 것처럼 아프다」는 "I feel like someone hit my head with hammer"라고 영작하면 된다. 근데 실제로 네이티브들도 이렇게 말하는지 궁금하지 않을 수가 없다. 어떻게 아픈지 표현하는 건 사람마다 아주 다양하기 때문에 어떤 공식적인 답은 있을 수가 없다. 앞의 표현도 우리말 가장 근접하게 만들어본 표현이다. 일반적으로는 「맥박 등이 뛰다」라는 의미의 pulse를 이용한 "I have a headache so bad that my head is pulsing"(머리가 쑤신다)이라든가, "I have a splitting headache"(깨질듯이 아프다), "My headache is so bad that it feels like my head is in a vise"(죄이는 것처럼 아프다) 등이 많이 쓰이는 표현이다. 또, 「시원섭섭하다」는 「시원하다」와 「섭섭하다」에 해당하는 동사를 결합시키는 게 아니라, 아예 「상반되는 감정이 섞여 있는」 것을 나타내는 단어인 'mixed'를 사용하여, "I have mixed feelings [emotions]"라고 하면 그 복잡미묘한 감정을 어느 정도 표현할 수 있을 것이다. 좀 더 구체적으로 "I have mixed feelings[emotions] about joy and sorrow"라고 할 수도 있겠고, "It's a mixed blessing"이라고 하면 「좋긴 한데 좀 묘한 느낌이 드는 기분」을 잘 표현할 수 있다.

Check It Out!

I **have a headache so bad.** 두통이 심해.
I **feel like someone hit my head with hammer.** 머리를 망치로 때리는 것처럼 아프다.
I have a headache so bad that **my head is pulsing.** 머리가 쑤신다.
I **have a splitting headache.** 깨질듯이 아프다.
My headache is so bad that it feels like **my head is in a vise.** 죄이는 것처럼 아프다.

| POINT |

have a headache 머리가 아프다

have a splitting headache 머리가 깨질듯이 아프다

Speaking Skills

A: Why aren't you dressed for school?
B: I am feeling terrible right now.
A: Tell me about the problem you are having.
B: I'm staying home because I **have a severe headache.**
A: Let me get you some aspirin.
B: I've already had 2 tablets this morning.

A: 왜 학교가게 옷을 입지 않은거야?
B: 지금 상태가 안좋아요.
A: 무슨 문제인지 말해봐라.
B: 두통이 심해서 집에 있을래요.
A: 아스피린 좀 주마.
B: 아침에 벌써 두 알 먹었어요.

A: I really hate **migraine headaches.**
B: You get them often, don't you?
A: Yeah. I get them at least once a month.
B: Is the pain severe?
A: My headache is so bad that it feels like **my head is in a vise.**
B: That sucks. Is there anything I can get you?

A: 정말 편두통은 질색이야.
B: 너 자주 앓는구나, 그렇지 않아?
A: 그래. 한달에 적어도 한번은 이래.
B: 통증이 심해?
A: 머리가 너무 아파서 꼭 머리가 죄이는 것 같아.
B: 안됐네. 내가 뭐 가져다줄게 있을까?

Can I help you with your bags?

가방 들어드릴게요.

버스 안에서 외국인이 무거운 가방을 들고 있길래 "가방 저 주세요"라고 말하고 싶었는데 적절한 표현을 몰라서 "Give me your bag"이 라고 하면 아주 이상하게 쳐다볼 것이다. 모르는 사람이 가방을 달라고 하니 한국은 절도를 아주 노골적으로 하는구나라고 착각할 수도 있을 것이다. 버스 안에서 무거운 가방을 든 사람의 짐을 들어 주는 게 우리네의 미덕 중 하나로, 친한 사이에서 "Give me your bag"이라고 하면 「네 가방 나 줘」라는 말로 이해하고 의사소통이 가능하지만 낯선 사람에게서 이런 말을 들으면 절도범으로 오해받을 소지가 다분히 있다. 오해를 안 사려면 이렇게 말해야 한다. "Can I help you (with your bags)?"나 "Let me help you (with your bags)"라고. 또한 with your bags는 굳이 덧붙이지 않아도 충분히 의사소통이 이루어졌을 것이다.

Check It Out!

Can I help you (with your bags)? 가방 들어드릴게요.
Let me help you (with your bags). 가방 드는거 도와드릴게요.

| POINT |

help you with~ 상대방이 …하는 것을 도와주다

Speaking Skills

A: I only brought one suitcase with me.

B: Give me your suitcase.

A: Why? What do you want my suitcase for?

B: I am trying to help you carry it.

A: Then you should say "**Can I help** carry your bag?".

B: Okay, I can do that.

A: 난 가방 한 개만 가져왔어.
B: 네 가방 이리 줘봐.
A: 왜, 내 가방은 뭐에다 쓰려고?
B: 드는 것 도와주려고.
A: 그럼 "가방드는 것 도와줄까?"라고 해야지.
B: 알았어, 그렇게 할게.

A: Give me your bag.

B: Do you want to use my bag?

A: No, I want to carry your bag.

B: So you are trying to help me?

A: Yes. How can I express this?

B: Just say, "**I'd like to help you with** your bag".

A: 가방 주세요.
B: 내 가방을 사용하려고요?
A: 아뇨, 가방 들어드릴려구요.
B: 그럼 날 도와주겠다는거죠?
A: 네, 이럴 때 어떻게 표현해야 되죠?
B: "가방 드는 것 도와줄게요"라고 말해요.

It looks [smells] appetizing

맛있겠는 걸

영어로 음식맛이 "Delicious"라는 말외에 어떤 것들이 있을까? 다시 말해서 맵고, 짜고 싱겁고… 뭐 이렇게 다양한 음식 맛을 영어에서는 어떻게 표현할까? 외국인과 함께 식사를 해본 사람이라면 누구나 한번쯤은 이런 경우를 당해봤을 것이다. 이제 맛에 대한 기본적인 표현들을 간단히 정리해보기로 하자. 자, 식당에서 음식이 하나 둘 나오는데, 입에 군침이 돌 만큼 아주 먹음직스러워 보이는군요. 그렇다면 It looks [smells] appetizing(맛있겠는 걸)이나 It's tempting(빨리 먹어보고 싶다), My mouth is watering(거참 군침도네), I can't stand that smell(냄새 한번 끝내주는데요) 정도로 말문을 열어 볼 수 있다. 이번엔 직접 맛을 보는 시간! 음식이 보기만큼이나 「맛있을 때」는 delicious 외에도 good이나 tasty, excellent, great 등의 형용사를 쓸 수 있다. 「영 아니올시다」라면 not good, bad, tasteless, flavorless, terrible, awful, disgusting, gross 등의 형용사를 이용하면 된다. 그럼 이번엔 구체적인 맛을 살펴보자. 「달콤한」맛은 sweet, 이 단계를 넘어 서서 「너무 단」경우에는 sugary라고 하고, 음식이 「짭짤할」때는 salty, 반대로 「싱거운」때는 not salty나 bland라고 한다. 한편 우리나라나 인도, 남미 등지의 음식처럼 양념 맛이 강하거나 매콤한 음식에는 hot, spicy, strong, fiery 등의 형용사를 쓰고, 그 밖에 「신맛」에는 sour, 「쓴맛」에는 bitter, 기름기가 많아 「느끼한」음식에는 greasy나 fatty, oily 등을 쓸 수 있고 「좀 오래됐다 싶은」음식은 stale이라고 하면 된다.

> **Check It Out!**

It looks [smells] appetizing. 맛있겠는 걸.
It's tempting. 빨리 먹어보고 싶다.
My mouth is watering. 거 참 군침도네.
I can't stand that smell. 냄새 한번 끝내주는데요.

| POINT |

음식이 맛있을 때: **delicious, good, tasty, excellent, great**

음식이 맛없을 때: **not good, bad, tasteless, flavorless, terrible, awful, gross**

「달콤한」은 sweet, 「너무 단」은 sugary, 「짭짤할」때는 salty, 「싱거운」때는 not salty/bland, 「신맛」에는 sour, 매콤한 음식에는 hot, spicy, strong, fiery, 「쓴맛」bitter, 「느끼한」음식에는 greasy/fatty, oily, 「좀 오래됐다 싶은」음식은 stale.

Speaking Skills

A: Come on in to my kitchen.

B: Is something cooking in here?

A: I'm baking a chocolate cake in the oven.

B: **It smells appetizing.**

A: It will be done in about 30 minutes.

B: I hope you will let me have a piece.

A: 내 부엌으로 들어와봐.
B: 여기서 뭐 굽고 있는거야?
A: 오븐에다 초콜릿 케익을 굽고 있어.
B: 맛나겠다.
A: 30분 후면 될거야.
B: 나 한 쪽 맛보게 하겠지.

A: What is that stink in here?

B: My mom is cooking some seafood.

A: **I can't stand that smell.**

B: I kind of like it.

A: To me, all seafood smells rotten.

B: It sounds like you don't like fish.

A: 여기서 나는 이상한 냄새 뭐야?
B: 엄마가 해산물을 요리하고 계셔.
A: 냄새 못 참겠다.
B: 난 좀 좋은데.
A: 난, 모든 해산물은 썩은 냄새가 나.
B: 생선을 싫어하는 것처럼 들리는구나.

The picture shows me kissing my girlfriend

사진은 내가 여친하고 키스하고 있는거야

조금 생소하게 느껴질 수도 있지만 알고 나면 영어를 좀 더 편하게 혹은 영어를 좀 더 길게 말할 수 있는 회화능력이 생기게 된다. 그중에서도 ~ing을 잘 활용하면 많은 부담을 줄이고 말하고 싶은 내용을 막히지 않고 길게 말할 수 있게 된다. 기본적으로 잘 알려진 see, hear, watch+~ing처럼 숙어처럼 알려진 것도 있지만 자연스럽게 V+A+~ing, 혹은 there be A~ing의 형태로 A의 상황이나 상태를 부가적으로 설명하는 방법이다. 예를 들어 I don't like you인데 그 이유를 설명하려면 I don't like you hitting me라고 하면 되고, 가격이 올라가는 것을 알고 있냐고 할 때는 Are you aware of prices getting higher?라 하면 된다. 또한 독감이 사무실에 유행한다고 할 때는 There is a flu going around the office라고 하면 된다. 분사니, 동명사니 그런 분석적인 접근은 이제 그만하고 영어문장을 많이 읽고 살아있는 영어인 미드를 많이 보면서 감각적으로 익혀야 한다.

Check It Out!

I listened to them **speaking** for an hour. 난 걔들이 한시간 동안 말하는 것을 들었어.

She likes to hear Chad **singing**. 걘 채드가 노래부르는거 듣는 것을 좋아해.

The picture shows me **kissing** my girlfriend. 사진은 내가 여친하고 키스하고 있는거야.

I wish you the best of luck **finding** a new job. 네가 좋은 직장 찾는데 행운을 빌어.

They will do a great job **raising** a child. 걔네들은 아이키우는 일을 잘 할거야.

What I worry about is Molly **living** in a new city alone.
내가 걱정하는 것은 몰리가 도시에 홀로 살고 있다는거야.

I don't like you **being** here alone. Come stay with me.
난 네가 여기 홀로 있는게 싫어. 날 따라와서 함께 있자고.

| POINT |

V+A ~ing …가 …하는 일을 하다
There be A ~ing …가 …하고 있다

Speaking Skills

A: Over half of our employees are absent today.
B: They all called in sick.
A: That's strange. What is going on?
B: There is a flu **going** around the office.
A: How long do the symptoms last?
B: Usually people get better in three or four days.

A: 오늘 직원중 반이상이 결근했네.
B: 전화로 병가를 냈어.
A: 이상하네. 무슨 일인거야?
B: 사무실에 독감이 유행중이야.
A: 증상이 얼마나 오래 지속되는데?
B: 보통 3~4일 지나면 나아져.

A: Can I see the photos from your vacation?
B: Sure, they're right here on my phone.
A: What is going on in this one?
B: This picture shows me **kissing** my girlfriend.
A: Wow, she's really beautiful.
B: I know. I'm a lucky guy.

A: 휴가 때 사진 좀 볼 수 있어?
B: 물론, 내 폰에 있어.
A: 이 사진은 뭐하는거야?
B: 이 사진은 내가 여친에게 키스하는 장면이야.
A: 와, 정말 미인이다.
B: 알아. 난 운이 좋은 놈이지.